뉴노멀, 초연결, 플랫폼시대의

평생교육론

평생교육론

FOR
NEW NORMAL,
PLATFORM

LIFELONG EDUCATION THEORY

한국평생교육박사연구회

| 강은숙 · 신혜정 · 엄미란 · 임정임 · 정선영 |

dm 동문사

추천의 글

앞으로 평생학습의 중요성이 그 어느 때보다도 중요해지고 있는 상황에서 평생교육의 이론과 실제를 총망라하고 있는 평생교육서의 발간은 매우 시의적절하다 생각합니다. 이번 평생교육서의 구성은 평생교육의 핵심적인 분야를 모두 다루고 있으며, 평생교육학 전공으로 박사학위를 취득한 전문가에 의해 집필되었다는 점에서 특별한 의미와 장점을 지니고 있습니다. 특히 예비 평생교육 전문가와 현장에서 일하고 있는 평생교육 실무자들뿐만 아니라 평생교육에 관심을 가지고 있는 일반인들에게도 훌륭하고 유익한 지침서가 될 것입니다.

숭실대학교 평생교육학과 교수 유기웅

희망과 두려움을 동시에 안고 우리 곁에 다가온 4차 산업혁명시대가 벌써 몇 해 지났습니다. 이제는 하루를 배우지 않으면 그 다음 날을 살아가기 버거울 정도로 평생교육은 그렇게 일상처럼 우리의 삶에 깊이 파고들어와 있습니다. 그러나 온갖 기술의 발전이 우리의 삶을 대신 살아줄지라도 배움의 길은 그 누구도 대신 걸어줄 수 없습니다.

숭실대학교 평생교육학과가 창설된지 어언 사반세기를 목전에 두고 이곳에서 수학한 뛰어난 동문 학자들이 정성스럽게 옥고를 다듬어 평생교육사 필수 5과목의 교재를 여러분 앞에 내놓습니다. 평생교육과 산업교육현장 그리고 학계에서 전문성과 명성을 쌓은 25인의 평생교육 전문가가 심혈을 기울여 집필한 본 교재는 평생교육의 이론과 실제에 관한 지식과 정보를 그 어느 교재보다 체계적으로 전달해 줄 것입니다.

숭실대학교 평생교육학과 교수 이기성

우리 인류의 삶에서 그 어느 한때도 끊임없이 배우지 않으면 안 되는 시기는 없었지만, 오늘날과 같이 그토록 치열했던 시기는 없었습니다. 이러한 시대적 배경 아래에 평생교육의 실천 담론을 확장하는 옥저의 출간을 진심으로 축하합니다. 특히 이 저서는 오랜 기간 평생교육 현장에서 몸으로 체화된 저자들의 지혜가 담겨있다는 점에서 이 저서가 평생학습 사회의 확장에 일익을 담당할 수 있기를 기대합니다.

숭실대학교 평생교육학과 교수 전주성

인간은 '되어가는 존재'로서, 끊임없이 '나를 나로' 만들어나가기 위해 학습합니다. 평생학습은 나를 나로 만드는 중대한 기제입니다. 시의적절하게 평생교육의 이론과 실천의 확장을 도모하는 저서가 출간된 것을 축하합니다. 아무쪼록 이 저서가 우리 사회의 집단적 평생학습역량을 향상시키는 데 도움이 되길 기대합니다.

숭실대학교 평생교육학과 교수 이경화

평생교육 전문가로서 뜨거운 열정과 평생학습자들을 위해 정성으로 빚어낸 5권의 멋진 작품에 힘찬 박수와 큰 감사를 드립니다. 평생교육사 자격의 수준을 업그레이드시키는 절묘하고 확실한 제안으로 5권의 역작을 출판하게 된 것을 열렬히 지지하고 또 환영합니다. 숭실대학교 교육학박사(평생교육전공)들을 대표해서 바쁜 일정과 어려운 시국 상황을 잘 견뎌내며 훌륭한 저작활동을 해내신 25분의 박사님들 한 분 한 분에게 다시 한 번 큰 포옹과 박수를 보냅니다. 이 책들이 우리 사회가 좀 더 행복한 평생학습 사회로 발전하기 위한 선진개척자로서 큰 역할을 수행할 것이라 굳게 믿습니다.

숭실대학교 평생교육학과 교수 최성우

지금의 교육은 받을 수 있는 기본 권리에서 평생에 걸쳐 학습할 권리인 평생학습권을 강조하고 있습니다. 평생학습은 누구도 소외됨 없이 양질의 학습 권리를 보장받아야 하는 보편적 정당성을 갖는 기본적 인권으로 강조되고 있습니다. 평생교육은 기본적으로 사회의 변화와 함께 하며 우리의 삶과 밀착되어 변화에 적응하고 성장할 수 있도록 지원합니다. 본 교재는 평생교육을 통해 삶의 역동적 변화와 성장을 체험한 실천현장 전문가들이 각각의 전문분야를 중심으로 기술한 교재입니다. 이론과 실제 그리고 현장에서 직접 활용할 수 있는 내용으로 예비 평생교육인들의 성장과 역량 향상에 도움을 줄 것입니다.

숭실대학교 교육대학원 평생교육, HRD전공 교수 김남숙

머리말

멈추어 돌아보고 자각해보니 보인다. 이제 우리는 '다르고도 낯선 미래'와 만나고 있다. 현대 인류의 재앙이라 일컬어지는 코로나19 팬데믹에 따른 고위험 사회가 길어지며 이에 적응하는 사회·문화적 낯선 변화의 물결이 새로운 표준, 뉴노멀(New-nomal)시대를 만들어 가고 있다. 세계 각 나라의 문제점과 인류 공통의 문제가 도출되고 인류에게 깨달음의 시간이 되었다. 혹자는 인류가 발전해온 모습을 돌이켜 보면, 인간은 어려울 때 서로 협력하고 슬기롭게 극복해온 역사라 하였다. 하지만 현대 과학기술의 발달은 편리함과 지나친 경쟁과 불공정이 가져온 계급화와 양극화 그리고 미래의 삶을 훔치는 자연파괴를 일삼았다는 것을 아주 작은 바이러스를 통해 배우고 있다.

미래교육을 평생교육의 방법에 두는 이유는 급속한 과학기술에 대한 적응도 있지만, 교육이 좀 더 폭넓게 지속적으로 인간의 가치 있는 삶을 위해 나아가는 데 도구가 되어야 하는 까닭이다. 교육은 일생에 걸쳐 지속적으로 이뤄져야 하며 따라서 '평생학습 = 생활'이 되어야 하는 시대이다.

이 책은 평생교육의 기본서로서 평생교육의 미래인 시대가 요구하는 '상생과 공감'을 배우기 위한 새로운 문화를 확장시키는 올바른 미래학습의 필요충분조건을 모아 제시하고 있다. 이 책은 크게 평생교육의 이해, 평생교육의 실제 그리고 미래의 평생교육 이렇게 3부로 구성되어 있다.

제1부 평생교육의 이해에서는 평생교육 학습을 위한 기초지식을 다루고 있다. 제1장은 평생교육의 개념과 오늘날 사회에서의 평생교육의 필요성을, 제2장은 전 세계 평생교육 관련 연구에 가장 많이 분석되고 있는 미국과 영국 및 UNESCO와 OECD의 평생교육 관련 역사와 동향을 둘러보고 우리나라가 나아가야 할 평생교육 실천방법을 모색하고자 하였다. 제3장은 평생교육에 대한 철학적 기초를 학습할 수 있는 장이며, 평생교육철학은 교육계획에 있어 타당한 근거를 갖게 하고, 실천 결과에서 성찰의 도구가 됨을 살펴보았다. 제4장은 평생교육학에서의 4가지 주요 이론들을 다루었다. 그리고 제5장은 평생교육의 법과 제도를 통하여 현장에 대한 이해력을 돕도록 하였다.

제2부 평생교육의 실제에서는 평생학습의 기초를 토대로 현장의 목소리를 담아 영역별로 구분하여 상세히 소개하고 있다. 제6장은 평생학습도시와 학습동아리를 중심으로 발달하는 지역사회의 평생교육에 대하여 다루었고, 제7장은 생애학습에 해당하는 것으로 은퇴 후의 생활 수단으로서와 변화하는 사회에 적절하게 적응하기 위한 능력을 기르는 데 필요한 노인 평생교육을, 제8장은 사회 통합을 위한 법령 개정 등으로 주목을 받고 있는 장애인 평생교육을 담았다. 제9장은 글로벌 시대의 세계시민의 일원으로서 국내에서 거주하는 다양한 국적을 가진 사람들이 교육의 기회를 얻고, 다문화에 대한 인식 개선과 차이를 반영한 긍정적 발달을 돕고자 다문화 평생교육을, 제10장은 우리나라 교육의 목표인 민주시민 양성과 관련하여 시민교육에 대한 기본 개념과 각 나라의 시민교육 및 시민교육방법론과 사례를 다루었다. 제11장은 최근 이슈 중의 하나인 성평등과 관련하여 기본 개념과 이론, 이를 바탕으로 성평등교육에 대한 이론과 실천 및 교수원리를 제시하였다. 제12장은 과거의 문자해독 개념에서 확대된 현대의 변화한 문해교육 개념인 일상생활에 필요한 기본생활 기능과 사회적 의식 수준을 포함한 문해교육에 대하여 담았다.

제3부 미래 평생교육에서는 뉴노멀시대의 평생교육 방향과 이에 따른 평생교육의 과제와 전망에 대하여 살펴보았다. 제13장은 언택트시대 온라인 평생교육으로 학령기에서 노인에 이르기까지 전 생애에 걸쳐 성장 발달이 지속하도록 돕는 수단인 인터넷을 기반으로 언제, 어디서, 누구에게 학습 서비스 제공이 가능한 교육방법을 담았다. 제14장은 평생교육을 통한 미래사회를 읽고 있다. 2016년 클라우스 슈밥(Klaus Schwab)에 의해 주목된 제4차 산업혁명시대의 본질에 대한 이해와 뉴노멀시대에 대한 변화를 짚어보고 지구촌의 지속가능한 미래를 위한 평생교육 방향에 대하여 다루었다. 아울러 제15장은 이 책의 정리로 평생교육의 과제와 미래에 대한 전망을 제시하였다.

성인교육사업, 장애인 평생교육, 다문화 평생교육, 여성전문 평생교육, 그 밖에 교수자로서의 길을 가고 있는 5명의 저자들은 자신이 종사하고 있는 평생교육 분야의 과거를 헤아리고, 현재를 직시하고 그리고 미래를 전망하는 글을 쓰고자 저술을 선택하였다.

끝으로 5권의 필수과목 책들을 낳기 위해 앞에서 열정적으로 일하신 한국평생교육박사연구회의 회장 한영수 박사와 임원진들의 노고에 깊이 감사드린다. 그리고 이 책이 나오기까지 아낌없는 지원을 해주신 도서출판 동문사 이중수 사장님과 좋은 책이 나올 수 있도록 주야로 애써주신 출판사 관계자들에게도 진심으로 커다란 감사의 마음을 전한다.

이 책은 작은 종소리가 울려 퍼져 세상을 변화시키듯 평생교육에 몸담고 있는 여럿의 조그마한 정성이 모여 맺은 결실이다. 이 책이 평생교육의 길에 함께 하는 후학들에게 도움이 되고, 뉴노멀시대 교육의 중심인 평생교육의 발전에 조금이나마 기여할 수 있길 바란다.

2023년 2월

저자 일동

차례

PART 01

평생교육의 이해

CHAPTER 01

평생교육의 이해

제1절 평생교육의 개념

1. 평생교육 개념의 등장

1) 국제사회 평생교육 개념의 등장

오늘날 교육 분야에 있어서 가장 핵심적인 이슈로 자리 잡고 있는 평생교육(lifelong education)의 개념은 유네스코(UNESCO)에서 시작되었다. 2차 세계대전이 끝난 후 국제사회는 평화적인 사회 발전을 막는 요인을 빈곤과 질병 그리고 무지로 보았다. 이에 많은 나라들은 교육을 공적 제도로 만들고 국가와 사회의 발전을 위한 구체적인 방법을 교육에서 찾기 시작했다. 더불어 유엔(UN)과 경제협력기구(OECD) 등은 교육이 개인의 발전, 더 나아가 사회와 국가, 전 지구적 차원에서 어떻게 연계되고 진보적인 성장을 만들어갈 수 있을지 연구하고 지원했다. 유네스코 역시 이러한 고민에 동참 기구였다. 하지만 다른 기관과 달리 유네스코는 교육을 단순히 개인과 사회, 국가의 단순한 발전과 성장의 수단으로만 보지 않았다. 개인과 사회, 국가의 상호 발전적 관계를 전 생애적인 관점에서 파악하고 지원하고자 했다. 여기서 '평생학습'의 개념이 등장하게 되었는데, 교육을 학령기 아동 및 청년의 계몽과 지식 전달의 활동만이 아닌 전 생애에 걸쳐 교육과 학습이 이루어지는 성장의 과정으로 보았다.

이러한 관점은 1965년 개최된 유네스코의 성인교육 발전을 위한 국제위원회의(International Committee for the Advanced of Adult Education)에서 발표된 랑그랑(P. Lengrand)의 불어로 쓴 논문 「L'Education permanente」에 잘 드러나 있다. 당시 유네스코의 성인교육 국장직을 맡고 있던 프랑스의 성인교육이론가이자 실천가인 랑그랑은 평생교육을 개인의 태어나면서부터 죽을 때까지 전 생애에 걸친 수직적 차원(life-long)의 교육과 개인 및 사회 전체, 즉 수평적 차원(life-wide)의 교육과의 통합이라고 설명하며 평생교육이라는 교육에서의 새로운 패러다임을 제시하였다. 그는 다시 1970년 「평생교육입문(An Introduction to Lifelong Education)」이라는 보고서를 발간하여 교육이 개인의 성장과 더불어 사회발전, 사회 공동체를 지속하게 하는 원동력이 된다는 교육사회(educational society)의 개념을 제시했다. 1972년 이어서 발간된 포르(E. Faure)의 보고서 「존재를 위한

학습: 세계교육의 오늘과 미래(Learning to Be: the World of Education Today and Tomorrow)」에서 교육을 외부에서 전해 들어오는 지식과 기술을 수동적으로 받아들이는 게 아닌, 능동적으로 삶의 방향을 결정하고 기회와 선택을 만들어가는 배움의 활동의 주체로 설명하며 미래교육의 과제와 학습사회 실현을 위한 21가지 방법을 제시한 이래 평생교육은 유네스코활동의 중심 주제가 되었다. 동년에 일본 도쿄에서 열린 제3차 성인교육회의에서는 평생교육을 공식적인 국제 용어로 채택하여 평생교육을 영아기에서 노년기까지 전체 교육을 포괄하는 개념으로 정립했다. 이후, 평생교육에 대한 랑그랑과 포르의 논의는 여러 보고서를 통해 지속되었다. 데이브(R. Dave)의 1973년 보고서 「평생교육과 학교 커리큘럼(Lifelong Education and School Curriculum)」에서 평생교육을 평생 동안(lifespan) 삶의 질 향상을 위해 이루어지는 개인적·사회적·전문적 개발의 성취 과정이라고 정의하며, 기존의 교육체제를 평생교육이라는 새로운 틀에서 바꾸기를 제안하였으며, 1996년 들로어스(Delors)의 보고서 「학습: 감춰진 보물(Learning: the Treasure Within)」은 평생학습을 삶에 걸쳐 획득되는 지식과 기술, 가치를 배움의 네 기둥(알기 위한 학습, 행하기 위한 학습, 존재를 위한 학습, 더불어 살아가기 위한 학습)의 과정으로 설명하며 평생학습의 중요성을 밝혔다.

최근 유네스코와 OECD를 비롯한 다른 국제 기구들은 '평생교육'의 용어를 '평생학습(lifelong learning)'으로 대체하였고 '평생학습' 용어의 사용은 전 세계적으로 선호되는 추세에 있다. 교육에서 학습으로 용어가 변경된 것은 기존 교육이 학교나 대학에서의 형식교육으로 한정됨에서 벗어나 삶의 주기에 걸쳐 어떻게 학습이 지속되는지에 대한 관점으로의 변화를 반영한 결과라 할 수 있다.

2) 우리나라 평생교육 개념의 등장

우리나라에 평생교육의 개념이 알려지기 시작한 때는 유네스코가 1970년을 '세계교육의 해(International Year of Education)'로 지정하면서부터이다. 유네스코 한국위원회는 평생교육과 관련한 본부의 자료를 수집·번역하는 한편 1973년에는 '제1차 평생교육 발전을 위한 세미나'를 개최하여 평생교육에 대한 개념과 원리를 소개하였다. 이후 평생교육에 대한 학계 및 정부 정책 차원의 다양한 연구 활동이 진행되었고 관련 보고서들도 출간되는 등 활발한 연구가 진행되었다. 1980년 10월 개정된 헌법 제29조에 "국가는 평생교육을 진흥해야 한다"라고 명시함으로써 평생교육에 대한 중요성을 제고시켰고, 체계적인 평생교육의 실천을 위한 평생교육의 진흥을 보장하게 되었다.

평생교육의 개념이 국민의 삶에 본격적으로 스며든 시기는 「사회교육법」이 만들어진 1980년대 이후라고 볼 수 있다. 1982년 근로청소년과 성인의 평생교육을 위한 '개방대학(1988년 사업대학으로 명칭 변경)'을 설치하였고, 1984년에는 대학을 개방하여 성인에게 평생학습의 기회를 주기 위한 대학교 부속 교육기관으로 평생교육원이 설립되기 시작했다. 1999년에는 「사회교육법」이 「평생교육법」으로 전부개정되어 교육 전체를 지칭하는 '평생교육'이라는 말이 새롭게 사용되었고, 2002년부터 정부는 5년 단위 계획으로서 평생교육 진흥종합계획을 수립하여 국민이라면 누구나 언제 어디서나 평생학습을 누릴 수 있는 학습 기본권을 보장하고자 하였다. 이로써 평생교육은 삶의 만족도를 높이고 일자리와 성장잠재력을 담보하는 가장 효과적이면서 기본적인 복지정책이라는 개념이 자리 잡게 되었다.

동아일보 1981년 11월 14일 사설

사회교육법, 실천내용 담은 시행령과 함께 다루어야

교육이 학교교육으로 끝나지 않는다는 것은 설명을 필요로 하지 않는다. 학교교육은 교육의 일부에 불과한 것이다. 오늘날처럼 새로운 지식과 기술이 간단없이 쏟아져 나오고 생활환경이 급변하는 사회에서는 학교에서 배운 지식과 기술만으로 적응해가기 어렵다. 사회교육, 평생교육이 강조되는 이유가 여기에 있다.

사회교육은 개개인이 자기 향상을 기하고 주변 환경에 적응해 가기 위해서도 필요한 것이지만 시민의 자질향상을 통해 지역사회 발전에 기여하고 국민에게 민주주의 정신을 고취해주는 기능도 맡고 있다. 세계적으로 사회교육에 대한 인식이 높아지고 있는 것도 그 때문이다.

유럽에서 교회나 사회단체가 학교교육을 제대로 받지 못한 청소년이나 성인들을 위해 자선사업의 형태로 시작했던 사회교육은 이제 학교교육을 보완해주고 계속해주는 구실을 하고 있다. 그만큼 교육범위가 넓고 다양하다.

사회교육은 학교라는 건물과 제도의 틀 안에서 실시되는 형식교육과는 다른 특성을 지니고 있다. 먼저 교육대상에 연령, 직업, 신분상의 제한이 없다. 교육기간도 한정할 필요가 없다. 학습장소가 고정돼있는 것도 아니다. 사회교육은 비형식교육이기 때문이다. 교육내용도 학교교육이 원리적인 것에 중점을 두고 있다면 사회교육은 현실적인 것, 생활과 밀착된 것, 실용적인 것에 치중한다. 사회교육은 어디까지나 학습을 받은 사람이 자발적으로 받는 교육이며 교과 역시 학습자의 필요에 부응하는 것이어야 한다.

사회교육의 내용이나 실시방법은 나라마다 그 필요에 따라 다를 수밖에 없다. 다만 사회교육은 그 비형식적인 특성이나 자발성에도 불구하고 교육의 중요성에 비추어 개인이나 사회단체의 산발적인 활동에만 맡겨둘 수는 없다. 정부나 지방자치단체의 지도적인 역할과 지원이 요청되는 것도 그 때문이다.

민정당이 헌법 제29조에 규정된 평생교육을 진흥하는 실천입법으로 사회교육법안을 성안한 것도 이런 요청에 부응하기 위한 것으로 보인다. 민정당은 가까운 시일 내에 동법안을 국회에 제출하여 이번 국회에서 통과되면 내년 1월 1일부터 법을 실시할 계획이라고 한다.

새 법안은 「모든 국민에게 평생교육을 통한 사회교육의 기회를 부여하여 국민의 자질을 향상케 함으로써 국가 발전에 기여함」을 목적으로 한다는 입법취지의 설명에 이어 사회교육실시를 위한 사회교육관을 설치, 사회교육이수자의 대우, 국가 및 지방자치단체의 임무, 사회교육전문위원의 양성, 학교 및 대중매체의 협조사항 등을 규정하고 있다 … (생략)

1981年11月14日 土曜日 【2】

社說

「社會教育法」

—실천내용 담은 施行令과 함께 다루어야—

출처: 동아일보(1981. 11. 14). 네이버 뉴스 라이브러리.
http://newslibrary.naver.com

2. 평생교육 개념 정의

1) 평생교육 용어의 어원

평생교육(lifelong education, 平生教育)에 대한 정의는 학자마다 다양하다. 이는 우선 '교육'이라는 개념만 봐도 그 범위가 넓고 단순하지 않기 때문이다. '교육

(敎育)'을 한자 그대로 해석하면 가르치고 기른다는 뜻이다. '가르치다'는 '가르다(길들이거나 자라나게 하다)'와 '치다(쓸모없는 것을 유용하게 만든다)'라는 두 동사가 합성된 단어이다. '기르다'는 길들이거나 자라나게 하는 등의 의미가 있다. 영어로는 교육을 'pedagogy'나 'education'으로 번역할 수 있는데, pedagogy의 어원은 'peidos(어린이)'와 'agogos(이끈다)'의 합성어로 어린이를 이끌어준다는 의미이며, education은 'e(밖으로)'와 'educo(끌어낸다)'의 합성어로, 인간의 잠재력을 밖으로 이끌어 내준다는 뜻을 내포한다. 즉, 교육이라는 개념은 미성숙한 인간에 내재한 능력을 끄집어내서 사회에 쓸모 있는 인간으로 만드는 것이라고 정리할 수 있다. 여기서 사회에서 필요로 하는 능력이나 개인의 바른 모습, 교육의 방법은 그 인간이 속해 있는 역사와 문화, 지리적 요소에 따라 다르게 해석될 수 있다. 한편, '평생(Lifelong)'에서 파생된 '생(life)'이라는 용어 역시 그 의미를 단순하게 정의하기란 쉽지 않다. 따라서 학자들이 어떠한 관점에서 무엇을 강조하느냐에 따라 학자들의 사회 문화적 배경이 어떠냐에 따라 평생교육의 개념 정의는 달라질 수밖에 없다.

2) 평생교육 용어의 다양한 개념

(1) 해외의 평생교육 개념

'평생교육'이라는 개념은 용어 자체가 일반적이면서 상당히 포괄적이어서 학교교육과 같은 특정한 실체적 영역을 지닌 명확한 개념이라기보다 다양한 개념을 하나로 묶는 이상향적인 성격을 지니고 있다. 특히 세계적으로는 순환교육(recurrent education), 계속교육(continuing education), 성인교육(adult education), 평생학습(lifelong learning) 등의 주로 사용하는 용어가 국가별 사회, 경제, 정치, 문화적 상황에 따라 다르게 사용되고 실제 그 개념이 서로 중첩되어 혼용되는 게 사실이다. 가령, 어느 곳에서는 학령기 아동의 교육을 포함하고, 다른 곳에서는 성인을 대상으로 하는 교육만을 한정지으며, 교육이 이루어지는 환경에 따라 기초문해교육, 교양교육, 직업교육 등의 의미로 용어가 사용된다. '평생학습(lifelong learning)'의 개념은 20세기 말부터 사용해왔다. '평생교육'과 마찬가지로 '평생학습' 용어 역시 정확히 무엇을 의미하는지는 나라별로 달리 해석된다. 미국에서의 평생학습은 1967년 평생학습법(Lifelong Learning Act)에서와 같이 성인교육을 대신하는 새로운 용어로 종종 사용되다가 전통적인 교육방식과 대조되는 대안적인 교육활동과 주로 연결되는 맥락 안에서 사용되고 있다. 유럽에서의 평생학습 개념은 보다 '학습과 일'이라는 측면, 예를 들면 순환교육, 유급휴가제, 개방학습(open learning) 등 노동자의 학습활동이라는 측면에서 해석된다.

초기의 '평생교육'이라는 용어는 성인교육이나 직업교육 등에 한정되어 사용되기보다는 사회교육과 같은 넓은 의미를 포괄하였다. 이 용어는 UNESCO의 평생교육학자 랑그랑(P. Langrand)에 의해 처음 소개되었는데, 그는 평생교육을 "개인이 태어났을 때부터 죽을 때까지 전 생애에 걸친 수직적 혹은 시간적 차원과 개인 및 사회 전체의 수평적 혹은 공간적 차원의 교육적 통합"이라고 설명하였다(Lengrand, 1970). 평생교육은 개인의 전 생애에 걸친 교육일 뿐 아니라 사회 전체를 대상으로 하는 '교육의 통합'이라고 주장한 그의 제안은 그동안 전통적인 학교교육의 한계를 극복하고 새로운 교육을 개혁하는 지도이념으로서 전 세계에 빠르게 보급되었다. 1973년 데이브(R. Dave)는 평생교육을 "개인적·사회적 삶의 질을 지속적으로 향상시키기 위해 평생에 걸쳐 이루어지는 모든 형태의 형식적·비형식적 학습활동"으로 정의하여 삶과 자아실현, 사회발전의 개념을 강조하였다. 연이어 포르(E. Faure)는 보고서 「존재를 위한 학습: 세계교육의 오늘과 미래(Learning to Be: the World of Education Today and Tomorrow)」를 통해 평생교육은 과학적 인본주의(a scientific humanism), 창의성(creativity), 사회적 결단(social commitment), 완전한 인간(the complete man)을 향해 가는 과정이라고 설명하였다.

1990년대 세계는 평생교육의 가치를 '모두를 위한 교육(education for all)'에서 찾았다. 3차 산업혁명으로 인한 세계화와 정보화, 민주주의 등 많은 시대적 변화 속에서 개혁적인 교육을 표방하게 되는데, 1996년 발간된 들로어스(Delors)의 보고서 「학습: 감춰진 보물(Learning: the Treasure Within)」은 21세기를 여는 열쇠로서 평생학습을 '모든 사람의 권리이자 의무'로 천명하였고, 알기 위한 학습(learning to know), 행하기 위한 학습(learning to do), 존재를 위한 학습(learning to be), 더불어 살아가기 위한 학습(learning to live together)을 학습의 네 기둥(four pillars of learning)으로 제시하며 평생교육의 바탕을 이루기 위한 핵심 원리로 규정했다. 이 중에서 '더불어 살아가기 위한 학습'은 나머지 3개 학습기둥의 대전제로, 이웃과 국가가 서로 협력하며 살아가기 위해서는 자신과 타인의 문화를 알고 이해해야 하고, 알고 있는 것을 행동으로 옮김으로써 인간 존재의 의미를 깨달아야 한다는 것이다.

그러나 위에서 언급한 UNESCO 학자들의 개념은 주로 사회변화에 대한 적응과 해결, 자아실현, 전인적인 발달 등만 초점을 두어 교육의 순기능적인 측면에만 치중하고 있다고 프레이리(Paulo Freire), 일리치(Ivan Illich) 등 급진주의 교육철학자들로부터 비판을 받았다. 이들은 랑그랑과 데이브의 평생교육 개념이 기존 교육제도의 개혁 및 사회구조적 모순을 제거하기 위한 노력을 보이지 않고, 보완만을 중요시하고 있다며 비판하였다. 이들은 사회제도의 모순과 왜곡된 교육제도, 비인간화 현상을 지적하면서 평생교육은 학습자 스스로가 사회구조적 모순에서 벗어날 수 있도록 개인의식을 촉진해야 한다고 주장하였다. 즉, 평생교육을 모순된 사회 체제의 억압에서 해방되고 소외로부터 극복하기 위한 수단으로의 개념을 가졌다. 다음 표 1-1에서는 평생교육 관련 개념을 평생교육의 필요성, 목표, 내용, 기존 체계와의 관계 그리고 특징의 차원에서 비교하였다.

(2) 우리나라 평생교육 개념

한편 우리나라의 경우 평생교육과 성인교육을 같은 개념으로 혼용하여 사용하기도 하고 태어날 때부터 죽을 때까지 평생을 두고 이루어지는 교육으로 보기도 한다. 이는 UNESCO에서 제시한 평생교육의 개념과 우리나라 평생교육법에서 규정하는 평생교육 정의의 차이의 영향도 없지 않았다. UNESCO의 평생교육의 정의는 '요람에서 무덤까지'의 개념을 포함해 전 생애적인 삶에서의 교육을 의미한다. 하지만 평생교육의 이념을 받아들여 제정된 1982년의 우리나라의 사회교육법은 개방대학, 독학사제도, 교양, 여가, 노인교육 등 성인학습자만을 대상으로 하여 취학연령의 학습자는 포함하지 않았다. 이에 평생교육은 성인교육의 개념을 갖게 되었다. 하지만 오늘날 평생교육법 제1장 제2조는 평생교육은 "학교의 정규교육과정을 제외한 학력 보완교육, 성인 문자해득교육, 직업 능력 향상교육, 인문교양교육, 문화예술교육, 시민참여교육 등을 포함하는 모든 형태의 조직적인 교육활동"임을 정의하고 있다. 즉, 법규상으로 모든 국민이 평생교육의 대상에 포함되어 있으며 학교 정규과목을 교육하는 학원에서의 교육활동을 제외하고는 모두 평생교육법에 적용을 받는다는 것이다. 따라서 본서에서는 평생교육을 '학교의 정규교육을 제외하고 태어날 때부터 사망할 때까지 평생 이루어지는 모든 형태의 조직적인 교육활동'으로 개념을 정의하고자 한다.

표 1-1 평생교육 관련 개념의 비교

<table>
<tr><th></th><th>평생교육의 필요성</th><th>목표</th><th>평생교육의 내용</th><th>기존 교육 체계와의 관계</th><th>특징</th></tr>
<tr><td>Lengrand</td><td>- 현대사회의 도전(사회적, 경제적, 문화적, 기술적, 정치적 변화)</td><td>- 자아실현
- 사회적응
- 행복을 위한 교육
- 삶의 질 향상
- 평화와 국제이해</td><td>- 남녀관계
- 친자관계
- 직업, 여가, 예술
- 체육, 시민교육</td><td>- 교육연령 제한의 철폐
- 학교의 교육 독점 폐지
- 무탈락자
- 개인의 독자성 유지</td><td>- 자아실현
- 사회적응
- 이상주의적 경향(구체성 결여)</td></tr>
<tr><td>Dave</td><td>- 현존교육체제의 비적합성</td><td>- 개인과 집단의 삶의 질 향상</td><td rowspan="2">- 직업교육
- 일반교육</td><td rowspan="2">- 현존 교육체제 보완</td><td rowspan="2">- 개인과 집단의 삶의 질 향상 및 기회 확대</td></tr>
<tr><td>Cropley</td><td>- 기존 교육의 부적절성</td><td>- 평등한 교육기회 제공
- 자아실현</td></tr>
<tr><td>Faure 외</td><td>- 인간소외
- 인간의 도구화
- 기존 교육체제의 한계</td><td>- 존재하기 위한 학습
- 완전한 인간</td><td>- 교양교육
- 존재하기 위한 교육</td><td>- 전통적 교육관 탈피</td><td>- 사회적응
- 완전한 인간 형성
- 이상주의적</td></tr>
<tr><td>Hutchins</td><td>- 현대문명의 위기
- 교육 투자론에 반대
- 기존 교육제도의 한계</td><td>- 지혜롭고 즐겁고 건강하게 사는 인간의 참된 가치 실현</td><td>- 교양주의적 교육
- 여가교육
- 생활교육</td><td></td><td>- 이상주의적
- 노동 없는 사회
- 학습사회</td></tr>
<tr><td>OECD</td><td>- 기존 교육제도의 한계
- 급격한 사회변화</td><td>- 공평 달성
- 직업적 유연성 달성
- 가치체계의 통합</td><td>- 일-교육
- 여가의 순환</td><td>- 전통적인 교육관 탈피
- 교육력의 분산</td><td>- 생산성 증대
- 사회적응
- 현실적</td></tr>
</table>

출처: 권두승(1989) 재구성.

3) 평생교육 관련 용어

평생교육의 개념은 모든 교육을 포함하는 상위 개념으로 이해되는가 하면, 성인교육(adult education), 사회교육(social education), 순환교육(recurrent education), 계속교육(continuing education), 비형식교육(nonformal education)과 같은 개념으로 받아들이기도 했다. 또한 OECD의 보고서 「모두를 위한 평생학습(Lifelong Learning for All)」처럼 평생학습(lifelong learning)이라는 용어로도 쓰이고 있다(OECD, 1996). 평생교육의 개념과 함께 혼용되는 몇 가지 용어들을 정리하면 다음과 같다.

(1) 성인교육

성인교육(adult education)은 교육대상을 분류 기준으로 삼은 용어로, 성인(adult)을 대상으로 하는 모든 형태의 교육활동을 의미한다. 따라서 교육의 대상은 성인이며, 교육방식은 형식, 비형식, 무형식교육 등 모든 형태의 교육활동이 포함된다. 사회교육과는 달리 성인을 위한 학교교육도 성인교육의 범주에 들어갈 수 있으며, 평생교육 개념 중 성인기 이후의 교육활동이 여기에 속한다.

성인교육에 대한 개념은 1650년대 이후 영국의 퀘이커 교도들이 영국 전역에 확산시킨 문해교육에서 그 유래를 찾아볼 수 있다. 영어로 쓰인 성경을 읽는 방법을 가르치기 위한 성인학교(Adult School)에서 성인을 대상으로 한 기초교육이 시행된 이래 영국에서의 성인교육은 여가를 활용한 비직업적인 교육, 인문교양교육으로 간주하였다. 미국에서도 역시 초창기의 성인교육은 주로 인문교양교육을 지칭하는 것이었으나, 세계대전을 겪은 후 경제재건 과정에서 직업교육과 전문가 계속교육 등 직업 관련 교육이 성인교육의 개념에 포함되어 논의되기 시작했다.

1976년 제19차 유네스코 총회에서 채택한 「성인학습 및 교육에 대한 제안(Recommendation on Adult Learning and Education)」에서는 성인교육을 "내용, 수준, 방법 및 형식성, 비형식성과 무관하게 성인들이 참여하는 모든 교육적 과정을 설명하는 총체적 개념"으로 정의하고 있다. 이를 보다 구체적으로 나누어 살펴보면 다음과 같다. 첫째, 성인교육은 그 내용과 수준, 방법이 어떠한 것이건 간에 성인들이 참여하는 모든 교육의 과정을 말한다. 둘째, 성인교육의 과정은 성인들이 그들의 소질과 능력을 키우고 지식을 넓히고, 기술이나 직업적 소양을 향상 발전시키는 데 도움을 주는 모든 교육활동을 말한다. 셋째, 성인교육은 개인적인 성장을 넘어 사회·경제·문화적 발전에 참여하도록 그들이 태도와 행동을 변화시켜 주는 모든 교육활동을 말한다. 넷째, 성인교육의 주체인 성인은 그가 속해있는 사회 안에서 성인이라고 인정되거나 성인이 하는 역할을 하는 사람들을 말한다(UNESCO, 1982).

이후 UNESCO는 40여 년 가까이 지속한 성인교육에 대한 개념을 수정하였고 2015년 제안서 「성인학습 및 교육에 대한 제안(Recommendation on Adult Learning and Education)」을 통해 성인교육의 개념을 다음과 같이 정의하였다.

> 성인학습 및 교육은 평생학습에 있어 핵심적인 요소이다. 이것은 모든 성인이 그들의 사회와 직업 세계로의 참여를 보장하는 것을 목적으로 하는 모든 형태의 교육과 학습을 포함한다. 이것은 성인들이 살아가는 공동체와 조직, 사회에서 이루어지는 형식, 비형식, 무형식학습 과정 전체를 의미하며, 역량을 습득하고 알아가며 교환하고 적응하는 지속적인 활동과 과정을 포함한다. 청년과 성인 사이의 경계가 대부분의 문화권에서 옮겨지고 있는 상황에서, UNESCO의 보고서에서 성인학습 및 교육은 법적으로 성인의 연령에 미치지 않더라도 성인학습과 교육에 관여하고 있는 모든 개인을 포함한다(pp. 6-7).

UNESCO는 위의 정의와 함께 3가지 기술과 학습의 핵심 영역을 다음과 같이 제시하였다. 첫 번째는 문해 능력과 기초기술의 습득, 두 번째는 계속 훈련 및 전문 개발 프로그램 제공, 셋째는 공동체교육 및 교양교육 등을 통한 적극적인 시민의식 고양이다. 이 새로운 제안은 국제연합(UN)의 「2030 지속가능개발 아젠다(the 2030 Agenda for Sustainable Development)」의 내용과 함께하여 앞으로의 성인학습 및 교육의 지향점을 내포하고 있다.

(2) 사회교육

사회교육(social education)의 용어는 일제강점기로부터 사용된 행정용어인데 오늘날 사회교육이라는 개념은 광의와 협의로 나누어 이해되고 있다(이세정, 2008). 광의의 사회교육은 학교교육을 제외한 모든 형태의 조직적 교육활동을 의미하는데, 이 개념에 의하면 사회교육은 학교 외 교육과 동의어가 되며 취학 전 교육까지도 사회교육에 포함된다. 이러한 개념은 1982년에 제정된 사회교육법 제2조에 의해 뒷받침되었는데, 그 내용을 보면 사회교육을 "다른 법률에 의한 학교교육을 제외한 국민의 평생교육을 위한 모든 형태의 조직적 교육활동을 말한다"고 규정했다. 협의의 사회교육은 학교에 의한 교육활동을 제외한 청소년과 성인에 대한 모든 형태의 조직적 교육활동으로, 이 정의에 의하면 취학 전 교육도 제외한 학교 외 교육을 사회교육으로 보게 된다. 일본에서 1949년 제정된 사회교육법 제2조는 사회교육을 "학교의 교육과정으로 행해지는 교육활동을 제외하고, 주로 청소년과 성인들에 대해 행해지는 조직적인 교육활동을 말한다"라고 규정하여 협의의 사회교육 개념을 채용하고 있다. 우리나라 평생교육기관에서는 1990년대 말까지 사회교육이라는 용어가 사용되었는데 오늘날에는 '평생교육'으로 대체되어 사용 빈도가 줄어들었다.

(3) 순환교육

순환교육(recurrent education)은 OECD에서 주로 사용하는 용어로서, 산업사회에서 생산성 향상을 위해 반복적으로 시행하는 교육을 의미한다. OECD는 순환교육을 "의무교육 이후의 교육 또는 기초교육 이후 교육을 대상으로 하는 포괄적인 교육 전략으로 교육과 일, 자발적인 비고용 기간, 은퇴가 서로 교차할 수 있으며, 교육은 개인의 전 생애 동안 순환적인 방법으로 배분될 수 있다는 순환과 교대를 기본 원리로 삼고 있는 교육방식"으로 정의하였는데(OECD, 1973), 이는 학교 정규교육과정을 마치고 각자 직업활동을 하는 성인들에게 적절한 시기에 지속적인 재교육을 시행하는 게 필요하다는 의견에서 시작되었다. 평생교육이 전 생애에 걸친 모든 교육을 통합하는 개념이라면, 순환교육은 상대적으로 그 범위가 직업 관련 교육으로 제한되어 있고 실용적인 특징을 갖는다.

(4) 계속교육

계속교육(continuing education)은 미국, 호주, 뉴질랜드 등의 국가에서 성인교육과 병행해서 사용하는 용어로, 급격하게 변화하는 사회 환경 속에서 학교에서의 정규교육을 마친 후에도 역량 개발이나 자아실현을 위해 계속해서 학습에 참여하는 것을 의미한다. 즉, 일련의 학교교육을 마치고 직장에서나 가정, 사회생활을 영위하다가 다시 형식교육의 장으로 돌아오는 것을 의미한다. 특히 미국의 대학에서는 성인교육 프로그램이 계속교육이라는 이름으로 진행되고 있으며 교육방식은 학교교육과 같은 형식교육 체제 중심이라는 점에서 사회교육이나 성인교육 또는 비형식교육과 차이가 있다.

(5) 추가교육

추가교육(further education)은 영국의 1944년 교육법에 따라 처음 법제화된 용어로, 산업화의 진전에 따른 사회적 필요로 인해 생긴 교육의 형태이다. 영국에서 '성인교육'이라는 개념은 주로 실무와는 관계없는 인문교양교육의 개념으로 쓰이고 있다. 한편, 상급학교에 진학하는 자를 제외한 대다수 국민의 추가적인 교육 요구에 부응하기 위해 다양한 영역의 교육 확대를 시행하는데 여기에는 주민의 취미 및 오락을 위한 교육과정도 있었지만, 대부분은 산업기술, 과학, 전산학 등 특정 분야의 추가교육을 위한 전문대학 수준의 기술대학(technical college), 폴리테크닉스(Polytechnics) 등이 있다. 이러한 교육은 기존 대학이 독자적으로 운영하는 교외학위 과정이 주를 이룬다. 즉, 추가교육은 의무교육 이후의 교육과정으로서 여가활용교육, 직업대비교육, 직업훈련교육 등이 포함되며 주로 영국에서 사용되는 용어라 할 수 있다.

(6) 비형식교육

비형식교육(nonformal education)은 교육의 양태 또는 방식에 따른 구분으로, 형식교육(formal education), 무형식교육(informal education)과 함께 분류되는 교육형식 중의 하나이며, 주로 학교교육과 같은 형식교육체제 바깥에서 이루어지는 조직적인 교육 형태를 말한다. 형식교육과 같이 계획적이고 체계적이며 조직화하는 교수과정을 포함하고 있으나, 국가의 학력이나 학위를 인증받지 않는 교육이다. 공식적인 학위나 졸업장 취득을 목적으로 하지 않으면서 교육 프로그램이나 강좌 형태로 '기관에 등록하여' 참여하는 형식 등 구체적인 교육 프로그램이나 교육과정이 있는 학습을 말하며, 직장에서 받은 교육, 학원 수강, 주민자치센터나 문화센터 프로그램 참여, 인터넷 강좌 등이 포함된다.

제2절 평생교육의 필요성과 과제

1. 4차 산업혁명시대의 대두

1) 4차 산업혁명과 국제사회의 대응

세계는 4차 산업혁명의 시대를 맞고 있다. 인터넷 통신기술이 처음 구축된 1969년을 기점으로 시작된 3차 산업혁명은 컴퓨터를 활용한 정보화 및 자동화 생산 시스템의 발달을 가져왔다. 컴퓨터와 인터넷의 발달은 휴대전화와 초고속 모바일 인터넷 기술의 발전으로 이어졌고, 이제 우리는 언제 어디서나 다양한 정보를 검색하고 활용할 수 있게 되었다. 현재 전 세계의 52억 명이 휴대전화를 사용하고 있으며, 38억 명은 소셜 미디어에서 활동하며, 16세 이상 인구의 82%는 온라인으로 구매할 상품을 검색하고 있다(Kemp, 2020). 이렇게 우리의 삶 속에 깊숙이 개입된 컴퓨터 및 인터넷 관련 지식과 기술은 빅데이터(Big Data), 인공지능기술(AI, Artificial Intelligence), 사물인터넷(IoT, Internet of Things), 로봇공학, 바이오 공학 등 다양한 정보통신기술과 융합되면서 사회경제 및 생활방식 전반에 혁신적인 변화를 가져왔다. 이러한 변화는 우리를 보다 안전하고 편안한 생활을 누리게 하지만 동시에 부정적인 영향을 가져올 것으로 전망되고 있다. 즉, 고급 일자리에 편중되는 직업 세계의 변화는 고용의 양극화를 심화시키고 많은 사람에게는 기존의 삶의 터전과 생활 모습을 흔들어 삶의 질을 떨어뜨릴 것이며, 그 속도와 범위 또한 전례 없이 빠르고 광범위하게 진행되고 있어 사회 불안의 잠재적 요인이 되는 것이다.

이처럼 4차 산업혁명이 미래사회에 불안의 요인으로 작용할 수 있다는 점에서 2000년대 금융위기 이후 세계적으로 침체된 경제 위기의 대안을 4차 산업혁명에서 찾기 시작했다는 것은 아이러니하지 않을 수 없다. 4차 산업혁명이 이슈화되던 국내외적 환경을 살펴보면, 우선 2011년 독일은 저성장에 멈춰있는 경제를 회복하기 위해 제조업체들이 기존 산업에 정보통신기술(Information and Communication Technologies, ICT)을 접목하여 생산 과정을 최적화하는 제조혁신 마스터플랜 'Industry 4.0'을 추진하였다. 일명 스마트팩토리(Smart Factory)라 불리는 시스템을 구축함으로 산업의 생산성을 향상함과 동시에 정보기술과 데이터 처리 기술 관련 고용을 창출하고자 했다. 이후 2016년 세계경제포럼(WEF, World Economic Forum)에서 4차 산업혁명을 주요 의제로 제시하면서 세계적으로 뜨거운 화두가 되기 시작했는데, 4차 산업혁명시대에 대응하기 위해서 경제정책, 사회정책, 교육정책, 직업훈련정책 등을 활용하는 정부의 거시적이고 적극적인 개입의 필요성이 드러났다. 또한, 기술 발전으로 인한 경제적 생산성 향상으로 발생한 이익을 소득 불평등으로 어려움을 겪는 사람들에게 어떻게 배분하여 그 차이를 줄일 수 있는가 역시 중요한 정책 과제로 인식되기 시작했다.

2) 4차 산업혁명과 국내의 대응

우리나라 역시 2016년 세계경제포럼 이후 4차 산업혁명에서 경제성장 동력을 찾기 시작하는 동시에 이에 따른 사회변화에 대응할 방법을 논의하기 시작했다. 국내적으로 장기적 성장잠재력이 저하되는 양상, 청년 실업 등의 일자리 문제, GDP 대비 낮은 국민의 삶의 지수 등 사회경제적 위기 상황에 직면한 우리나라 정부는 2017년 대통령 직속의 4차산업혁명위원회(현, 디지털플랫폼정부위원회, 2022년)와 21개 부처가 협업하여 「4차 산업혁명 대응계획 I-KOREA 4.0」을 수립했다. '모두가 참여하고 모두가 누리는 사람 중심의 4차 산업혁명 구현'을 기조로, 지능화 혁신으로 다양한 신산업 창출 및 주력산업 육성, 고질적 사회문제를 해결하고 국민의 삶의질 제고, 양질의 새로운 일자리 창출 및 일자리 변화 대응 사회안전망 강화, 누구나 이용할 수 있는 세계 최고 수준의 지능화·기술·데이터·네트워크를 확보하는 것을 기본방향으로 하여 성장동력과 기술력을 확보하고 산업인프라·생태계를 조성하여 미래 사회변화에 대응하고자 하였다(4차산업혁명위원회, 2017). 특히 정부 관계부처는 미래 사회변화에 대응하기 위한 해법을 평생교육에서 찾고 있음을 알 수 있는데, 핵심 인재를 양성하고 전문인력교육을 확대하며 미래 사회교육 혁신을 위한 융합교육을 활성화하고 개인 맞춤형교육을 실현하고자 하는 세부과제에서 그 평생교육과 4차 산업혁명과의 관계를 찾을 수 있다.

2. 학교교육의 한계

세계적으로 보편적 의무교육이 시행된 지가 200여 년이 지났다. 근대 학교교육의 목적은 아이들을 사회화시켜 국가에 충성하는 쓸모 있는 사회구성원으로 양성하기 위한 것이었다. 비판적 사고력을 배양하는 대신, 일반적이고 단편적인 지식전달과 훈육으로 기존의 사회체제에 순응하는 법을 가르쳤던 학교는 대중을 효과적으로 통제하는 방법으로 여겨져 열강의 지배 계층에서 전폭적인 지지를 받아왔다. 이러한 교육 시스템은 전 세계로 확산하였고, 일제강점기를 거친 우리나라의 교육 현장 역시 예외가 아니었다. 해방 이후 시행된 초등학교 6년의 의무교육 결과 글자를 읽고 쓰는 기본문맹률은 세계에서 가장 낮은 수준에 이르렀으며 고급 인력의 양성은 눈부신 경제성장을 이루어내는 데 큰 역할을 하였지만 기존 학교교육 현장에서는 학교라는 틀 안에서 학습할 내용과 방법이 교사 주도로 결정되는 교육과정이 지속되었다. 더불어 우리 사회에서 임금 소득은 어떤 학위를 보유했는지에 따라 결정되었으며, 좋은 대학에 들어가기 위한 경쟁은 더욱 치열해졌다. 많은 중등학교가 공공연히 입시 결과로 평가되고 있으며 학교는 창의력, 사고력 등 다양한 역량을 키우기보다 시험 성과를 위한 지식전달에 중점을 두고 있고 많은 학생이 사교육에 의지하는 현상을 보인다. 부모의 학력과 경제력이 자녀들의 교육 수준에 영향을 주는 교육 양극화 현상이 심화하고 있으며 이는 심각한 빈부 격차로 표출되어 또 다른 사회문제를 초래하였다.

3. 사회 환경의 변화

평생교육이 전 세계적으로 대두하게 된 배경에는 이러한 기존 학교교육으로 인한 사회적 부작용 및 한계에 대한 비판과 더불어 지식기반사회에서 4차 산업혁명시대로의 진입과 인구구조의 고령화 등 사회 환경의 변화에서 찾을 수 있다. 인재는 국가의 경제성장을 결정하는 핵심 요소이며, 4차 산업혁명의 시대는 사람의 창의성과 융합 능력이 성장동력의 원천이다. 기존에 지식을 독점할 수 있는 공간으로서의 학교는 한계를 드러내기 시작했으며, 교육 시기 또한 아동·청소년기로 한정 짓는 학교교육은 설득력이 없어지게 되었다. 또한 학교에서 배운 내용이 실생활에서 활용하는 데 한계가 있다는 비판과 함께 교사가 학생들에게 단편적인 지식을 전달하는 위주의 교육방식 역시 오늘날 창의성과 자율성이 요구되는 사회에서는 의미를 찾을 수 없게 되었다. 또한 한 사람 한 사람이 각각 태어나서부터 때와 장소에 상관없이 생애 단계별로 자신의 역량을 최대한 발휘하며 경쟁력을 갖춰 우리 사회의 구성원으로 살아갈 수 있도록 돕는 평생교육은 개인의 행복을 실현하고 국가경쟁력을 향상하는 중요한 분야이다(평생교육백서, 2014). 2017년 교육부는 「제4차 평생교육진흥 기본계획」을 세워 미래 평생교육의 청사진을 제시하였는데, 교육부가 인식한 국내사회 환경의 변화는 다음과 같다.

1) 기술혁신

4차 산업혁명 등 기술혁신으로 일자리의 변화가 촉발되었다. 인공지능(AI) 발달 등 기술혁신으로 기술이 인간을 대체할 수 있는 역할의 수준과 범위가 비약적으로 확대되어 단순 반복 업무 중심의 일자리가 대규모 소멸할 것으로 예측된다. 또한, 4차 산업혁명사회에서 요구되는 직무 및 고용 형태가 변화하여 빠른 속도로 진화하는 신기술을 업무에 활용하기 위해서는 교육이 필요하며 창의·융합 분야 중심의 새로운 일자리가 창출되기에 문제해결 및 창의력 등의 능력을 향상하고 제2의 직업을 준비하는 것이 어느 때보다 필요하다. 특히 변화의 속도가 매우 빠른 오늘날에는 새로운 직무 능력을 원하는 시기에 학습할 수 있는 유연한 평생학습체제가 요구된다.

2) 인구구조의 변화

우리나라는 인구구조의 고령화와 기대수명의 증가로 평생교육에 대한 양적 수요가 증가하였다. 저출산 고령화가 심화하여 성인 인구가 지속적으로 증가하고 특히 성인 인구에서 고령자 비중이 확대되고 있다. 2017년 9월 기준으로 우리나라는 이미 고령사회로 진입하였으며, 기대수명의 증가에 따라 전 생애에서 다수의 기술혁신 및 사회변화로 인한 이·전직의 경험은 피할 수 없게 되었다. 또한 중등교육의 보편화, 고등교육 확대 등에 따라 경제활동인구의 학력 수준이 지속적으로 상승하고 있어(고용정보원, 2020), 인구구조 변화에 따른 중앙정부와 지자체의 인적자원 질적 고도화정책이 필요한 시점이다.

3) 공정사회에 대한 기대 확산

소득 양극화의 심화에 따른 공정한 사회에 대한 기대가 확산하고 있다. 우리나라는 두 번의 외환위기 이후 저성장 고착화와 소득 양극화가 지속되고 있다. 또한 양질의 일자리 감소로 양극화 완화 기제가 열악해지고 사회 이동성이 저하되어 계층 상승에 대한 기대가 감소하는 상황에 직면하고 있다. 이에 평생교육을 통한 역량을 높이고 양질의 일자리를 확보하여 양극화 완화로 이어지는 선순환 구조 마련이 절실한 때이다. 한편 소득과 지역 양극화에 따른 사회통합 요구와 '공정, 정의, 평등' 등의 민주주의 가치에 발맞춘 평생학습 지원에 부응하는 방법으로 평생교육이 요구된다.

4) 교수·학습 형태의 변화

IT기술을 활용한 교수·학습 혁신 및 학습 형태가 변한 교수·학습 혁신 모델이 확산하고 있다. IT기술 발전에 따라 온라인 중심 또는 온·오프라인이 융합된 새로운 교육모델이 계속해서 성장하고 있으며, 학습 모임 등 수요자(학습자) 중심의 자발적이고 새로운 학습 형태가 확산하고 있다. 한편, 우리나라 형식교육의 비중은 OECD 평균 11%에 비해 5% 수준으로 저조하다. 이에 IT기술을 활용하여 성인의 시·공간적 제약을 해소하는 K-MOOC 등 새로운 학습 형태의 확산과 형식교육 비중의 확대 노력이 요구되는 현실이다. 이에 중앙정부와 지자체 등이 프로그램을 제작·공급하는 방식에서 국민이 자발적으로 참여하여 평생학습을 통해 지식을 창출하는 방식으로의 전환이 필요하다.

5) 계층 간 평생교육 참여 격차의 확대

우리나라 국민의 평생교육 실제 참여 시간은 여전히 부족하며 계층 간 참여 격차가 확대되고 있다. 2021년 우리나라 국민의 평생학습 참여율은 30.7%로 전년대비 9.3% 감소되었다. 이는 OECD 평생학습 평균 참여율에 미치지 못하는 수치이며 실제 학습 시간은 일 평균 3~11분에 불과하여 실제 학습 시간은 턱없이 부족하다. 특히 이직과 은퇴 등 큰 변화를 경험하는 생애 제1 전환기(40~44세)와 생애 제2 전환기(55~59세)를 대비하기 위한 학습이 이루어지지 못하는 현실이다. 그러나 지역에서는 주민 수요가 많고 강사 수급이 원활한 문화예술, 인문교육을 중심으로 프로그램이 운영되어 성인의 생애별 특성을 고려한 맞춤형 재교육, 경력개발 프로그램이 부족하다. 또한, 학력, 소득 등 학습자의 특성에 따라 평생학습 참여율에 대한 큰 격차가 존재하는데 이러한 참여율의 격차가 지난 10여 년 사이에 확대되는 추세이다. 이에 장애인, 저소득층 등 소외계층의 평생교육 참여 독려방안이 필요하다.

4. 국내 평생교육 추진 전략과 기본과제

우리나라는 2000년 「평생교육법」이 시행된 이래 2002년 사회통합을 위한 평생학습 지원 강화를 목표로 제1차 평생학습진흥종합계획(2002~2006), 소외계층에 대한 공적 지원 시스템 마련을 통한 평생학습사회 실현을 목표로 제2차 평생학습진흥종합계획(2008~2012), 사회통합을 위한 맞춤형 평생학습지원을 목표로 제3차 평생교육진흥종합계획(2013~2017)을 수립, 사업을 진행하면서 국가 수준의 평생교육 진흥정책을 본격적으로 시행하였다. 제4차 평생교육진흥종합계획(2018~2022)은 '개인과 사회가 함께 성장하는 지속 가능한 평생학습사회 실현'을 모토로 누구나, 언제 어디에서나 평생학습을 누리는 것을 주요 과제로 삼았다.

2022년 12월 발표된 제5차 평생학습진흥방안(2023~2027)에서는 '누구나 누리는 맞춤형 평생학습 진흥'이라는 표어 아래, 디지털 대전환, 초고령사회 등 시대적 변화에 대비한 '평생학습 대전환'을 정책방향으로 삼았다<표 1-2>. 교육부는 그간 시혜적 복지로 인식되던 평생학습을 국민의 시각에서 실질적인 권리로 보장하는데 주력하는 한편, 지자체·대학 중심의 평생학습 정책을 확대·강화하고, 3050 생애도약기 평생학습 지원정책을 추진하며, 사회부총리 차원에서 평생학습을 위한 국가-지자체-민간협력체계를 구축할 계획이다.

표 1-2 제5차 평생학습진흥방안(2023~2027) 평생학습 대전환의 주요내용

구분	기존		전환
국민	시혜적 복지	➔	국민의 실질적 권리
지자체	중앙정부의 평가·지원	➔	지자체 중심 자율적 진흥
대학	학령기 학위과정 중심	➔	재교육·향상교육 상시 플랫폼
학습연계	학위/비학위/경력 간 분리	➔	학위-비학위-경력 간 연계
기술활용	전통적 교육자료 중심	➔	인공지능 등 최신 디지털 기술 활용
협업	각 부처·지자체 산발적 추진	➔	범정부 협력·연계체제 구축

연구문제

1. 국제사회에 평생교육 개념이 등장하게 된 배경을 설명해 봅시다.

2. 우리나라의 「사회교육법」 제정 당시 국내외 평생교육의 개념을 비교해 봅시다.

3. 평생교육과 성인교육의 개념을 비교해 봅시다.

4. 4차 산업혁명시대와 평생교육의 관계를 설명해 봅시다.

5. 제5차 평생교육진흥 기본계획에서 평생교육의 필요성을 찾아 봅시다.

CHAPTER 02

해외 평생교육의 역사와 동향

제1절 서구 국가의 평생교육 역사와 동향

유럽에서는 평생교육이 개념이 태동하게 된 시기를 주로 산업혁명 이후로 보고 있다. 1700년대 영국에서 시작되어 유럽과 북미로 확산한 산업혁명은 과거의 농경 중심 사회에서 산업 중심 사회로의 변화를 촉진했으며 대량생산과 분업이라는 노동의 형태를 가져왔다. 이에 생산성과 효율성을 극대화할 수 있는 노동력이 필요하게 되었고, 표준화된 지식과 기능을 갖추도록 하는 교육의 필요성이 제기되었다. 이와 더불어 북미와 유럽은 미국 독립전쟁(1775~1783)과 프랑스 혁명(1792~1802)을 거치며 민주주의가 성립되었고, 시민사회 형성을 위한 교육의 필요성 역시 제기되어 성인교육 등 평생교육의 개념이 생겨났다. 이러한 사회경제적 변화에 따른 평생교육은 서구를 중심으로 전개되었는데, 본 장에서는 영국과 미국의 평생교육 발전 과정을 시대순으로 1600년대부터 1800년대까지의 발생기, 제 1·2차 세계대전이 일어났던 1900년대 중반까지, 제2차 세계대전 이후 20세기 후반, 2000년대부터 오늘날까지로 구분하여 살펴보고자 한다.

1. 영국의 평생교육 역사와 동향

1) 발생기: 1600년대 ~ 1800년대

(1) 성서지식진흥협회

영국에서의 평생교육 형태는 잉글랜드 내전(English Civil War)이라고도 불리는 청교도혁명(Puritan Revolution, 1642~1660)과 왕정복고 이후 종교 탄압 등의 정치·종교적 배경에서 그 기원을 찾을 수 있다. 청교도는 잉글랜드 성공회를 비판하고 성서주의적인 입장을 취했는데, 청교도인들은 당시 영국에 만연한 범죄와 부도덕성을 기독교 종교의 원리에 대한 무지 때문이라고 여겼다. 이에 1668년 성서지식진흥협회(SPCK: Society for Promoting Christian Knowledge)를 창설하여 영어로 번역된 성서 및 기독 문학 작품들을 출판, 배포하며 다양한 수준의 기독교교육을 목적으로 운영하였다. SPCK의 설립목적은 교육, 전도, 교회지원, 취약계층 지원 등의 4가지로 요약되는데, '교육'은 이 중 가장 중요한 핵심 목적이었다. 그 이유는 성인이 영어로 번역된 성경을 읽고 이해할 수 있어야 하는 필요성이 절실했기 때문이었다. 성인들은 주중 늦은 저녁이나 일요일에 출석할 수 있었고, 이에 주일학교(Sunday School)가 생겨나게 되었다. 주일학교는 점진적으로 그 규모가 확대되었고, 1700년대 당시 영국 전역에 3천여 개의 주일학교가 운영하기에 이르렀다(Smith, 2004). SPCK는 또한 마을에 도서관을 지었으며, 가난한 아동들을 위해 많은 자선학교(charity schools)를 설립하기도 했다.

(2) 성인학교

영국의 첫 번째 성인학교(adult school)는 1798년 노팅엄(Nottingham)에 있는 양말공장의 젊은 여성을 대상으로 세워졌다. 이 학교는 감리교인인 윌리엄 싱레튼(William Singleton)과 청교도인 사무엘 폭스(Samuel Fox)에 의해 운영되었는데, 학교의 설립목적은 성경을 읽고 쓰는 능력을 키우는 것이었다. 1850년 이후 조셉 스털지(Joseph Sturge)와 윌리엄 와이트(William White)가 운영하는 성인학교(Sturge's Severn Street School)는 성경을 기반으로 한 기초문해교육 이외에도 셈하기, 지리학, 문법 등 기초지식의 수업 내용을 포함하였다. 다양한 학문을 다룸에 따라 많은 참여자가 생기게 되었고, 이는 도서관, 저축은행, 질병 요양기금, 사회 구제 등 다양한 주제에서의 유대 및 활동을 통한 토론식 수업을 이끌어냈다는 점에서 의미가 있다. 1800년대 말 영국 전역에는 350여 개의 성인학교에서 4만5천여 명의 참여자가 있을 정도로 번영하게 되었고, 이러한 성인학교의 연대와 활동 강화를 위해 1899년에 영국성인학교협의회(National Council of Adult School)가 창설되었다(Smith, 2004).

(3) 노동자대학

이처럼 종교들이 주도하여 시작된 영국의 기초문해교육 위주의 평생교육은 18세기 중반에서 19세기 초반까지 이어진 산업혁명을 거치면서 다른 한편으로는 노동자들의 계몽과 관련한 모습을 띠기 시작했다. 산업혁명 이후 자본주의가 발달하면서 노동자들의 삶은 열악한 근로환경, 저임금, 실업, 높은 물가 등으로 비참했다. 노동자들은 이들의 문제를 해결하기 위해 소비자 협동조합을 결성하여 자본가 착취의 전부 또는 일부를 피하려고 시도하였지만 별다른 성과를 거두지 못했다. 한편, 1839년대~1849년대 일어난 차티스트 운동(Chartist

Movement)은 노동자의 참정권 운동으로, 당시에 없었던 노동자들의 선거권 획득을 통해 이들의 문제를 의회를 통해 해결하고 보호하려는 노동운동이었다.

이러한 사회적 분위기에 맞물려 교육을 인간의 권리로 인식하게 되었고, 영국의 기독사회주의자 프레드릭 머리스(Fredric Maurice)에 의해 1854년 최초의 성인교육기관인 노동자대학(Working Men's College, WMC)이 설립되어 오늘날까지도 영향력을 지속하고 있다. 노동자대학은 인문주의교육 철학을 바탕으로 직업 기술과 더불어 교양교육을 제공했는데, 교사의 학문적 지식을 노동자의 삶의 경험과 관련지어 학습하는 방법으로 진행되었다. 노동자대학은 새로운 교양교육의 전통을 형성하였으며 이러한 경향은 이후 전개되는 대학확장 운동으로 이어지게 되었다(류장수, 2008).

(4) 대학확장 운동

19세기까지만 해도 유럽의 대학은 국가를 위한 관리, 성직자, 의사 등 소수 엘리트만을 양성하는 장으로 소수 지배 계층을 대상으로 운영됐으며 사회변화에 무관심하거나 거부적이었다. 하지만 1860년대 애쉬비 경(Sir. Ashby) 등은 새로운 시대에 대응하기 위해서 대학이 가졌던 전통적인 교육내용과 함께 조직이 변해야 한다는 제언을 통해 대학의 확장(university extension)이라는 개념을 소개하였다. 이의 실천을 위해서 대학은 지역 내 특수 계층만을 학습자로 제한함에서 벗어나 성인들이 지역 외에서 여가를 활용함 등을 통해 학습 참여의 기회를 부여하는 방안으로 특별 강좌를 개설하였다.

1209년에 설립된 영국에서 가장 오래된 전통을 가진 대학 중 하나인 케임브리지 대학교(University of Cambridge)의 스튜어트(James Stuart)는 1867년 여교사들이 중심이 된 '북부 잉글랜드 여자 고등교육 진흥회(North of England Council for Promoting the Higher Education)'의 요청으로 북부의 3개 도시에서 자연과학사를 주제로 강의를 시행하였는데 이를 계기로 케임브리지 대학교 내 대학개방기관을 설치할 것을 제안하였다(류장수, 2008). 이 제안에 따라 케임브리지 대학교에서는 1973년 역사상 최초로 대학의 평생교육을 시작하게 되었고, 19세기 끊임없는 과학적 발견과 발명, 산업혁명의 진행 과정에서 일어난 국민의 교육 요구 증대, 전통적인 대학 시스템을 개선하려는 노력 등이 어우러져 일반인 대상의 대학확장 강좌는 전국 대학으로 확산하였다.

2) 제1 · 2차 세계대전 전후

(1) 노동자 교육협회

1900년대 초 영국의 평생교육은 기존의 대학확장 운동과 함께 노동자 중심의 교육이 전개되었다. 이 시기 활발하게 활동한 평생교육활동가는 앨버트 맨스브리지(Albert Mansbridge, 1876~1952)로 영국의 성인교육 운동을 부흥시킨 뛰어난 조직가로 평가되고 있는 인물이다. 목수의 아들로 태어난 맨스브리지는 집안 형편으로 학교를 그만두어야 했지만 지속되는 학습에 대한 갈망을 채우기 위해 런던에 소재하는 킹스 대학(King's College)에서 대학확장 프로그램의 일환이었던 공개강좌를 수강할 수 있었다. 이후 그는 낮에는 사무직원으로 일을 하면서 저녁에는 산업사학과 경제학을 가르칠 수 있게 된다. 하지만 대학확장 시스템의 목적, 즉 고등교육에 접근할 수 없었던 노동자 및 여성과 같은 교육 소외집단에 교육의 기회를 제공하는 것과 달리 실제로는 중상위층만 학습에 참여한다는 사실에 주목하게 되었다. 이에 대한 대안으로 그는 노동자를 중심으로 하는 고등교육사업 증진을 목적으로 하는 노동자 교육협회(Worker's Educational Association, WEA; 당시 명 Association to Promote the Higher Education of Working Men)를 1903년 창설하였다. 노동자 교육협회 WEA는 영국 내 대학 대부분을 이른 시일 안에 조직으로 끌어들였고, 1905년 WEA의 사무총장이 되어 노동자를 위한 평생교육에 전념하게 된다. 설립 초기의 WEA는 노동자들이 사회변화 속에서 권익을 보호하고 투쟁하는 데 필요한 지식을 겸비하기 위하여 대학을 활용하려는 목적이 있었다. 이후엔 노동자의 성인교육 기회를 보장하는 것뿐 아니라 민주사회를 위한 성인교육 운동 및 성인학습자와 교육자 모두가 능동적인 시민이 되도록 하는 것을 목적으로 하였다(WEA, 2017). 이를 위한 한 활동의 예로, WEA는 교육기관에 소속되지 못한 노동자들을 위해 도서관을 설립했고, 이 도서관은 오늘날 영국 국립중앙박물관의 전신이 된다.

Albert Mansbridge
(1876~1952)

(2) 성인교육위원회

1919년은 영국의 평생교육사에 한 획을 긋는 해로 여겨진다. 제1차 세계대전 이후 1917년에 구성된 재건부(Ministry of Reconstruction)는 노동, 지역 정부, 주택, 여성의 역할 등을 포함한 다양한 삶의 측면을 고려한 위원회를 조직했다. 이 중 하나가 바로 성인교육위원회(Adult Education Committee)이다. 성인교육위원회에는 맨스브리지를 포함하여 성인교육 운동에 핵심이 되는 인사들이 참여하게 된다. 이들은 일명 1919 보고서(1919 Report)라 불리는 보고서를 발표하였다. 보고서에는 성인교육이 경제성장뿐 아니라 성공적인 민주사회를 건설하고 유지한다는 가치와 역할의 중요성을 설명하였다. 이는 성인교육이 당시의 사회, 경제, 정치적 변화에 중추적인 역할을 할 수 있다는 것을 인식시키는 것뿐 아니라, 국가와 지방정부, 지역사회의 책임 있는 역할과 지속적이고 실제적인 지원을 강조하였다. 성인교육을 기존의 여가 중심의 사치로 여기지 않고, 민주주의를 효과적으로 유지하고 국가를 재건하는 데 없어서는 안 될 가치로 새롭게 여기기 시작했다. 이와 같은 사회적 맥락 속에 영국 정부는 WEA 협회에 재정을 지원, 확장 대학의 수강료 인하를 촉진하였으며, 대학확장 프로그램은 WEA 주도의 학급 개설을 가능하게 했다.

(3) 관련법의 제정

한편, 영국 내에서는 자유방임주의가 불황에 대처하지 못한다는 비판과 함께 극도의 빈부 격차를 초래하였고, 제1차 세계대전과 대공황 그리고 제2차 세계대전을 겪으며 정부의 역할 확대를 통해 위기를 극복해야 한다는 주장이 설득력을 얻기 시작했다. '요람에서 무덤까지(from the cradle to the grave)'라는 구호로 유명한 베버리지 보고서(Beveridge Report)는 2차 세계대전 중이었던 1924년 영국의 사회보장제도에 대한 보고서이다. 보고서를 작성한 베버리지(William Beveridge)는 영국사회가 맞닥뜨린 여러 문제를 해결하기 위해서 빈곤의 문제를 우선으로 해결해야 한다고 주장했는데, 빈곤의 여러 원인 중 하나가 불황으로 인한 해고였다. 베버리지 보고서에 따라 1944년에 교육법(Education Act)과 장애인 고용법 등이 제정되었는데, 교육법은 영국의 교육체계를 기초교육(primary education), 중등교육(secondary education), 계속교육(further education)의 3단계로 구분하여 전체 교육체제 내에서 평생교육의 기초를 마련하였다. 이를 근거로

1946년 성인교육 규정(Adult Education Regulations)을 만들어 지방교육당국(Local Education Authority)이 지역사회 주민들에게 계속교육에 대한 욕구를 충족시킬 수 있는 교육시설을 설치할 것을 의무로 규정하였다. 이와 더불어 1946년에는 건강보험과 연금제도, 실업수당, 광산업을 비롯한 주요 산업들의 국유화가 이루어지는 등, 노동자의 삶에 영향을 주는 다양한 제도들이 마련되었다.

3) 1950 ~ 1990년대 말

(1) 관련법의 제정

1944년 교육법을 근거로 평생교육을 전개해 온 영국은 1975년 계속교육 규정(Further Education Regulation)을 제정하여 UNESCO와 OECD의 평생교육정책을 반영하였다. 그러나 복잡한 학교교육제도와 기회의 불평등, 국가적 차원의 통일성 결여 및 초·중등교육 간 연계성 부족 등으로 인한 교육의 비효율성이 국가경쟁력을 저하시키는 문제로 이어지고 있었다. 실제로 1960년대에서 1980년대까지 영국의 많은 학생이 중등학교를 졸업하지 못하고 중도 탈락하였으며, 특히 수학과 과학 등 주요 교과에서 낮은 성취도를 보였다. 이에 1988년 영국 정부는 교육 개혁법(The Education Reform Act)을 제정하여 효율성 위주의 교육 개혁과 경쟁력 향상을 위한 교육 개혁을 추구하였다. 즉, 학교교육의 효과성, 교육적 성취 기준의 설정, 경제발전에 있어서 교육의 역할, 직업훈련 등을 구체적으로 제시하게 되었다(김가영, 2008). 이후 1992년 계속교육과 고등교육법(Further and Higher Education Act), 2000년 학습기술법(Learning and Skill Act)을 통해 계속교육에 대한 개념과 교육체제를 재정비하였다. 교육 개혁법에서는 계속교육을 '의무교육 연령이 넘은 이들을 위한 전일제 혹은 정시제교육과 조직적인 여가활동으로 고등교육은 여기에서 제외된다'라고 규정함으로써 지방 교육 당국에 의하여 설치·운영되는 기관에서 실시하는 모든 형태의 학교 후 교육을 의미하였다. 이로써 기존의 고등교육 수준에서 계속교육을 담당하였던 폴리테크닉(Polytechnic)은 대학(University)으로 개칭되었고, 계속교육과 관련해서 컬리지(college)에서의 학습과 직장의 업무를 연결하는 산학연계과정(sandwich courses)과 유급교육 휴가 제도(release)가 탄생하게 되었다. 이러한 일련의 개혁은 고등교육 확장의 의미를 담고 있는 추가교육 개념에 기초하여 전통적인 대학 시스템을 산업 요구에 맞춰 개혁하고, 그 안에 성인 추가교육을 적극적으로 담아내려는 의도로 볼 수 있다(김가영, 2008).

(2) 개방대학

영국 대학의 평생교육은 사회변화와 노동자 계급의 성장에 따라 급격하게 변화해왔다. 1950년대까지도 영국 대학의 사회교육은 정치적 이데올로기에 의해 많은 영향을 받아왔으며 직업 기술교육 같은 실용적인 내용보다 전통적인 대학의 이념인 엘리트주의로 인해 교양과목과 사회과학에 큰 비중을 두고 있었다(McIlroy & Spencer, 1988). 영국 노동당 집권 당시 총리였던 해럴드 윌슨(Harold Wilson)은 사회학자이자 정치가였던 마이클 영(Michael Young)의 교육을 통한 사회개혁 아이디어를 접하게 되었다. 마이클 영은 나이와 배경에 무관하게 배움에 대한 열정이 있는 성인, 특히 노동자들이 교육을 받을 수 있는 고등교육기관을 주창했고 1969년 개방대학(Open University, OU)의 설립으로 구현되었다. 개방대학은 직업교육과 기존 교양 및 사회과학 중심 교육 간의 위계를 좁히는 계기가 되었으며 대중 전파 매체를 활용하여 원격 평생교육의 발전을 가져왔다. 개방대학 초기에는 라디오와 오디오 카세트를 활용하였고, 이후에는 공영방송인 BBC와 협력을 하여 강의 영상을 제공하였다. 1980년대에 이르러서는 컴퓨터 통신 및 CD-ROM 등을 활용하여 쌍방향 원격교육 방식을 시도하였으며 개별화된 학습자 지원을 하게 되었다. 영국의 개방대학은 세계 많은 나라에 영향을 미쳤고, 특히 우리나라 방송통신대학을 설립하는 데 모티브가 되기도 하였다. 영국 정부는 일련의 교육법 개정으로 대학의 개방화를 통한 계속된 직업교육의 심화와 함께 대학과 지역사회의 연대 및 교육 소외계층에 대한 교육적 노력을 집중시켰다.

4) 2000년 ~ 현재

(1) 국가인증체계

1990년대 말 이후, 영국 정부의 교육 개혁 노력은 특히 "평생학습사회의 구축"이라는 아이디어에 집약되고 있다. 1997년 토니 블레어(Anthony Charles Lynton "Tony" Blair) 총리의 노동당 정부는 영국 정부의 경제 및 목표 지향적 교육 개혁에 박차를 가하며 학교의 수월성(Excellences in School)이라는 백서를 발간하였는데, 이 백서는 '지식사회'로 특징지어지는 미래사회에서의 국가 발전과 대외 경쟁력은 국민의 지식수준에 의해 결정되며, 질 높은 계속된 교육의 기회를 제공하여 지식을 발달시켜 가는 것이 국가 발전의 핵심임을 밝혔다. 실제적이고 실용적인 지식교육과 직업훈련을 긴밀하게 관련시키기 위해 1995년 영국 정부는 교육부를 교육고용부(Department for Education and Employment: DfEE)로 개편하였고 기존의 교육과정과 직업 능력 자격 기준을 별도로 관장하던 평가기관을 직업 자격·교육 과정원(Qualification and Curriculum Authority: QCA)으로 통합하였다. 나아가 국가기술자격을 인증하는 국가인증체계(National Qualification Framework)을 구축함으로써, 기술자격을 국가직업 능력인증체계(National Vocational Qualification: NVQ)에 맞추어 자격화하였다. 이를 통해 직업 자격체계와 기존의 학력 체계를 대응시켜 직업 능력과 학력을 기술 수준과 영역에 따라 통합하려는 정책을 시도하였다.

(2) 문해교육

2000년대 이전에는 문해교육에 대한 정부 차원의 관심이 크지 않았다. 하지만, 1996년 OECD의 국제성인역량조사(the International Adult Literacy Survey, IALS)에서 영국 국민의 문해 능력이 다른 선진국에 비해 낮은 것으로 조사되면서 문해력을 강화하는 것이 공식적인 정책의제로 채택되었다(Centre for Longitudinal Studies, 2014). 이후 2000년에 학습 및 역량법(the Learning and Skills Act)이 제정되었고, 이듬해인 2001년에는 교육 소외계층의 역량 강화를 체계적으로 지원하는 삶의 전략을 위한 역량(Skills for Life Strategy) 제도가 추진되었다. 2002년에는 국가 성인문해언어수리 연구개발센터(National Research and Development Centre for adult literacy, language and numeracy, NRDC)를 설립하여 문해에 관한 체계적인 연구가 이루어지도록 발판을 마련하였다. 2013년부터는 교육부 산하기관인 교육역량 재정지원기관(Education & Skills Funding Agency)의 주도하에 '새로운 도전, 새로운 기회: 계속교육 및 역량 시스템 개혁(New Challenge, New Chances: Further education and Skills System Reform)'을 기반으로 국민 전체의 교육 수준 향상을 위한 정책적인 노력을 이어가고 있다.

(3) 행정기관의 구체화

한편, 2001년 고용노동부는 고용과 노동의 연계를 도모해 왔던 기존의 정책에서 한 걸음 더 나아가 전 국민의 고용 가능성을 높여 국가경쟁력을 향상시키기 위한 목표로 교육기술부(Department for Education and Skills: DfES)로 명칭을 변경하여 교육 기회의 확대, 잠재 능력의 개발, 탁월한 학업성취라는 목표 아래 의욕적인 교육 개혁을 추진하였다. 2007년에는 고든 브라운(Gorden Browen) 총리 내각이 들어서면서 교육기술부가 아동학교가족부와 혁신대학기술부(Department for Innovation, Universities and Skills: DIUS)의 두 개 부처로 분리되었다. 교육기술부와 산업통상부 내 성인교육과 관련한 기능을 별도로 뽑아 혁신대학기술부는 모든 사람에게 균등한 교육의 기회를 제공함으로써 개인이 자신의 능력을 최대한 발휘하여 자신의 삶과 직업을 영위해 나갈 수 있도록 돕는 것을 목표로 하였다. 2009년, DIUS는 다시 비즈니스혁신기술부(Department for Business, Innovation and Skills)로 명칭을 변경하여 성인학습, 계속교육, 고등교육, 기술, 과학, 혁신 등의 업무를 별도로 관장하며 인재 개발 중심의 평생교육정책을 보다 강화하였다. 2016년에 새로운 내각이 구성되면서 비즈니스혁신기술부를 폐지하고 평생교육과 직업교육 분야 업무를 교육부(Department for Education)에 이관하여 2021년 현재까지 아동의 복지와 의무교육 및 고등교육, 직업교육, 기타 기술교육 및 여성과 평등정책을 전담하고 있다.

2. 미국의 평생교육 역사와 동향

1) 발생기: 1600년대 ~ 1800년대

(1) 벤저민 프랭클린

미국의 평생교육 발생기를 이해하기 위해서는 벤저민 프랭클린(Benjamin Franklin, 1706~1790)의 업적을 함께 이해하면 도움이 된다. 당시 아메리카 대륙의 개척자들은 종교적 자유를 찾아 온 신교도였다. 이들은 종교와 문화를 지키고 계승, 발전시키는 방법으로 교육을 선택하였다. 18세기를 대표하는 정치가, 사상가, 발명가이자 미국의 '건국의 아버지(Founding Fathers)' 중 한 명인 벤저민 프랭클린은 영국을 떠나 보스턴에 정착한 이주자의 아들이었다. 가난으로 그가

준토(Junto)

받은 정식교육은 2년이 채 안 되었지만, 독서를 통해 글 쓰는 방법을 독학으로 익혔고, 청년기에는 필라델피아로 이주하여 독서를 좋아하는 젊은이들과 교제를 즐겼다. 1727년, 21살의 프랭클린은 준토(Junto)라는 토론클럽을 만들었는데 정기적으로 모여 과학, 철학, 정치, 경제, 사업, 사회생활 등 다방면의 주제를 탐구하고 논의하는 모임이었다. 당시 서적은 귀하기도 하면서 값이 비쌌기 때문에 벤저민 프랭클린과 준토 회원들은 도서 확보 및 공유 문제를 해결하기 위해 조합 도서관(subscription library)을 계획하게 되었다. 프랭클린은 1731년 비영리단체인 필라델피아 도서관 회사(Library Company of Philadelphia)를 설립하였고, 1750년대까지 12개가 넘는 조합도서관이 미국 전역에 생겨났고 이후에는 공공도서관으로 발전하여 평생교육에 크게 이바지하였다. 이후 준토는 점차 시민 조직체로 성장하였으며, 1743년에는 독립적인 성인교육기관인 미국심리학회(American Philosophical Society, APA, 당시 명 Philosophical Society)로 성장하게 되었다. APA 초창기 회원에는 초대 대통령인 조지 워싱턴(George Washington), 초대 재무장관인 알렉산더 해밀턴(Alexander Hamilton), 3대 대통령은 토머스 제퍼슨(Thomas Jefferson) 등이 있었다.

한편 당시 미국의 교육기관으로는 라틴어학교(Latin grammar school) 및 오늘날의 중등교육기관의 모태이자 실용 교과를 중시하는 아카데미(Academia) 등을 포함하여 하버드 대학교(당시 명 New College), 예일 대학교(당시 명 Collegiate School), 프린스턴 대학교(당시 명 College of New Jersey) 등 고전 연구와 성직자 양성을 목적으로 한 고등교육기관 등이 15~16세기에 걸쳐 설립되었다. 당시 필라델피아에는 가난한 가정의 자녀들을 교육하는 필라델피아 구제학교(Charity School of Philadelphia)가 있었는데, 운영의 어려움이 생기자 벤저민 프랭클린이 학교를 인수하여 필라델피아 대학(당시 명 College and Academy of Philadelphia)으로 개명을 했다. 이 대학에서는 라틴어와 기독교 학문 대신 공예와 의학, 현대언어와 경제 등 실용 학문을 중심으로 학제를 개편하였다. 교육의 실용성을 중요시하는 것은 경험을 강조하고 실용을 목적으로 하는 진보주의 평생교육철학 실천의 예로 그 의의를 찾을 수 있다.

(2) 라이시엄 운동

한편 미국은 미국 시민들은 지역 공동체활동을 통해 공공의 문제를 함께 해결했는데, 이러한 시민들의 자발적 참여와 실천 문화는 독립전쟁(1775~1781년)과 자본주의 발전 등 사회변동을 겪으면서 미국만의 성인교육 기틀을 형성하게 되었다. 미국에서의 대표적인 초창기 평생교육활동으로 준토(Junto)와 더불어 라이시엄 운동(lyceum movement), 셔토쿼(Chautauqua) 등이 있다.

라이시엄 운동은 1826년 조시아 홀브룩(Josiah Holbrook)이 젊은이들을 가르치기 위해 창시한 조직적이고 다양한 공교육의 프로그램과 오락을 결합한 성인교육의 형태였다. 라이시엄(lyceum)이란 이름은 아리스토텔레스가 그의 제자들을 가르쳤던 그리스 지역이자 학원 이름이었던 리케이온(Lykeion)에서 가져왔다. 교육은 평생에 이루어지는 경험과 같다고 생각한 홀브룩은 자신이 알고 경험한 농업 관련한 기술을 가르치던 것에서 시작했지만 이후엔 지역의 재능 있는 사람들이 다양한 주제로 연설, 강연, 토론 등의 교수방법을 활용하여 여러 지역에서 라이시엄을 주재했다. 발표자 중에는 스프링필드(Springfield)에서의 에이브러햄 링컨(Abraham Lincoln)도 포함하고 있으며, 그의 라이시엄 연설은 오늘날까지도 그 자료가 남아있다. 1834년에 이르러 라이시엄의 수가 전국적으로 3천여 개에 이를 정도로 급속히 팽창하게 되었지만, 남북전쟁 이후엔 셔토쿼 운동과 합쳐져서 특성이 상실되었다.

세이럼 지역의 라이시엄(Salem Lyceum)

(3) 셔토쿼

첫 번째 셔토쿼인 뉴욕 셔토쿼 집회(New York Chautauqua Assembly)는 1874년 뉴욕주의 셔토쿼 호숫가 지역에서 주일학교 교사를 훈련하기 위한 목적으로 여름학교 형식으로 시작되었다. 도서관의 확장과 출판물 증가 등 사회적인 변화에 부응하여 강연, 통신교육, 독서 활동, 논문작성 등 다양한 학습활동이 진행되었다. 처음에는 종교적인 성격을 띠었지만, 점차 일반교육과 대중오락을 포함하는 방향으로 확대되었으며 교육과 오락을 겸한 여름학교의 형식은 추후 미국의 통신강좌와 대학 확장에 영향을 주게 된다. 19세기 말과 20세기 초 미국에서 활발히 전개된 셔토쿼는 대중적인 성인교육 운동의 모습 중 하나로 평가받는다.

1906년 캔사스주 셔토쿼 홍보지

2) 제1·2차 세계대전 전후

(1) 대학확장 운동

1860년대 중반 이후에 영국에서 일어난 대학확장 운동은 미국에도 영향을 미쳤다. 당시 하버드 대학의 생물학자 애거시즈(Louis Agassiz)와 예일 대학의 화학자 실리먼(Benjamin Silliman)은 대중을 상대로 과학을 주제로 강연을 하였고, 미시간 대학의 역사학자 화이트(Andrew Dickson White) 역시 지역사회에서 대학에 관한 관심을 끌어내기 위한 강의를 한 기록이 있다. 하지만 1880년대 말 성행한 미국의 대학확장 운동은 앞서 진행했던 강연들에서 비롯되었다기보다 1860년대 시작되었던 셔토쿼(Chautauqua)와 영국 대학확장 운동의 사례였다. 존스 홉킨스 대학의 경제학자 리처드 엘리(Richard T. Ely)와 교육학자 허버트 애덤스(Herbert Adams)는 셔토쿼에서의 강연을 통해 폭넓은 지식을 가르쳤을 뿐 아니라 독일에서의 정부 주도의 성인교육 지원 시스템과 영국의 대학확장 운동 등에 관심을 두고 셔토쿼 운동의 실천과 확장에 관여했다(Kett, 1994). 1880년대 중반 미국의 많은 대학은 영국의 대학확장 운동을 인식하고 있었으며, 대학확장사업의 활성화를 모색하기 시작했다. 130여 년의 역사를 가진 시카고대학(University of Chicago)의 평생교육 대학 그레이엄 스쿨(Graham School)이 대학 설립 과정에서부터 별도의 평생교육 단과 대학을 포함하였다는 사실은 상당히 고무적인 사건이었다.

(2) 도서관

다양한 평생교육 시설과 단체들이 이 시기에 설립되어 평생교육의 움직임이 나타나기 시작했는데, 그중 대표적인 평생교육기관이 미국 전역에 설립된 공공도서관이다. 1848년 보스턴시에서 공공도서관법이 제정된 후 1854년에 미국 최초로 보스턴 공공도서관이 문을 열었다. 하지만 남북전쟁과 잇따른 사회경제적 상황은 도서관 건립과 운영을 재정적으로 뒷받침하지 못했다. 당시 미국의 기업가이자 자선가인 카네기(Andrew Carnegie, 1835~1919)는 1883년부터 1929년까지 공공도서관과 대학도서관의 형태로 미국 전역에 총 2,509개의 도서관을 건립하도록 지원했다. 지역사회의 주민이 지식과 정보를 접하고 익히는 데 평등한 기회를 가질 수 있게 된 것이다.

(3) 미국성인교육협회

미국성인교육협회(American Association for Adult Education, AAAE)도 이 시기에 창설되었다. 1925년 카네기 재단(Carnegie Corporation)이 성인교육을 주제로 한 지역회의를 지원한 이래 개최된 각 지역의 회의에서는 전국 규모의 성인교육 조직 체계에 대한 논의가 있었고, 그 결과 미국성인교육협회가 1926년 설립되었다. 설립 초기의 AAAE는 '비직업적이자 비실용적인 학교 기반의 교육이 아닌, 지역사회 기반의 성인교육 비전 향상(to advance a particular vision of adult education, one that was community-based not school-based and that was also non-vocational and non-utilitarian)'을 설립목적으로 하여(Rose, 2008), 오늘날까지도 성인교육학에 대한 연구, 교육, 프로젝트 등을 통해 평생교육 발전에 이바지하게 된다.

(4) 관련법의 제정

이 시기에는 성인의 평생학습과 관련한 다양한 법들이 제정되기 시작하였는데, 그 예로는 1914년 농업과 농촌 생활개선을 위한 지도사업으로써 농촌 발전을 위해 대학의 참여를 지원하는 스미스-레버법(Smith-Lever Act, 일명 Agricultural Extension Work Act)이 있다. 이어서 1917년에는 미국의 직업교육에 관한 최초의 연방법이라고 할 수 있는 스미스-휴즈법(Smith Hughes Act, 일명 National Vocational Education Act)이 제정되어 부족한 숙련근로자와 기술자를 양성을 위해 직업교육을 시행하는 주에 대해 연방정부가 재정지원을 하도록 규정하였다.

한편, 미국의 평생교육사에 있어 20세기 초 중요한 역할을 담당한 것은 군대 조직이었다. 1차 세계대전 당시 미군은 우수한 인력을 가려내기 위해 지능검사를 개발하였으며, 또한 많은 사람이 문맹이라는 것이 밝혀져 문해교육의 필요성이 대두되었다. 이에 1920년 전미 교육협회(National Education Association, NEA)는 이민자 문해교육 부서를 만들어 적극적인 지원을 시작하였으며, 같은 해에 연방정부는 퇴역 장애 군인을 위한 재활 프로그램을 지원하여 직업교육, 직업지도, 직업배치 등에 사용하도록 한 스미스-페스법(Smith-Fess Act, 일명 Vocational Rehabilitation Act)을 제정하였다. 1942년에는 고졸학력인증시험(the test of General Educational Development, GED)이 개발되었는데, 군 복무 경험을 고교 졸업 학력으로 인증 받을 수 있는 시스템이 만들어져 전역 후 직업을 갖거나 직업훈련 또는 대학교육을 이수할 수 있게 했다. 제2차 세계대전 이후인 1944년에는 전역군인적응법(Servicemen's Readjustment Act)이 제정되어 퇴역군인들이 대학에 진학할 때 교육 비용의 일부를 연방정부가 지원하도록 하였다. 이로써 군 복무를 마친 많은 성인을 대학에 지원하였고, 이들의 유입을 위해 대학들은 적응 프로그램과 교육과정을 유연하게 개발, 지원하기 시작했다.

3) 1950 ~ 1990년대 말

(1) 직업교육 관련법의 제정

제1·2차 세계대전을 거치고 1957년 소련이 세계 최초로 위성을 성공적으로 발사한 이래 미국 정부는 국민이 제대로 된 교육을 이수하지 못하고 있다는 문제와 문해교육 및 직업교육 등을 포함한 평생교육에 대한 필요성을 인식하였다. 한편 당시의 시대 상황이 전쟁 및 대공황으로 미국 내 빈곤문제가 심화되었고, 이로 인한 사회 안정을 위해 빈곤문제의 해결과 시장에 대한 정부의 역할이 드러났다. 대공황 이후 경제 호황기를 누리기도 하였으나 미국의 빈곤율은 12~15%로 답보하는 상태로 기존의 사회복지제도의 한계가 드러나 노동시장 정책의 요소가 투입된 근로 연계의 새로운 복지제도가 논의되기 시작했다(김재진, 2009). 이에 미국 정부는 빈곤, 실업, 인종차별 등의 사회문제를 성인교육 및 평생학습을 통해 해결하고자 했고 이와 관련한 다양한 법 제정을 통해 미국의 평생교육은 발전하게 된다.

1962년 인력개발 및 훈련법(Manpower Development and Training Act)을 제정하여 일반 중등교육 시설에서 꺼리는 직업과정의 재정을 지원하여 직업교육을 활성화함을 시작으로, 1964년 경제기회법(Economy Opportunity Act)을 통해 교육 소외계층의 성인 기초교육 지원의 근거가 마련되었다. 연이어 1966년 성인교육법(Adult Education Act)을 제정함으로써 성인교육의 법적 기초를 마련하였다. 1973년 카네기 고등교육위원회(the Carnegie Commission on higher Education)는 '학습사회를 향하여(toward learning society)'라는 보고서를 발표하여 평생학습을 진흥하기 위해 행정의 목표를 학습사회의 실현에 두어야 한다고 강조하였다. 또한 전통적인 학위과정 중심의 대학교육방식을 비판하며 평생교육적 시각에서 대학의 성인교육의 가능성과 역할을 제시하였다. 이에 1976년 평생학습법(Lifelong Learning Act)을 제정하여 학습 기회에 혜택을 받지 못했던 자에 대한 학습 기회를 공적으로 보장하는 데 근본 취지를 두어 성인 기초교육, 특히 직업 기초교육을 충실히 하기 위한 노력을 마련하였다. 이는 대학 주도의 성인교육을 현대교육의 중심 영역으로 끌어올리는 노력의 의의와 가치를 공식적으로 천명했다는 점에서 의의가 있다. 하지만 정치·경제적인 상황의 변화로 실질적인 성과를 거두지 못한 채 1980년 고등교육법의 개정으로 폐지되었다(이용호, 2002). 개정된 고등교육법은 많은 대학에서 새로운 교육방법을 활용하여 성인들이 교육에 참여할 수 있도록 하였고, 연방정부는 학습사회의 실현을 목적으로 비전통적인 학습 기회 및 프로그램의 개발을 중시하는 정책을 펼쳤다. 1980년대에 들어서면서 학위 취득을 원하는 성인의 수보다 학점과 관계없어도 취업에 직접적으로 도움이 되는 교육과정을 선택하는 성인학습자의 수가 급속도로 증가하였다. 이에 미국에서는 1980년대 이후 평생학습론의 활발한 논의와 함께 대학을 계속교육의 중심기관으로 발전시키려는 움직임이 일어나게 되었다(류장수, 2008).

(2) 문해교육 관련법의 제정

1990년대 이후 미국은 본격적으로 지식기반사회 구축을 위해 평생학습을 활성화하는 각종 법안을 제정하며 관련법을 개정했다. 1991년 국가문해법(National Literacy Act)이 1966년 제정된 성인교육법을 대체하여 비영리기관과 연방기금을 활용해 성인의 평생교육을 제공할 수 있도록 참여 범위를 확대하였다. 이후 평생교육의 목적이 보편적인 문해교육에서 인적자원의 향상을 통한 국가경쟁력 제고로 옮겨지며 국가문해법은 1998년 인력투자법(Workforce Investment Act: WIA) 2부(Title II)에 제시된 성인교육 및 가족문해교육법(Adult Education and Family Literacy Act: AEFLA)으로 통합되었다. 미국 성인교육의 근간이 되는 WIA/AEFLA는 매년 미국 연방기금을 지원받는 4천여 개의 평생교육 관련 기관들이 성인교육에 대한 지침을 제공하는 연방의 규칙과 규정을 제시한다. 한편, 1996년 개인 책임과 직업 기회 조화법(the Personal Responsibility and Work Opportunity and Reconciliation Act, PRWORA)의 제정으로 미국 복지시스템의 변화가 일어났는데, 이 법은 직업을 가지려고 하는 사람들은 직업기술훈련, 교육과 직업의 연계, 고졸 학위 취득 교육 등에 참여해야 했다. 복지정책에 있어서 성인 문해교육이 중요한 역할을 하게 된 것이다. 이에 1990년대 후반 문해교육과 직업 능력 개발이 성인 문해교육의 중요한 축으로 자리 잡게 되었다.

4) 2000년대 ~ 현재

(1) 성인교육 실무진 구성

2000년대 초 부시(George. W. Bush) 대통령은 미국 연방정부가 시행하는 평생교육 프로그램을 더욱 효율적으로 시행하기 위해 다섯 개의 부서(노동부, 교육부, 보건부, 국방부, 사법부)가 포함된 성인교육 실무진을 구성하였다. 연방정부의 성인교육 프로그램은 기초교육에 집중하여 성인들의 학습 능력을 향상하고, 기초 수준의 성인들을 중등교육 수준 이상으로 향상하며 직업을 갖게 하도록 하고, 계속해서 성인교육을 실시하는 것을 목적으로 하였다. 실무그룹은 성인들의 문해 수준을 향상하기 위한 목적으로 성인기초교육(Adult Basic Education, ABE), 성인중등교육(Adult Secondary Education, ASE), 이민자를 대상으로 한 제2 언어로서의 영어교육(English as a Second Language, ESL)으로 나누어 기초 문해교육을 기반으로 한 직업 연계를 강조하였다.

(2) 인력혁신기회법

21세기에 접어들면서 인력투자법 WIA와 가족문해교육법 AEFLA는 연방정부의 예산을 통해 평생교육을 제공하는 기관들의 프로그램 참여 대상, 전달자, 교육기관의 전략 개발, 평가 체제 등의 기준이 되었다. 2014년 오바마(Barack Obama) 정부는 WIA를 인력혁신기회법(Workforce Innovation and Opportunity Act, WIOA)으로 개정하였는데, 미국의 고용, 훈련, 교육 프로그램들을 연계하고 강화하며 미국의 개인과 국가경쟁력 제고를 목적으로 하였다. 고용 정보, 교육, 훈련 및 지원 서비스에 대한 접근성을 높여 노동시장에 진입할 수 있도록 돕고 세계 경제 환경에서 경쟁력을 확보할 수 있는 숙련된 근로자를 양성하도록 표 2-1에서와 같이 6가지 핵심 프로그램을 운영하는 법적 근거가 되었다. WIOA는 인력개발 체제를 통해 명확한 서비스를 제공하고, 고등교육 장학금 담당 공무원과 WIOA 수혜 근로자 간 협력을 강화하였으며 고용센터의 운영 방안을 개선, 민간기업의 세금공제나 비용 지원의 인센티브를 제공함으로써 비근로자 훈련 프로그램의 기회를 확대할 수 있도록 하였다.

표 2-1 WIOA 핵심 프로그램(Core Programs)

성인 서비스 프로그램 (Adult Services Program)	구직자에게 경력 및 훈련 서비스 제공 - 견습직 프로그램, 맞춤형 훈련
실업자 대상 프로그램 (Dislocated Worker Program)	구직자나 실업자에게 훈련, 노동시장 정보, 진로 상담, 구직 기회, 교통 및 아동 돌봄 서비스 제공
청소년 서비스 프로그램 (Youth Service Program)	개인 지도, 대안적 중고등학교, 근무 경험, 업무 역량 훈련, 금융 지식, 대학교육, 노동시장 정보 등 제공
웨그너-파이저 프로그램 (Wagner-Peyser Program)	구직 지원, 취업 알선 형태의 직업소개 서비스 제공
성인교육 및 문해 프로그램 (Adult Education and Literacy Program)	읽기, 쓰기, 수학, 영어 문해력, 문제해결력 등 기초 역량을 배울 수 있는 수업 제공
재활 서비스 프로그램 (Rehabilitation Services Program)	신체적, 정신적 장애를 가지고 있는 사람이 직업을 갖도록 상담, 의료-심리적 서비스, 업무 훈련 제공

제2절 국제기구의 평생교육 역사와 동향

1. UNESCO의 역사와 평생교육 동향

1) UNESCO 설립 배경

세계 1·2차 대전을 겪으면서 전 세계적으로 인권과 평등의 문제가 제기됨과 동시에 항구적인 평화는 정치나 경제, 군사 등 물리적인 힘만으로는 이룩할 수 없으며 인류의 지적, 도덕적 연대에 기초해야 할 필요성을 공감하게 되었다. 이에 교육, 과학, 문화 부분에서 국제 협력을 증진함으로써 세계 평화에 이바지하는 국제기구를 창설하기로 뜻을 모으고, 1945년 11월 16일 국제연합교육과학문화기구인 UNESCO(United Nation Educational, Scientific, and Cultural Organization)가 설립되었다. 유네스코는 교육, 과학, 문화 분야에서 국제규범(협약, 권고, 선언 등)을 제정하고 지식과 정보의 보급 및 국제 협력의 조정 임무를 수행하며 모든 이를 위한 평생교육, 인류의 번영에 이바지하는 과학, 세계 유산 보호 등을 통한 문화발전, 정보와 지식의 공유를 통한 정보 격차 해소를 위해 노력하고 있다.

2) UNESCO 평생교육 연구소(UIL)

UNESCO는 스위스 제네바에 소재한 국제교육국(International Bureau of Education) 산하 6개의 연구소를 두고 있다. 국제교육계획 연구소(International Institute for Education Planning), 유네스코 평생교육 연구소(UNESCO Institute for Lifelong Learning, UIL), 정보기술교육 연구소(Institute for Information Technologies in Education), 중남미 지역 국제 고등교육 연구소(International Institute for Higher Education in Latin America and the Caribbean), 아프리카지역 국제 능력개발 연구소(International Institute for Capacity Building in Africa), 유네스코 통계 연구소(UNESCO Institute for)의 6개 연구소 중 문해교육, 무형식교육, 성인 평생교육의 진흥을 맡은 연구원은 독일 함부르크에 소재한 유네스코 평생교육 연구소(UIL)이다.

UIL은 처음 UNESCO 교육연구소(UIE, UNESCO Institute for Education)라는 이름으로 1952년 전쟁 후 독일의 교육 시스템을 개편하기 위해 설립되었다. 유네스코 교육연구소는 1960년대 동안 동서 간의 교육 협력을 도모하였고, 1970년대에는 제3 국가들의 학습 필요성과 평생학습에 관한 관심이 커지면서 그 역할이 점차 확대되었다. 이후 2007년 UNESCO의 교육 연구소는 평생교육 연구소로 그 이름이 바뀌면서 평생학습 시대로의 도약을 알리게 된다. UIL은 모든 형태의 교육을 전 세계의 개인과 사회의 요구에 맞춰 교육의 가치를 측정하고 인정하고자 한다. 또한, 평화와 민주주의, 지속적인 발전과 빈곤 근절, 환경보호 등 인간의 존엄성과 관련한 주제를 중요시하며 통계조사, 네트워크망 확대, 회원국과 비정부 및 시민 연대 기관과 필요로 하는 개인에게 출판물 및 기술 서비스 제공을 위해 주력을 다하고 있다.

3) UNESCO UIL의 주요활동

UNESCO UIL은 평생학습의 확산 및 지원을 위해 다양한 활동과 사업을 지속적으로 추진해오고 있다. UIL의 주요활동으로는 정책 연구 및 조사활동, 세계성인교육회의(CONFINTEA; Conference Internationale sur L'education des Adultes, International Conference on Adult Education), 모든 이를 위한 교육(EFA, Education for All) 사업, 문해교육사업(LIFE, Literacy Initiative for Empowerment), UN의 지속 가능한 발전을 위한 10년 교육사업(DESD: United Nation Decade of Education for Sustainable Development), 지속 가능한 개발목표(SDGs: Sustainable Development Goals) 등이 있다.

1949년 제1차 회의를 시작으로 12년마다 개최되는 성인교육회의는 성인교육의 역할과 실천 방향 등에 대하여 활발한 논의를 하였다. 덴마크 엘시노어에서 열린 첫 회의에서 참가국들은 전쟁 후 재건을 위해 성인교육이 어떤 역할을 수행해야 하는지, 전쟁이 재발하지 않고 평화롭고 민주적인 사회를 건설하기 위해 성인교육이 어떻게 공헌할 수 있는지를 논의했다. 1960년 제2차 몬트리올 회의에서는 정책 목표로서의 평생교육 이념이 대두되었고, 급격히 변화하는 사회에서의 성인교육과 문맹 퇴치, 평화와 성인교육의 관계, 기술교육의 필요성 등이 강조되었다. 1985년 4차 회의에서는 '학습권'선언이 채택되었으며, 2009년 브라질 벨렘에서 열린 6차 회의에서는 154개국의 유네스코 회원국 대표,

UN 관계자, 공공기관, 시민사회가 참여하여 전 세계적 경제위기 극복과 지속 가능 성장을 위한 각국의 평생학습 정책 동향을 공유하였다.

이처럼 국제사회에서 평생교육의 필요성에 대한 인식이 높아지는 가운데 1965년 파리에서 열린 국제성인교육발전위원회(International Committee for the Advanced of Adult Education)에서 프랑스의 성인교육학자 랑그랑(P. Lengrand)이 '평생교육(l'education permanente, Lifelogn Education)'이라는 논문을 발표함으로써 평생교육에 대한 본격적인 논의의 길을 열었다. 이후 UNESCO의 각종 보고서를 통해 평생교육의 이념이 전파되기 시작하였다. 비문해자의 수가 줄어들지 않고서는 국가의 발전도 세계 평화도 불가능하며 비문해자 해소를 위해 범세계적으로 더욱 적극적인 협력이 요구된다는 공감대를 바탕으로 문맹퇴치운동을 시작, 1990년을 '국제 문해의 해(International Literacy Year)'로 지정하고 태국의 좀티엔(Jomtien)에서 '모두를 위한 교육 세계회의(World Conference on Educational for All)'을 개최하였다. 이 회의에서는 '모두를 위한 교육(Educational for All, EFA)'을 선언함으로써 EFA사업을 전 세계적 운동으로 전개하였다. 이어서 2000년에는 세네갈 다카(Dakar)에서 세계교육포럼(World Education Forum)을 개최하여 지난 10년간의 EFA활동을 평가하고 2015년까지 달성해야 할 목표인 밀레니엄발전목표(Millennium Development Goals)를 점검하였다. MDGs 종료 이후에는 지속가능 발전목표(Sustainable Development Goals)를 두어 2016년부터 2030년까지 인류의 보편적 문제(빈곤, 질병, 교육, 성평등, 난민, 분쟁)와 지구 환경문제(기후변화, 에너지, 환경오염, 물, 생물 다양성 등), 경제사회문제(기술, 주거, 노사, 고용, 생산 소비, 사회구조, 법, 대내외 경제) 등에서 17가지 목표를 2030년까지 해결하고자 하는 목표를 두고 이행중이다.

한편, 2015년 우리나라 인천에서 열린 세계교육포럼에서는 '2030년까지 포용적이고 공평한 양질의 교육 보장과 모두를 위한 평생학습 기회 증진(Ensure equitable and inclusive quality education and lifelong learning for all by 2030)'이라는 의제로 앞으로 15년간 진행될 세계교육의 새로운 비전을 제시했다. 유네스코는 '모두를 위한 양질의 교육과 평생학습(Quality Education and Lifelong Learning for All)'을 위해 전 지구적 성과지표를 제시하여, 각 국가의 상황에 맞는 국가별 개발목표 및 지표를 설정하도록 하고 교육 개발 목표 달성을 위해 모니터링을 지속적으로 진행하고 있다.

UNESCO 지속가능발전 목표(2017~2030)

2. OECD의 역사와 평생교육 동향

1) OECD 설립 배경

제2차 세계대전 직후 미국과 캐나다는 유럽경제의 재건을 위하여 마셜 계획(Marshall Plan)을 실시하였으며, 이를 효과적으로 수행하기 위해 1948년 16개 서부유럽 국가로 구성된 유럽경제협력기구(OEEC, Organization for European Economic Cooperation)를 설립하였다. 이후 1950년대 말 유럽경제 재건이 성공적으로 마무리됨에 따라 보다 광역적인 경제협력체의 설립 필요성을 인식하게 되었고, 이에 유럽경제협력기구를 확대 및 발전시켜 1961년 경제협력개발기구 OECD(Organization for Economic Cooperation and Development)를 설립하게 되었다. OECD의 주요 목표는 경제부흥으로 세계적으로 고도의 경제성장을 이룩하고, 개발도상국을 원조하며 세계무역을 확대하는 것이다. 2020년 현재 37개 국가가 회원국으로 가입되어 있고, 우리나라는 1996년 12월 12일에 29번째 정회원국으로 가입하였다.

2) 교육연구혁신센터(Center for Education Research and Innovation, CERI)

세계 경제 규모가 급격히 팽창한 1960년대 선진국에서는 양질의 인력 양성을 위한 교육투자가 요구됐다. 이러한 시대의 요구에 부응하기 위해 OECD는 1961년 회원국의 교육정책 결정자, 예산관계자, 경제학자 등을 대상으로 미국 워싱턴에서 국제 컨퍼런스(Washington Conference)를 개최하여 추후 교육과 경제의 관계에 관한 다수의 연구를 지원하게 되었다. 1970년대에는 교육정책의 패러다임을 양적인 개념의 교육 성장(educational growth)에서 질적인 개념인 교육발전(educational development)로 바꾸었다. 1960년대 후반부터 나타난 교육성장에 따른 재정 부족 문제 및 학생소요사태 등의 부작용은 기존의 교육체제가 사회요구에 부응하지 못하고 있음을 보여주었다. 이에 OECD는 교육문제에 대한 전문적인 분석과 연구가 필요하다는 판단하에 1967년에 교육연구혁신센터(CERI: Center for Education Research and Innovation)와 1970년 교육정책 위원회(EDPC: Education Policy Committee)를 각각 설치하였다.

OECD의 CERI는 학습과 혁신에 대한 광범위한 연구 활동을 하고 있으며 그 중 하나는 '혁신적 학습환경(ILE: Innovative Learning Environments)' 프로젝트이다. CERI는 정책 및 실천에 대한 여러 가능성을 제공하기 위해 혁신에 대한 적극적인 연구와 연구조사에 바탕을 둔 분석을 하였다. 그 핵심 주제로는 각 국가가 어떻게 하면 보다 파급력 있고 지속 가능한 혁신을 끌어낼 수 있는지, 21세기 기술의 본질이 학습환경과 '21세기 학습자들'의 특징을 재형성하는 데 어떻게 사용되는지를 비롯해 학교에서 행해지는 전형적인 평가방법과 성인들을 위한 형성평가방법, 신경과학과 학습 등을 핵심 주제로 삼고 있다(OECD, 2010).

3) OECD의 평생교육 주요활동

OECD의 평생교육에 관한 관심은 1973년 경제협력개발기구(OECD)는 '순환교육: 평생학습을 위한 전략(Recurrent Education: a Strategy for Lifelong Learning)' 보고서를 발간하여 산업구조 변화에 따른 사회·경제적 변화에 적응하기 위해서 계속교육의 필요성을 제기한 것으로부터 시작되었다. 1970년대 두 차례의 중동발 석유파동은 세계적인 경기 후퇴를 초래했고 사회 전반적인 구조조정 분위기는 1980년대 교육 여건에도 계속되었다. 이 시기에는 부실한 교육으로 인해 경제적 위기가 발생했다는 인식이 확산하면서 학생의 학업 성취도 향상에 관한 관심이 증대되었고 아울러 불균형한 경제성장으로 인한 빈부 격차문제의 해결방법으로 교육의 역할이 드러났다. 이러한 사회적 상황에 대응하여 OECD는 사회경제적으로 소외된 집단의 사회통합 지원을 위한 다양한 프로젝트를 추진하였고, 국가 발전을 위한 인적자원 개발 차원에서의 교육 부문 투자의 분석을 논의하기 시작했다.

이후 OECD의 평생교육에 대한 활동은 1990년대 세계 경제의 호전, 지식기반 경제와 평생학습사회의 도래에 맞추어서 본격화되었다. 1990년 개최된 제3차 OECD 교육장관회의에서는 모두를 위한 질 높은 교육과 훈련(High Quality Education and Training for All)을 주제로, 1996년 제4차 회의에서는 '모두를 위한 평생학습의 실현(Realizing Lifelong Learning for All)'이라는 주제로 교육, 훈련과 직업 세계 간 이동의 원활화, 기술 및 능력에 대한 평가제도 도입, 평생학습 재정 확보 방안 등 평생학습체제 구축과 관련한 방안을 논의하였다. 이를 성취하기 위해서는 평생학습의 기초 강화, 학습과 직업의 유기적인 연계 증진, 평생학습과 관련한 모든 파트너의 책임과 역할 제고, 평생학습에 대한 투자 증대, 교육훈련을 제공하는 사람들에 대한 인센티브 제공 등이 전략적으로 강조되었다(차갑부, 2004). 2001년에 개최된 제5차 OECD 교육장관회의에서는 '모든 이의 능력개발을 위한 투자(Investing Competencies for All)'라는 주제로 지식사회에 필요한 능력 함양을 통해 지식사회 조성의 핵심 도구인 평생학습 전략을 강조하였다. 즉, 지속적인 경제발전과 사회적 성장을 위해서는 인적자본과 사회적 자본의 중요성이 강화되어야 하고 전 생애에 걸친 직업 능력 개발을 통해 사회 공동체의 질을 높여야 한다는 것이다. 이에 학교에서 일터로, 일터에서 학교로의 원활한 전환을 위한 인력개발 모델인 School-to-Work 모델과 Work-to-School 모델 그리고 일터에서 일터로의 자체적 모델인 Work-to-Work 모델을 하나로 연계하는 평생학습 전략 모델을 제시하였다(OECD, 2001).

4) OECD의 평생교육 관련 보고서

2003년의 보고서 '수사학을 넘어서: 성인학습정책과 실천(Beyond Rhetoric: Adult Learning Policies and Practices)'은 성인의 학습 참여의 기회와 방식을 이해하고 학습 참여를 촉진할 인센티브를 높이는 데 초점을 맞추고 국가의 정책적인 개입을 통해 낮은 학업 성취도를 개선, 학습을 통한 노동시장의 진입으로 시민의 민주 의식과 사회통합 향상, 경제성장과 실업률 감소와 같은 국가적 목표의 달성 가능성을 제시하였다. 연이어 발간된 2005년 보고서 '성인학습의 촉진(Promoting Adult Learning)'은 저숙련 성인의 학습 참여를 높이기 위한 재정적인 유인 기제와 정책에 초점을 두어 기술 제고를 위한 고른 투자로 전체 노동력의 생산성을 높임으로써 경제성장과 사회통합을 촉진하고자 하였다. 이를 위해 제시된 방안으로는 개인 학습계좌(Individual Learning Accounts)나 보조금 제도 등을 통해 교육 소외계층에 대한 효과적이고 효율적인 재정지원방안 및 대상에 적합한 프로그램 제공 개선, 프로그램 질 관리, 정책 조정 능력 및 일관성에 대한 제고 등이 제시되었다. 2005년에는 평생학습 촉진을 위한 국가자격 제도의 역할(Role of National Qualifications Systems in Promoting Lifelong Learning)이라는 보고서를 통해 평생학습 촉진을 위한 국가자격 제도의 역할 및 구축 방향을 제시하였고, 비형식·무형식학습에 대한 인증을 중요한 정책과제로 제기하였다. 이는 성인학습정책과 실천이 효과를 거두고, 평생학습을 촉진하는 데 자격제도가 가능할 수 있도록 하려는 방법이었다.

가장 최근 발행된 보고서는 2019년의 '교육을 형성하는 흐름(Trends shaping Education)'이다. 글로벌 중심 흐름으로 세계화, 민주주의 위기, 자연재해와 사이버 보완, 고령화사회, 삶의 패턴과 시장 변화 등을 들며 교육에의 시사점을 다음과 같이 제시하였다. 첫째로 타인의 관점과 세계적 이슈의 이해·공감 등 글로벌 역량 육성 및 이주민 역량 개발, 국가 차원의 인적 역량 개발 전략 추진이 중요하다는 것이다. 둘째, 민주적 권리와 가치 이해 등 민주시민 의식교육을 내실화하고 모두를 위한 교육의 형평성과 포용성을 강화해야 함을 제안하였고, 셋째로는, 디지털 리터러시, 자연재해 대처 역량 개발, 재교육 등 직업교육 시스템 강화의 필요성을 설명했다. 넷째, 모든 연령을 위한 질 높은 평생학습을 보장하고 사회적 정서적 역량교육, 평생학습자로서 교사와 학교장의 지속적인 전문성 개발을 제안했고 마지막으로 창의력과 기업가정신의 교육을 강화하고, 모두를 위한 디지털 역량 개발 및 가치 태도교육 강화가 필요함을 주장했다(OECD, 2019). 우리나라는 1996년 OECD 가입 이후 위와 같이 여러 회의 및 교육 연구활동에 참여하고 있다. 앞으로 더욱 OECD 교육 동향의 철저한 분석과 전략적인 참여를 통해 우리나라 평생교육의 발전뿐만 아니라 국제적 위상을 높일 수 있도록 노력해야 할 것이다.

연구문제

1. 영국과 미국의 평생교육 발생 과정을 비교해 봅시다.

2. 20세기 이후 영국과 미국의 평생교육 동향을 설명해 봅시다.

3. 유네스코 평생교육연구소의 역할에 대해 설명해 봅시다.

4. 제7차 유네스코 성인교육 국제회의의 논제를 예측해 봅시다.

5. 유네스코와 OECD의 평생교육 관련 활동을 비교해 봅시다.

CHAPTER 03

평생교육의 철학

제1절 철학적 배경

제2절 평생교육의 철학의 기초 이론

제1절 철학적 배경

1. 철학의 이해

철학의 범주는 추상적 체계를 함축한 어려운 세계라고 대부분의 사람들은 생각하지만 이는 논리의 추구에 중심을 두다가 때때로 삶의 문제를 무시하기도 하였기 때문이다. 어원적으로 볼 때 철학은 '지혜(sophos)에 대한 사랑(philo-)'을 의미한다. 고대 그리스인들에게 이론화 한다는 것은 고찰하거나 직시하거나 비전을 갖는다는 것을 뜻하며 철학자의 이론이란 인간이 능동적인 구성을 통하여 세상과 세상이 품은 현상을 이해하려는 시도라 할 수 있다. 이 때문일까? 스티브 잡스와 빌 게이츠는 하루 3권의 철학책을 읽었다고 한다. 스티브 잡스는 "소크라테스와 한나절을 보낼 수 있다면 애플이 가진 모든 기술을 주겠다."고 하였는데, 인문학의 대표 학문인 철학은 인간이 움직이는 흐름을 가장 분명하고 명징하게 보여주는 학문이고, 철학자가 인간이 어떻게 움직이고 있는가를 관찰하는 사람이기 때문이다(최진석, 2013). 스티브 잡스는 철학에 대해 단순히 인문학적 해석 뿐 아니라 구체적 삶의 현상과 연결 짓고 '생존'과 연관 지어 생각하였고 인간의 흐름을 읽고자 하였다.

철학은 어떤 주제, 대상, 과정 그리고 현상 등에 대하여 그 원리가 일반적이며 광범위한 현상에 까지 적용될 수 있어야 한다. 또한 학문의 한 분야로서의 철학은 논리학과 인식론, 형이상학, 윤리학 등의 하위영역으로 나뉘어져 발전해왔다.

근대 철학은 19세기 계몽주의, 관념주의, 실존주의 등에 이르렀으며 이들의 중심 쟁점의 하나는 주로 이론과 실천에 관한 것으로 실천이 없는 이론은 관념에 불과할 뿐이고 철학적 성찰이 없는 행동은 무의미한 행동주의라고 하였을 만큼 실천에 있어 철학적 관점을 중요시 하였다.

교육에 대한 철학적 탐구는 고대 그리스의 철학에서 시작 되었다고 볼 수 있다. 그리고 교육이 철학적 탐구대상이 된 것은 약 200여 년 전부터이며 19세기 칸트와 헤겔에 이르러 교육 안에서의 철학적 문제를 관심 있게 탐구하기에 이르렀고, 20세기 미국의 교육학자 존 듀이에 와서 전통교육과 구별되어 졌다고 볼 수 있다.

교육철학은 20세기에 들어 칸트(Kant, I.)의 영향을 받은 미국의 실용주의(pragmatism) 철학자 존 듀이(Dewey, J.)를 통하여 하나의 독립된 연구 분야로 발전하였다. 교육에 있어 철학은 교육계획이나 실천 결과에 있어 깊이 있는 성찰을 갖게 하며, 탐구를 통한 문제를 명료화 하고 타당한 근거를 가지는 도구로서 그 중요성이 있다. 듀이의 관점에서 삶의 목적과 교육의 목적은 동일하며 그것은 '경험'을 통한 성찰과 자신의 지적, 정서적, 도덕적 성장이라고 하였다. 또한 인간은 교육을 통하여 자발적이고 계획적인 변화를 일으킨다고 주장하였다.

2. 평생교육철학의 이해

21세기 평생교육 사회에서 평생학습자의 삶의 발전과 평생교육자의 교육에 철학적 성찰은 중요한 주제가 되어 있다. 평생교육과 평생학습에 참여하는 행위자의 평생교육에 대한 철학적 이해와 이론적 근간은 그들의 실천 세계에 영향을 미치고 다른 결과로 나타날 수 있기 때문이다. 삶의 전반에 걸쳐 급속한 지구적, 사회적 환경 변화에 적응해야 하는 현대인들에게 있어 평생교육은 변화에 적응해 나아가는 필수적 수단으로 이미 일반화 되고 있으며 그 철학적 의미와 성격에 대한 이해와 입장은 결과적 차이에 영향을 미칠 것이다.

교육은 일찍 철학적 관점에서 체계적으로 분석되고 발전되어 왔으나 철학의 핵심이 명확한 개념 정의임에도 불구하고 성인교육에 대한 철학은 그에 미치지 못하였다. 따라서 성인교육의 특성은 물론 이유와 과정은 앞으로 더 체계적으로 연구 분석되고 해석되어야할 영역이기도 하다. 또한 다양한 사상을 지닌 철학자들의 관점과 논의의 맥락에 따라 구분되겠지만 성인교육이 일반교육과 어떻게, 어떤 기준으로 구분 될 수 있는 것이고, 교육의 사회적 목적과 개인적 목표에 대한 중요성이 좀 더 깊이 있게 다뤄져야하기 때문이다. 특히 '삶의 경험'의 중요성에 미루어 평생교육은 성인발달과 사회 환경에 대한 고찰이 필요하며 이 부분에 대하여 심리학이나 사회학적 연구에 대한 이해가 동반되어야 한다.

1) 성인교육과 평생교육의 관계

우리가 평생교육을 학습하며 짚고 지나야 할 것은 성인교육, 계속교육, 순환교육 등 몇 가지 용어에 대한 이해이다. 모두 1960년대 후반 경에 사용하기 시작하였고 용어의 활용 기관이나 지역, 시대에 따라 조금씩 개념적 차이가 있었으나 오늘날 맥락적으로 모두 평생교육으로 묶여있다고 볼 수 있다.

성인교육은 영국이나 미국에서 당시 성인인문교육을 지칭하였으나 2차 대전 후 복구의 시기 산업교육이나 직업교육이 성인교육의 범주에 포함되었다. 메리엄(Merriam, 1982)은 성인교육이란 사회적 역학을 수행하는 성인이 지식, 태도, 가치, 기술을 변화시킬 목적으로 체계적이고 지속적으로 학습을 수행하는 과정이라고 하였다. '순환교육(recurrent education)'은 모든 의무교육 혹은 기초교육 후의 교육을 위한 종합적인 교육전략이다. 이의 본질적인 특성은 순환적 방법에서 개인 총 삶 동안 순환방법으로 교육을 분배하는 것이다. 다른 활동 즉 원칙적으로는 일과 대치하고 심지어는 여가와 은퇴와도 대치된다(OECD, 1973:16, 이상오, 2005 재인용). 당시의 이러한 접근은 전후의 지식기반경제라는 시대적, 상황적 변화에 따른 계속교육의 필요에 따른 것이다.

'평생교육'이란 용어는 1965년 파리 유네스코 회의의 '성인교육발전위원회'에서 랑그랑(Lengrand)에 의해 제창되어 그 후 통합된 이념으로 사용되었다. 이러한 과정 에서 성인교육이라는 용어는 평생교육의 말 안으로 들어오게 되었다고 보여 지며, 커다란 범주에서 볼 때에 평생교육의 범위를 랑그랑(Lengrand)이 말한 '요람에서 무덤까지'로 해석하기도 한다.

2) 평생교육철학의 특성

평생교육철학에 대한 이론적 학습은 평생학습자와 평생교육자들은 더욱 의식적인 자세로 학습과 교육에 몰두할 수 있는 계기가 될 것이다.

평생교육이란 용어가 유네스코 국제회의에서 랑그랑(Lengrand)에 의해 사용되기 이전에 존 듀이(John Dewey, 1916)는 교육은 평생에 거쳐 계속적으로 이루어져야 하며 개인의 정신 성장과 삶을 일깨우는 도구가 된다고 하였다. 성인학습의 계속성과 개방성 그리고 창의성이라는 기본 개념은 백지 상태에서 채워 나아가는 가정교육이나 학교교육과 달리, 인생의 풍부한 경험의 토대 안에 개인의 성장과 필요에 의해 선택되어 진다는 커다란 차이점을 바탕에 두고 있다는 것을 먼저 직시해야 한다. 성인의 고유성과 특성인 개인의 '삶의 경험'들은 누적되어 있으며 매우 다양하다. 이 각기 다른 경험들을 가졌다는 것은 성인 누구나 성인학습자이자 동시에 성인교육자가 되기도 한다는 것이며 이 특성은 학교교육과 비교하여 성인교육의 철학적 배경의 이해에 주춧돌이 된다.

제2절 평생교육의 철학의 기초 이론

교육철학은 현실주의, 관념론, 실용주의 등과 같은 계통적 측면에서 나아가 실존주의, 행동주의, 분석철학 등 접근방법에 중심을 두고 있다. 평생교육철학 역시 이에 근간을 두고 있는 영향력 있는 성인교육자들의 주장과 입장을 분석하여 연구되고 있다.

오늘날 평생교육과 깊은 관련이 있는 대표적인 철학적 견해들을 정리하여, 평생교육의 가치와 의의를 인식하고 현재와 미래의 평생교육이 갖는 이론적 단서와 실천적 지향점을 살펴본다.

1. 인문주의

1) 인문주의의 역사

인문주의의 역사는 소피스트들의 공리주의를 비판하며 고대 그리스 철학자 소크라테스, 플라톤, 아리스토텔레스 등의 철학이론에서 비롯하였다. 인문주의 전통의 교육은 서구의 초기 기독교와 토마스 아퀴나스 등 중세 기독교 학파를 중심으로 기독교와 연결되고 전통적 교육으로 확립되어 오늘날까지 교육사상에 큰 비중을 가지고 있으며 인문주의 교육철학은 초기 성인교육의 바탕으로 이루었다. 인문주의는 인간을 합리적, 정신적, 도덕적 존재라고 생각하며 인간성을 존중하고 정신적이고 도덕적, 종교적이며 인간의 성장을 위해서는 문화 교양적, 심미적 그리고 조직화된 지식과 지적 능력 개발 등을 강조하고 있다.

진리를 아는 사람만이 진리를 행할 수 있다고 생각한 소크라테스는 모든 가정들에 대해 의문을 가짐으로서 끊임없는 질문을 통하여 비판적 사고를 이끌어

진리를 깨우친다고 하였다. 그의 특별한 소크라테스식 대화법(Socratic method)은 아포리아(aporia) 즉, 반어(反語)와 상대방에게 계속되는 질문을 통하여 스스로 개념을 규정하여 진위를 가릴 수 있는 깨달음을 얻게 하는 것이다. 이 문답법은 '아기를 낳게 돕는 산파'에 비유하여 산파술이라고 한다. 산파술은 답을 주지 않고 스스로 깨닫게 되도록 계속 질문을 하여 가르치는 사람이 지식을 주입하기 보다는 질문자의 질문을 통하여 배우고자 하는 사람이 사고의 과정 속에서 진리를 터득하게 하는 것으로 질문자의 어려움을 아기를 낳게 하는 산파에 비유한 말이다. 산파술은 대화법의 진수라고 할 수 있으며, 오늘날에도 지적 능력을 개발하고 조직화시켜 인간을 성장시키는데 유용한 방법으로 널리 활용되고 있다. 이에 대해 그레고리 블라스토스(Grregory Vlastos)는 소크라테스의 문답법은 인류의 가장 위대한 업적 중 하나라고까지 칭송하였다.

플라톤은 소크라테스, 아리스텔레스 등 인문주의 선구자들과 생각을 같이 하였는데 행정가와 정치가를 길러내기 위하여 지적교육을 강조하였으며 플라톤의 이상은 무엇이 진리이며 진정한 가치인지를 알아 그에 따라 통치하는 철인왕(哲人王)을 키우는 것이었다. 즉 외부의 진리와 인간 본연과의 만남을 학습과정이라 주장하며 문법, 수사학, 자연과학, 역사와 문학에서 나아가 논리학과 철학에 이르는 지적 훈련을 통하여 이룰 수 있다고 하였다. 플라톤 등의 인문주의는 합리적, 지적, 문화 교양적 등의 능력에서 나아가 도덕적, 정신적 소양을 갖춘 인간을 키우는 목표에 적절하여 현재의 인문주의 교육자와 교육사상에도 비중 있게 다뤄지고 있다.

지혜가 진리에 이르게 하고 이상적인 삶에 이루게 한다고 한 아리스토텔레스는 습관을 키우는 도덕교육과 예술 등 지성교육 그리고 과학지식 등을 강조하였다. 그의 핵심 사상은 공동체, 덕, 지혜 등이다. 아리스토텔레스의 덕은 이성적 원리를 잘 사용하는 지적인 덕(intellectual virtue)과 이성적 원리에 잘 순응하는 도덕적 덕(moral virtue) 두 가지로 구분된다. 덕 안에 개인과 공동체가 함께한다는 것은 정치공동체가 도덕공동체로서의 역할을 하여 개인의 행동실현이 이루어지도록 하는 것이 국가의 목적이라고 하였다. 그는 활동 자체가 목적이 되는 여유 안에서 행복은 발견될 수 있고 활동과 명상의 삶으로부터 행복을 찾을 수 있다고 하였으며 사색적 지혜는 인간이 도달할 수 있는 최고의 경지라고 하였다.

또한 아리스토텔레스는 인문주의 전통에서의 도덕적 미덕은 검약, 정의, 절

제, 인내 등이었으며 플라톤은 이 4가지 덕목을 정의라는 미덕의 중요부분으로 보았다(Elias & Merriam, 1994). 또한 신과 신의 창조물인 우주가 친밀한 관계를 맺고 있다고 주장하여 현세의 가치를 적극 인정함으로서 자유로워지려면 물질과의 고리를 끊어야한다는 플라톤의 학설과 차이를 두었으며 그의 저서 <철학에 관하여>를 통하여 철학을 하나의 전문 직업으로 확립시켰다. 아리스토텔레스의 연구는 물리학과 화학, 생물학, 동물학, 실학, 윤리학, 정치학, 논리학, 형이상학, 역사학, 수사학과 미학 및 문예이론 등 매우 다양하며 여러 업적은 학문적 토대가 되어 훗날 여러 학문의 발달에 많은 영향을 미쳤다.

인문주의 교육사상은 교육이론을 저술했던 계몽주의 사상가들에게서도 발견되었다. 낭만주의인 루소나 경험주의의 베이컨은 인문주의에 찬성하는 입장은 아니었지만, 칸트와 헤겔 등 인간의 지적 능력의 향상에 목표를 둔 합리주의 사상가들은 인문주의적 지적 향상에 대한 교육에 가치를 두었다(Elias & Merriam, 1994).

인문주의는 영국, 미국 등 유럽에서 발전하여 식민지 시대의 미국 교육에 영향을 미쳤고 식민지 시대 주요대학들은 미국의 정치와 종교의 지도자들을 키우기 위한 엘리트교육에 인문학습을 주요과목으로 다루었다. 당시 하버드 대학에서는 중세 전통적 인문학인 3학과 4학[1]), 고대 언어, 순수 예술과 종교를 비롯하여 자연철학과 도덕철학 그리고 정신철학 등 3개의 철학을 가르쳤고, 컬럼비아 대학교, 시카고대학교 등 그 밖의 주요 대학에서도 문학과 철학, 과학, 종교 등 '고전읽기'는 활발하였다. 획득된 지식은 여러 상황에서 적용될 수 있는 것이기에 일반 직업을 얻기 위한 사람들도 인문학습을 하였을 정도로 널리 관심을 가지게 되었다.

2) 인문주의의 특징

전통적인 인문주의 교육 철학은 철학, 종교, 고전이 과학이나 기술보다 우수하다고 보아왔고, 과학과 기술의 문제에 내포된 가치와 원리를 통찰하기에는 도덕성에 기초한 인문적 소양이 우선되어져야 한다고 생각하였다. 인문주의 교육은 파괴적인 역할을 한 지난 두 차례의 세계대전이 기술과 효율성에 기울어 도덕성과 인문학적 소양을 등한시하여서라고 생각했다. 과학이 유용하

1) 3학(문법, 수사학, 논리학) 4학(산술, 기하, 음악, 천문학)

게 쓰이기 위해서는 광범위한 교육 수준의 철학적 소양을 먼저 갖추어야 한다고 보았다.

또한 인문주의 철학은 사회적 문제가 되고 있는 실직자, 노숙자, 빈민 등 사회적 소외계층 증가에 대한 교육적 처방에 대하여서도 구별되는 입장을 보인다. 소외 계층이 어느 정도 자신의 삶을 지탱할 수 있도록 하는 교육활동이나 직업훈련에서도 인문학적 소양과 자존감이나 인간에 대한 존중을 고양시켜 소외계층 학습자가 긍정적 자아개념을 가지고 시민으로서 권리와 책임에 대한 인식을 갖기 위해서는 인문교육이 중요하다고 주장하였다(Shorris, 2006, 김한별, 2014).

3) 인문주의의 평생교육

인문주의 교육의 특성은 평생교육적 맥락에도 그대로 중요한 의미를 갖는다. 인문주의 성인교육의 역할이 미래사회에서 더욱 커질 것이라고 주장한 아놀드 토인비(Arnold Toynbee)의 미래관은 미래의 풍족한 사회에서는 인생의 성장단계에 따라 모든 사람에게 교육이 제공될 수 있을 것이라고 하였다(Toynbee, 1963). 토인비의 예측은 현재 실현되고 있다. 그리고 인문주의 교육은 민주주의 사회의 누구에게나 허용되어야 함을 주장한 반 도렌(Van Doren, 1943, Elias & Merriam, 1994, 재인용)의 제안 중 하나는 노동자들에게 공부할 수 있도록 유급휴가(sabbaticals)를 주자는 것이었는데 일부 선진국을 시작으로 점차적으로 이루어지고 있다. 이런 유급휴가는 인문주의적 인본주의자들이 그들의 저서를 통해 주장해 왔던 '학습사회'가 되어가고 있다는 것이다.

또한 인문주의 교육철학은 오늘날 평생교육의 여러 면에 많은 영향을 미치고 있다. 성인들의 문해교육, 예술·취미교육 등 기본적인 것에서 나아가 다양한 교육프로그램개발을 통하여 평생학습사회를 이뤄가고 실천하는데 있어 인문주의 교육철학은 하나의 맥을 제공하고 있다.

2. 진보주의 이론

1) 진보주의의 역사

진보주의(progressivism)는 19세기 후반에 등장한 실용주의 철학의 영향을 받아 기존의 정치·경제·사회 체제에서 벗어나 전통적 가치와 보수주의에 대하여 급진적인 개혁으로 변화하는 개념이다. 진보란 시대적·역사적 상황에 따라 상대성을 가진다. 진보라고 지칭되는 다양한 형태의 사상이 있지만 여기서는 진보주의 교육에 중심을 둔다. 인간의 경험을 중요시하는 실용주의는 진리와 선의 결정에 있어 나타난 행위의 결과를 강조하며 절대적인 선이나 진리란 있을 수 없다고 주장한다. 자연적인 자유와 자발성을 강조한 루소의 자연주의를 비롯한 계몽기의 칸트와 헤겔 등 합리주의의 영향을 받았으며 경험과 이성, 감성을 중시하였다. 당시 교육철학에 있어 엘리트주의와 고전서 중심의 인문주의 교육에 대한 새로운 수혈로서 전통주의 교육과의 대립이 아니라 전통주의 교육을 포함한 진보로서 등장하여 19세기말 실용주의 교육철학을 낳았다.

진보주의 사회철학은 유럽에서 16세기 존 코메니우스(John Comenius)의 아동교육은 독서보다 자연을 모방하라고 주장한 것이 실마리가 되어, 18세기에 12세까지 아동의 학습은 경험에서 이루어진다는 루소(Rousseau)의 자연주의적이고 자유주의적인 아동관에서 실행되었다. 이 자유주의적이고 자연주의적 교육관은 페스탈로치(Pestalozzi)와 프뢰벨(Froebel)의 교육실험에서 놀이로 이루는 교육적 경험이나 자연과의 접촉, 수공기술학습 등으로 이어지고, 18세기 영국의 베이컨(Bacon)과 로크(Locke) 등은 책에 기초한 지식보다 경험에 기초한 지식을 강조하였다. 다윈의 인간은 관찰과 경험을 통하여 지식에 이르고 자연은 인간이 존재하기 위한 배경과 조건을 제공 한다는 과학적 귀납법의 강조는 진보주의 교육에 영향을 미쳤다.

진보주의 교육철학은 20세기 초 사회적·경제적·정치적으로 역동적인 변화를 맞이한 미국을 중심으로 교육이 여러 문제를 해결할 수 있다는 신념에서 성장하였다. 또한 이는 실용주의와 경험주의 그리고 과학주의를 배경으로 하는 경험중심교육, 생활중심교육, 아동중심교육으로 실행되었다.

2) 진보주의의 특징

미국의 대표적 철학자이며 심리학자이자 교육학자인 존 듀이(Dewey, J.)는 실용주의 철학학파 중 한 사람이며 실용주의와 루소의 자연주의를 접목하여 진보주의 교육을 탄생시켰다. 미국의 진보적 교육운동의 대표라 할 수 있는 그는 헤겔과 영국의 신헤겔주의 영향을 받았으며, 당시의 교육이 시대의 흐름인 민주사회에 부합되지 못함을 근거로 교육이 개인의 성숙과 발전을 도모하는 과정이며 사회가 필요로 하는 사회 개혁의 중심이 되어 계속성과 상호작용을 이루어야 한다고 주장하였다.

그는 저서 <민주주의와 교육(*Democracy and Education*)>에서 교육에 있어 민주주의는 협의적 의미의 정치체제로서의 민주주의가 아니라, 교육이 개인의 성장을 위한 삶의 양식이자 사회 발전의 동력이 되어 사회 개혁을 이루고 민주주의 사회에 도달하는 것을 의미한다.

따라서 진보주의 교육은 이러한 민주주의 사회를 건설하기 위한 인재를 키워내는 것이 목적이다.

이러한 교육은 학습자 중심으로 이뤄져야 하고, 개인의 경험이 존중되고 자유로워야 한다. 또한 과학적 방법으로 학습자 스스로 문제를 해결하는 능력과 사회적 책임을 지는 것을 말한다.

John Dewey
(1859~1952)

듀이(Dewey, J. 1938)는 또 다른 저서 <경험과 교육(*Experience and Education*)>에서 '교육적 경험'이란 학습자가 직접 주체가 되어서 행하는 경험이며 모든 경험이 교육적인 것은 아니지만 진정한 교육은 예외 없이 경험을 통하여 이루어지고 진다고 하였다. 실제적 경험과정과 교육 과정 사이에의 필연적 관계임을 강조하고 있다. 그가 추구하는 경험이라 함은 '교육적인(의미 있는) 경험' 만을 말하며 경험의 구조는 '상호작용의 원리', '연속의 원리' 그리고 '경험의 성장'이다. 그는 삶이란 환경에 작용하는 경험을 통하여 스스로를 갱신해 나아가는 '상호작용'이며, 경험이라는 말은 삶이라는 말과 같은 의미를 담고 있고, 삶이 갱신에 의해 연속성을 가지듯 경험에도 '갱신에 의한 연속성'이라는 원리가 작용하여 활동의 재창조가 이루어진다고 보았다. '연속의 원리'에 대해 엄태동(2001)은 경험은 선행하는 경험으로부터 무엇인가를 받아들이고, 동시에 그것의 뒤에 오는 경험의 특성을 변경시키는 것을 의미한다고 하였다. 또한 교육이 넓은 의미에서 삶의 연속성을 유지하기 위한 수단이라면 교육적인 경험은 반성적 사고를 통하여 성장하는 것이다. 경험으로부터 배우는 교육적 경험에 대한 거듭되는 성찰은 개인의 성장을 촉진하며 나아가 사회와 더불어 살아가는 원동력이 될 것이다(엄미란, 2013).

3) 진보주의의 평생교육

진보주의 교육철학은 평생교육 교육철학에서 그 의미가 크다. 진보주의 교육철학은 평생교육의 새로운 분수령이 되어 평생교육의 초기 이론의 확립과 실천을 만드는 요소가 되었다. 놀즈(Knowles), 로저스(Rogers), 린드만(Lindeman), 타일러(Tyler), 프레이리(Freire) 등은 성인교육을 다방면으로 확장하고 이론을 정립하는데 기여하였고, 이들은 진보주의 사상을 바탕으로 경험을 강조하고 실용적 목적을 가지며 사회적 책임을 다하는 등 진보주의의 원칙을 확립하였다.

진보주의에서 교육이란 인간에게 생활이며 성장의 도구이고 학습자 스스로의 참여와 적극적 활동을 통하여 개인이 사회화 되고 경험을 통한 재구조화를 이뤄 전인적 인간이 되도록 하는 것이다.

진보주의 교육의 목표는 문제해결과 개인의 흥미와 개성, 필요에 따른 개인의 성숙을 이루고 나아가 교육을 통하여 민주주의가 사회문제를 공동생활과 공동경험의 형태로 개입하여 다양한 공동이익을 얻고자 하는 것이다. 구체적으로 살펴보면,

첫째, 전인적인 인간교육을 목표로 한다. 지식·이해·흥미·기능·태도 등이 조화를 이루는 종합적인 학습을 통하여 삶의 전과정에 걸쳐 의미 있는 교육이 되도록 한다.

둘째, 학교는 개인에게 민주적 가치를 교육하여 협의, 참여, 회의 등의 집단적 활동을 통한 사회화를 터득하도록 한다. 진보주의의 사회 운동의 극단이 아닌 진보적 사회화를 통하여 민주주의 사회를 이루는데 기여할 자질을 향상시키기 위함이다.

셋째, 자주적 능동적 학습을 위해 전통적 교과 중심이 아닌 학습자 스스로

학습을 선택하고 계획할 수 있는 힘을 기르고 개인의 선택에 따라 학습을 실행하고 그에 대한 평가를 하여 학습 전과정에 있어 개인의 자유를 이루는 것이다. 교수자는 조력자, 안내자, 상담자로서의 역할을 수행한다.

넷째, 과학이 제시하고 있는 관찰과 경험에 근거를 둔 비판적이고 통제된 학습형태를 구체화 할 수 있도록 하는 것이다.

진보주의의 교육적 의의는 진리의 상대성이라 할 수 있다. 진리의 가치도 실제적 상황에 유용한 결과로 나타날 때에 의미가 있다고 보았다. 따라서 경험을 중시하였는데 그 경험은 개인과 상호작용으로 일어나는 유의미한 경험을 의미한다. 그리고 개인은 구체적 경험활동에 의해 터득하고 성장한다고 보았다. 이를 세부적으로 살펴보면 다음과 같다.

첫째, 학습자의 경험에 중심을 두는 교육 개혁에 의미를 두었다.

둘째, 전인적 교육으로 전통주의 교육에서 부족했던 개인의 활동과 흥미를 존중하였다.

셋째, 경쟁위주의 엘리트 교육보다 학습자의 협동을 중요시 하고 지식과 행동의 일치를 이루는 데 의의가 있다.

넷째, 강요된 수동적인 지식 중심의 학습에서 학습자의 행동과 경험을 통한 능동적인 학습으로의 교육개혁에 영향을 미쳤다.

평생교육 측면에서의 진보주의 교육철학은 전통적인 학교중심의 교육에서 학습자의 생활 속에서 교육이 이루어지는 평생교육적 관점으로 나아가는 데 기여하였다. 즉 평생교육 교수자 또는 교육전문가의 자발적이고 체계적인 계획하에 개인이 원하는 학습이 효과적으로 이뤄지고 이러한 교육은 학습이 가정이나 일터 그리고 지역사회로 연결되도록 변화시켰다. 또한 평생교육이 지속적으로 개인의 일상생활과 삶 안에서 경험의 재구성을 통한 성장을 이루는 도구가 되는 것에 진보주의 교육은 훌륭한 지표가 되었다.

진보주의 교육에 대한 비판은 아동의 자유와 요구를 중시하다 자유방임주의에 흐를 수 있고, 다수의 협동적 노력의 강조는 소수자의 지도성을 반영하기 어려운 환경이 될 수 있다. 문화적 전통을 경시 할 수 있고, 아동의 자유에 대한 존중은 아동이 기피하는 어려운 과목의 학습을 소홀이 할 수 있으며 높은 수준의 지식을 학습하는 데에 지장을 줄 수 있다는 점에서 반지성주의로 흐를 수 있다. 지나치게 현재 생활에서의 적응만을 강조하게 될 수 있다는 지적도 있다.

3. 행동주의 이론

1) 행동주의의 역사

인간행동에 대한 연구의 철학적 배경은 17세기 데카르트 사상에 근거하여 19세기 파블로프(Pavlov, I. P.) 등의 반사학(reflexology)을 거치며 발전하였다. 행동주의는 구성주의와 기능주의에 반발하며 진화론과 경험론에 영향을 받아 20세초에 유기체의 관찰 가능한 행동에 초점을 두고 발전하기 시작하였으며 심리학에 바탕을 두고 있지만 근본적인 것은 인간과 학습에 대한 철학적 성격에 밀접하게 접근되어 있다. 행동주의는 과학적 연구에 근거를 두고 있으나 사상체계로서의 행동주의는 세 가지 철학적 전통에 근거하고 있다.

첫째, 현실은 정신적이라기보다는 사물과 행동의 법칙에 의한 것이라는 물질주의(materialism)의 영향을 받았다.

둘째, 감각을 통해 획득한 정보를 확인한 후에야 근본 원리에 도달한다는 귀납법을 활용한 영국의 철학자 프란시스 베이컨(Francis Bacon)과 사상적 본질을 제하고 경험 과정을 통해서만 인간을 설명할 수 있다는 관점의 존 로크(John Locke)와 도덕적 판단과 행위에서 중요한 요인은 이성이 아니라 감정이라고 주장한 흄(D. Humn) 등의 경험주의(empiricism) 영향을 받았다.

셋째, 과학적 관찰과 실제적 측정에 의해서 진리에 도달한다는 콩트(Comet) 등 실증주의(positivism)의 영향을 받았다.

교육을 '인간행동의 조작적 변화'라고 정의한 행동주의 심리학은 오늘날까지도 교육에 지대한 영향을 미치고 있다. 파블로프(Pavlov, I. P.)는 종소리와 개의 실험을 통하여 무조건 자극과 조건자극을 합한 자극의 연합에서 조건자극만으로도 무조건반응을 유도할 수 있다는 고전적 조건반사의 개념을 발전시켰다.

행동주의의 창시자인 심리학자 존 왓슨(John H. Watson)은 파블로프의 방법을 이용한 '어린 앨버트 실험'을 통해 행동반사와 감정반응의 반사를 함께 일으킬 수 있도록 조건을 줄 수 있다고 주장하였다. 따라서 그는 인간을 이해하는 방법은 내적으로 관찰하기 어려운 감정보다 행위의 대한 관찰로 이뤄진다고 하여 본능의 개념을 부정하였으며, 로크의 '인간은 태어날 때부터 백지상태(tabura rasa)'라는 주장을 받아들였다.

본능과 습관은 행동이라는 복합체로 나타나고 이것은 반사(reflex)라는 궁극적 요소로 이루어졌다는 왓슨의 행동주의는 처음부터 홀로 1인에 의해서 출발했기 때문에 1인 학파 혹은 왓슨식의 행동주의(Watsonism Behaviorism)라고 불리기도 한다. 인간을 지나치게 행동적으로만 해석한 요소론적 행동주의나 기계론적 인간관은 훗날 왓슨식 행동주의의 쇠퇴의 원인이 되기도 했다.

심리학과 교육학적 사상에 커다란 영향을 미친 손다이크(E. L. Thorndike)는 그의 많은 저서와 논문에서 유기체가 주어진 자극에 반응을 하고 이를 통하여 얻어진 결과를 경험으로 다시 반복하거나 회피하는 연합주의(connectionism)인 S-R 이론(Stimulus-Response theory)을 정립하였다. 그는 '인간의 삶의 기본적인 목표'는 '욕구의 개선과 만족'이라 결론짓고, 만족하지 못하는 것들을 제거하고 기쁨을 주는 바람직한 것들을 키워나가며 환경을 변화시키고, 욕구의 만족은 교육의 기본 목표이고 가치의 궁극적 원천이며 학습의 법칙을 형성하는 핵심이라고 하였다(Jarvis, P. 2001). 이런 면에서 그의 저서 <성인학습, Adult learning>(1928) 등은 성인학습 발전에 기여하였다.

또한 행동주의의 대표적 인물이라 할 수 있는 스키너(Skinner, B. F.)는 파블로프의 조건반사 연구, 왓슨의 사상 등을 이어받아 강화의 원칙에 따라 인성 역시 조작화에 의해 내재된 행동인 강화의 역사라고 하며 '도구적 조건화'라는 패러다임을 제시하였다(Skinner, B. F. 1974). 나아가 스키너의 주장은 인간의 행동을 계획적인 강화나 처벌을 통하여 통제할 수 있으며 교육의 효과는 강화나 처벌이 얼마나 논리적이고 체계적인가에 따라 달라진다는 프로그램학습(programmed instruction)원리를 정립하였다.

2) 행동주의의 특징

행동주의의 목표는 바람직한 행동을 유발시키는 것이고, 그 행동이 강화되는 환경을 만드는 것이다. 교수자는 가능성을 관리하고 환경을 통제하는 행동공학자이며, 학습자는 스스로 그 행동이 강화되도록 행동하고, 유사한 환경에서 다시 그 반응을 나타내면 학습이 된 것이다. 즉 학습은 행동의 변화인 것이다. 행동주의자들이 많이 교육시킬 때에 더 효과적이라고 주장함에 따라 당시 입학연령은 낮춰지고 성인교육의 기회는 더 확대되었다.

스키너의 연구는 인성이란 '조작화에 의해 내재된 행동'의 강화에 의한 역사이고, 인간 행동의 통제는 인류의 생존을 보장하고 사회적 문제를 해결하기 위한 수단으로만 정당화된다고 하였다(Elias & Merriam, 2005). 이는 궁극적으로 행동주의 교육의 목적이라고도 할 수 있는 인류의 생존과 사회의 번영의 보장을 위한 것이라는 면에서 일치한다.

평생교육의 발전에 많은 영향을 미친 행동주의의 견해는 인간행동이란 선행된 조건의 결과이며 외적 환경에 따라 결정된다고 보았다. 행동주의는 무엇보다 변화될 행동내용을 예측한 구체적 교육 목표의 설정, 목표 달성에 요구되는 강화계획의 수립이라 할 수 있는 적절한 학습경험의 선정과 조직, 학습결과에 대한 명확한 피드백의 제공이라는 논리는 오늘날의 사회적 조건과 교수자의 책무성에 강조하고 경쟁과 효율성을 중요시 하는 교육의 수단과 가치로 이어진다(김한별, 2010).

3) 행동주의의 평생교육

행동주의 교육은 경쟁을 강조하지는 않았지만 교육과정은 매우 광범위한 내용을 다루었고 성인교육에 있어서도 효과적인 학습을 위해 바람직한 행동의 유발과 그의 강화라는 행동목표개념은 널리 사용되었다. 책무성과 효과적인 교육을 위하여 '능력위주교육'이라는 교육개념을 가지고 있었다. 능력위주교육은 학습의 과정보다는 결과를, 입학보다 졸업을, 상대평가보다는 절대평가를 활용하였다. 이런 능력위주교육의 특성은 다음 몇 가지 이유로 성인교육에 잘 적용되었다. 첫째, 수업을 시작할 때에 능력의 개인차, 능력 습득 시간의 개인차를 인정하였고, 둘째, 학습은 정식수업 외에 인생경험이나 직업경험 등 다양한 방법을 활용하였고, 셋째, 절대평가와 자기주도적 개인학습을 위한 이상적인 수단이라 여겼다.

이러한 능력위주교육 개념은 문해교육과 직업교육 등 성인교육에 전반에 다양하게 활용되었다. 타일러(Tyler, R. 1949)는 행동주의 교육에서의 교육활동 설계에 대한 일반적 모델을 개발함으로서 성인교육 발전에 기여 하였고, 피처(Pischer, 1978)는 능력위주의 성인교육이 우리 사회에서 사회적, 경제적으로 요구되는 기술 습득과 관계되어 있음을 그의 연구를 통하여 강조하였다.

행동주의에 대한 비판은 수단과 외적인 행동에 중심을 두고 있으며 행동주의의 목표로서 설명될 수 없는 부분을 배제하고, 측정 가능한 결과에 대해서만 집중하고 있다는 것이다. e-learning이 대표적인 행동주의 교육 중 하나라는 이유가 여기에서 나온다. 따라서 행동주의의 타율적 조작으로 인한 수동적 인간 교육은 창의성이 들어갈 자리가 없다는 비판도 받고 있다.

행동주의의 교육은 오늘날 평생교육의 구체적 실천면에서 가장 많이 활용되고 있다고 볼 수 있다. 직업기술교육을 강조하였고, 성인의 기초교육은 물론 조직의 효율성과 책무성을 중요하게 다루고 있어 전문인으로 성장하기 위한 전문성 계속교육이나 산업교육의 직업훈련 프로그램 등을 비롯한 인적자원개발에 일반화 되어 활용되고 있다. 그 한 예로 기업의 인센티브 제도를 꼽을 수 있다. 또한 평생교육은 물론 일반교육의 정책목표 수립이나 사업 운영과 평가의 근거를 마련하는 데에도 영향을 미치고 있다.

4. 인본주의 이론

1) 인본주의의 역사

인본주의의 기원은 아리스토텔레스(Aristotle)로 거슬러 올라가지만 인본주의를 완전히 보여준 것은 르네상스 시대라고 할 수 있다. 인본주의라는 용어는 15세기 이탈리아에서 교사를 의미하는 휴매니스타(humanista)에서 비롯되었다(Elias & Merriam, 1994). 르네상스 시대 인간주의의 등장은 기독교 지배세계의 권위와 억압, 비인간화에 대한 반항이었다. 르네상스의 인본주의자들은 플라톤의 저서와 같은 그리스의 고전적 학문을 연구하였고, 인간은 잠재력과 윤리감각을 지녔다는 신념을 가졌다. 이들의 연구는 현재의 인본주의자들에게 근본이 되었다.

인본주의가 다시 대두된 것은 19세기 말에 현대 인본주의로 재탄생되었다. 20세기 초의 인본주의는 인간성을 위협하는 세력, 산업혁명의 물질에 대한 추구, 기계적 철학의 유행과 철학적 연구를 파괴하는 자연과학의 진보, 무신론과 물질주의를 주장하는 사회주의에 대한 저항으로 발전되었다. 이렇게 펼쳐진 인본주의는 과학의 사용을 주장한 과학적 인본주의, 기독교의 하나님 중심 개념에서 벗어나 인간 중심에 관심을 둔 기독교 인본주의 등 여러 분야에서 나타났다.

현대의 인본주의는 인간의 자유와 완전성에 관심을 가진 실존주의 철학에 지대한 영향을 미쳤으며, 니이체(Nietzsch), 하이데거(Heidegger), 야스퍼스(Jaspers), 까뮈(Camus), 사르트르(Sartre) 등 많은 실존주의 사상가를 탄생시켰다. 실존주의

자들은 인식과 의식, 의미구조, 인생, 삶과 죽음 등에 대한 깊이 있는 사유(思惟)를 가졌다. 실존주의 교육학자 칼 로저스(Carl Rogers) 역시 인본주의의 영향을 많이 받았다.

2) 인본주의 특징

인본주의 철학은 인간은 단 하나라는 유일성을 가진 존재이고 무한한 잠재력을 가진 존재이며, 인간의 본성은 본질적으로 선하다고 믿었고, 모든 인간은 각각 독특한 개성과 잠재성을 가진 존재라고 하였다. 인본주의의 관점에서 인간의 실존은 다른 사람과의 관계 안에서 나타나고 자기 자신과 자신의 존재를 의식한다. 또한 인간의 행동은 처한 환경이나 내적 충동에 따라 수동적으로 결정되는 것이 아니라 개인이 자유롭게 능동적으로 스스로의 삶을 선택하는 존재이며 인간은 반응적이기보다는 주도적이며 목적 지향적 존재라고 주장하였다. 즉 인간은 자유롭고 자율적인 존재라는 것이다.

인본주의의 자아의 개념은 다른 사람으로부터 그 사람을 구별 짓는 그 자체인 것이지 다른 사람을 배격한다는 의미가 아니다. 육체, 가치, 태도, 느낌 등 각각 '유일성'을 지닌 타인과 다른 자아인 것이다. 이 자아 개념은 인본주의 심리학의 기본이 되었다.

인본주의 철학에서의 자아실현은 인간의 타고난 특성으로 자신의 잠재성을 실현시키기 위해 부단한 노력을 하는 존재이기 때문이다. 매슬로우(Maslow, 1954)가 인간 욕구 위계이론에서 보여주듯이 인간은 자아실현을 위해 바람 그 자체가 동기가 되어 노력하여 발전하고 자아실현을 향해 나아가는 존재이다. 또한 욕구의 충족 과정에서 타인과의 상호작용은 필수적이기 때문에 타인을 존중해야하며 공동체 의식을 가지고 있다. 이것은 인류애 의식을 내재하고 있다는 것을 말한다.

인본주의의 또 다른 주요 개념 중 하나는 인간은 같은 자극도 사람에 따라 다르게 지각된다는 것이다. 즉 선택적 지각에 의해 행동한다는 것이다. 현실이란 실제로 존재한다기보다는 그 사람이 그렇다고 믿는 것이라는 점에서 현상학과 일맥상통하는 부분이다.

3) 인본주의의 평생교육

인본주의자들은 교육을 개인의 개발과 인류의 발전을 위한 수단으로 생각하였으며 따라서 인본주의 교육철학은 인간 내면세계의 잠재성과 가능성을 중시하고, 민주주의 가치를 강조하였다. 교육과정에서 개인의 자율성을 우선하고 학습자가 중심이며 교수자는 조력자, 촉진자의 역할을 강조하고 있는데 이것은 인본주의 교육의 특성이라고 볼 수 있다. 이런 점에서 고전의 가치에 중심을 두었던 인문주의와 차이를 가지고 있지만 근본적으로 진보주의 교육철학과는 맥을 같이 하고 있다. 그러나 진보주의 교육철학이 생활 안에서 구체적 교육을 통하여 학습자가 실제적 행동으로 문제해결을 하여 사회개혁을 이루도록 하는 데 중심을 두었다면, 인본주의 교육철학은 인간의 고유한 가치에 중심을 두고 인간의 감정적, 정서적인 면을 강조하고 있다. 학습자가 자율적으로 스스로의 노력을 통하여 자신의 가치를 높여 사회에 적응하고 적절히 조화를 이루며 전인적 발달(지적, 신체적, 감성적, 윤리적)을 이루고 개인의 자아실현에 도달하는 데 인본주의 교육의 목표를 두고 있는 것이다.

칼 로저스(Rogers, C. R. 1967)는 실질적 교육 상황에 인본주의 철학을 적용하여 일반화 시켰으며, 인간본성과 교육행위에 대하여 인본주의적 입장을 나타내고 있는 놀즈(Knowles, 1980)는 안드라고지를 '성인학습을 도와주는 기술로서의 과학'이라고 정의하였다. 그는 안드라고지와 페다고지를 구분하여 평생교육의 이론적 형성에 기여하였으며, 인본주의에 따른 학습의 기본 원리이자 안드라고지의 실천 원리인 자기주도적(Self-Directed Learning) 학습을 정립하였다(Knowles, 1977).

자기주도적 학습은 학습자가 학습방법에 대한 학습을 배우고, 자기 평가를 하며 학습자의 인간적인 환경 및 감성의 중요성 등 잠재적 교육환경을 중요시한다. 또한 인지적 학습과 정의적학습의 통합을 이루는 융합교육과 교수자와 학습자에 사이에서 학습자를 중심에 두고 존중하는 열린교육을 중요하게 다루고 학습자의 학습양식에 따른 수업 방법과 교육과정 그리고 시간적 배려를 필요로 한다.

그리고 맥캔지(McKenzie, L. 1978)는 성인교육의 7대 원칙을 제안하였는데 그 주된 내용은 성인들은 전진적이며 자기주도적인 성인으로 발전되어져야 한다는 것이다. 성인교육자들은 학습자가 용기를 갖도록 도와야 하고 서로 협동할 수 있는 집단상황을 고려한 교육기법을 통하여 사회복지를 이루는데 그 역할을 해야 함을 강조하였다.

인본주의 교육의 교수자는 학습자들의 학습에 대한 욕구에 따라 그들이 학습하는 것을 돕는 촉진자(facilitator) 입장이어야 한다는 점에서는 존 듀이의 진보주의 철학과 일맥상통한다고 할 수 있다. 매슬로우(Maslow, 1976) 역시 교육의 목표는 개인마다 자신이 될 수 있는 최선이 되도록 돕는 것이라고 하였다. 인본주의의 개인에 대한 강조는 민주주의의 개인에 대한 가치와 상응한 것이며 성인교육의 자발적 의사 역시 인본주의의 개인 자유와 자율성에 근본을 두고 있다. 따라서 인본주의는 진보주의와 더불어 성인교육 측면에서 성인의 자발적인 성장과 발전을 위한 교육인 평생교육의 형성에 매우 큰 영향을 미쳤다.

인본주의 교육에 대한 비판으로는 중심개념과 이론이 정신적 성장을 더 강조하고 있는 정의적 특성에 치우쳐 지식의 획득이나 표준 교육과정을 소홀히 하는 경향을 지적하고 있으며, 매우 사변적(思辨的)이라는 비판도 받고 있다. 또 한 가지의 주요 비판은 교사의 자질에 따라 교육의 효과가 크게 영향을 받을 수 있다는 지적이다.

5. 비판이론

1) 비판이론의 역사

비판이론은 1923년 독인의 프랑크프르트 대학의 사회연구소 중심으로 참여했던 프랑크프르트 학파 학자들의 사회철학을 의미한다. 비판이론의 특징은 현대사회를 비판하되 그 책임을 개인이 아닌 사회 또는 그 체제에 돌리는 데 있다. 그럼에도 불구하고 체제가 변화해도 인간이 변화하지 못하면 사회는 근본적으로 달라질 수 없다고 주장하며 '새로운 인간(homo novus)'을 요구하였다. 인간이 철두철미 사회적 존재임을 말한다(이규호, 2005). 인간과 사회는 분리해서 생각할 수 없다는 것이다.

비판이론의 연구대상은 자본주의 사회의 문화와 이데올로기이며 사회현상이나 역사현상 안에서 인간의 가치를 부여할 수 있다는 사회이론 중 하나이지만 철학, 사회학, 심리학, 경제학, 정치학 등 여러 분야를 함께 받아들여 종합과학적으로 사회이론을 전개하였다. 따라서 비판이론은 현실 문제를 이론화하고 그 안에서 삶의 현실의 문제를 해결하는 실천적이고 해방적인 관점을 가지고 사회적 계몽을 통해 인간이 해방될 수 있다고 주장한다.

비판이론의 창시자인 호크하이머(M. Horkheimer)와 아도르노(W. Adono)의 저서는 교육에 관한 논의가 매우 풍부하다. 호크하이머는 교육이 인간의 능력과 관심을 공동 질서를 향하기 위한 수단이며, 인간의 능력과 관심이 개인의 행복추구에서 공동의 질서로 이끌기 위한 것이라고 주장하며 현대 사회에서 교육이 개성적이고 일회적인 성격을 잃어버리고 더 도식화되어 비인간화되고 기계적인 것으로 변해버렸음을 말하고 있다.

2) 비판이론의 특징

아도르노는 그의 저서 <무엇을 위한 교육이냐?>에서 인간공학이 발달해서 인간을 상품처럼 제작할 수 있다고 하여도 인간의 외적인 기준, 즉 효용성의 기준에 따라 제작할 권리가 없다고 주장하였다. 따라서 하나의 고정적인 표상으로서 하나의 표본을 제시하는 것은 표본이라는 개념 속에 있는 임의적으로 주어진 표상, 또는 권위주의적인 횡포가 담겨있기 때문이다(이규호, 2005). 아도르노는 교육은 자율적이고 성숙한 인간의 이념을 지향해야 하고 올바른 의식을 형성하기 위해서는 비판적인 자기성찰을 위한 교육이어야 하는 것이다.

비판이론에 의하면 지나친 물상화(物像化)는 정신적 문화의 실체를 잃게 하고 상품과 소비를 중심으로 합리화 된 사회, 기계적으로 구조화 되고 테크놀로지가 지배하는 사회는 인간의 정신적 자율성이 축소되고 개인의 사회생활이나 직업생활을 변화시키는 힘이 상실된다. 이렇게 증대된 사회적인 조건은 압력이 되어 개인이 저항하기에는 역부족이고 연속적인 압력은 인간의 깨달음조차 어렵게 한다. 이에 대해 호르크하이머(M. Horkheimer)는 “문명의 폭군적 측면”이라 표현하였고, 프로이드(S. Freud)의 견해를 빌면, 문명이 반문명적 요소를 만들고, 문명의 요소 속에 야만의 요소가 담겨 있어 이러한 문명의 압력이 공격과 증오와 파괴적 야만을 만들어 낸다고 하였다. 비판이론에서는 이러한 야만을 억제하는 데에는 인간이 자신의 야만적 요소를 야만적 원리에 대한 저항에 동원해야 한다고 주장한다.

3) 비판이론의 평생교육

비판이론은 교육의 개선과 실천을 위한 실천학으로서 더 큰 의미를 가진다. 비판주의 이론은 전통적 교육의 교수자 위주의 교육을 비판하고 성찰하여 학습자 주도적이거나 교수자와 학습자 사이의 상호적인 교육이 교육의 중심이 되는 평생교육의 토대를 이루는데 기여하였다. 학습자의 자율적이고 주체적인 사유에 의한 성숙한 학습자의 올바른 권리 주장과 이를 통하여 사회를 재창조하는데 동반하는 태도는 평생교육의 관점과 부합되어 평생교육의 발전에 이바지하였다. 비판이론의 교육적 의의는 다음과 같이 정리할 수 있다.

첫째, 학교는 사회의 불평등을 재생산하는 기능을 한다고 보았고 이데올로기적 비판은 교육의 사회적 조건을 밝히는데 관심을 가지고 있다.

둘째, 비판이론의 교육철학에서 도야의 이념은 인간은 사회적인 존재라서 사회화 과정에서 개인이 자신의 소질을 이룩하는 것을 인간이해의 시작점이라고 본다.

셋째, 비판이론은 인간 교육의 목적은 대상을 무비판적이거나 완결된 형태로 받아들이지 않고 인식된 것을 새로운 관계구조 안에서 관찰하여 늘 생동적 발전과정 안에서 대상을 받아들이는 것이다.

넷째, 인간교육을 자연스런 존재방식을 보존하며 상호작용을 통하여 자율적이고 성숙한 인간상을 구현하고, 불공정한 낡은 정치·경제구조에 저항하는 생동적 인간으로 키워내는 것에 의미를 두고 있다.

다섯째, 비판이론가들은 교육에 있어 무엇이 잘못되었는지, 어떻게 발생했는지, 그러한 것을 어떻게 치유할 것인지에 관심을 가진다.

여섯째, 비판이론은 실증과학의 한계를 지적하였고, 개인과 사회를 총체적으로 보는 교육관과 교육에 대해 의미를 두고 강조하였다. 또한 이데올로기에 대한 비판을 통하여 이성이 도구화되고 교육이 재생산의 도구 기능을 한다고 지적하였다.

비판이론에 대한 비판은 개인의 행복 추구에서 공동의 것으로 전환하는 과정에서 이미 억압의 요소를 내포하고 있기 때문에 교육에서 억압이 배제될 수 없으므로 교육철학의 개발에서 교육과 억압을 서로 대립되는 개념으로 이해하고 있다. 교육적으로 몸과 마음을 다스려 바르게 하는 것과 사회적 억압은 양극으로 대립된다는 것이다. 비판이론이 억압을 교육과 대립시키는 또 다른 이유는 권위주의에 대한 반발 때문이기도 하다. 여하튼 교육과 억압을 지나치게 대립시킨다는 비판을 받고 있다. 또한 비판이론이 비판의식을 지나치게 강조하여 인류 문화유산의 전승이나 개인의 능력 개발로 이어지는 사회유지와 발전이라는 교육의 순기능에 대한 것보다 역기능에 너무 치우쳐 있다는 점을 지적받고 있다.

6. 포스트모더니즘

1) 포스트모더니즘의 역사

포스트모더니즘은 19세기 리얼리즘과 20세기 초 모더니즘을 지나 20세기 후반의 현대 철학 사조를 말할 때 근대 이성중심주의에 대한 회의를 가지면서 인문, 사회, 과학, 교육, 예술 분야에 등장한 시대정신이며 사상적 경향이다. 포스트모더니즘(postmodernism)이란 용어는 라틴어 접두사 포스트(post)와 모더니즘(modernism)이 결합된 단어로서 그 시작은 모더니즘의 한계를 지적하고자 페드리코 드 오니스(Federico de Onis)가 1934년에 마드리드에서 출간된 <스페인 및 라틴아메리카 시선집, 1882-1932>이라는 책 속에서 "포스트모데리니시모"라는 말로 처음 사용했으며, 1942년에 더들리 피츠가 자신이 편집한 <현대 라틴 아메리카 시선집> 속에서 문예적 개념으로 그 용어를 다시 사용했다.

또한 포스트모더니즘이라는 용어는 아놀드 토인비(Arnold J. Toynbee)의 전 12권으로 되어있는 저서 <역사의 연구, A Study of tory>를 써머벨(D.C. Somervell)이 요약 출판하며 일반화되기 시작하였다. 국가단위 역사관과 서유럽 중심의 문명에서 21개의 문명권을 설정하여 다룬 토인비의 문명사가적 입장에서의 넓은 시야와 본질에 대한 정신적 통찰, 억압된 소수자에 대한 공감 등에 대한 서술을 편집하며 자주 대두되어 이후 포스트모더니즘이라는 용어가 다양한 분야에서 많이 사용되었다.

토인비에 따르면 자연도 인간관계도 적응 문제로 발생하는 도전에 대한 반응의 성패가 문명의 흥망성쇠를 결정한다. 도전과 반응이나 성공과 실패의 과정은 사회가 한 단계씩 발전하고 향상하는 과정이며 이것은 주기적으로 순환하는 과정으로 진보를 의미한다고 한다.

포스트모더니즘은 1980년대 미국에서 본격적으로 전개되었으며 사회의 모든

Arnold J. Toynbee
(1889~1975)

영역에서 나타났다. 포스트모더니즘은 통일된 사조라기보다는 모더니즘의 고급문화와 대중문화의 엄격한 구분에 따른 폐쇄성에 대한 이탈과 비판으로 진지함을 반대하고 저급문화와의 간격을 좁히며 경계선을 넘나드는 다양한 표현의 양상으로 나타났다. 포스트모더니즘은 후기 모더니즘이라기보다는 반(反)모더니즘이나 탈(脫)모더니즘 성격을 지닌, 모더니즘이 내재한 한계와 모순을 극복하며 대두된 새로운 대안이라 하면 옳을 것이다. 당시의 시대적 배경은 제1,2차 대전에 따른 전쟁으로 인한 인류의 좌절과 공포, 무차별 파괴, 폭발적 세계 인구의 증가에 따른 기아 등의 세계적 상황과 제2차 세계대전 후 미국 사회의 흑인인권운동, 여성운동, 제3세계운동 등 사회운동과 베트남 전쟁의 패배 등의 사회적 변화 상황에서 기성과 전통에 반기를 든 반문화가 팽배해지던 시기였다. 서구 합리주의 이성론에 대한 회의로 인해 빚어진 진리와 의미구조의 해체라는 해체주의와 후기 구조주의 사상이 시작되며 새로운 질서를 향한 변화가 나타나기 시작했다.

2) 포스트모더니즘의 특징

포스트모던시대는 개인의 욕구와 욕망 분출이 개성으로 여겨지며 탈규범화, 다원화 되고, 21세기 지식정보시대는 이러한 삶의 현상을 촉진시켜 개인중심사회로 재편되었으나 최근에는 공동체 의식과 더불어 사는 사회를 지향하는 방향으로 변화하고 있다.

포스트모더니즘의 특징은 한 마디로 '다양성의 수용'이라 할 수 있다. 물론 불확정성, 전통적 합리주의와의 단절, 전위적 실험성과 파편화 등 모더니즘과 공통된 점을 가지고 있으나 모더니즘과 구분되는 특성을 가진다. 그 특성을 정리해 보면 다음과 같다.

첫째, 절대적 진리란 없다고 주장한다. 한가지의 개념과 진리만이 존재한다는 전체적 사고에서 벗어나야 한다고 하며 비민주적 태도를 비판한다. 그러므로 무질서와 혼돈을 수용한다.

둘째, 모더니즘의 자아 주관성, 개인주의에서 나아가 자아 분산이나 자아의 상실 문제에 더 비중을 두고 있다.

셋째, 비결정성과 불확정성을 가지며 우열성이나 열등성에 대한 편견이나 평가가 없다. 우연성과 임의성을 중요시 하고 다양성에 열린 태도를 가졌다.

넷째, 진리 또는 가치는 상대적이고 주관적이다. 진리는 단지 현재의 상황일 뿐 진리는 없다고 주장하였다.

다섯째, 역사에 대하여 진보의 개념을 배제한다. 즉 역사는 진보하지도 않고 그럴 필요도 없다고 생각하기 때문이다.

마지막으로 포스트모더니즘 시대의 새로운 문화계층의 출현이다. 록페스티벌 등의 대중문화의 부상과 여성 문제, 히피, 동성애, 소수민족 부상 등의 변화이다.

포스트모더니즘은 인문학, 사회과학, 자연과학, 예술, 문화 등 모든 분야에 형성되어 있지만 교육적인 측면에서의 포스트모더니즘을 선택하여 들여다보면, 우선 다양성은 원래 인간이 가지고 있는 속성인 '다름'을 인정하는 '다양성 교육'이라고 할 수 있다. 따라서 포스트모더니즘 교육은 인간의 직관과 감성을 인정하고 개개인의 선택과 가변적이고 유동적인 특성을 존중하는 것이다. 또한 인간의 행동을 결정하는 것은 이성보다 본능이라는 관점에서 감정이라고 주장하여 감성적 세계관을 형성하였다. 교육 분야에서는 새로운 교육인 다원적 가치관으로 탄생한 양성평등교육, 다문화 교육, 환경생태교육 등의 공동체 교육이 강조되고 있다. 개인이 존중되는 만큼 타인의 가치관을 인정하고 함께하는 것이다.

따라서 포스트모더니즘 교육은 객관적이고 보편적인 지식에서 구성주의에 바탕을 두고 개인이 주체적으로 구성하는 지식의 구성을 존중한다. 교수-학습과정은 개인의 학습은 자기주도학습과 능동적 참여 중심으로 변화하고, 교수자는 전통적 지식의 전달자가 아닌 조력자이며 안내자의 역할로 변화하게 되었다. 학습과정 역시 정석이나 공식이나 경쟁적 반복적 암기가 아닌 창의성을 존중하고 개발하는 문제해결능력과 상호협력학습을 중요시 하고 다학문 융합교육으로 변화하였다.

3) 포스트모더니즘의 교육

포스트모더니즘에서의 교육의 목적을 구체적으로 살펴보면, 다음과 같다.

첫째, 인간 본연의 주체성과 창조성을 존중한다. 교육이 개개인이 서로를 인정하고 배려하고, 개인의 창의적 자아를 형성시켜 주어야 한다.

둘째, 상황별 특성에 따른 적합한 문제해결 능력을 기른다. 포스트모더니즘이 보편적이고 절대적인 가치에 대해 부정하고 있음에 비추어 볼 때에 특정한 가치관보다는 개별 상황에 적합한 유동적인 태도로 일상의 문제들을 해결할 수 있는 힘을 키워야 할 것이다.

셋째, 인간은 자신의 삶의 경험을 재구조화하며 성장해 나간다. 듀이(Dewey, J.)의 경험학습은 개인은 자신의 학습경험에 따른 '경험의 재구성'과정에서의 '상호작용'과 '연속성'을 통하여 성장한다. 개인이 이전에 습득한 경험을 통하여 터득한 것이 현재의 새로운 경험에 더해지는 구성주의적 요소를 가지며, 이는 주체의 내부의 문제해결 경험은 과거와 현재의 경험으로 미래의 경험 속에 존재하기 때문이다(엄미란, 2013).

넷째, 상호존중과 공동체 의식의 함양이다. 다양성에 대한 이해는 상호존중에서 이루어질 수 있으며, 공동체가 형성되고 유지되려면 개인이 성숙된 도덕성과 정신적·사회적으로 건강한 상태로 성장해야 한다.

포스트모더니즘의 교육적 의의는 크게 보면, 다양성과 감성주의이다. 학습에서는 학습자 중심으로 학습자의 흥미를 중요시 하는 수요자 중심의 학습으로 변화하였다. 따라서 교육의 구조적 변화를 가져왔고, 공교육에 대한 비판적 자세와 대안교육 등 다양한 방법이 대두되었다. 교육에 있어 포스트모더니즘은 보편적 이론이나 권위주의 사상의 거대한 체제를 부정하였고, 감성주의와 자아의 해체를 내세워 주관성을 중시하였다. 보편성이 없다면 지속적으로 변화하기 때문에 끊임없이 배워야 하고 개인 중심은 개인의 전인적 교육을 강조하였다. 개인과 소집단에 초점을 맞춘 소서사적 지식관은 지식의 객관성과 과학적, 합리적인 이성을 비판하고, 상대주의는 타자에 대한 존중과 차이를 인정하고 공동체 의식을 강조하였다. 다문화교육, 여성교육 등 다양한 계층의 삶의 문제에 때한 비판의식을 수용하는 등 학문적 다원주의는 교육학의 지평 확대와 발전을 가져왔다.

평생교육의 측면에서의 포스트모더니즘 교육의 의의는, 모든 환경이 급변하는 현대사회에서 산업 구조 역시 빠르게 급변함에 따라 정규학교를 마친 후에도 성인이 새로운 사회 환경에 적응하기 위해서는 평생 동안 끊임없이 배우며 살아가야 한다는 것이다. 이것은 삶의 경험과 생애발달단계에 따른 개인의 요구와 그들의 능력도 차이가 크다는 것은 학습에 대한 요구 역시 각기 다르다는 것이며 배움에도 다양한 방법이 필요하다는 의미이다. 따라서 개인이 존중되고 개인의 능력이 중요시 되는 포스트모더니즘의 특성은, 다양성을 수용하고 수요자 중심의 교육이며 주요 학습방법이 자기주도적 학습인 평생교육에 있어 포스트모더니즘은 그 의미와 가능성을 확대시키는 이론과 실천의 바탕이 된다.

포스트모더니즘의 교육학적 한계는 개인의 주관성 존중에 따른 극단적 이기주의와 윤리학의 보편적 도덕성 대한 구체적 방향의 미제시, 전통교육의 해체에 따른 실천적 방안의 부족 등을 꼽을 수 있다.

관점에 따라 누군가는 포스트모더니즘이 사조의 종말임을 의심하였지만, 포스트모더니즘의 다음은 무엇일까라고 생각할 때 인류는 또 다시 진보하여 뉴노멀(New Normal)의 새로운 패러다임의 세계로 나아가고 있는 중이라고 말할 수 있을 것이다.

연구문제

1. 철학의 교육적 탐구의 필요에 대하여 논의해 봅시다.

2. 인문주의 교육철학의 특징을 설명해 봅시다.

3. 진보주의 이론과 존 듀이의 교육철학에 대하여 논의해 봅시다.

4. 역사철학자 토인비(Arnold J. Toynbee)의 문명사가적 입장에서의 '도전과 응전'에 대하여 논의해 봅시다.

5. 평생교육의 측면에서 포스트모더니즘의 교육적 의의를 논의해 봅시다.

CHAPTER 04

평생교육학의 주요 이론

제1절 안드라고지

제2절 전환학습

제3절 경험학습

제4절 자기주도학습

제1절 안드라고지

1. 페다고지 vs. 안드라고지

1) 페다고지

독일의 철학자이자 교육자, 심리학자인 헤르바르트(Johann F. Herbart, 1776~1841)는 「일반교육학」을 발표하여 서구에서 최초로 근대적 의미의 학문으로 교육학을 정립하였다. 그는 페다고지(pedagogy)의 교육적 정당성을 주장하면서 안드라고지의 의미를 부정함으로써 19세기 이후의 교육이 아동 중심의 교육으로 발전하도록 영향을 끼쳤는데, 여기서 페다고지(pedagogy)란, 그리스어로 어린아이라는 뜻의 'peid'와 이끈다는 뜻의 'agogos'의 합성어로 아동을 대상으로 하는 교육을 뜻한다. 페다고지적 교육모형은 어린 소년들에게 기초기술을 가르친 유럽의 수도원 학교나 대성당 학교에서 전개된 교수-학습방법으로, 고등교육을 포함하여 모든 교육이 페다고지 모형을 지향해왔다.

페다고지 모형은 학습할 내용과 방법, 시기에 대한 모든 결정을 교사에게 전적으로 부여한다. 교사 주도의 교육에서 교사는 일반적으로 학습자에게 복종적인 역할만을 부여한다. 우리가 학교에서 주어진 학습 내용을 정해진 때에 교수자의 교수 방식으로 교육을 받아왔던 경험을 떠올리면 쉽게 이해할 수 있을 것이다. 이러한 페다고지 모형은 학습자에 대한 다음과 같은 가정에 기초를 둔다. 첫째, 학습자는 의존적이어서 교수자가 전적으로 학습해야 할 내용과 방법, 시기 등을 결정해야 한다. 둘째, 학습자가 학습 현장에 가지고 오는 경험들은 거의 가치가 없다. 학습자에게 가치 있는 경험의 원천은 교사와 교재, 기타 전문가 들이다. 따라서 주로 행해지는 교육방법은 강의, 읽기 과제와 같은 일방적 전달식 방법이다. 셋째, 인간은 학교가 학습해야 한다고 요구하는 것을 학습한다. 같은 연령이면 동일한 내용을 학습할 수 있으므로 같은 연령의 학습자들이 단계적으로 학습해 나갈 수 있는 표준화된 교육과정이 요구된다. 넷째, 학습자가 습득해야 할 지식의 대부분은 장래 생활에 대비하기 위한 것이다. 따라서 교과과정은 여러 가지 교과가 체계적으로 조직되어야 하고, 학습자는 교과목 중심의 학습을 해야 한다. 다섯째, 학습자의 학습 동기는 부모와 교사의 칭찬,

권유, 압력 등 외부적인 요인에 의해 발현된다. 이러한 페다고지적 모형은 과거 아동을 대상으로 하는 교육 현장에서 어느 정도 적용될 수 있었다. 18세기 영국의 산업혁명과 20세기 세계대전을 거치면서 사회는 지식과 역량을 갖추며 민주사회 건설을 위한 시민 양성교육을 필요로 했고, 성인학습자의 수가 증가하기 시작했다. 하지만 기존의 페다고지이론을 성인학습자에게 적용하기엔 무리가 있었다.

2) 「성인교육의 의미」

1926년 미국에서는 성인을 위한 계속교육(continuing education)과 성인교육(education for adults)의 연구와 출판을 증진하기 위해 미국성인교육협회(AAAE: American Association for Adult Education)가 설립되었다. 이후 이 시기 교육학자들은 이민자들의 문해교육에 관심을 두고 성인들이 어떻게 학습하는지에 대해 본격적으로 연구하기 시작했다. 이 시기 대표적인 연구물은 린드만(Eduard C. Lindeman)의 저서 <성인교육의 의미(the Meaning of Adult Education)>로 성인학습에 대한 체계적인 이론의 토대를 마련했다. 그는 성인교육은 단순한 직업교육이 아니라 학습자에게 자신이 하는 일의 가치를 알도록 도와 궁극적으로는 학습자 삶을 의미 있게 한다고 보았다. 즉, 교육은 삶 그 자체와 연결되어 있으며 교육의 목적은 삶 전체에 의미를 부여하는 것이라고 하였다. 저서에서 린드만은 성인은 학습자이며, 지성인이고, 권력을 공유하며, 자기를 표현하고, 자유를 추구하며, 창조적이고 예술을 즐기며, 전문가이기도 하고 협력하는 학습자라고 설명하며 성인학습자의 특징을 자기주도적, 삶 중심적, 경험 중심적이라고 정리하였다(Lindeman, 1926). 경험과 상황이라는 맥락 속에 삶과 학습이 함께 하는 린드만의 저서는 이후 성인교육학자들의 성인학습자 연구에 대한 기초 단서를 제공한다는 의의가 있다.

3) 말콤 놀즈와 안드라고지

말콤 놀즈(Malcolm S. Knowles, 1913-1997)는 미국의 성인교육자이자 안드라고지이론을 도입한 학자이다. 원래 안드라고지(andragogy)라는 용어는 페다고지(pedagogy)이론과 구별하기 위해 1833년 독일의 교육학자 카프(Kapp)가 처음으로 사용하였으나 당시 교육학의 핵심 개념은 아동기 학습을 중시하는 페다고지

Malcolm Knowles
(1913~1997)

(pedagogy)였기 때문에 안드라고지의 개념은 외면되었다. 1960년대 이후 기존의 학습개념으로는 성인의 다양한 학습 요구를 충족시킬 수 없다는 인식이 생겨나기 시작했고 이에 성인학습자에 관한 연구와 이론을 구축하고자 하는 노력과 관심이 급증하였는데, 그중 가장 주목을 받은 이론은 놀즈의 안드라고지이다. 놀즈는 종전 이후 성인학습과 관련한 자료들을 수집하였는데, 1966년 유고슬라비아의 성인교육가인 사비체빅(Savicevic)을 만나면서 안드라고지 개념을 접하게 되었다. 이듬해인 1967년에 놀즈는 그의 성인교육이론을 설명하기 위해 안드라고지라는 용어를 사용하였다. 안드라고지는 학습자가 학습 내용, 시기, 방법 등을 스스로 결정함으로써 자신의 학습을 주도해 나가는 학습 과정과 상황을 포괄하는 교육방법이다. 그는 안드라고지의 개념을 "성인을 교육하는 기예와 과학(the art and science of teaching adults)"이라고 설명하며 아동을 가르치는 기예와 과학(the art and science of instructing children)으로 설명되는 페다고지적 개념과 구분하여 정의하였다(Knowles, 1968).

4) 성인학습자에 대한 6가지 기본가정

놀즈의 안드라고지이론은 다음과 같이 성인학습자에 대한 6가지 기본 가정에 기반한다(Knowles, 1973). 첫째, 알고자 하는 욕구(need to know)이다. 성인학습자는 학습하기 전에 왜 자신이 그것을 학습하고자 하는지, 학습의 결과로 얻게 될 이익이 무엇인지 알고 싶어 한다. 따라서 학습자 자신이 무엇을 알고 싶어 하는지 스스로 인식할 수 있도록 도와주어야 한다. 둘째, 자아개념(self-concept)이다. 성인학습자의 자아개념은 자신의 삶에 대한 책임감과 관련되어 있다. 즉, 성인학습자들은 자신이 책임감이 있는, 자기주도성을 가진 사람으로 인정받기를 원한다. 이에 성인학습자가 긍정적인 학습경험을 통해 자기주도적인 학습자로 변화하도록 이끌어야 한다. 셋째, 학습자의 경험(experience)이다. 성인학습자는 풍부한 경험을 가지고 학습에 참여한다. 다양한 역할을 통해 축적된 성인학습자들의 경험을 학습 자원으로 활용하여 집단토론, 사례연구, 문제해결활동 등 경험에 기초한 교수법을 통해 학습자 간의 상호작용과 상호협력을 촉진해야 한다. 넷째, 학습 준비도(readiness)이다. 성인학습자의 학습 준비도는 사회적 역할로 요구되는 발달과업에 따라 갖추어진다. 즉, 발달과업에 따라 삶에 즉시 활용될 수 있고 흥미를 느끼는 주제에 대해 학습하고자 한다. 다섯째, 학습 성향(orientation)이다. 성인학습자는 생활 중심적, 과업 중심적, 문제 중심적인 학습 성향을 보인다. 따라서 새로운 지식, 기술, 가치 태도 등은 실제 삶에 적용할 수 있을 때 학습 효과를 나타낸다. 마지막은 동기(motivation)이다. 성인학습자는 부와 명예, 직업과 같은 외재적 요인보다 자아실현, 삶의 질 향상과 같은 내재적 요인에 의해 학습 동기를 부여받는다.

2. from 페다고지 to 안드라고지

놀즈는 1970년 발간한 그의 저서 「성인교육의 현대 실천(The Modern Practice of Adult Education)」의 부제를 '안드라고지 대 페다고지(Andragogy versus Pedagogy)'로 붙일 정도로 안드라고지의 개념을 페다고지와 완전히 상반된 개념으로 보았다. 하지만 10여년이 지난 후 놀즈는 안드라고지가 오직 성인교육 현장에서만 적용되어야 함은 아니며, 페다고지와 안드라고지는 서로 구별되는 개념이 아닌 교사 중심에서 학습자 중심으로 이동하는 연결선상에서 이해되어야 할 것이라고 입장을 선회하였다. 실제 많은 교사가 안드라고지 모델의 주요 특성들을 아동과 청소년들의 교육 현장에 적용했을 때 더 잘 배우는 것으로 보고되었기 때문이었다. 또한 성인교육 현장에서의 교사들을 통해 안드라고지 모델이 제대로 작동되지 않은 상황을 접하게 되었다(Knowles, et al. 2005). 이에 그는 자기의 저서 <성인교육의 현대 실천(The Modern Practice of Adult Education)>의 개정판 부제를 '페다고지에서 안드라고지로(from Pedagogy to Andragogy)'로 바꾸어 페다고지와 안드라고지는 상황에 따라 아동과 성인에게 적절히 적용 가능한 이론으로 보았다(Knowles, 1980). 그림 4-1은 연결 선상에 있는 페다고지와 안드라고지의 개념을 그림으로 나타낸 것이다. 학습자의 특성과 상황에 따라 페다고지에 가깝거나 안드라고지에 가까운 교수학습방법을 선택할 수 있다.

그림 4-1 연결 선상의 페다고지와 안드라고지의 개념

제2절 전환학습

전환학습(transformational/transformative learning)은 기존의 안드라고지이론이 성인학습자의 특성에만 관심이 있으며 학습을 통해 어떠한 사실을 알게 되었더라도 근본적인 변화는 일어나지 않는다고 비판하며 등장했다. 모든 경험이 학습으로 연결되는 것은 아니라고 보았으며, 학습은 학습자가 자신과 자신을 둘러싼 세계를 보는 방식을 근본적으로 변화시키는 과정에서 이루어진다고 보았다. 일반적으로 전통적인 학습방법은 수동적으로 주어진 지식을 단순히 습득하는 것이 주를 이루지만, 전환학습은 학습자의 인지적 과정에 초점을 맞춰 관점의 변화와 이에 따른 실천으로까지 끌어내고자 한다.

1. 메지로우 전환학습이론

1) 메지로우

1978년 메지로우(J. Mezirow)는 전환학습이론을 연구한 이래, 학습자가 어떻게 그들의 경험의 의미를 이해하고 확인하고 재설정하는지에 대해 종합적이고 복합적으로 설명했다. 그의 초기 연구는 성인학습자가 다시 고등교육기관에 등록하는 과정을 연구했는데, 연구 결과 어떠한 사건에 대한 새로운 해석 및 변화된 관점이 행동의 변화를 끌어냄을 밝혀냈다. 이로써 그는 학습을 앞으로의 행동 방향을 결정하기 위해 경험의 해석을 사용하여, 경험의 의미를 새롭게 혹은 수정해서 구성하는 과정이라고 정의하였다. 메지로우는 이 연구를 통해 전환학습의 과정을 10단계로 아래의 그림 4-2와 같이 정리하였다.

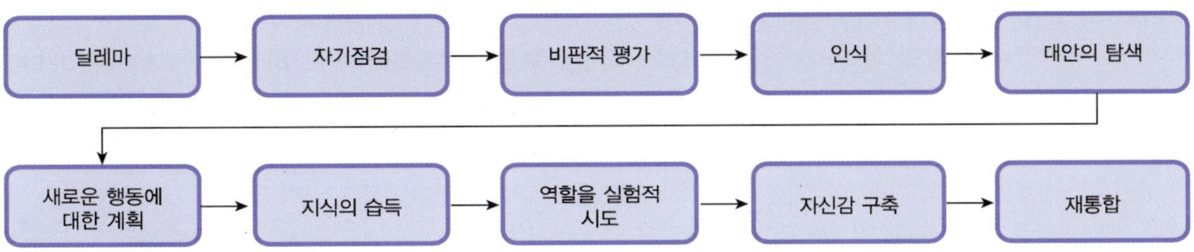

그림 4-2 전환학습의 10단계

출처: Mezirow(2000) 재구성.

2) 핵심 개념: 경험, 비판적 반성, 이성적 담론, 행동

전환학습은 인생의 경험(centrality of experience), 비판적 성찰(critical reflection), 이성적 담론(rational discourse), 행동(action) 등 네 가지 핵심 개념으로 설명할 수 있다. 성인의 학습은 경험을 토대로 이루어지며, 성인들의 다양한 경험은 그들과 다른 사람들의 학습 자원으로 활용될 수 있다고 보았다. 하지만 모든 경험을 통해 학습이 이루어지는 것은 아니며, 예상치 못했던 위기의 상황 등 기존에 갖고 있던 지식과 기억에 일치하지 않는 새로운 경험을 했을 때나 인생 전환기의 시점에서의 경험에서 그 의미를 비판적으로 반성하고 의문을 던지므로 학습이 시작된다고 보았다. 즉, 기존의 삶에 적용할 수 없는 경험으로부터 전환학습 프로세스는 시작되며, 이러한 경험이 반성적 성찰을 통해 지적 성장이 이루어질 때, 경험은 가치 있는 것이 된다고 보았다. 효과적인 학습은 긍정적인 경험만이 아닌 효과적인 성찰에서 나온다. 행동은 전환학습의 결과이다. 즉, 전환학습의 과정은 행동의 중심이며, 경험의 비판적 반성을 통해 개인의 관점이 전환되어 보다 발전된 사람이 될 수 있다고 하였다.

3) 의미구조

메지로우는 전환의 의미를 기존 개개인이 갖고 있던 관점을 재해석하고 새로운 의미를 부여하는 의미구조(meaning structure)의 변화로 설명하였다. 의미구조는 의미체계(meaning scheme)와 의미관점(meaning perspective)으로 구분되는데, 의미체계는 개인의 신념, 정서, 태도, 가치 등 무의식적으로 해석되는 규칙이나 습관을 뜻하고, 의미관점은 의미체계보다 더 포괄적이고 심층적인 것으로 이론, 사회적 규범, 철학, 신념체계, 평가 준거 등으로 구성된다. 메지로우는 비판적 반성을 통해 의미구조가 근본적으로 변화하는 것이 진정한 학습이며, 기존에 가지고 있던 당연시되던 것들에 대한 비판적인 반성을 통해 의미구조를 확대하는 관점의 전환이 성인학습이 갖는 중요한 특징이라고 하였다.

2. 프레이리 의식화이론

1) 프레이리

Paulo Freire(1921~1997)

파울로 프레이리(Paulo Freire, 1921-1997)는 문해교육을 통해 전 세계 민중 스스로가 사회적·정치적 자각을 얻는 데 힘쓴 브라질의 교육학자이다. 그는 교육의 혜택을 받지 못한 농부들에게 자신의 삶과 생활을 변화시키는 의식화의 수단으로 문해교육 운동을 펼치며 20권 이상의 책을 썼는데, 대부분이 오늘날 교육 분야의 고전으로 인정받고 있다. 그중 1968년 출간된 <페다고지: 억눌린 자를 위한 교육(Pedagogy of Oppressed)>은 전통적 교육의 수동적 성격이 억압을 더욱 촉진하는 결과를 낳았다고 주장했다. 메지로우의 이론이 중산층 백인 여성의 경험에 기반을 두고 개인적인 전환에 집중한 것과 달리, 프레이리의 이론은 가난, 문맹, 억압으로 고통받는 민중에게서 나온 급진적인 사회개혁이라는 더 큰 틀에 자리한다. 프레이리의 접근방법에서 개인의 임파워먼트와 사회변혁은 서로 분리될 수 없는 과정이다. 의식화와 임파워먼트의 개념은 전환학습의 이론적 틀에 커다란 공헌을 했다. 그는 교육의 궁극적인 목적을 이들이 사는 세계를 비판적으로 성찰하고 행동하는 '실천(praxis)'으로 보고, 교육을 통해 억압하는 사회에서 벗어나야 한다고 주장하였다.

2) 의식화

전환학습은 사회적 관점의 변화로 이해할 수 있으며, 이것을 사회해방적(social-emancipatory)이라고도 한다(Taylor, 2008). 여기서 교육의 목표는 사회의 억압적인 구조들에 도전하고 변화를 도모하는 것으로, 프레이리는 이를 위해 사람들은 그들의 삶에 존재하는 힘과 억압을 깨닫고, 그 구조를 바꾸기 위해 노력해야 한다고 주장했다. 그는 저서 <페다고지: 억눌린 자를 위한 교육(Pedagogy of Oppressed)>에서 전환 과정의 주요한 요소에 관해 기술하였는데, 이

과정은 학습자와 다른 학습자, 혹은 교수자와 대화하면서 자신의 일상에 대한 고민을 공유하는 것으로부터 시작한다. 이러한 고민은 토론, 검토, 성찰의 과정을 거치며 변화를 위한 행동으로 나타나는데, 이러한 과정을 프레이리는 '의식화(conscientization)'라고 칭하였다.

1968년 스페인어 초판

1973년 프레이리는 그의 저서 <비판적 의식을 위한 교육(Education for critical consciousness)>에서 의식을 영문법에서의 타동사(transivity)적 추론을 활용하여 4수준으로 구분하였다. 최하위 수준의 의식은 자동사적 의식(intransitive consciousness)으로 이는 당시 제3세계 농경사회에 만연했던 '침묵의 문화'이다. 이 수준의 개인은 기본욕구를 충족시키는 데 사로잡혀 있으며 사회 문화적 상황을 이해할 수 없다. 두 번째 의식의 단계는 반자동사적(semi-intransitivity)의 상태로, 지배 문화가 묘사하는 부정적 가치를 개인들이 내면화하지만, 이러한 상황을 주어진 것, 운명적인 것, 변화시킬 수 없는 것으로 인식하는 상태이다. 세 번째 의식의 단계는 순수한 타동사(naive-transitiveness)로 명명되었다. 이 단계의 사람들은 억압받는 현실을 문제로써 경험한다. 삶의 문제에 의문을 제기하지만 억압된 의식이 남아있어 적극적인 행동으로 옮기지는 못한다. 프레이리에게 최고단계의 의식은 비판적 의식(critical consciousness)의 수준으로, 이는 의식화의 과정을 통해 획득된다. 이 단계는 문제를 깊이 있게 해석하고 자기가 발견한 것들을 시험하고, 재검증할 용의를 가진 상태이다. 프레이리에게 있어 의식화는 사회적 행동이었다. 개인과 사회의 해방은 의사소통과 실천(praxis)으로 성취된다.

3) 문제제기식 교육

프레이리는 과거 전통적인 교육은 학생들에게 받아들이고 정리하고 보관해야 하는 은행저축식 교육(banking education)이라고 비판하였다. 은행저축식 교육에는 다음과 같은 특징이 있다. 첫째, 교사는 가르치고 학생은 가르침을 받는다. 둘째, 교사는 모든 것을 알고, 학생은 아무것도 모른다. 셋째, 교사는 생각하고 학생은 생각의 대상이 된다. 넷째, 교사는 학습 과정의 주체이고 학생은 객체이다. 이러한 은행저축식 교육은 학생들에게 기존의 지식을 수동적으로 받아들이고 암기할 것을 강조함으로써 학생들에게 가치와 사상을 강요하고 학생들의 의식을 말살시키는 폭력의 형태라고 비판하였다. 이러한 교육의 학습자는 교육과정의 대상이 되며, 자신이 아닌 외재적 목적을 달성하기 위해 학습하고 일하게 된다. 이러한 전통적인 교육은 자신을 이해하고 알아가기 위한 교육이 아닌 사회가 요구하는 목적에 맞게 개인을 변화시키는 것이다.

이러한 전통적인 은행저축식 교육에 프레이리는 해방, 대화, 문제제기식 교육(problem-posing education)을 제안했다. 문제제기식 교육은 은행저축식 교육과정 반대의 개념이라고 볼 수 있는데, 프레이리는 학습자는 교사가 채워야 할 빈 그릇이 아니며 교육의 대상도 아니라고 하였다. 그는 교사와 학습자의 행동을 이분화하지 않고, 학습자는 교사와 함께 교육과정을 자유롭게 결정하는 주체가 되어야 한다고 주장했다. 그는 교육의 원리로써 대화(dialogue)를 강조하였다. 대화는 혼자 할 수 없기에 프레이리의 문제제기식 교육은 상호존중과 의사교환, 결속을 기초로 한다. 대화를 통해 한 집단이 그들이 사는 구체적인 상황을 인식하고, 그 이유를 알아서 가능한 해결 방법을 찾아내고 현실을 변화시키기 위해 행동하는 것을 참된 교육이라고 보았다. 이에 대화가 행동으로 연결되기 위해서는 비판적 의식이 필요하고, 비판적 의식을 촉진하는 대화가 바로 문제제기식 교육을 의미한다. 대화를 통해 학습자와 교사 모두 연결되어 함께 성장하게 되는 것이다.

제3절 경험학습

경험은 수많은 성인교육 학자들이 강조한 성인학습에서의 핵심 개념이다. 린드만(Lindeman, 1961)은 학습자의 경험이 최고의 가치를 지닌 학습 자원이라고 하였고, 놀즈(Knowles, 1989)도 성인교육에 있어 가장 기초가 되는 가정은 성인들이 많은 양질의 경험을 갖고 학습에 참여한다는 것이었다. 한편, 이들보다 훨씬 전에 활동한 듀이(Dewy, 1938)는 그의 저서 <경험과 교육(Experience and education)>에서 교육이란 경험의 의미에 부가된 '경험의 재구성'이 이루어지는 능력을 증진하는 것이라고 설명하며, 경험을 교육적인 경험과 비교육적인 경험으로 구분하였다. 그는 경험을 통해 학습이 이루어지기 위해서는 그 경험이 계속성과 상호작용의 원리와 일치해야 한다고 했는데, 여기서 계속성이란 한 경험이 이후의 경험에 영향을 주어야 한다는 것이고, 상호작용이란 개인과 개인 또는 환경이 상호작용을 이루었을 때 나타나는 결과가 교육적 경험이라는 것이다. 경험학습은 앞서 설명한 메지로우(Mezirow), 프레이리(Freire), 콜브(Kolb), 자비스(Javis)와 같은 학자들에 의해 1980년대에 이르러서야 학습의 인지과정으로 인정받기 시작하였다.

1. 콜브의 경험학습 모델

1) 경험학습 순환과정

David A. Kolb
(1939~)

콜브(David A. Kolb)는 경험학습, 개인과 사회변화, 직업개발 등의 주제에 초점을 맞춘 미국의 교육이론가이자 경험학습 실천의 선구자이다. 그는 학습을 '경험의 전환을 통해 창출되는 지식의 과정(the process whereby knowledge is created through the transformation of experience)'이라고 정의를 하며, 지식은 경험의 획득과 전환의 조합된 결과라고 하였다. 그에게 있어 학습은 경험의 내용이나 결과보다는 전환 과정(transformation process)에 초점을 두고 지식은 고정된 실체가 아닌 계속하여 창조되고 재창조되는 과정으로 보았다. 1975년 그는 프라이(Ron Fry)와 함께 다음의 4가지 단계로 구성된 경험학습 모델(Experiential Learning Model)을 발표하였다. 첫째 단계는 새롭고 즉각적인 경험에 참여하는 구체적인 경험(concrete experience)의 단계이고 두 번째 단계는 서로 다양한 시각으로 경험을 해석하고 성찰하는 반성적 관찰(reflective observation)의 단계이다. 이러한 관찰을 논리적으로 타당한 이론으로 통합시켜 개념을 창출하는 추상적 개념화(abstract conceptualization)의 단계가 세 번째 단계이고, 마지막 단계는 새로운 상황에서 새로운 개념의 함의(implication)를 검증, 결정을 내리는 능동적 실험(active experimentation)의 단계이다. 콜브는 경험학습의 순환과정을 통해 학습은 객관적이고 주관적인 경험을 모두 전환함을 증명했고, 학습을 위해서는 지식의 본질, 즉 경험의 전환을 이해해야 한다고 설명했다. 이러한 모든 과정이 상호 연계되어야 학습, 경험의 변화가 일어나게 되는 것이다.

2) 경험학습 유형

사람들은 각기 자신이 선호하는 학습 유형이 있다. 즉, 특정방법을 통해 정보를 얻으려는 경향 및 정보를 처리하는 방식이 각기 다르다. 콜브는 앞서 설명한 네 단계의 정보지각방식(구체적인 경험 대 추상적 개념화)과 정보처리방식(능동적 실험 대 성찰적 관찰)을 서로 결합하여 4가지의 각기 다른 학습 유형을 제시하였다. 그에 따르면 구체적인 경험과 추상적 개념화, 반성적 관찰과 능동적 실험은 각각 이해(comprehension)와 변환(transformation)이라는 축의 양극단을 표상한다. 그가 구분한 학습의 유형은 다음 그림 4-3과 같다. 구체적으로 유형은 발산자형(divergers)으로 현상을 직관적으로 보며 많은 생각을 일반화한다. 폭넓은 문화에 흥미가 있으며 개방적이고, 통합적으로 설명하며 감정에 기반한다는 특징이 있다. 동화자형(assimilators)은 논리적이고 정확하며 이론적 모델을 세우는 데 익숙하다는 특징이 있다. 귀납적 추론이 가능하며, 행동보다는 사고와 이해에 초점을 두는 경향이 있다. 수렴자형(convergers)은 문제해결 능력과 의사결정 능력이 뛰어나고 감정에 치우치지 않는 유형이다. 생각하는 것을 실제로 적용하는 능력이 뛰어나다. 마지막으로 조절자형(accommodators)은 행동과 결과에 기반을 두어 생각하고 계획을 세워 수행하는 유형이다. 새로운 경험을 즐기고 기회를 찾으려 하며 위험을 두려워하지 않는 것이 특징이 있다. 이러한 학습 유형은 대부분의 성인학습자들에게 효과가 있는 양식이 각기 다르다는 사실을 보여주고 있다. 성인교육자는 이러한 여러 유형의 측면들을 고려함으로써 학습환경을 개선하고 더 많은 학습자에게 다가서야 할 것이다.

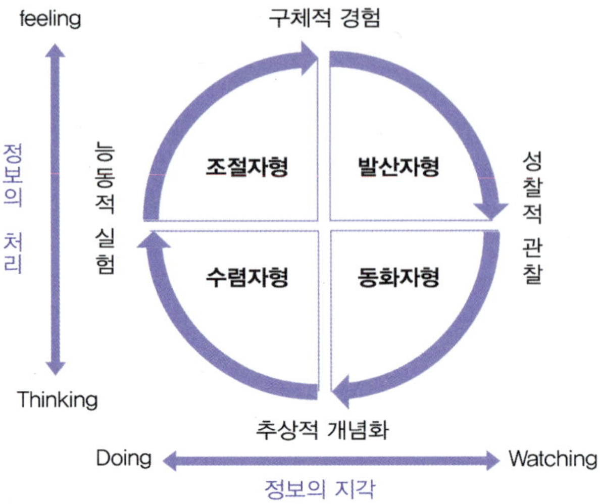

그림 4-3 Kolb의 학습 유형

출처: Kolb(1984).

2. 자비스의 경험학습 모델

1) 사회적 맥락

Peter Jarvis
(1937~2018)

자비스(Peter Jarvis)는 콜브의 경험학습 개념을 일부 비판하면서 자신의 개념을 정립한 영국의 평생교육 학자이다. 그는 모든 학습은 경험으로부터 시작된다는 콜브의 견해를 수용하면서도 실제 경험을 통해 학습이 일어나는 과정은 콜브가 제시한 4단계를 순차적으로 거치지 않으며 인간의 학습과 관련한 복잡한 사회적 과정을 지나치게 단순화함을 비판하였다. 경험학습은 사회적 맥락 속에서 인생에 걸친 경험을 지식, 기능, 태도로 변화시키는 과정이라고 정의함으로써 콜브의 정의를 확장하였다. 그는 1987년 저서 <사회적 맥락 속에서의 성인학습(Adult Learning in the Social Context)>을 통해 경험학습 모델을 발표했다. 자비스는 인간은 사회적 맥락 속에서 존재하며, 사회적 맥락은 생활세계(life-world)라고 하였다. 생활세계를 구성하는 다양한 요소 중 가장 중요한 세 가지는 문화와 시간, 공간이다. 우리는 외부 환경이 변화하거나 새로운 상황에 부닥쳤을 때 기존의 지식으로는 새로운 상황을 해결할 수 없는 간극(disjuncture)을 경험한다. 자비스는 개인이 축적한 지식과 사회적 맥락 간에 간극이 발생할 때 학습이 일어난다고 하였다(Jarvis, 1987). 우리가 새로운 상황에서 존재할 수 있는 이유는 사회적 맥락 안에서 내부 자아가 끊임없이 상호작용했기 때문이다. 자비스는 이후 학습을 '전인이 되는 과정으로서 사회적인 상황들을 경험하고 인식된 내용을 인지적, 정서적, 실제적인 것으로 전환하며, 개인적인 인간의 전기(biography)로 통합하는 끊임없이 변화하는 인간을 만들어 내는 생애에 걸치는 과정들의 조합'이라고 정의하였다(Jarvis, 2006). 즉, 모든 경험이 반드시 학습을 초래하는 것은 아니지만, 모든 경험은 학습의 잠재적인 기초가 될 수 있으며 학습의 성격을 규명하는 데 있어 시간과 공간, 사회에 사는 개인의 사회적 성격을 고려해야 함을 강조한다. 그는 콜브의 모델을 확장하여 더욱 풍부한 인간 경험에 초점을 맞춰 다양하고도 복잡한 학습활동을 이해할 수 있는 틀을 제시하였다.

2) 경험학습 모형

인간은 경험을 통해 학습하며, 학습은 전인이 되어가는 과정이라고 설명한 자비스는 학습이 일어나는 과정에 영향을 미치는 요인으로 추론·성찰, 실천·실험, 평가, 기억을 제시하였다(Jarvis, 1987). 그림 4-4에서 보여주는 것과 같은 모든 인간(1)은 상황(2)에서 다양한 경험(3)을 하지만 이러한 경험이 상황을 강화하기는 하지만 상대적으로 변화된(학습된) 상태의 인간으로 연결되지 않는다고(4) 보았다. 하지만 어떤 인간은 실천과 실험(5)을 통해 기억(7)하고 추론·성찰(8)하고 평가(8)하는 과정을 거쳐 변화되고 보다 풍부한 경험을 지닌 존재로서의 인간(9)이 되기도 한다. 자비스의 경험학습 모형에서 추론·성찰은 경험을 학습으로 전환하는 매개 역할을 한다. 성찰은 인간이 주체로 행동하게 하는 하나의 기능으로 볼 수 있으며, 회고적이면서도 미래적인 성격을 띤다고 하였다. 성찰의 과정에는 미래에 대한 추론이 포함될 수 있으므로 그의 모형에서는 추론과 성찰이라는 용어가 함께 사용되었다. 실천과 실험은 그의 경험학습 모형에서 함께 사용되었는데, 실험은 기존에 존재하지 않았던 무언가를 새롭게 만들어 내는 것이지만 실천은 반복적이고 단조로운 의미를 함축한다. 하지만 모두 행함이라는 측면에서 공통점을 갖고 있어 양면의 의미를 결합하는 동시에 복합적인 과정을 전달하려는 취지로 같이 사용되었다(Jarvis, 1987). 경험학습 모형에서의 평가(evaluation)는 교육이론에서의 일반적인 평가의 의미가 아닌, 학습자가 사고하고 행동하는 결과(outcome)에 따라 인지적, 정신적으로 고민하고 받아들일지 결정하는 과정이라고 정의했다. 그 결과가 받아들여지면 기억을 하지만, 거부될 때는 실천·실험(5), 추론·성찰(7)의 단계가 계속된다. 그림 4-4에서 화살표가 평가에서 기억(6), 실천·실험(5), 추론·성찰(7)로 모두 향할 수 있는 이유이기도 하다. 자비스의 기억(memorization)은 일반적으로 쓰이는 뇌의 기능으로서의 기억(memory)이 아닌 기억(memorization)을 학습 과정으로 전달하려는 취지에서 사용했다. 자비스는 이처럼 학습 모형을 통해 인간이 경험을 통해 학습하는 과정에서 네 개의 학습요인이 어떻게 작동하는지 경로를 설명하였다.

자비스의 경험학습 모형은 학습 과정의 다양성을 인정했고 학습 과정이 무형식적인 차원에서도 행해지고 있다는 점을 강조하며 학습을 일상생활의 차원으로까지 확대하고자 시도했다는 점에 의의가 있다. 또한, 인간은 전 생애(lifelong)를 통해 학습하는 존재이기 때문에, 인간 상호 간에 함께 성장하고 발달할 수 있도록 도와줄 책임이 있다는 것을 강조한 점이 자비스의 경험학습 모델의 특성이라 할 수 있다.

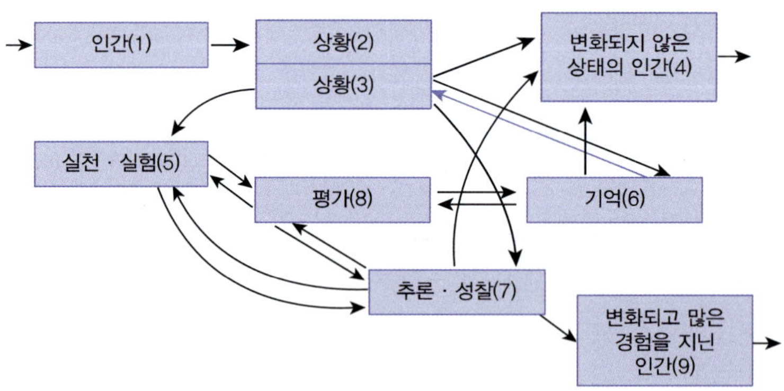

그림 4-4 자비스의 경험학습 모형

출처: Jarvis(1987).

3) 경험학습 유형

자비스에 의하면 학습의 주체는 인간이고, 학습의 결과는 많은 경험을 지닌 변화된 인간으로 볼 수 있다. 자비스는 잠재적 학습상황을 설정하고, 다양한 성

(Brookfied, 1984). 이와 더불어 토우의 연구 결과에 영향을 받은 놀즈는 자기주도학습의 개념을 확립, 1975년 저서 <자기주도학습: 학습자와 교사를 위한 지침서(Self Directed Learning: A guide for learners and teachers)>를 발간하며 자기주도학습 이론을 체계화하였다. 놀즈는 자기주도학습을 "개별학습자가 타인의 조력 여부와 상관없이 스스로 주도권을 가지고 자신의 학습 요구를 진단하고, 목표를 설정하며, 학습에 필요한 인적·물적 자원을 확보하고, 적합한 학습전략을 선택·실행하여 성취한 학습 결과를 스스로 평가하는 과정과 활동"이라고 정의하였다.

1975년 초판
「자기주도학습」

안드라고지적 모델은 일종의 과정 모델(process model)인데, 대부분의 전통적 교육자들이 사용하고 있는 내용 모델(content model)과는 대조적이다. 페다고지 교육 현장에서는 교사가 전달할 지식이나 기술을 먼저 결정하고, 내용 전체를 논리적 단위로 배열한다. 배열된 학습 내용을 전달하기 위한 가장 효과적인 교수 방법을 교사는 선택하고, 그 내용 단위들을 계열화하기 위한 계획을 수립한다. 이것이 바로 내용 모델(혹은 내용설계)이다. 내용 모델이 정보와 기술을 전달하는 일에 관심이 있다면, 과정 모델은 학습자들이 정보와 기술을 획득하도록 돕기 위한 절차와 자원을 제공한다는 점에서 차이가 있다.

2) 상호작용 모델

(1) 게리슨 모델

게리슨(D. Garrison)은 자기주도학습을 '학습자가 주관하여 학습 결과들이 가치 있고 의미 있도록 구성하고 협동적으로 인지적 통제와 관리를 하는 맥락적인 과정'이라고 정의하였다. 그는 구성주의 관점에 기초하여 자기주도학습에 의미 있는 접근 방식을 반영시키기 위해 환경적 통제를 통한 자기관리(self-management), 인지적 책임을 지는 자기관찰(self-monitoring), 그리고 학습으로의 진입과 학습 수행에 대한 동기부여적 차원(motivational dimensions)을 통합한다. 자기관리는 업무 통제(task control)에 관한 것으로, 학습자들은 자신들이 기술한 목표에 도달하기 위해 통제력을 갖고 환경 조건을 만들어나가는 것을 의미한다. 자기관찰은 인지이고 초인지적인 과정 모두를 관찰할 수 있는 능력을 말하며 학습자는 비판적 성찰과 공동의 확인 등을 통해 구성한 의미에 대한 책임을 지는 과정이라고도 할 수 있다. 동기부여 차원은 사람들이 자기주도 학습활동에 참여하고 진입하는 데 영향을 미치는 것, 계속해서 학습활동에 참여하도록 하는 것이다. 게리슨은 그림 4-5와 같이 책임감과 동기라는 구성요소는 서로 관련되어 있고 두 요소 모두 교육과정의 협력적인 통제로 작용한다고 그 개념을 설명하였다. 그에게 동기, 책임감, 통제는 자기주도학습 상호작용 모델의 중심이다. 또한, 자기주도성이야말로 의미 있는 학습 결과를 작용하게 하는 유일한 방법일 것이라고 그는 주장하였다.

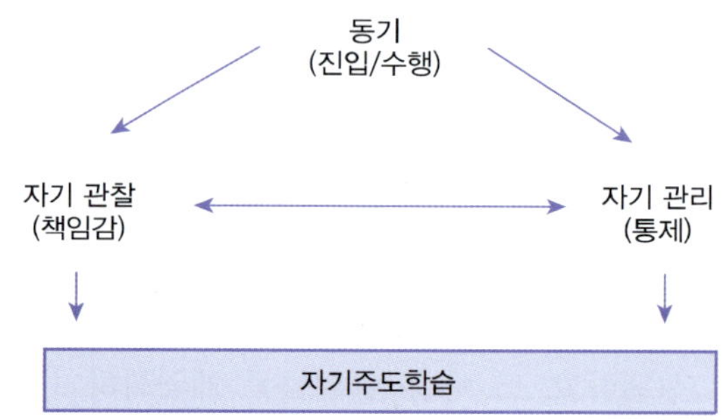

그림 4-5 게리슨의 자기주도학습 모델

출처: Garrison(1997).

(2) 그로우의 단계적 자기주도학습(SSDL)

그로우(G. Grow)는 리더십의 모델 중 하나인 블랜차드(Hersey & Blanchard)의 상황적 리더십(situational leadership) 모델을 빌려 단계적 자기주도학습(Staged Self-Directed Learning: SSDL)을 제시하였다. 상황적 리더십 모델은 조직 구성원의 직무 성숙 수준과 심리적 성숙 수준이라는 상황에 따라 적합한 리더십을 발휘해야 한다는 것인데, 그로우는 표 4-2에서와 같이 학습자의 자기주도성 정도에 따라 의존적(dependent), 관심 있는(interested), 참여적(involved), 자기주도적(self-directed) 등의 네 수준으로 분류하였다. 그는 SSDL 모형에서 교수자의 역할과 함께 어떻게 성인학습자의 자기주도성을 증진하면서 학습을 촉진할 수 있는지에 대한 방법을 제시했다.

1단계 의존적인 학습자는 낮은 자기주도성을 갖고 있으므로 교수자는 학습 내용이나 방법 등에 대해 분명한 방향을 제시하는 권위자 역할을 해야 한다. 약간의 자기주도성을 가진 관심 있는 학습자는 동기부여에 반응을 하므로 교수자는 동기를 불어넣어 주고 가치를 설득해 학습자가 학습에 관심을 가질 수 있도록 안내자의 역할을 해야 한다. 3단계 참여적 학습자는 기술과 지식을 갖고 스스로 교육에 참여할 준비가 되어 있으므로 교수자는 학습자의 의사결정을 존중하고 학습자에게 많은 역할을 부여하여 점차 독립적으로 학습할 수 있도록 촉진자의 역할을 해야 한다. 4단계 높은 자기주도성을 가진 자기주도적 학습자는 자신의 학습에 목표를 설정하고 학습활동을 하며 학습에 대한 평가 등을 주도적으로 할 수 있다. 교수자는 이들에게 도전적인 과제를 정해주고 이들이 스스로 과제를 수행할 수 있도록 모든 권한을 위임해야 할 것이다.

표 4-2 단계적 자기주도학습 모델

단계	학습자	교수자	교수방법의 예
1	의존적 (dependent)	권위자(authority) 코치(coach)	즉각적인 피드백, 코칭, 정보 전달식 강의, 반복적 연습
2	관심 있는 (interested)	동기부여자(motivator) 안내자(guide)	영감을 주는 강의, 안내에 따른 토론, 구체적인 학습전략과 목표 설정
3	참여적 (involved)	조력자(facilitator)	동등한 위치의 교사 참여로 진행되는 토론, 세미나, 그룹 프로젝트
4	자기주도적 (self-directed)	상담자(consultant) 위임자(deligator)	인턴십, 논문작성, 개별학습, 자기주도 스터디그룹

출처: Grow(1991).

2. 자기주도학습의 의의

오늘날 우리 사회는 4차 산업혁명의 도래에 따른 사회·경제 전반에 획기적인 패러다임의 변화가 빠르게 진행되고 있다. 빠른 기술과 사회의 변화는 학습을 통해 빠르게 적응하는 인재를 필요로 한다. 폭발적으로 늘어난 지식과 정보 속에서 스스로 계획하고 탐구하며 문제를 발견하고 이를 해결할 수 있는 자기주도학습 역량이 무엇보다 중요하다. 인간은 태어날 때 부모의 보호 없이는 살아갈 수 없는 의존적인 존재에 불과하다. 그러나 성숙해지면서 인간은 본인의 삶에 대한 책임을 지는 능력을 키우게 된다. 학습의 과정은 발달의 측면에서 볼 때 성숙해지는 과정이다. 즉, 자기주도학습을 통해 우리는 삶의 주체가 되어 삶에 대한 책임을 지는 자기주도적 존재가 되는 것이다. 자기주도학습이 필요한 또 다른 이유는 해방적 삶을 살아가기 위함이다. 성인이 학습하는 데 있어 갖는 목적은 궁극적으로 그 개인의 삶과 연결되어 있다. 자기주도성이 있는 사람은 뚜렷한 목적과 동기 의식을 가지고 학습에 참여하며 학습한 내용을 더 오래 기억하고 더 잘 활용하는 경향이 있다. 또한, 이들은 사회적 실천(궁극적인 학습 결과)의 가능성이 크다. 즉, 자기주도적인 학습을 통해 주체로서의 개인은 해방된 삶을 구성할 수 있게 되는 것이다.

연구문제

1. 놀즈의 성인학습자에 대한 6가지 기본 가정을 설명해 봅시다.

2. '페다고지 vs. 안드라고지'에서 'from 페다고지 to 안드라고지'로 전환하게 된 이유를 설명해 봅시다.

3. 메지로우와 프레이리의 전환학습 개념을 비교해 봅시다.

4. 자비스의 경험학습 모형을 설명해 봅시다.

5. 자기주도학습 개념의 발전과정을 설명해 봅시다.

CHAPTER 05

평생교육법과 행정 및 주요 제도

제1절 평생교육법과 행정

제2절 평생교육 주요 제도

제1절 평생교육법과 행정

1. 평생교육법

1) 평생교육법의 제정

우리나라는 1949년 교육법 제정으로 학교교육을 중심으로 하는 단일 법률체계를 유지해 오다가 1997년 교육기본법과 그 아래에 고등교육법과 초·중등교육법을 제정하였다. 1982년 제정된 사회교육법을 전면 개정하여 1999년 평생교육법을 제정하였다. 이로써 헌법–교육기본법 아래 평생교육법, 초·중등교육법, 고등교육법의 삼법 정립체제이다.

평생교육은 1980년 헌법에 "국가는 평생교육을 진흥해야 한다"는 조항이 들어가면서 명문화되었다. 이 평생교육진흥 조항과 교육기본법에 따라 1982년 사회교육법이 제정되었고, 사회교육법을 대체하여 1999년 8월 30일 평생교육법(법률 제6003호)이 제정되어 2000년 3월 1일부터 시행되었다. 그리고 평생교육법 시행령이 3월 13일에, 평생교육법시행규칙이 3월 31일에 각각 공포되었다. 평생교육법은 각종 평생교육 관계 법령들을 지원·육성하는 모법으로서의 지위를 갖으며 2007년 12월 14일 전부 개정 되었고, 2016년 5월 29일 장애인 평생교육을 포함하는 등 29차례 개정을 거쳐 오늘에 이르고 있다.

2) 평생교육법의 구성 및 주요내용

평생교육법은 9장 46조 부칙으로 구성되었으며 구성 체계와 주요내용은 표 5-1과 같다.

표 5-1 평생교육법의 구성 체계와 주요내용

구분	평생교육법	평생교육법 시행령	평생교육법 시행규칙
기본체계	9장 46조, 부칙	6장 78조, 부칙총칙	25조, 부칙
주요 내용 및 범위	총칙(1장) 평생교육진흥기본계획(2장) 국가평생교육진흥원(3장) 평생교육사(4장) 평생교육기관(5장) 문해교육(6장) 성인 진로교육(7장) 평생학습 결과의 관리·인정(8장) 보칙: 행정처분, 권한의위임 등(9장)	총칙 평생교육진흥기본계획 평생교육진흥원 평생교육사 평생교육기관 문자해득교육	평생교육실무조정위원회 전문인력정보은행제 학습계좌제 평생교육사 자격증 평생교육사 양성기관 평생교육시설 설치기준 문자해득교육
평생교육 정책 방향성	국가 및 지방자치단체 평생교육추진체제 정비 평생교육추진기구 제시 평생교육사 자격 및 평생교육사 양성기관 정비 문자해득교육 및 학력인정 제도 도입 평생학습계좌제 도입 및 시행	평생교육 기본계획 및 시행계획 추진사항 평생교육진흥위원회 운영 평생교육진흥원 운영 평생교육사 및 양성기관 운영 세부사항 평생교육시설 설치기준 확정 문자해득교육 프로그램 활성화 세부사항	전문인력정보은행제 운영 활성화 평생교육사 및 평생교육사 양성기관 설치기준 제시 평생교육설치기준 제시 문자해득교육 프로그램 운영기준 및 학력인정절차 제시

출처: 최운실 외(2018) 재구성.

(1) 평생교육의 개념

평생교육을 '학교의 정규교육과정을 제외한 학력보완교육, 성인 문해교육, 직업능력 향상교육, 성인 진로개발역량 향상교육, 인문교양교육, 문화예술교육, 시민참여교육 등을 포함하는 모든 형태의 조직적인 교육활동'으로 규정(평생교육법 제2조)하고 있어 정규학교교육에 대비되는 학교 외 교육개념을 채택하고 있다.

(2) 평생교육의 목적과 이념

평생교육법 제1조(목적)는 「헌법」과 「교육기본법」에 규정된 평생교육의 진흥에 대한 국가 및 지방자치단체의 책임과 평생교육제도와 그 운영에 관한 기본적인 사항을 정하고, 모든 국민이 평생에 걸쳐 학습하고 교육받을 수 있는 권리를 보장함으로써 모든 국민의 삶의 질 향상 및 행복 추구에 이바지함을 목적으로 한다(개정 2021. 6. 8. 시행 2021. 12. 9.). 평생교육의 이념은 모든 국민에게 평생교육의 기회를 균등하게 보장하고, 학습자의 자유로운 참여와 자발적인 학습을 보장하며, 일정한 평생교육과정을 이수한 자에게 그에 상응하는 자격 및 학력인정 등 사회적 대우를 부여하는 것이다. 정치적 개인적 편견의 선전을 위한 방편으로 이용되어서는 안 된다(평생교육법 제4조).

(3) 평생교육 진흥과 평생교육사

평생교육에 관한 계획을 수립하고 실시하기 위하여 필요한 협의체 및 운영기관을 지정하고 있으며 평생교육을 담당할 평생교육사의 자격과 양성, 배치에 대해 규정하고 있다.

(4) 평생교육기관

시설·법인, 단체로서 ① 학교의 평생교육을 포함하여 ② 학교부설 ③ 학교형태 ④ 사내대학형태 ⑤ 원격대학형태 ⑥ 사업장 부설 ⑦ 시민사회단체 부설 ⑧ 언론기관 부설 ⑨ 지식·인력개발 관련 평생교육시설로 9개로 제시하고 있다.

(5) 장애인 평생교육

장애인 평생교육을 평생교육법에 포함하는 법령 개정(개정 2016. 5. 29, 시행 2017. 5. 30)은 주목할 만하다. 국가는 장애인의 평생교육진흥 관련 업무를 지원하기 위하여 국가장애인평생교육센터의 설치와 소관 업무, 장애인 평생교육시설 등의 설치, 장애인 평생교육 과정 등을 규정하고 있으며, 2021. 6. 8. 개정(시행 2021. 12. 9.)된 법에 장애인 평생학습도시를 담고 있다.

(6) 문자해득교육

국가는 문해교육의 활성화를 위하여 국가평생교육진흥원에 국가문해교육센터를 두며, 문해교육의 효율적 지원을 위하여 문해교육종합정보 시스템을 구축·운영할 수 있으며, 이 시스템은 국가문해교육센터에 위탁 운영할 수 있다(평생교육법 개정 2016. 2. 3).

(7) 성인 진로교육

평생교육기관, 대학, 「진로교육법」에 따른 국가·지역 진로교육센터는 성인 진로교육을 실시할 수 있다(평생교육법개정 2023. 6. 13).

3) 평생교육 관련 법규

평생교육 관계법령을 특성별로 분류하면 학교평생교육, 직업기술교육, 공무원교원 연수, 교정교육, 농어민교육, 시설 평생교육, 아동교육, 문화·청소년교육, 노인교육, 여성교육, 장애인교육, 저소득층교육, 산학협동교육, 기타 평생교육일반이 있다(2008, 교육과학기술부). 평생교육을 진흥하기 위한 관련법은 학원의 설립·운영 및 과외교습에 관한 법률, 독학에 의한 학위취득에 관한 법률, 학점인정 등에 관한 법률, 근로자직업능력 개발법 등이 있다.

4) 장애인 평생교육법 제정 동향

> "우리의 교육권 보장하라" 장애인 평생교육법 제정 촉구, 장애인 평생교육기관 수 7.4%, 평생교육 참가율도 단 0.2%에 불과해 "현행 평생교육법 한계 명확... 법 제정으로 장애인 평생교육 보장해야"
>
> –웰페어뉴스(2020. 08. 20.).

특수교육법에서 평생교육법으로 옮겨진(2016. 5. 29. 개정) 장애인 평생교육을 국가장애인 평생교육진흥원 설립 등 평생교육법에서 장애인 평생교육을 분리하여 별도 제정하는 움직임이 있다. 장애인평생교육법 제정 필요성 및 법안 내용 쟁점 토론회가 2020년 8월 20일 국회의원회관에서 약자의 눈(대표의원 김민석) 주관으로 개최되었다.

아울러 유기홍 의원 등 국회의원 48인이 장애인평생교육법 제정(안)을 발의(2021. 4. 20.)하여 진행 중으로 제안이유를 일부 발췌하면 다음과 같다.

- 장애인은 정규 의무교육과정을 원활하게 이수하지 못하는 경우가 많아 평생교육에 대한 의존도가 비장애인에 비하여 현저히 높고, 급변하는 사회 환경 속에서 자립생활능력과 사회적응력을 높일 수 있도록 장애인의 지역사회 참여역량 개발을 위한 계속교육이 제공되어야 하기에 장애인에게 평생교육은 매우 큰 중요성을 지님.
- 장애인의 평생교육 권리를 명확히 규정하고, 모든 장애인이 평생교육 참여기회를 골고루 보장받을 수 있도록 장애인 평생교육에 관한 국가 및 지방자치단체의 책무성을 강화하고 장애인 평생교육 전달체계 및 심의체계를 구축하고자 함.
- 아울러, 장애인 평생교육 학습자 맞춤형 평생학습 지원 서비스를 제공하고 장애인의 삶과 유기적으로 연결된 평생학습의 실현을 위하여 평생교육과 고용·복지 등의 연계 근거를 마련함으로써 장애인에게 보편적 평생학습의 기회를 제공하려는 것임(의안정보시스템, 2023).

2. 평생교육행정

1) 중앙의 평생교육행정

평생교육 업무는 교육부 평생직업교육정책관에서 관장하며 평생직업교육기획과, 평생학습지원과, 중등직업교육정책과, 중등직업교육정책과, 고등직업교육정책과, 청년장학지원과가 있다(2024). 국가는 평생교육진흥과 관련된 업무를 지원하기 위하여 국가평생교육진흥원을 설립 운영하고 있으며, 소관 업무와 설립근거는 평생교육법에 근거를 두고 있다. 또한 장애인의 평생교육진흥 전담기구로 2016년 5월 29일 개정된 평생교육법에 근거하여 국립특수교육원 내에 국가장애인평생교육센터를 2018년 5월 28일 문을 열어 운영 중이다.

2) 지방의 평생교육행정

교육행정을 담당하는 기구로 교육부와 교육청이 있으나 평생교육법에서는 평생교육을 전담·지원하는 기구를 교육청과 유기적 협조 아래 일반 행정에 두고 있으며 추진 체계는 표 5-2와 같다.

표 5-2 평생교육행정 추진 체계

	행정기구	심의·협의기구	전담·지원기구
국가 수준	교육부	평생교육진흥위원회	국가평생교육진흥원 국가장애인 평생교육진흥센터
광역 수준	시·도	시·도평생교육협의회	시·도평생교육진흥원
기초 수준	시·군·구 읍면동	시·군·구평생교육협의회	시·군·구 평생학습관 읍·면·동 평생학습센터

아울러 일선 조직까지 평생학습운영을 위하여 평생교육법 제21조의3(읍·면·동 평생학습센터의 운영)에 의거하여 시장·군수·자치구의 구청장은 읍·면·동별로 주민을 대상으로 하여 평생교육 프로그램을 운영하고 상담을 제공하는 평생학습센터를 설치하거나 지정하여 운영하여야 한다(평생교육법 개정, 2023. 4. 18). 해당 지방자치단체의 조례로 정하도록 하고 있어, 이에 따라 자치단체별로 조례를 제정 운영 중에 있다.

3) 평생교육기관

평생교육기관을 규정하는 법규와 행정체계가 분산되어 있을 뿐만 아니라 매우 다양하고 평생교육기관 수도 많다. 다른 법령에 의한 시설로 문화원, 학원, 도서관, 직업훈련원, 박물관, 미술관, 복지관 등이 있다. 평생교육법에 근거한 평생교육기관은 형태별로 준형식 평생교육기관(학교형태의 평생교육기관)과 비형식 평생교육기관으로 나뉜다. 2022 평생교육기관 현황은 표 5-3과 같다.

표 5-3 2022 평생교육기관 현황

준형식 평생교육기관(계)	각종학교(초중고)	고등공민·기술학교	방송통신학교	학교형태 학력인정 평생교육기관	대학									특수대학원
					산업대학	기술대학	각종학교	방송통신	사이버대학	원격대학	사내대학	기능대학	전공대학	
1,032	72	10	66	42	2	1	2	1	19	2	8	9	3	795

비형식 평생교육기관(계)	초·중등학교 부설	대학(원) 부설	원격형태	사업장 부설	시민사회 단체부설	언론기관 부설	지식인력 개발형태	시도평생교육 진흥원	평생학습관
4,869	9	419	1,204	389	423	1,343	564	17	501

출처: e-나라지표(2024).

제2절 평생교육 주요 제도

1. 평생교육사

1) 평생교육사

1999년 사회교육법이 평생교육법으로 개정되면서 사회교육전문요원이 평생교육사(Lifelong Educator)로 개칭되었다. 이에 따라 평생교육사 자격 취득을 위한 학점 수 및 시간, 현장실습 기간 등을 조정하고, 자격증 발급은 양성대학의 장에게 위임하였다. 평생교육사는 평생교육의 전반적인 영역을 담당하는 평생교육 전문가이다. 평생교육사 자격증은 이러한 평생교육 업무를 전문적으로 수행하는 데 필요한 자격을 갖춘 사람에게 부여하는 국가자격증이다. 평생교육사는 2022년 현재 157,235명이며, 이 중 1급은 985명, 2급은 148,432명, 3급은 7,818명이다(국가평생교육진흥원, 2023).

2) 평생교육사의 역할과 임무

평생교육사는 국가에서 부여하는 자격증을 취득하고 지방자치단체의 평생교육담당 부서, 학교부설 평생교육원, 평생학습관, 문화센터, 기업체 연수원 등 각종 평생교육시설에서 평생교육법에 규정된 업무를 수행하는 평생교육 현장 전문가이다. 평생교육사의 기본업무는 평생교육의 기획·진행·분석·평가 및 교수업무이며(평생교육법 제24조2항), 직무범위를 ① 평생교육 프로그램의 요구분석·개발·운영·평가·컨설팅, ② 학습자에 대한 학습정보 제공, 생애능력개발 상담·교수, ③ 그 밖에 평생교육진흥관련 사업계획 등이다(평생교육법시행령 제17조).

3) 평생교육사 자격제도

(1) 평생교육사 자격요건

평생교육사는 1, 2, 3급으로 구분되고, 평생교육법 제26조에는 평생교육사의 등급별 자격요건과 배치대상기관 및 배치기준을 정하고 있다. 전문대학·대학·대학원 등 고등교육기관과 원격대학, 사내대학, 「학점인정 등에 관한 법률」에 의한 학점인정 교육훈련기간에서 양성하며, 평생교육사의 전문성 향상과 효율적 활용을 위해 1급 자격은 국가평생교육진흥원 승급과정을 통해서만 취득할 수 있다. 평생교육사 등급별 자격요건은 다음과 같다.

표 5-4 평생교육사 등급별 자격요건(평생교육법 시행령 별표1의 3)

등급	자격기준
1급	• 평생교육사 2급 자격증을 취득한 후 평생교육 관련업무 5년 이상 종사한 경력이 있는 자로서 국가평생교육진흥원이 운영하는 1급 승급과정을 이수한 자(2급 자격취득 이후 경력만 인정)
2급	• (1호) 대학원에서 필수과목 15학점 이상 이수하고 석사 또는 박사학위를 취득한 자 • (2호) 대학 또는 학점은행기관에서 평생교육 관련과목을 30학점 이수하고 학위를 취득한 자 • (3호) 대학을 졸업한 자로서 대학 또는 학점은행기관에서 평생교육 관련과목을 30학점 이수한 자 • 평생교육사 3급 자격증을 보유하고 평생교육 관련업무에 3년 이상 종사한

등급	자격기준
	경력이 있는 자로서 국가평생교육진흥원이 운영하는 2급 승급과정을 이수한 자(3급 자격취득 이전/이후 경력 모두 인정)
3급	• (1호) 대학 또는 학점은행기관에서 평생교육 관련과목을 21학점 이상 이수하고 학위를 취득한 자 • (2호) 대학을 졸업한 자로서 대학 또는 학점은행기관에서 평생교육 관련과목을 21학점 이수한 자

출처: 국가법령정보센터(2024).

(2) 평생교육사 이수과목

평생교육사 양성을 위한 이수과목은 표 5-5와 같이 필수와 선택으로 구분된다. 필수는 평생교육론, 평생교육프로그램개발론, 평생교육방법론, 평생교육경영론, 평생교육실습의 5개 과목이고, 선택은 평생교육 실천 영역 8개 과목과 방법 영역 13개 과목을 포함하여 21개 과목으로 구성되고 과목당 학점은 3학점이다. 선택과목은 반드시 영역별 1과목 이상을 선택하여 이수해야 하고, 과목당 평균 80점(100점 만점) 이상이어야 한다.

표 5-5 **평생교육사 이수과목(평생교육법 시행규칙 별표1)**

구분		과목명
필수과목		평생교육론, 평생교육방법론, 평생교육경영론, 평생교육 프로그램개발론, 평생교육실습(4주 이상)
선택과목(21)	실천 영역(8)	아동교육론, 청소년교육론, 여성교육론, 노인교육론, 시민교육론, 문자해득교육론, 특수교육론, 성인학습 및 상담(1과목 이상 선택)
	방법 영역(13)	교육사회학, 교육공학, 교육복지론, 지역사회교육론, 문화예술교육론, 인적자원개발론, 직업진로설계, 원격(이러닝, 사이버) 교육론, 기업교육론, 환경교육론, 교수설계, 교육조사방법론, 상담심리학(1과목 이상 선택)

출처: 국가법령정보센터(2024).

(3) 평생교육사의 자격취소

평생교육사 자격은 거짓이나 그 밖의 부정한 방법으로 평생교육사의 자격을 취득하거나 다른 사람에게 평생교육사의 명의를 사용하게 한다든지 자격증을 빌려주면 자격이 취소된다. 2016년 5월 29일 신설된 평생교육사의 자격취소는 평생교육법 제24조의2에 의한다.

(4) 평생교육사의 배치 및 경비 지원

평생교육법 제26조에는 평생교육사의 배치 및 채용규정을 명문화하고 있다. 평생교육기관에서는 제24조제1항에 따른 평생교육사를 배치하여야 한다. 유아교육법, 초·중등교육법 및 고등교육법에 따른 유치원 및 학교의 장은 평생교육 프로그램을 운영함에 있어서 필요한 경우에 평생교육사를 채용할 수 있으며, 국가 및 지방자치단체는 평생교육 프로그램 운영 및 평생교육사 채용에 사용되는 경비 등을 보조할 수 있다(제27조). 제20조에 따른 시·도평생교육진흥원, 제20조의2에 따른 장애인 평생교육시설 제20조3에 따른 노인평생교육시설 및 제21조에 따른 시·군·구평생학습관에 평생교육사를 배치하여야 한다. 평생교육사의 배치대상기관 및 배치기준은 표 5-6과 같다.

표 5-6 평생교육사 배치대상기관 및 배치기준(평생교육법 시행령 별표2)

배치대상	배치기준
국가 평생교육진흥원 시·도 평생교육진흥원	1급 평생교육사 1명 이상을 포함한 5명 이상
장애인 평생교육시설	평생교육사 1명 이상
시·군·구 평생학습관	정규직원 20명 이상: 1급 또는 2급 평생교육사 1명을 포함한 2명 이상 정규직원 20명 미만: 1급 또는 2급 평생교육사 1명 이상
법 제30조 ~ 제38조의 평생교육시설(학력인정 평생교육 시설 제외) / 학점은행기관 / 타 법령에 따라 평생교육을 주된 목적으로 하는 시설·법인 또는 단체	평생교육사 1명 이상

출처: 국가법령정보센터(2024).

(5) 평생교육사 연수

평생교육법 제24조 제4항은 평생교육사의 등급, 직무범위, 이수과정, 연수 및 자격증의 교부절차 등에 필요한 사항은 대통령령으로 정하도록 명시하고, 시행령 제19조(연수)에는 평생교육사에 대한 연수는 진흥원장 및 시·도진흥원장(이하 "연수실시기관의 장"이라 한다)이 실시할 수 있다. 다만, 연수실시기관의 장이 필요하다고 인정하는 경우에는 평생교육 관련 전문기관에 위탁할 수 있으며, 국가 및 지방자치단체는 연수에 필요한 경비의 일부를 연수실시기관의 장에게 지원할 수 있다고 정하고 있다.

(6) 한국평생교육사협회

2002년 설립된 '넝쿨처럼 뻗어가는 평생학습의 담장' (사)한국평생교육사협회는 평생교육법 개정에 참여하고 정책토론회 운영 및 연구 용역, 공청회 등 평생교육 활성화 및 평생교육사의 권익신장을 위해 노력하고 있다.

4) 평생교육사의 과제와 전망

김신일·한숭희(2001)의 평생교육학-동향과 과제에서 박부권은 '평생교육사 제도: 계몽적 낙관, 불확실한 전문성'이란 글에서 평생교육기관이 평생교육사의 낮은 인식도와 대단히 저조한 배치실적을 지적하였다. 또한 평생교육체제 내에서 분명한 평생교육사의 지위와 역할 그리고 제도화를 위한 정치력을 발휘할 수 있는 이해집단이 없다. 또한 평생교육사 배치에 대한 제도적 강제장치의 미흡, 평생교육사의 역할과 기능의 불분명성과 전문성의 불확실, 그리고 시민교육, 직업훈련교육, 문해교육, 원격교육 등에서 다양하게 평생교육사를 요구하고 있음에도 불구하고 각 분야에 필요한 평생교육사 양성 프로그램은 백화점식으로 미분화된 상태일 뿐만 아니라 현장 연계성이 낮은 실습도 지도·감독이 철저하지 못한 채 형식적으로 운영된다(김신일·한숭희, 2001)고 지적하였다.

평생교육사는 평생교육법에 근거하여 평생교육의 기획·진행·분석 및 평가와 교수활동 등 평생교육의 전반적인 영역을 담당하는 명실상부한 평생교육 전문가이다. 1999년 법령제정으로 도입된 평생교육사 제도가 20년을 넘었다. 이제 성인인 것이다. 20년 전 박부권이 지적했던 우려가 현실 속에서 어떻게 개선되었는지를 이제는 성찰해볼 필요가 있다. 평생교육사는 전지전능하다는 계몽적 낙관 속에 불확실한 전문성을 가지고 있지는 않은지? 과연 개선되었다고 누가 감히 확언할 수 있을까?

평생교육법에서는 평생교육행정을 광역지자체와 기초지자체 즉, 일반 행정에 두고 있으며 기초지자체에 평생학습관과 평생학습센터를 두고 평생교육사를 배치하도록 법제화하였다. 그럼에도 불구하고 지자체 등 공공 영역에 배치된 평생교육사의 신분은 보장되지 않고 직장의 안정성도 보장 받지 못한 채 이직에 따른 경력인정도 없이 그들만의 리그전을 펼치고 있다. 전문성을 담보받지 못했기에 일반경력직 공무원과의 자리다툼에서 살아남기 위한 몸부림을 치고 있는 현실에서 평생교육의 앞날을 장담할 수 있을까? 헌법은 "국가는 평생교육을 진흥하여야 한다"고 명시하고 있는데, 과연 누가 이 문제의 키를 쥐고 있는 것일까? 비록 일례에 불과하지만 암담한 현실을 직시하여 총체적인 개선의 노력을 경주해야 할 것이다. 평생교육사의 전문성을 강화하고 고용안정을 위한 대한민국 평생학습의 1번지 경기도 광명시의 사례는 다음과 같다.

광명시 평생교육사 배치 계획(2021)

○ (전문성 강화) 광명시 전반의 교육적 기능을 총괄하고 견인하기 위해서는 평생학습 전문성 강화를 위한 전담 인력 배치가 필요함
평생학습담당관 단위로 전환하고 평생학습 총괄 직무로 조정되면(가령, 조례에 명시) 전담 인력의 배치와 종사자의 전문성을 고려할 필요가 있음
일반행정직의 순환보직으로 평생학습의 연속성이 떨어지는 것과 관련하여 교육 관련 부서의 연계·지원 및 조정을 위해 2025년까지 평생학습담당관 포함 최소 3개 팀장급 이상을 평생교육사 자격소지자로 채용함

<평생교육사 채용 계획>

구분	2021	2022	2023	2024	2025	소계	직위별 평생교육사 비율
담당관(1명)	1					1	100%
팀장(4명)	2	1				3	75%
팀원(19명)	5	3	2	1		11	58%
합계(24명)	8	4	2	1		15	63%

○ (고용 안정)시간선택제 임기제 공무원의 경우 2025년까지 100% 일반임기제 공무원(전임)으로 전환하여 전방위 평생학습정책 사업을 견인해 가도록 함.

<평생교육사 일반임기제 공무원 전환 계획>

구분	2021	2022	2023	2024	2025	소계	일반임기제 공무원 확보 비율
담당관(1명)	1					1	100%
팀장(3명)	2	1				3	100%
팀원(11명)	3	3	3	2		11	100%
합계(15명)	6	4	3	2		15	100%

출처: 광명시(2021).

2. 학점은행제

1) 학점은행제

1998년 시행된 학점은행제(Academic Credit Bank System)는 학점인정 등에 관한 법률에 의거하여 학교에서 뿐만 아니라 학교 밖에서 이루어지는 다양한 형태의 학습 및 자격을 학점으로 인정받을 수 있도록 하고, 학점이 누적되어 일정 기준을 충족하면 학위취득을 가능하게 함으로써 궁극적으로 열린 학습사회, 평생학습사회를 구현하기 위한 제도이다. 또한 학점은행제는 평생학습체제 실현을 위한 제도적 기반으로서 학교교육은 물론 다종다양한 평생교육의 학습결과를 사회적으로 공정하게 평가인정하고, 그 교육의 결과를 학교교육과 평생교육 간에 상호 인정하며, 이들이 상호 유기적으로 연계를 맺도록 함으로써 개개인의 학습력을 극대화할 수 있도록 하는 제도(학점은행제, 2021)로서 국가평생교육진흥원에서 총괄한다.

2) 학점은행제 이용대상

학점은행제는 고등학교 졸업 이상자는 누구나 이용 가능하다. 평생교육법 제41조(학점, 학력 등의 인정)에서는 다양한 평생교육기관의 학습경험을 학점으로 인정하여 학위를 받을 수 있는 법적 근거를 명시하고 있다. 평생교육법에 따라 학력이 인정되는 평생교육과정 외에 평생교육법 또는 다른 법률의 규정에 따른 평생교육을 이수한 자는 학점인정 등에 관한 법률로 정하는 바에 따라 학점 또는 학력을 인정받을 수 있으며, 그 대상은 다음과 같다(학점은행제, 2021).

① 각급학교 또는 평생교육시설에서 각종 교양과정 또는 자격취득에 필요한 과정을 이수한 자
② 산업체 등에서 일정한 교육을 받은 후 사내인정자격을 취득한 자
③ 국가·지방자치단체·각급학교·산업체 또는 민간단체 등이 실시하는 능력 측정검사를 통하여 자격을 인정받은 자
④ 「무형문화재 보전 및 진흥에 관한 법률」에 따라 인정된 국가무형문화재의 보유자와 그 전수교육을 받은 사람
⑤ 「학점인정 등에 관한 법률시행령」 제9조(학점인정 대상학교 등)에서 정하는 시험에 합격한 자

아울러 학점·학력 및 학위에 대한 상호인정으로, 평생교육법 제41조(학점, 학력 등의 인정) 제3항에서는 각급학교 및 평생교육시설의 장은 학습자가 제31조(학교형태의 평생교육시설)에 따라 국내외의 각급학교·평생교육시설 및 평생교육기관으로부터 취득한 학점·학력 및 학위를 상호 인정할 수 있도록 하였다.

3) 학점은행제 학점취득원

학점은행제는 평가인정 학습과정, 시간제 등록, 학점인정 대상학교, 독학학위제, 중요무형문화재, 자격증 취득을 통해서 이루어진다(학점은행제, 2021).

(1) 평가인정 학습과정

대학 또는 전문대학 부설 평생교육원, 학원, 직업전문학교, 각종 평생교육시설 등 교육기관의 학습과정을 대상으로 교육부장관이 대학에 상응하는 질적 수준을 완비하였는지를 평가하여 학점으로 인정받는 학습과정이다.

(2) 시간제 등록

고등교육법 제36조(시간제 등록) 제1항, 평생교육법 제32조 또는 제33조에 따라 대학(산업대학, 전문대학 및 원격대학 포함)이나 평생교육시설에서 입학생 외에 일반인이 각 대학의 학칙에 따라 당해 대학의 수업을 받게 할 수 있는 제도이다.

(3) 학점인정 대상학교

고등교육법 제2조에 따른 대학 등으로, 학점인정 대상학교 중퇴 혹은 졸업 시 학점은행제 학점으로 인정한다. 대학, 산업대학, 교육대학, 전문대학, 방송대학·통신대학·방송통신대학 및 사이버대학, 기술대학, 각종 학교, 사내대학, 원격대학 형태의 평생교육시설이 있다.

(4) 독학학위제

독학에 의한 학위취득제도에 관한 법률에 따라 학습자가 자기주도적으로 학습한 정도가 학사학위 취득의 수준에 도달하였는지를 오직 시험만으로 평가해 국가가 학위를 수여하는 제도로 과정별 시험합격과 면제과정 이수 시 학점으로 취득된다.

(5) 중요무형문화제

문화재보호법에 의한 중요 무형문화재 보유자와 그 문하생의 전수교육 경험을 학점으로 인정하고 있다.

(6) 자격증 취득

학점인정 등에 관한 법률 제7조 제2항 제4호에 의거하여 국가자격증과 국가의 공인을 받은 민간자격증 중 대학의 학점과 동등하게 인정받을 수 있는 수준을 지닌 자격으로, 학점인정 등에 관한 법률 시행령 제9조(학점인정 대상학교 등)에서 정하는 자격을 취득하거나 그 자격 취득에 필요한 교육과정을 마친 자에 대한 학점을 인정한다.

4) 학점은행제 운영

학점은행제를 통해 취득할 수 있는 자격은 평생교육사2·3급 문화예술교육사2급, 사회복지사2급, 보육교사2급, 건강가정사, 2급정사서, 이미용사, 한국어교원2급, 청소년지도사2·3급이 있다. 학점은행을 통한 학위취득자는 2000년 1,020명이었으나 2014년 80,767명으로 최고 정점을 찍고 점차 감소 추세에 있어 2017년 72,66명, 2020년 59,065명이나 다시 증가 추세이다. 1998년 학점은행제 도입 이후 총 1,054,889명이 학위를 취득하였다(학점은행제, 2024).

표 5-7 학점은행을 통한 학위취득자 현황 (단위: 명)

	2020년			1998~2023년 누계
	전문학사	학사	계	
계	31,165	44,768	75,933	1,054,889
교육부장관(2023)	30,836	40,542	71,378	980,304
대학의 장(2022)	329	4,226	4,555	74,585

출처: 학점은행제(2024).

학점은행제의 운영성과는 주류 학력시장으로의 진입, 고등교육 기회 부여 확대, 열린 학습제도로서의 만족도 상승이며 네트워크 포괄성, 개방성, 교육자에서 학습자 중심으로 전환된 특성을 갖는다(2012, 최은수).

2014년 이후 학점은행제를 통한 학위취득자가 감소 추세에서 다시 증가하고 있다. 복잡하고 다양한 사회에서 학점은행제의 활성화를 위해서는 새로운 학점 취득원의 개발이 시급하다. 특히 문화예술공연 분야의 전문 인력 양성을 위해 중요무형문화재 외에도 다양한 학점취득원을 찾아내서 시대변화에 발맞추고 양적 축소 추세에 있는 학점은행제의 확대를 위한 노력이 필요하다. 이준표(2018)는 '연극학 및 산업예술전문학사 연극전공 학점은행제의 문제점과 개선점' 연구에서 보다 다양한 학점취득원의 지속적인 개발과 다양한 직종에 종사하는 학습자들의 요구에 부합하는 학점취득원 개발이 요망된다고 하였다. 또한 생활경험과 직업경력, 다양한 사회적 봉사활동 경력 및 기업체 경력의 학점인정 방안도 연구되어져야 한다(한덕현, 2011). 이외에도 학점은행제를 통해 취득할 수 있는 9종의 자격을 더욱 확대해야 할 것이며 환경이나 안전 분야 등 다양한 영역으로의 확대도 검토되어야 할 것이다.

3. 독학학위제

독학학위제(Bachelor's Degree Examination for Self-Education)는 1990년 제정된 독학에 의한 학위취득제도에 관한 법률에 의거해 학습자가 자기주도적으로 학습한 정도가 학사학위 취득의 수준에 도달하였는지를 오직 시험만으로 평가해 국가가 학위를 수여하는 제도이다. 독학자(獨學者)에게 학사학위취득의 기회를 부여함으로써 평생교육의 이념을 구현하고 개인의 자아실현과 국가사회 발전에 기여함을 목적으로 한다(법 제1조). 현재 국어국문학, 영어영문학, 경영학, 법학, 행정학, 유아교육학, 컴퓨터공학, 가정학, 간호학, 정보통신학(2013), 심리학(2014) 등 11개 전공 영역의 학위를 수여하고 있다. 고등학교 졸업 이상자는 누구나 시험에 응시할 수 있는데, 4단계(교양과정, 전공기초과정, 전공심화과정, 학위취득 종합시험)의 시험을 거쳐 2021년 2월 729명이 학위를 취득하여 총 22,160명이 학사학위를 취득하였다(독학학위검정센터, 2023).

학점인정 등에 관한 법률 제7조 제2항 제5호에 따라 독학학위제 시험합격 및 면제교육과정을 이수한 사람은 다음과 같이 학점은행제에 학점인정을 받을 수 있다.

표 5-8 시험별 학점은행제 학점인정 기준

시험 합격(면제) 과정	학점인정 기준
교양과정 인정시험	과목당 4학점, 최대 20학점
전공기초과정 인정시험	과목당 5학점, 최대 30학점
전공심화과정 인정시험	과목당 5학점, 최대 30학점
학위취득 종합시험	과목당 5학점, 최대 30학점

출처: 독학학위검정센터(2023).

4. 평생학습계좌제

1) 평생학습계좌제

2010년 도입된 평생학습계좌제(Accounts for Lilelong Learning)는 평생교육법 제23조에 의거하여 국민의 다양한 학습경험을 온라인학습계좌에 누적·관리하고, 이를 학력·자격인정과 연계하거나 고용정보로 활용함으로써, 학습이수 결과에 대한 사회적 인정 및 활용 기반을 확대하기 위한 제도이다(평생학습계좌제, 2021).

형식교육과 비형식·무형식 학습경험을 동등하게 인정함으로써 학습경험이 삶의 질 향상에 기여할 수 있도록 사회적으로 인정하는 제도로 일과 학습, 고용의 선순환체계를 구축할 뿐만 아니라 평생학습 참여기회를 확대하고 잠재능력을 개발하여 교육의 양극화 해소에 기여한다(평생학습계좌제, 2021).

평생교육법 제23조(학습계좌)에는 "교육부장관은 국민의 평생교육을 촉진하고 인적자원의 개발·관리를 위하여 학습계좌를 도입·운영할 수 있도록 노력하여야 한다"고 명시하고 있고, 교육기본법과 학점인정 등에 관한 법률에 근거를 두고 있다.

2) 평생학습계좌제의 운영

평생학습계좌제는 온라인상에 학습이력관리시스템을 중심으로 학습하는 전국민 누구나 개인별로 학습계좌를 개설하여 학습이력을 기록할 수 있다. 학습이력 수록범위는 ① 인적사항, ② 학력, ③ 경력, ④ 자격, ⑤ 평생학습 이수, ⑥ 기타활동사항이다. 평생학습 이수실적은 평생학습 이수경험, 학점은행제, 독학학위제, 검정고시연계과정 참여 실적 등을 말한다. 특기사항은 자원봉사활동, 수상, 외국어 능력, 독서 및 저술활동, 특허, 기타 평가인정 학습과정 외의 평생교육 이수 실적 등을 말한다. 개인이 계좌를 개설하고 학습이력을 등록한 후 증명서를 발급한다.

2020년 말 현재 학습계좌개설자수는 422,365명, 학습이력등록은 854,127건이다(평생학습계좌제, 2023).

3) 평생학습계좌제의 활용

평생학습계좌제 학습이력은 첫째, 성인의 학력취득 연계자료로 활용할 수 있다. 초·중학교 졸업미만 성인학습자가 초등·중학 문해교육 프로그램을 이수하면 초등·중학 학력 2/3 범위의 학습시간을 인정 및 연계가 가능하다. 또한 평가인정 학습과정 90시간을 이수한 만 18세 이후의 성인학습자는 해당 검정고시 응시 과목(단, 국어, 영어, 수학은 제외)을 면제받을 수 있다. 방송통신중·고등학교 재학생의 학교 밖 학습결과에 대한 과목이수로 인정받아 최대 1년 조기졸업이 가능하다. 둘째, 학습 진단 및 학습설계 자료로 활용이 가능하다. 나의 학습이력을 진단·분석하여 연관 직업정보를 습득할 수 있고, 향후 학습방향 설계가 가능하다. 셋째, 평생학습이력증명서는 학습결과 누적 및 증빙자료로 활용이

가능하다(국가평생교육진흥원, 2021).

4) 평생학습계좌제의 시행 효과와 발전 과제

1995.5.31교육개혁에서 제안되고 2008년 국제과제 중 핵심과제로 선정되어 2010년 전국적으로 본격 시행된 평생학습계좌제의 시행효과에 대해 국가평생교육진흥원은 학습자와 지역사회, 국가 차원에서 정리하였는데 표 5-9와 같다.

표 5-9 평생학습계좌제의 시행효과

국가	지역사회	학습자
• 열린 평생학습 국가조성 • 고용시장 인적자원 확대 발굴 • 대국민 평생학습지원체제 조성	• 지역 인적자원 및 관리 개발 • 체계적인 학습상담 제공 • 지역 내 교육기관 네트워킹 및 파트너십 확대	• 체계적인 학습설계 • 학습이력통합 관리 • 평생교육 참여 활성화 • 질 높은 평생교육프로그램 선택권 보장

출처: 평생학습계좌제(2021).

하지만 위와 같은 시행효과에도 불구하고 아직 많은 과제를 안고 있다. 첫째 실효성이다. 평생학습계좌제를 이용하는 국민에게 실질적인 도움이 되어야 할 것이다. 일부 검정고시 면제 등 저학력 대상자들에게 혜택이 주어지고 있으나 극히 제한적이며, 고용시장과 연계하여 인적자원을 확대 발굴한다는 효과에 대하여 상징적이 아닌 데이터를 확보하고 철저하게 분석하는 실질적인 정책 효과에 대한 고민이 필요하다. 둘째, 추진체계의 보완이다. 평생학습계좌제는 우리나라의 대표적인 평생교육제도의 하나로 국가평생교육진흥원에서 담당하고 있다. 지방자치단체와 시·도평생교육진흥원, 시·군·구 평생학습관 및 읍·면·동 평생학습센터 등 평생교육 운영체계와 평생교육기관을 활용하여 추진체계를 보완하고 활성화 방안을 강구해야 할 것이다. 평생교육 전담기관에서조차도 받아들여지지 않는 정책은 문제를 안고 있을 것이니 이에 대한 해결이 선행되어야 할 것이다. 셋째, 대국민 홍보의 강화이다. 국가평생교육진흥원에서는 대국민 홍보를 위해 평생학습계좌제 홍보대사를 위촉하여 운영한 적이 있었다. 홍보대사는 평생학습 분야의 전문자원활동가로 불특정 다수의 국민들에게 계좌

가입을 안내하고 성과를 공유하고 네트워킹을 하였으나, 그마저 운영되지 않고 있다. 모든 국민들이 평생학습계좌제에 대한 바른 이해와 사회적 공감대가 형성될 수 있도록 해야 한다(문상구, 2012).

평생학습계좌제 시행 10년이 지났다. 정책은 일종의 나침반으로 국가가 행위하는 데 있어 앞으로 나아가야 할 일정한 방향을 알려주는 동시에 우리로 하여금 미래의 방향성에 대한 최선의 선택과 방법을 강구하도록 요구하는 역할을 담당하고 있다(최은수, 2012). 이제는 평생학습계좌제의 실효성을 면밀하게 따져보고 추진체계를 보완하여 정책의 완성도를 높여서 국민에게 더 가까이 다가가야 할 것이다.

5. 평생교육 바우처

본인의 학습 요구에 의해 자율적으로 학습 활동을 정하고 참여할 수 있도록 학습자에게 제공하는 평생교육 바우처(이용권)는 평생교육법 제16조(경비보조 및 지원)에 근거하여 교육부가 주관하고 국가평생교육진흥원에서 운영한다. 만 19세 이상 성인 중 기초생활수급자, 차상위계층, 기준 중위소득 65% 이하인 가구의 구성원(단, 1인 가구일 경우 기준 중위소득 120% 이하)에게 평생교육에 필요한 비용의 일부를 국가가 지원하는데, 연 1회 1인당 최대 35만원으로 수강료와 교재비·재료비가 해당된다. 평생교육 바우처(이용권) 사용기관은 이용자에게 우수한 평생교육 강좌 참여 기회를 제공하고, 지속적인 학습참여를 독려하는 교육기관이며, 사용기관 등록 및 바우처(이용권) 이용은 국가평생교육진흥원에서 담당한다.

2021. 6. 8. 평생교육법 개정(시행 2021. 12. 9)을 통해 모든 국민이 평생교육 참여 기회를 골고루 보장받을 수 있도록 평생교육 바우처(이용권)의 발급대상을 현행 저소득층에서 전 국민으로 확대하고, 평생교육 바우처(이용권)의 발급 및 사용 등에 관한 제도적 기반을 마련하였다. 지방자치단체는 모든 국민에게 평생교육의 기회를 제공할 수 있도록 평생교육 이용권을 발급하도록 하고, 이를 발급받은 자는 평생교육프로그램을 제공하는 자에게 평생교육 이용권을 제시하여 평생교육을 제공받을 수 있도록 규정하고 있다(평생교육법 제16조의2 및 제16조의3).

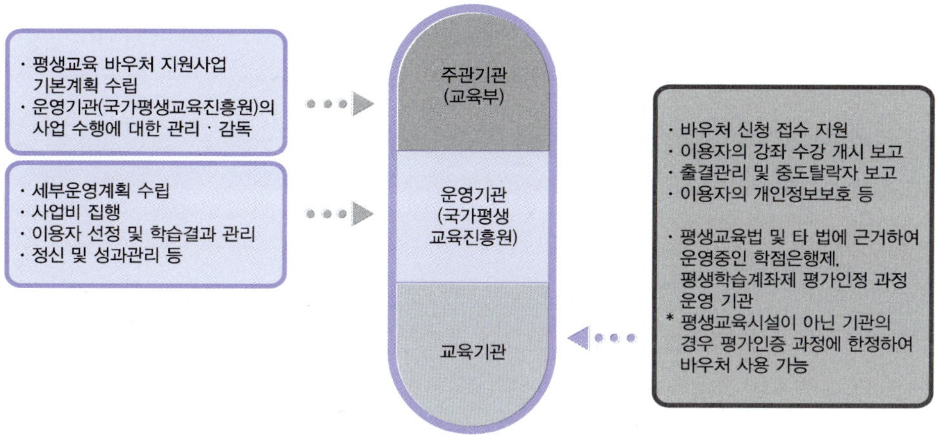

그림 5-1 **평생교육 바우처 지원사업 추진체계**

출처: 국가평생교육진흥원(2023).

연구문제

1. 한국평생교육사협회의 발전방안에 대해 설명해 봅시다.

2. 학점은행제는 정규 대학보다 교육의 질이 낮다는 평가를 받고 있다. 교육의 질을 높이기 위한 가장 시급한 과제를 설명해 봅시다.

3. 평생학습계좌제 대국민 홍보 방법에 대해 한 가지만 설명해 봅시다.

4. 학점은행제 학점취득원의 확대가 필요한데, 가장 시급하게 필요한 분야는 무엇인지 이유를 들어 설명해 봅시다.

5. 장애인 평생교육 활성화를 위해서 평생교육사가 갖추어야 할 가장 중요한 역량은 무엇인지 설명해 봅시다.

PART 02

평생교육의 실제

CHAPTER 06

지역사회 평생교육

제1절 지역사회와 평생교육

1. 지역사회 개념

지역사회(community)는 기본적으로 사람들이 생활하는 공간이다. 직장이나 학교생활, 다양한 모임활동, 봉사나 시민사회단체활동 등이 지역사회에서 이루어진다. 이런 측면에서 곽삼근(2005)은 지역사회를 사람들이 일상적인 생활을 영위하며 타인들과 소통하고 상호작용하는 공동생활체라고 하였다. 지역사회의 사전적 의미도 지리적, 행정적 분할에 의해 나누어진 일정한 지역 안에 성립되어 있는 생활공동체이다. 영어 'community'를 번역할 때도 지역사회 또는 공동체라고 하므로 지역사회는 공동체 성격을 내포한다고 볼 수 있다.

이런 지역사회에 대해 김한별(2019: 248)은 물리적 공간을 전제로 한다는 점, 구성원들의 상호작용이 이루어진다는 점, 구성원들의 개별적 관심과 자유를 보장하려 한다는 점 등 세 가지 차원으로 정리하였다. 이 중 두 가지를 제시하면 다음과 같다.

첫째, 지역사회는 물리적 공간을 전제로 한다는 것이다. 행정적 구분이든 산과 강 등의 자연에 의한 구분이든 일정한 물리적 생활환경을 같이 영위한다. 공통의 물리적 환경에 생활하면서 유사한 생활습관이나 문화를 향유하거나 만들어가면서 지역사회마다 다른 독특한 특징으로 나타나기도 한다.

둘째, 지역사회 안에서 구성원들의 상호작용이 이루어진다. 지역사회에는 다양한 가치관과 생활양식을 갖고 있는 사람들이 모여 때로는 화합하고 때로는 갈등을 경험하며 어우러져 살아간다. 즉, 단순히 물리적 조건을 같이 한다는 것만으로 지역사회를 규정할 수는 없다는 것이다. 그 안에서 이루어지는 상호작용과 그로 인한 유대감 등이 지역사회의 중요한 측면이라고 할 수 있다. 특히 농촌 같은 전통적인 지역사회는 이 유대감이 더 돈독하고 강하다. 그래서 지역사회 한 개인의 문제가 지역사회구성원 전체의 문제로 인식되기도 한다(김창엽, 2016). 그러나 현대사회에서 지역사회는 구성원들이 동일한 지역 안에서 거주한다는 것 외에 다른 공통점이나 유대감이 적은 경우도 많아지고 있다.

이상의 내용을 종합해 볼 때, 지역사회는 일정한 물리적 조건을 기반으로 하는 지역에서 그 안의 구성원들이 함께 하는 상호작용을 통해 생활하는 공동체라고 할 수 있다.

2. 지역사회 평생교육의 의미

1) 지역사회교육과 평생교육

지역사회 평생교육은 종종 지역사회교육과 혼용되기도 한다. 지역사회교육(community education)은 처음에 개발도상국들의 지역사회 개발을 위하여 수립된 계획에서 교육의 중요성을 인식하면서 푸에르토리코에서 공식적으로 사용되었다. 지역사회 전체가 지역사회구성원들로부터 교육적 요구를 받아들여 봉사한다는 개념을 지닌 용어로, 지역사회 문제를 해결하여 지역사회를 발전시키고 지역사회 주민들의 자아실현을 돕고자 하는 사회교육활동체계를 말한다(최운실 외, 2018). 즉, 지역사회교육은 지역사회 발전을 먼저 생각하고 그것을 실천하는 과정에서 교육이 큰 역할을 한다는 것을 인지하면서 나오게 된 개념이다. 이러한 지역사회교육의 대표적인 형태가 우리나라에서는 새마을운동을 꼽을 수 있다. 이러한 지역사회교육은 지역 주민의 교육을 통해 지역사회를 발전시키려는 목적을 가지고 있으므로 평생교육의 범주 안에 들어갈 수 있다(성낙돈 외, 2015). 이런 점에서 평생교육 중 지역사회를 강조하는 경우 지역사회교육이 평생교육과 같이 사용되었다. 다만 최근에는 지역사회교육이라는 용어보다는 지역사회 평생교육 또는 지역 평생교육이라는 용어를 더 많이 사용하고 있다.

2) 지역사회 평생교육의 의미

평생교육 현장은 다양하다. 기관 중심으로 보면 평생교육법에 나와 있는 대로 국가평생교육진흥원부터 광역 단위 평생교육진흥원, 기초 지방자치단체의 평생학습관, 기업 연수원, 백화점 문화센터, 다양한 기관의 부설 평생교육기관, 종교시설, 복지관 등 여러 가지가 있다. 지역사회는 또 다른 평생교육 현장이다. 평생교육은 언제, 어디서나, 누구에게나 학습이 이루어질 수 있도록 하는 것이기 때문에 사람들이 일상적으로 생활하는 지역사회 역시 평생교육의 주요한 현장이 되는 것이다. 다만 지역사회를 지역기반이라는 측면에서만 바라보고 지역에서 이루어지는 평생교육이라고만 이해하는 것은 바람직하지 않다. 일차적으로는 지역 안에서 이루어지는 다양한 교육이라고 볼 수 있으나, 이는 지역사회가 갖고 있는 '공동체'라는 성격은 담아내지 못하기 때문이다.

따라서 지역사회의 의미나 특징을 기반으로 한 평생교육을 이해하려면 앞서 제시한 두 가지 특징과 평생교육이 연결되어야 한다. 이에 대해 김한별(2019)은 다음과 같이 제시하였다.

첫째, 지역사회 평생교육은 지역의 여건에 기반을 둔 교육 실천이다. 지역사회에는 다양한 평생교육시설이 운영되고 있고, 교육시설이 아니더라도 지역주민을 대상으로 교육 프로그램을 운영하는 곳이 많이 있다. 특히 최근 들어 동아리 차원에서도 다양한 교육 프로그램을 운영하는 경우가 늘어나고 있다. 따라서 기본적으로 지역사회 평생교육은 특정 지역에서 이루어지는 모든 형태의 교육이라고 할 수 있다. 다만 지역 여건에 기반을 둔 교육 실천이므로 지역 여건에 관심이 없는 교육은 진정한 지역사회 평생교육이라고 말하기 어렵다. 나아가 지역사회 여건이나 문제와 관계없는 개인적 차원의 욕구 충족을 위한 것도 진정한 지역사회 평생교육에 포함하기 어렵다. 즉, 지역사회 평생교육은 지역이라는 물리적 조건이나 여건에 기반하여 교육의 형식과 내용이 구성되어야 하며, 이를 바탕으로 지역사회의 문제를 해결하고 지역사회를 발전시킬 수 있어야 한다.

둘째, 지역사회 평생교육은 구성원들의 상호작용이나 참여를 바탕으로 이루어지는 교육활동이다. 이런 과정을 통해 지역에 대한 애정이나 공동체의식을 형성할 수 있고, 지역 문제를 '나'의 문제로 그리고 그것을 '우리'가 해결해 나가야 하는 문제로 인식하면서 지역사회의 주인으로 자리매김할 수 있다. 특히 지역의 특정 문제나 현안은 그 역사와 맥락을 아는 지역 주민이 제일 잘 안다. 외부 전문가가 도움이나 자문을 줄 수 있지만 해결의 주체로 나설 수 있는 사람은 지역사회구성원들이다.

셋째, 지역사회 평생교육은 지역 구성원의 자발성과 자기결정권을 기본으로 한다. 지역 구성원 또는 지역주민은 교육의 주요 대상이자 지역사회 평생교육을 실천하고 실시하는 주체이다. 지역주민은 지역의 거주자일 뿐 아니라 '시민(citizen)'으로 이해해야 한다. 우리나라에서 시민은 '민주주의의 주체'라는 뜻으로 사용되며 정착해왔다(장은주 외, 2020). 신진욱(2006)도 시민이란 사회적, 정치적, 경제적 차원에서 기본적인 자유와 권리를 스스로 행사할 수 있는 자유롭고 평등한 존재로서, 서로 밀접한 관계성을 가지며 공동의 문제를 스스로 해결하는 사람들이라고 하였다. 그러므로 지역주민은 시민으로서 지역사회의 제반 문제에 대해 관심을 갖고 적극적으로 해결하는 주체이다. 지역사회 평생교육 역시 이들이 교육의 주체가 되어 자율성과 주도성을 발휘하도록 이루어져야 한다. 지금까지의 내용을 정리하면 다음 그림 6-1과 같다.

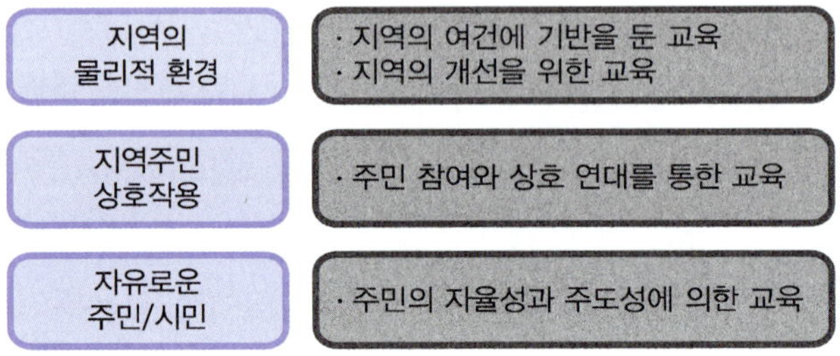

그림 6-1 **지역사회 평생교육의 의미**

출처: 김한별(2019).

제2절 평생학습도시

1. 평생학습도시 개념과 목적

1) 평생학습도시 개념

지역사회는 평생교육의 중요한 현장이다. 우리나라에서 이러한 인식을 잘 보여주는 것이 평생학습도시활동이다. 평생학습도시(lifelong learning city)는 평생교육법 제15조에서 도시의 평생교육 활성화를 위하여 시·군 등 기초지방자치단체를 대상으로 평생학습도시를 지정하여 지원할 수 있다는 내용에 근거한다(최운실 외, 2018).

평생학습도시 개념을 이야기할 때 가장 많이 인용되는 것은 양병찬(2002)이 제시한 것이다. 그는 평생학습도시에 대해 개인의 자아실현, 사회적 통합 증진, 경제적 경쟁력 제고를 통해 궁극적으로 개인의 삶의 질을 제고하고 도시 전체의 경쟁력을 향상시킬 수 있도록 언제, 어디서, 누구나 원하는 학습을 즐길 수 있는 학습공동체 건설을 도모하는 총체적 도시 재구조화(restructuring) 운동이자,

지역사회의 모든 교육자원을 기관 간, 지역사회 간, 국가 간 연계시킴으로써 네트워킹 학습공동체를 형성하려는 지역사회 주민에 의한, 시민을 위한, 시민의 지역사회 교육 운동이라고 하였다. 문장이 길지만 평생학습도시의 핵심은 학습공동체 건설을 위한 도시재구조화와 지역사회교육 운동이라는 것이다. 평생학습도시사업을 총괄하는 국가평생교육진흥원도 이 개념을 그대로 사용하고 있다.

2) 평생학습도시 추진 과정 및 목적

학습도시 조성은 1970년대 OECD가 주도했던 교육도시(Educating cities) 프로젝트를 통해 국제 수준에서 주목받기 시작했으며, 1990년대부터 '학습도시'라는 용어가 국제 수준에서 본격적으로 보편화되어 사용되기 시작했다(국가평생교육진흥원, 2015). 평생학습도시는 지식기반경제 시대에서 OECD 주도하에 범세계적 학습 운동으로 확산되었다. 평생학습도시가 지역사회에서의 학습, 생산성, 경제 등을 증진하는 데 주요 이슈가 된 것이다(변종임 외, 2005).

유네스코 역시 모든 이를 위한 평생학습을 실현하는 데 있어서 국가 못지않게 지역, 커뮤니티의 역할이 중요하다는 것에 공감하고, 국제 수준의 학습도시 네트워크(Global Network of Learning Cities: GNLC) 설립에 나서게 되었다. UNESCO는 유네스코 평생학습연구소(UNESCO Institute for Lifelong Learning: UIL)를 사무국으로 하여 2012년부터 글로벌 학습도시 네트워크 구축사업(GNLC)을 추진하고 있다. GNLC사업은 '평생학습'을 주제로 전 세계 도시들 간의 네트워크를 구축하고자 하는 사업이다(국가평생교육진흥원, 2015). 2015년에 글로벌 평생학습도시 네트워크를 공식 출범하여 지속가능발전목표(SDGs) 이행을 촉진하고 정책 소통, 파트너십 조성, 상호학습 촉진 지향을 목표로 활동하고 있다. 2023년 현재 전 세계 76개국 294개 도시가 가입되어 있고, 한국은 53개 도시가 가입되어 있다(글로벌학습도시네트워크 홈페이지).

우리나라의 평생학습도시 조성사업은 1999년 경기도 광명시가 자발적으로 평생학습도시 선언을 한 이후 기초자치단체 차원에서 '평생학습도시' 추진에 대한 관심이 본격화되었다(최운실 외, 2018). 이후 교육부가 2001년에 경기도 광명시와 전라북도 진안군, 대전시 유성구 등 3개 지역을 평생학습도시로 선정하면서 우리나라 주요 평생학습정책으로 자리 잡았다. 즉, 우리나라 평생학습도시사업은 지방정부의 자발적인 움직임으로 시작되었지만, 중앙정부가 지역사회에서의 학습사회 실현을 위해 시·군·구 자치단체가 지역 내 평생학습 네트워크를 구축하여 평생학습을 활성화하고 지역의 변화와 발전을 도모할 수 있도록 정부정책으로 채택한 것이다(최은수, 2012).

구체적인 추진배경은 다음과 같다. 첫째, 시대적 변화에 대한 적극적 대응이 필요해졌다. 둘째, 지식기반사회, 지식기반경제 시대를 맞이하여 지역의 존속과 발전을 위해 새로운 지식과 지역문화 창달이 요청되고 있다. 셋째, 지역의 학습자원이 급속히 확충되고 있어 이들의 효율적 활용이 중요한 이슈로 대두되고 있다. 넷째, 행정적으로 지방자치시대에 따른 지역의 의사결정이 존중되면서 지방정부차원의 결정과 추진이 활성화되고 있다(최은수, 2012).

지식기반사회 도래, 인적자원을 사회자본으로 활용, 세계화와 지방화의 공존, 학교교육체제에서 평생학습사회로의 전환, 지방자치 경쟁력 강화, 지역평생학습 활성화, 지방자치단체의 자발적인 평생학습 참여, 교육행정과 일반행정 간 네트워크 구축 등 다양한 필요성으로 인해 평생학습도시 조성사업은 더욱 박차를 가하게 되었다(국가평생교육진흥원, 2013). 즉, 평생학습도시사업은 빠르게 변화하는 사회에서 지방정부의 평생교육 차원의 대응이라고 할 수 있으며, 이에 대한 필요성과 의미를 중앙정부도 인지하고 이를 적극 지원하는 체제를 갖추면서 현재에 이르고 있는 것이다.

지금까지 평생학습도시들이 추진했던 내용을 김한별(2014)은 지역의 평생학습 기반 구축, 주민 대상의 평생학습 기회 확대, 평생학습문화 정착 등 세 가지 영역으로 정리하였다.

첫째, 평생학습도시 조성사업을 원활하게 추진하기 위한 기반 구축이다. 지역사회에서 평생학습 관련 사업을 진행하려면 이에 대한 법적 근거와 추진체계가 마련되어야 한다. 그래서 평생학습도시는 평생학습 관련 조례 제정을 통해 법적 근거를 마련하고 이를 기반으로 재정 확보와 추진체계를 정비한다. 지방정부 조직에 전담부서를 마련하고 지역 평생학습관 등을 설립·운영하며 전문인력인 평생교육사를 채용하여 업무를 담당하게 한다.

둘째, 주민 대상의 평생학습 기회 확대이다. 평생학습도시는 지역 차원의 학습사회 실현이라고 할 때 보다 많은 주민들이 평생학습에 참여할 수 있도록 해야 한다. 이를 위해서는 주민 욕구에 기반한 다양한 프로그램 개발이 필요하고 운영시간이나 형태 역시 다양하게 이루어져야 한다. 학습자로서 주민의 성별,

연령별, 계층별 차이와 관심사를 고려한 맞춤형 프로그램 개발과 제공이 이루어져야 한다. 구조화된 프로그램에 참여하도록 하는 것뿐 아니라 주민들의 자기주도학습 능력을 높여서 스스로 학습하도록 지원하는 것도 매우 중요하다. 이를 위해 다양한 학습동아리를 조직하고 활성화하도록 제도적으로 뒷받침해야 한다.

셋째, 평생학습문화 정착이다. 평생학습문화란 주민들이 자기주도적으로 학습에 참여하고 학습을 통해 자신이 성장하는 것을 즐거운 과정으로 인식하도록 하는 것이다(최운실 외, 2018). 이를 대외적으로 보여주는 것이 지역 평생학습축제이다. 평생학습축제를 통해 주민들이 학습한 내용을 대외적으로 알리고, 축제에 참여한 사람들은 지역사회에 존재하는 다양한 학습내용과 기관을 알게 됨으로써 정보도 얻고 새로운 학습에 대한 자극을 받을 수 있다. 이러한 과정들은 학습이 생활의 일부로서 평생 동안 이어져야 하며, 즐겁고 신나는 일이라는 것을 알고 참여함으로써 하나의 문화가 되게 한다.

평생학습도시를 통해 이루고자 하는 1차적인 목적은 언제 어디서나 평생학습을 받을 수 있도록 지방자치단체가 평생학습 인프라를 구축하여 주민이 원하는 교육 서비스를 제공하는 것이다(국가평생교육진흥원, 2018). 나아가 가정, 학교, 지역사회, 기업 등 지역의 모든 교육 관련 자원들을 평생교육체제 안에 포함하여 평생교육의 궁극적인 목적인 삶의 질 향상과 경쟁력 확보를 통한 지속가능한 지역발전을 도모하고자 하는 것이다(한국교육개발원, 2007). UNESCO는 학습도시를 통해 궁극적으로 '모든 이를 위한 평생학습의 실현'을 이루고자 한다. 이는 1972년 유네스코 Faure 위원회가 주창했던 학습사회의 이념, 즉 누구나 원하는 장소에서 원하는 학습이 가능한 사회를 도시 내에서 구현하고자 하는 것이다(국가평생교육진흥원, 2015). 이를 종합하면 평생학습도시 목적은 개인적으로는 삶의 질을 향상하고 지역 차원에서는 지속가능한 발전을 도모하여 평생교육의 이념을 도시에서 이루어나가는 것이다.

2. 평생학습도시와 평생학습 네트워크

1) 네트워크 개념

네트워크의 사전적 의미는 '망상조직'이다. 사회과학에서는 조직 간 관계 유형을 뜻하는 경우가 많다. 조직 내 또는 조직 간에 작동하는 형식적·비형식적 상호작용 체계로 보는 것이다(최운실 외, 2018). 립낵과 스탬스(Lipnack & Stamps, 1982)는 네트워크를 사람들 사이에 이루어지는 다양한 종류의 연계를 의미한다고 하여, 체계보다는 연계를 강조하기도 한다. 이상일(1999)은 네트워크를 개인 또는 개별 조직 단독으로 해결하기 어려운 문제에 대응하기 위해 관련 당사자 및 조직들이 상호보완적이고 상호의존적인 틀 속에서 정보와 자원의 교류를 통해 공통의 이익을 추구하는 사회적 관계 또는 조직으로 정의하였다.

네트워크와 유사한 용어로 사용되는 것은 파트너십(partnership)과 거버넌스(governance)가 있다. 파트너십은 사전적 의미로 협력, 제휴, 공동경영 등 둘 이상의 사람이나 집단이 짝이 되어 함께 일한다는 것을 뜻한다. 거버넌스는 행정학에서 많이 사용하는데 원래의 의미는 통치, 지배라는 뜻이다. 거버넌스가 정부(government)와 동일한 의미로 사용하던 시기에는 두 용어를 구분할 필요가 없었지만 1970년대 이후 정부 외 시장 방식 등 다른 통치 원리가 나타나면서 구분해서 사용하고 있다.

특히 정부 외 다른 주체들과 협력적 의사결정이 중시되면서 협력적 거버넌스(collaborative governance) 또는 '협치'라는 용어를 사용한다(오수길 외, 2018). 즉, 엄밀하게 말하면 협력적 거버넌스라고 해야 하는데 일반적으로는 최운실 외(2018)처럼 공동의 목적을 실현하기 위한 정부, 민간 부문, 사회단체 등이 네트워크를 형성하여 권한을 배분하고 의사결정을 하는 방식이라고 전제하고 거버넌스라고 사용하는 경우가 많다. 그러면서 네트워크, 파트너십, 거버넌스가 혼용되는데 여기서 공통되게 나타나는 것은 어느 한쪽이 일방적으로 결정하고 추진하는 것이 아니라 '함께' 한다는 것이다.

평생교육 네트워크에 대해 최운실 외(2018)는 평생학습기관 측면과 평생학습 실천가 측면에서 구분한다. 평생학습기관 측면의 네트워크는 평생학습기관의 강의 연계, 평생학습시설 공유, 상호교환 차원의 등가성을 전제로 한 조직 간의 교환활동 내지 공동활동을 의미한다. 평생학습 실천가 측면의 네트워크는 평생교육사가 일정한 목적을 수행하기 위하여 기관 혹은 개인 조직과 주체적으로 관계를 형성하고 유지해 소기를 목적을 실현해 나가는 전문적인 업무라고 규정하였다. 어떤 측면의 네트워크이든 평생교육 네트워크는 지역 평생교육 활성화라는 공동의 목적을 달성하기 위하여 각 주체 간 자원을 공유하거나 유대와 협력을 강화하는 체제와 이를 위한 활동이라고 할 수 있다.

2) 평생교육에서의 네트워크 논의

지역사회 평생교육은 지역사회의 모든 교육자원을 기관 간, 지역사회 간, 국가 간에 연계시킴으로써 네트워킹 학습공동체를 형성하는 것이라고 하였다. 학습공동체 형성을 위해서는 다양한 자원 간의 네트워크가 중요하다. 실제로 많은 평생학습 전문가들은 학습도시가 원활하게 기능하기 위해 네트워크를 잘 구축할 것을 제안하고 있다(김한별, 2019).

김준기 외(2006)는 사회과학에서 네트워크 관련 논의를 다음과 같이 세 가지로 제시하고 있다.

첫째, 네트워크를 '조직 간 관계 유형'으로 보는 것이다. 이는 개별 조직들 간에 '자원교환'을 매개로 상호 의존한다. 상호작용의 빈도(frequency), 강도(intensity), 중심성(centrality) 등에 따라 네트워크의 질이 달라진다.

둘째, 조직 내 구성원들 간의 관계 유형을 중심으로 하는 '사회적 네트워크'이다. 사회적 네트워크는 신뢰할 만한 행동규범에 따라 유지되는 개인들 간 교환관계의 집합체로서 조직보다는 조직 내 개인 구성원 간의 관계에 초점을 둔다. 관계에서의 권력 문제를 본다.

셋째, 네트워크를 거버넌스(governance)의 한 유형으로 바라보는 '네트워크 거버넌스이다. 효과적인 조직 운영의 원리를 발견하고 다수의 행위자가 연계된 정책을 조정해 나가기 위한 규범적 성격이 강하다.

평생교육 분야에서 네트워크 논의는 주로 첫 번째 유형을 중심으로 이루어졌다(이지혜 외, 2007). 양병찬(2000)은 네트워크를 하나의 시스템 안에서 이루어지는 구성요소들 간의 연계·협력·제휴라고 하였다. 중요한 것은 지역 내 흩어져 있는 교육자원들의 효율적 활용을 위한 교환활동과 공동활동이다. 양흥권(2006)은 지역사회 내 평생교육 관련 주체 간의 네트워크는 지역사회 내에 존재하는 다양한 주체가 보유하고 있는 자원을 교류·활용함으로써 교육에 투입되는 자원의 활용을 극대화하고 협력에 의한 시너지 효과를 높이기 위한 것이라고 말한다.

반면 권인탁(2007)은 네트워크를 평생교육 추진체계 전략의 하나로 네트워킹과 파트너십을 동일한 것으로 본다. 파트너십은 개인 및 기관이 공유 가능한 목적을 가지고 함께 협조하는 것이며, 구체적인 역할과 과업이 공식적으로 승인·분배되는 관계로 본다. 이러한 파트너십을 국가 및 지방자치단체가 평생학습사업을 추진해 가는 주요 전략으로 판단한다. 이를 이지혜 외(2007)는 네트워크 거버넌스 관점에 포함시킨다. 네트워크 거버넌스는 광역 및 기초자치단체 수준에서 협의체적 성격을 갖는 평생교육추진체제에서 나타난다.

이처럼 지역 평생교육 네트워크에 대한 논의가 다양하게 이루어지는 가운데 구체적인 논점은 다르지만 공통적으로 언급하는 것은 네트워크의 중요성이다. 구체적인 형태는 지역마다 다를 수 있으나 평생학습도시의 원활한 기능 수행을 위해 네트워크를 잘 구축하고 운영하는 것이 필요하다.

3) 평생학습도시의 네트워크 유형

평생학습도시의 네트워크 유형은 인적 네트워크(Communication Network), 사업 네트워크(Transportation Network), 시설 네트워크(Location Network), 정보 네트워크(Information Network)로 구분할 수 있다(양병찬, 2002; 최운실 외, 2018; 김한별, 2019). 이 같은 네 가지 평생학습도시 네트워크는 일차적으로 지역주민들에게 다양하고 풍부한 평생학습 기회를 제공하는 데 유용하다.

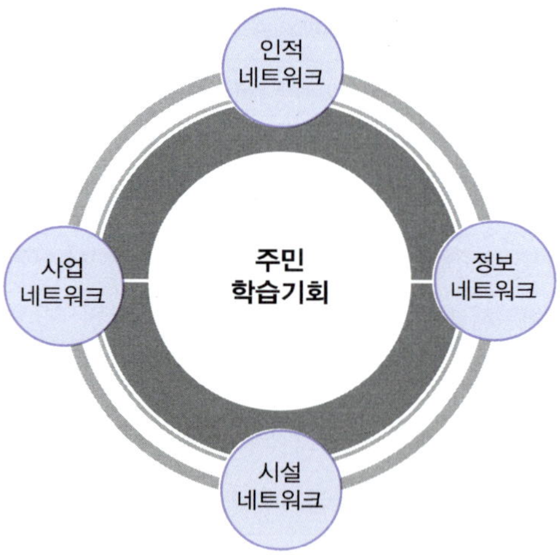

그림 6-2 **평생학습도시 네트워크 유형**

출처: 김한별(2019).

인적 네트워크는 평생교육 전문가와 자원봉사자 등 인적 자원을 상호교류하고 협업체제를 만드는 것이다. 업무 교류를 통해 조직 간의 상호 업무능력 향상을 추구하거나 자문과 협력이 가능하다. 사업 네트워크는 지역에 구축된 민간·교육·문화·복지시설 간에 교육사업을 공유하고 공동의 목표 달성을 위한 행사를 같이 기획하여 진행하기도 한다. 대표적인 평생교육 사업 네트워크는 평생학습축제이다.

시설 네트워크는 기관들이 소유하고 있는 각종 시설물 - 강의실, 숙박시설, 교육기자재 등 물적 자원을 함께 활용하는 것이다. 어느 기관이나 수요를 다 충족할 수 있는 시설물을 보유하고 있기는 어렵기 때문에 지역의 자원을 공유하고 활용하면서 협력 체계를 만들어나가는 것이라고 볼 수 있다. 다만 공적 영역에 있는 기관의 경우 시설 네트워크가 원활하게 이루어질 수 있지만 민간 영역의 경우 상대적으로 어려울 수 있다. 그래서 민간 영역과는 MOU 체결을 통해 추진하는 경우가 많다.

정보 네트워크는 다양한 정보의 원활한 유통과 공유를 위해 추진한다. 각종 교육 관련 정보 - 강사, 시설, 프로그램, 후원집단 등을 중심으로 교류하는 것이다. 정보 네트워크는 평생교육 네트워크의 가장 기본이다(최운실 외, 2018). 프로그램을 진행하는 기관 입장에서뿐 아니라 학습자 입장에서도 평생교육 관련 정보는 풍부할수록 좋은데, 정보 네트워크가 잘 구축되어 있으면 한 기관을 통해서도 지역의 다양한 평생교육 관련 정보를 얻을 수 있다.

3. 평생학습도시 현황과 과제

1) 평생학습도시 현황

우리나라에서 평생학습도시로 지정된 기초 지방자치단체는 2023년 1월 현재 총 226개 중 189개로 83.6%를 차지한다. 광역지방자치단체 기준으로 살펴보면 경기도가 31개로 가장 많은 평생학습도시가 선정되어 있다. 다음은 서울특별시가 22개, 부산광역시가 16개로 그 뒤를 잇고 있다(전국평생학습도시협의회, 2023).

2001년 3개였던 평생학습도시가 20여 년 후 189개가 되었다는 것은 우리나라에서 평생학습도시에 대한 관심이 뜨겁다는 것을 보여준다. 실제로 국제적으로 학습도시의 의미를 공식적으로 규정하고 있는 나라는 많지 않다(국가평생교육진흥원, 2015). 반면 우리나라는 평생교육 총괄기구인 국가평생교육진흥원에서 주요 사업의 하나로 정립되어 있어 관련 개념 정리, 예산 배정과 집행까지 국가 정책으로 지원하고 있고 개별 지방정부도 적극적으로 추진하고 있는 상황이다.

2004년에 전국의 평생학습도시 발전을 위해 연계 및 상호협력하고 교류하는 것을 목적으로 전국평생학습도시협의회가 설립되었다. 평생학습도시의 공동 현안에 대해 정보교류와 발전을 위한 각종 진흥사업, 국가, 시·도 평생교육진흥원 등과의 공동협력에 관한 사업, 그리고 각종 연수 및 워크숍, 홍보 등을 하고 있다(전국평생학습도시협의회 홈페이지). 전국평생학습도시협의회는 매년 평생학습도시 시장과 평생교육 관계자들이 모여 토론회나 포럼 등을 개최하여 평생학습도시 관련 현안을 논의하고 평생학습도시의 발전방향이나 활성화방안을 위해 논의를 계속하고 있다.

2) 평생학습도시의 성과

앞서 언급했지만 평생학습도시사업은 우리나라 평생교육정책의 성공 사례 중 하나로 꼽힌다. 실제로 다른 평생교육정책에 비해 다양한 지표로 드러나는 성과도 좋다. 2011년부터 2017년까지 신규 평생학습도시 프로그램 운영 및 기존 평생학습도시 특성화 지원 프로그램, 일반도시 특성화 지원 프로그램에 참여한 학습자는 총 370,563명이며, 이 중 경제활동 참여자 수는 9,169명, 사회환원활동 참여자 수는 35,603명에 달한다(국가평생교육진흥원, 2018).

평생학습도시 관련 정책을 통해 학습의 선순환 구조(평생교육 참여→학습결과 환원·공유→지역 학습공동체 육성)가 정착되는 등 평생학습도시 효과는 단일효과로 끝나지 않고 연쇄효과를 보이고 있다. 평생학습도시 특성화 지원 프로그램 참여자의 자원봉사 참여율은 2017년 기준 20.71%로 통계청 사회조사 결과 20세 이상 성인 자원봉사율 6.8%의 3배 이상이 된다(이희수, 2019). 학습 결과를 활용하여 지역사회활동과 소득 창출로 연계한 '학습형 일자리' 창출 성과는 표 6-1과 같다.

표 6-1 평생학습도시 특성화 지원사업 학습형 일자리 창출 성과 (단위: 명, %)

연도	이수자	경제활동		사회환원활동		전체(학습형 일자리)	
		참여자	참여율	참여자	참여율	참여자	참여율
2016	24,238	731	3.02	1,692	6.98	2,423	10.00
2017	22,532	904	4.01	4,667	20.71	5,571	24.72
2018	10,971	397	3.62	1,324	12.07	1,721	15.69
계	82,766	2,411	2.91	9,799	11.84	12,210	14.75

출처: 국가평생교육진흥원(2019a).

경제적 측면의 효과도 계속 나타나고 있다. 지역평생교육 활성화 지원사업의 경제적 효과 분석 결과 2016년 2.33배, 2017년 3.99배, 2018년은 7.00배로 효과성이 늘어나고 있다(표 6-2 참조. 국가평생교육진흥원, 2019a).

표 6-2 지역평생교육 활성화 지원사업의 경제적 효과 분석 결과 (단위: 원, 명, 배)

구분		1차 효과 (프로그램 효과)	2차 효과(사회환원 효과)	
		평생학습도시 (신규+특성화)	재능기부 및 자원봉사	교강사활동
지자체 국고지원(A)		1,130,000,000	-	-
체감 효과	이수자 (참여자) 수	62,476	2,816	529
	평균체감가치 (직접지불의사 비용)	116,375	187,608.7	190,909.1
	소계	7,270,644,500	74,480,654	252,763,648
합계		7,270,644,500	629,297,013.1	
경제적 효과 종합(B)		7,899,941,513		
운영지원예산 대비 경제적 효과(B/A)		7.0		

출처: 국가평생교육진흥원(2019a).

평생교육 학술적 연구 차원에서도 평생학습도시와 연관된 학위논문이 355편, 국내 학술지 논문이 250여 편으로(이희수, 2019) 평생학습도시사업은 사회적, 경제적 효과뿐 아니라 학술 연구도 풍부하게 하는 대표적인 성공 사례이다.

3) 평생학습도시의 과제

평생학습도시사업이 지역 평생교육 활성화와 사회적·경제적·학문적 성과를 내는 훌륭한 사업이기는 하나 과제가 없는 것은 아니다. 최근 논란이 되고 있는 평생학습도시 재지정 관련 이슈부터 살펴보겠다. 평생학습도시로 지정된 이후 지속적인 사업 추진을 통해 성과를 내고 평생학습도시로서 위상을 강화하는 곳도 있지만 사고도시로 분류될 정도로 이후 관리가 안 되는 곳도 있다. 평생학습도시로 선정되기 위하여 관련된 기반을 구축하는 노력만큼 선정 이후 유지·발전할 수 있도록 해야 하는데 이에 대한 시스템이 없었다.

평생학습도시 지정제에서 인정제로 바꾸어야 한다는 논의는 2010년부터 제기되었다. 당시 '평생학습도시 인정제도 도입을 위한 공청회'에서 권두승 교수는 1) 국가 지정으로 인한 평생학습도시 조성사업 지속적 추진의 어려움, 2) 평생학습도시 유형별 운영 격차 극복 방안 필요, 3) 국가의 직접예산 지원 방식의 대안으로서 지역 자생장치 마련 필요, 4) 평생학습도시 구축 단계 이후 예산 확보 및 운영 방향 제시 필요, 5) 지자체 내 평생학습 전담 추진 조직의 필요성 및 역할 강화, 6) 평생교육 전담인력의 전문성 및 역량 강화 방안 및 네트워크 기회 제공 필요, 7) 평생교육정책 실행을 위한 법적 규정의 필요성 시사, 8) 평생학습 정보의 접근성 제고를 통한 평생학습 기회 확대, 9) 평생교육 네트워크 구축 및 운영의 중요성 시사, 10) 평생교육 관계자 네트워크 구축 및 역량 강화를 위한 노력 필요 시사, 11) 성과 평과를 통한 질 제고 등의 지속적 사후관리의 필요성 대두를 제기하였다. 지정제에서 인정제로 전환할 경우 첫째, 지역 차원의 평생학습 사업에 대한 공공성과 신뢰성 인정, 둘째, 지자체의 평생학습 진흥정책에 대한 기준 제시 및 지역평생학습 진흥역량 개발, 셋째, 광역 및 기초자치단체의 평생학습도시사업에 대한 사후관리 및 모니터링을 통한 평생학습도시사업의 질적 수월성 제고 및 유지라는 긍정적 의의가 있다고 하였다(이희수, 2019).

기초 지자체의 2/3 이상이 평생학습도시로 지정된 현재 상황에서 새로 지정하는 것도 중요하지만, 지정 후 사후관리가 중요하다는 것은 평생교육 관계자 거의 대부분이 인정하고 있다. 국회나 재정 담당 정부 부처에서도 지정 위주의 사업방식에서 성과관리방식으로 전환하여 사업 내실화를 요청하고 있다. 2018년 교육부는 '평생학습도시 재지정 평가 추진계획(안)'을 통해 평생학습도시 지정 이후 운영에 대한 지속적인 점검 제도가 부재하여 성과 창출과 확산에 한계가 있다는 점, 평생학습도시의 성과관리 체제로의 전환 필요성 증대를 이유로 재지정 제도를 도입하겠다고 하였다.

2019년 관련 연구(교육부, 2019)를 통해 지정 3년 차 이후의 평생학습도시를 대상으로 2019년부터 2022년까지 1차로 평생학습도시 시범평가 및 재지정평가를 하도록 하였다. 재지정 평가 결과 60점 미만인 지자체는 재지정 유예 판정을 받고 다음 평가에서도 재지정되지 못하면 평생학습도시 지정이 취소된다. 2020년에 시행된 재지정 평가에서 42개 지자체를 대상으로 평가했고 42개 도시 전체가 평생학습도시로 재지정되었다. 이 중 우수 지자체로 선정된 5개 지자체는 국고 3천만 원을 추가로 지원받는다(교육부 보도자료, 2020. 6. 12).

다만 이 과정에서 평생교육 현장의 목소리가 얼마나 반영되었는지에 대해 의문을 표하는 경우가 많다. 특히 평생학습도시사업 자체가 지방정부의 자발성에 기초하여 시작됐지만, 이후 진행과정에서는 국가 주도로 되면서 재지정 평가에 이르기까지 모든 것이 지나치게 국가 주도로 되었다는 것에 대한 비판이 있다. 이희수(2019)는 영국의 시장 주도 모델과 프랑스의 국가 주도 모델, 독일의 사회적 파트너십 모델을 비교하면서 한국도 평생학습도시사업에서 독일의 사회적 파트너십 모델을 접목할 시기라고 제안하였다. 이외 이희수(2019)가 제안한 것은 다음과 같다.

먼저 지방정부 차원에서도 행정 주도형보다 시민 주도형으로 전환해야 한다. 적극적인 시민 참여와 혁신형 행정이 만나서 이루어지는 민관상생협동 마을 만들기, 가정·마을·학교의 협동 파트너십 모델로 나아가야 한다는 것이다. 그러나 아직도 행정 주도로 이루어지는 경우가 많고 지방정부의 평생학습도시사업도 그러하다. 따라서 행정과 시민이 함께 하되 점차 시민 주도로 전환해야 한다. 이를 위해서는 위계형이 아닌 네트워크형으로 사업이 진행되어야 한다.

마지막으로 이희수(2019)는 전국평생학습도시협의회 역할을 확대해야 한다고 주장한다. 평생학습도시 선정은 국가가 하더라도 유지관리는 전국평생학습도시협의회가 하는 것이 바람직하다고 제안한다.

이 제안대로는 아니지만 제5차 평생교육진흥 기본계획(2023~2027년)에 따르면 지자체가 중심이 되어 지역 평생학습을 진흥할 것을 제시하고 있다. 교육부가 평가·지정·지원하는 방식에서, 지자체가 자율적으로 평가·추천, 교육부는 지원·협력하는 방식으로 전환하겠다는 것이다. 또한 일률적인 우수 평생학습도시 선정방식에서 벗어나, 인구감소지역 등 지역의 특성을 반영하여 지원하는 특별지원 평생학습도시 선정 등 다양한 방식의 평생학습도시 지원을 고려하고 있다(관계부처 합동, 2022). 이 같은 방향 전환은 자치분권의 가치에도 부합할 뿐 아니라 다양한 지역 상황을 반영한다는 점에서 바람직하다. 이처럼 가치와 현실을 반영한 평생학습도시 정책은 지역 문제 해결에 든든한 지원군이 될 것이다.

제3절 학습동아리

1. 학습동아리 개념

학습동아리는 구성원들이 자발적으로 모임을 구성하고 참여하여 지속적인 학습활동을 해나가는 단위이다. 따라서 사람이 평생을 살아가는 동안 학습해야 한다는 평생학습의 가치에 부합되는 중요한 평생학습 실천활동이다. 특히 지역을 근거로 한 학습동아리는 지역주민으로서 유대감 형성에도 도움을 준다. 그래서 지역사회 평생학습 활성화에 있어서 매우 중요한 역할을 한다.

'학습동아리'라는 용어는 외국의 '스터디 서클(study circle)'을 우리나라에 소개하는 과정에서 '학습동아리'로 번역하여 사용하면서 알려지게 되었다. 스터디 서클은 스웨덴에서 처음 등장하여 세계적으로 확산된 특정한 유형의 학습모임이다. 스웨덴에서의 스터디 서클이란 시민들이 학습모임을 구성하여 자유롭고 합리적인 토론을 통해 정치, 경제, 문화, 복지 등의 사회적 문제를 해결하기 위해 운영된 것으로 제한적, 사회문제 중심, 공공적 성격이 강한 모임이었다. 그러나 우리나라에서 학습동아리라고 할 때는 사회문제 해결을 위한 학습과 토론보다는 개인적 차원의 학습을 모임 수준으로 확대하거나 인간관계 형성을 목적으로 하는 것도 포괄하는 매우 넓은 의미로 사용되고 있다(최운실 외, 2018). 이런 점에서 우리나라에서 일반적으로 사용하는 학습동아리란 일정한 인원의 성인이 자발적으로 모임을 구성해 정해진 주제에 대한 학습과 토론을 위해 정기적으로 활동하는 모임을 말한다(이지혜 외, 2001).

학습동아리라는 용어 외에 학생이나 취업준비생들을 중심으로 이루어지는 스터디모임, 소모임 등 유사한 용어들이 사용되기도 한다. 이에 대해 최운실 등(2018)은 표 6-3과 같이 차이를 구분하여 정리하였다.

표 6-3 소모임과 학습동아리의 구분

구분	의 미
소모임	취미, 친목, 자기계발과 상호교류를 하는 자발적인 모임 전체를 지칭 목적 및 활동 내용의 제한이 없음 최근 인터넷상의 모임으로 확대되며 온라인이나 오프라인의 구분이 모호해지고 있음 예: 게임 소모임, SNS 소모임, 동문회, 향우회, 조기축구회 등
스터디 모임	학습을 목적으로 하되 시험이나 자격증 취득을 목표로 하는 경우가 많음 IT기술의 발달로 온라인 스터디모임이 청소년과 대학생을 중심으로 활발하게 진행되고 있음 직장인을 포함한 성인들 사이에서도 온라인 스터디모임이 확산되고 있는 추세임 예: 원격학습교실, 온라인 스터디모임, 자격 취득·외국어 스터디 모임 등
일반 소모임과 학습동아리 관계	일반 소모임은 학습동아리로 전환 가능 예: 지역사회 친목모임이 지역 내 교육문제나 환경문제를 걱정하고 개선방안을 고민하는 모임으로 전환하는 경우
동아리와 학습동아리	활동 중심의 소모임을 동아리라고 부름 공통의 문화활동, 취미생활 등을 공유하는 동아리는 대부분 인원 제한이 없고 모임 자체를 즐기고 친목을 도모하려는 특성이 있음 학습동아리는 '학습활동'에 가치를 두어 목적과 주제의식이 명확함

출처: 최운실 외(2018).

2. 학습동아리의 특징

학습동아리는 공동의 관심사를 바탕으로 구성원들의 협력적 상호작용을 통해서 학습활동을 전개한다는 특징이 있다(오혁진, 2006). 학습동아리 구성원들은 맡은 역할이 다르더라도 대부분 수평적 관계를 맺고 있다. 상황에 따라 교수자와 학습자의 역할이 바뀌기도 한다.

최운실 등(2018)은 학습동아리의 생성과 학습활동, 운영과정에서 나타나는 특징을 자발성, 자율성, 집단성, 쌍방향성, 실천성, 규칙에 따른 지속성, 공동체 변화 등 일곱 가지로 정리하였다. 첫째, 학습동아리 구성인원은 참여자의 자발성에 근거하여 구성한다. 둘째, 학습동아리는 참여와 활동, 탈퇴는 자율성에 기초하여 운영된다. 셋째, 학습동아리는 구성원 간의 상호작용에 의한 집단성을 갖는다. 학습활동을 하는 과정에서 서로 독려하고 지지·지원하는 분위기가 형성되고 이를 통해 소속감이 높아진다. 또한 공동의 학습목표를 지향하고 달성하는 과정에서 집단적 학습 성향을 보이게 된다. 이는 앞서 언급한 자발성 등이 자기주도학습으로 연결되고 이 원리가 집단적 형태로 이루어지는 과정이라고 볼 수 있다(김한별, 2019). 넷째, 학습의 쌍방향성이다. 학습동아리는 교수자가 일방적으로 학습자를 가르치는 과정으로 진행되지 않는다. 교수자와 학습자가 바뀌기도 하고 개인의 다양한 사회 경험이나 학습경험을 나누면서 학습이 이루어지기 때문에 학습이 한쪽 방향으로만 일어나지 않는다. 다섯째, 학습동아리의 학습결과는 실천과 연결된다. 학습동아리의 지속적인 참여와 이 과정에서 이루어지는 학습 경험 공유와 피드백은 개인적·집단적 실천을 촉진한다. 여섯째, 학습동아리는 참여자들 안에서 합의된 규칙에 따라 동아리의 지속성이 유지된다. 마지막으로 학습동아리는 개인의 변화뿐 아니라 공동체의 변화도 촉진한다. 개인적 지식을 얻고자 참여한 학습동아리에서 자신의 삶이 변화되고, 이를 통해 자신이 속한 또 다른 공동체나 지역사회에도 변화를 촉구하거나 촉진하는 데 참여하기도 한다.

3. 학습동아리 유형

학습동아리는 결성 목적, 학습 주제의 특성, 학습과정, 학습방식 등에 따라 여러 유형으로 구분할 수 있다. 이지혜 등(2001)은 크랜톤(Cranton)의 학습유형 분류를 기초로 우리나라의 학습동아리 특성에 맞춰 심화학습형, 전문탐구형, 문제해결형으로 구분하였다.

먼저 심화학습형 학습동아리는 교육 프로그램을 이수한 후 추가적인 학습 필요성을 느끼는 프로그램 참여자들이 자발적으로 모여 자신이 습득한 내용을 심층적으로 보완하고 이해하기 위해 조직된다. 이 유형의 학습동아리는 특정 주제에 대한 학습욕구를 가지고 있는 사람들이 자신의 이해 수준을 심화하는 데 초점을 두기 때문에 자신보다 더 전문적인 지식이 있는 강사가 함께 참여해서 운영되는 경우가 많다(김한별, 2018).

둘째, 전문탐구형 학습동아리다. 이 유형은 특정 영역에서 전문가로서 소양을 갖추고 있는 사람들이 모여 학습동아리를 구성한 것이다. 전문가집단으로 구성되어 있기 때문에 특정 영역에서도 관심 있는 주제를 자율적으로 선택하여 정보나 경험을 교류하거나 연구 및 토의를 통해 심층적으로 파고든다. 이들 수준에서 일종의 심화학습을 하는 것이지만 이미 특정 주제와 영역에서 전문가로서 지식과 기술을 가지고 있는 사람들로 구성된다는 점에서 앞서 말한 심화학습형 동아리와 구분된다.

셋째, 문제해결형 학습동아리이다. 이는 생활 속에서 접하는 문제를 확인하고 이를 해결하기 위해 구성된다. 앞의 두 가지 학습동아리와 구별되는 특징은 학습 이후 문제해결을 위한 구성원들의 실천이 강조된다는 점이다. 문제해결형 학습동아리는 말 그대로 문제를 해결하려는 목적이 뚜렷하기 때문에 구성원들의 실천을 촉진하고 높이는 데 초점을 맞춘다(김한별, 2018). 따라서 단순한 지식이나 경험 공유보다는 문제해결방법 탐구를 위한 토의와 토론, 성찰 등의 활동이 중요하다.

최운실 등(2018)은 배움나눔형 학습동아리와 창업준비형 학습동아리를 추가하였다. 학습을 통해 배운 것을 이웃과 나눔으로써 배움을 실천하고 지역사회에 기여하려는 움직임이 늘어나면서 배움나눔형 학습동아리가 생겨났다고 본다. 배움나눔형 학습동아리는 학습을 통해 축적된 지식과 재능을 이웃과 지역사회에 환원함으로써 '함께 하는 지역사회'를 만들어 가려는 목적을 가진 동아리다. 이 동아리 구성원들은 재능 기부나 자원봉사활동을 통해 지역사회의 인재들을 동아리 구성원으로 자연스럽게 참여시키는 영향력을 발휘하며, 사회 환원을 위한 평생학습 프로그램이 운영되도록 하는 순기능을 행사한다.

창업준비형 학습동아리는 국내외 경기침체 여파로 취업이 어려워지고 고용불안이 심해지면서 나타났다. 이 유형의 동아리는 다양한 전공과 경험을 가진 기성세대와 대학생을 비롯한 청년들 중 창업에 뜻을 둔 사람들이 자신이 가진 지식을 바탕으로 융합하기 위한 목적으로 만들어진다. 이상에서 살펴본 학습동아리 유형별 특성을 정리하면 표 6-4와 같다.

표 6-4 학습 목적 및 특성에 따른 학습동아리 유형

구분	심화학습형	전문탐구형	문제해결형	배움나눔형	창업준비형
학습 목적	개인 능력 신장을 위한 지식 및 기술 탐구	전문지식 축적, 확장 및 재생산	지역사회 문제해결	지식과 재능의 지역사회 환원	지식과 경험의 융합 및 아이템의 사업화
학습 초점	개인	개인과 집단	집단	개인과 집단	개인과 집단
운영 방식	리더와 강사 중심	구성원 중심	리더와 구성원 중심	리더와 구성원 중심	리더와 구성원 중심
상호 작용	리더, 강사, 구성원	구성원	리더, 구성원	리더, 구성원, 학습기관 및 단체	리더, 구성원, 창업지원센터
학습 유형	초빙강의, 토론	구성원 강의, 전문가 강의, 연구발표, 토론	사회문제 중심 발표와 토론	초빙강의, 구성원 강의, 외부기관의 재능 기부 강의	전문가 강의, 창업지원센터 강의, 구성원 발표
학습 이념	특정 분야에 대한 지식과 기술의 심화 탐구	전문지식 축적, 지식 생성, 전문지식 보급	사회적 실천을 통한 문제해결 및 대안 제시	학습을 통한 지식 습득, 잠재력 개발 및 지식과 재능의 사회 환원	지식과 경험의 융합과 아이템의 사업화

출처: 최운실 외(2018).

국가평생교육진흥원(2019)은 학습동아리들의 지역사회활동 사례를 바탕으로 학습동아리의 활동성격을 개인성취형 학습동아리, 시민활동형 학습동아리, 사회통합형 학습동아리, 고용창출형 학습동아리, 가치창출형 학습동아리 등 다섯 가지로 제시하였다. 개인성취형 학습동아리는 인생의 삶의 과정 속에서 개인이 추구하는 가치와 목적을 실현하기 위한 학습동아리활동으로 '자기계발 및 심화학습'의 성격을 띠고 있다. 시민활동형 학습동아리는 시민으로서 주체성을 재인식하고 배운 것을 실천함으로써 시민으로서의 존재감을 인식하는 학습동아리활동으로 '실천성과 시민성'을 내포한 성격을 가지고 있다. 사회통합형 학습동아리는 국가 및 지역사회의 모든 구성원이 상호존중과 공동체적 가치를 추구하기 위한 사회적 노력과 문화를 형성하기 위한 학습동아리활동으로 '공동체성'을 지향한다. 고용창출형 학습동아리는 지속적인 학습활동을 통한 역량 강화와 지역사회에서의 사회공헌으로 축적된 경험과 성과를 바탕으로 지역 내 일자리가 창출되는 학습동아리활동으로 '고용 및 지역 일자리 창출'성격을 띠고 있다. 이는 지역의 인적자원 발굴 및 육성을 통한 지역의 경제적 경쟁력 강화에 기여하는 토대가 될 수 있다. 마지막으로 가치창출형 학습동아리는 개인이 학습하는 과정에서 새로운 지식을 창출하고 상호작용함으로써 추가적으로 전환학습, 학습전이를 비롯한 경제적·사회적 가치를 창출하는 학습동아리활동으로 '공유와 지식생산을 통한 사회혁신'의 성격을 갖고 있다. 이를 정리하면 표 6-5와 같다.

표 6-5 지역사회에서의 학습동아리활동 성격

활동 성격	내용
개인성취형	인생의 삶의 과정 속에서 개인이 추구하는 가치와 목적을 실현하는 학습동아리활동
시민활동형	시민으로서 주체성을 재인식하고 인적 자산, 사회적 자산, 민주적 행동의 정향성을 보이는 시민성을 향상하는 학습동아리활동
사회통합형	국가 및 지역사회의 모든 구성원이 상호존중과 공동체적 가치를 추구하는 사회적 노력과 문화를 형성하는 학습동아리활동
고용창출형	심화학습과 사회공헌 등의 선순환 학습활동을 통해 일정한 일자리를 지속적으로 획득할 수 있는 능력과 가능성을 증진하는 학습동아리활동
가치창조형	개인이 학습하는 과정에서 새로운 지식을 창출하고 상호작용함으로써 추가적으로 경제적 또는 사회적 가치를 창출하는 학습동아리활동

출처: 국가평생교육진흥원(2019).

국가평생교육진흥원(2019)은 다섯 가지 학습동아리 유형 중 '가치창조형'이 궁극적인 학습동아리의 비전이라면서, 개인 성취를 위해 시작된 학습동아리활동이 지역사회 안에서 시민활동형, 사회통합형, 고용창출형 학습동아리활동을 포괄하며 생성되는 것이라고 하였다. 따라서 지역사회 평생교육 실천가들은 학습동아리를 지원할 때 가치창조형 학습동아리가 되도록 하는 것이 바람직하다고 제시하고 있다. 다섯 가지 학습동아리 유형의 관계도는 그림 6-3과 같다.

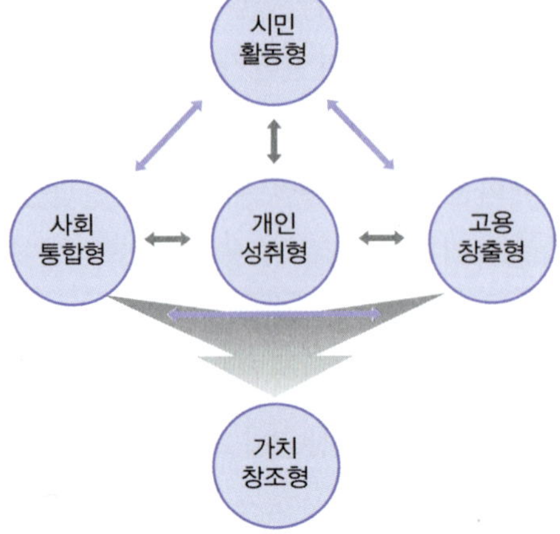

그림 6-3 지역사회 활동 지원을 위한 활동성격과 순환도

출처: 국가평생교육진흥원(2019).

이처럼 이론적으로는 학습동아리 유형을 구분하여 유형화하지만 현장에서 학습동아리활동이 어느 하나의 유형에만 해당되지 않는 경우도 많다. 학습동아리 별로 한 개의 유형에 적합한 경우도 있지만 두 개 이상 유형의 특징이 복합적으로 나타나기도 한다. 어떤 경우에는 동아리의 성격이 처음 시작할 때와 달라지기도 한다. 따라서 학습동아리 유형은 학습동아리 전체의 이해를 위한 차원에서 이해하고, 현장에서 학습동아리를 지원할 경우에는 상황에 따라 유연하게 바라보아야 한다.

4. 학습동아리 유지와 지원

학습동아리가 만들어진 후 지속적으로 활동이 이어지는 경우도 있지만 그렇지 않고 중간에 해체되는 경우도 많다. 이를 방지하기 위해서는 학습동아리가 유지되기 위해서 무엇이 필요하고 지원 기관에서는 어떻게 지원할 것인지 미리 준비해야 한다.

강은숙(2020)은 실제 학습동아리 운영 경험을 바탕으로 학습동아리가 성공적으로 운영하기 위해 필요한 요인을 제시하였다. 첫째, 구성원에 대한 관심과 충원이다. 학습동아리 리더나 총무 등 역할을 맡은 사람이 지속적으로 구성원들과 소통하며 챙기는 것이다.

둘째, 모임 운영을 위해 구성원들에게 각자 맡는 역할을 부여해 분담을 하는 것이다. 모임 안내 공지, 간식 담당, 프로젝트 관련 담당 등 역할을 세분화하여 담당하면 개별적인 부담도 덜하고 구성원들이 주인의식을 갖는 데 도움이 된다.

셋째, 공식적인 학습동아리 외 비공식적 친목활동이 필요하다. 모임 시작 전 간단한 간식을 먹거나 모임 후 가끔 하는 뒤풀이 등의 비공식적 활동은 학습동아리활동에 훌륭한 윤활유 역할을 한다.

넷째, 강사가 필요한 동아리의 경우 강사의 자질과 역할이 중요하다. 내용에 대한 전문성뿐 아니라 평생교육 전반에 대한 이해가 있어야 한다. 특히 성인학습자에 대한 이해도가 높아야 하고 다양한 학습방법을 상황에 따라 구사할 수 있어야 한다.

다섯째, 지역 자원 활용이다. 학습동아리활동을 하려면 장소가 필요하다. 현장에서 학습동아리활동을 하는 사람들의 가장 큰 애로사항은 모임을 할 공간이 부족하다는 것이다. 주로 지역 평생학습센터나 평생학습관, 도서관 등 공공시설을 이용해야 하는데 잘 알려진 자원 외 숨어 있는 자원을 찾아내어 활용하는 것이 필요하다.

여섯째, 동기 강화이다. 이는 학습동아리가 장기적으로 지속하기 위해서 특히 필요하다. 학습동아리활동이 오래되면 정체기를 경험할 수 있는데, 그것을 타파하고 새로운 자극을 주기 위한 다양한 동기부여 요소가 있을 때 학습동아리의 지속성이 담보될 수 있다.

이지혜 등(2001)은 학습동아리 지원을 인적 요소, 물적 요소, 정보, 조직 차원의 네 가지 요소로 유형화하여 제시하였다. 인적 요소는 학습동아리활동 지원을 위한 인력으로서 강사, 퍼실리테이터, 학습동아리 예산 및 운영을 지원하는 실무자, 중간지원조직 전문가, 동아리 구성원들을 말한다. 물적 요소는 학습 공간, 학습에 필요한 기자재 및 설미, 사회공헌활동처, 실습 공간과 활동을 가능하게 하는 재원 등을 말한다. 조직 요소는 학습동아리의 체계적인 지원을 위한 요소로서 학습동아리 구성, 지원기관, 중간지원조직, 타 학습동아리 등을 들 수 있다. 이 요소는 대내외 협력체계를 구축하여 새로운 콘텐츠를 발굴하고 개발하는 것, 홍보나 행사 기획 등이 조직적으로 잘 운영될 수 있도록 하는 것이다. 정보 요소는 학습동아리의 운영 관리를 이해 필요한 정보로서 리더와 학습자에 대한 교육 및 커리큘럼, 다양한 학습자료 및 재료, 모임을 체계적으로 운영하고 자립하기 위한 정보와 자료 제공을 말한다(그림 6-4 참조).

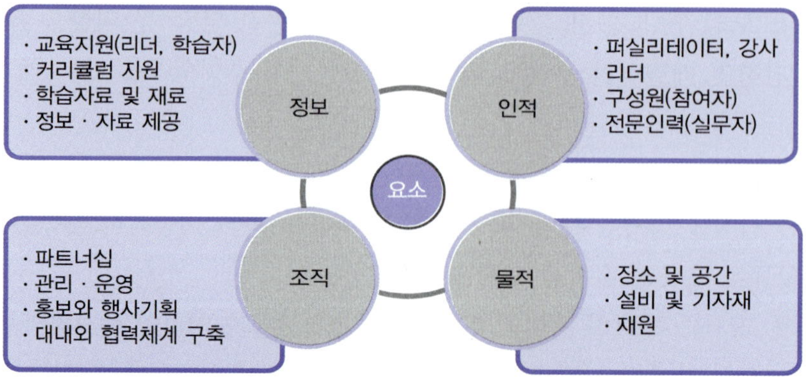

그림 6-4 학습동아리활동지원 구성 요소

출처: 국가평생교육진흥원(2019).

학습동아리는 기본적으로 자발성과 자율성에 기초하여 만들어지고 운영되는 것이지만, 관련 기관에서 학습동아리활동지원 구성 요소를 알고 필요한 지원을 적시에 해줄 때 더 활성화될 것이다. 학습동아리 리더들은 학습동아리에 대한 이해와 운영에 대한 지식 및 기술, 태도가 준비되어 있을 때 시행착오를 줄이고 안정적으로 운영할 수 있을 것이다. 이를 통해 학습동아리가 많아지고 활성화된다면 지역 평생학습 문화 정착은 물론 평생교육 확대에도 크게 기여할 것이다.

연구문제

1. 지역 평생교육의 중요성에 대해 논의해 봅시다.

2. 우리나라 평생학습도시정책이 평생교육에 미친 영향을 정리해 봅시다.

3. 평생학습 네트워크를 활성화시키기 위해 필요한 것을 도출해 봅시다.

4. 학습동아리의 중요성에 대해 논의해 봅시다.

5. 우리나라 학습동아리의 특징을 정리하고 지역 평생교육 발전과 연결해서 활성화 시킬 방안을 연구해 봅시다.

CHAPTER 07

노인 평생교육

제1절 사회변화와 노인교육의 필요성

제2절 노인 학습자 평생교육의 범위

제3절 노인 평생교육 이점과 시사점

제1절 사회변화와 노인교육의 필요성

1. 고령화에 따른 사회변화

UN은 2009년 호모 헌드레드(Homo Hundred)라는 개념을 발표했다. 100세를 사는 인간이란 뜻으로 장수가 보편화된 시대를 의미하는 용어다. 고령화는 전체 인구에서 차지하는 65세 이상의 인구 비율이 높아지는 것으로서 14%가 넘는 사회를 고령사회라고 한다.

인간이 오래 살면서 경험과 지혜가 누적되고 기술과 지적 수준의 향상 등을 누리는 반면 신체적 노화, 가난, 가까운 사람의 죽음 경험 등과 같은 결과도 만나게 된다(Atchley, 2000). 노년의 삶이 길어짐으로써 이전까지 경험하지 못했던 문제들에 대해 모든 세대가 직면하게 되었다.

고령화에 따른 사회변화는 의료와 복지, 연금 등 사회 정책적인 차원에서만 대응하는 것으로는 문제를 근본적으로 해결하는 데 한계를 보인다. 노인 세대가 사회의 무거운 짐으로 인식되기보다 앞으로 사회에 이바지하는 역할로서 주도적으로 사회 영역을 개척해 나가는 세대가 되도록 노인교육에 대한 패러다임의 변화가 필요한 시점이다. 즉, 노인은 돌봐야 할 사회적 약자나 수혜자라는 관점에서 탈피하여 성공적인 노화를 통해 사회에 기여하는 세대로 인식하는 사고의 전환이 요구된다.

지식과 정보제공으로 변화하는 사회에 적응하고, 자기 계발과 삶 전체에 대한 자기 조망, 자아실현 등을 할 수 있는 노인교육은 패러다임 전환을 가져오기 위한 바탕이 되어줄 것이다. 노인들이 환경에 얼마나 적응해 나가느냐는 개개인의 신체적, 심리적, 인지적 건강 상태 뿐만 아니라 사회적 인식으로도 영향을 받는다. 특히 노년의 빈곤, 자살, 세대 갈등 등은 우리 사회가 해결해야 할 과제다.

1) 노인빈곤율 증가

노령 인구가 많아지면서 가장 큰 사회적 문제는 노인빈곤율의 증가이다. 2021년 고령자 통계를 보면 그림 7-1과 같이 우리 사회의 급격한 고령화로 인해 노인빈곤율은 37.6%로 경제협력개발기구(OECD) 국가 가운데 1위다. 66세 이상 은퇴 연령층의 상대적 빈곤율은 2021년 근로연령인구(18~65세)의 상대적 빈곤율(10.6%)과 견줘서도 노인빈곤율은 월등히 높다. 상대적 빈곤율은 중위소득의 50% 미만인 계층이 전체 인구에서 차지하는 비율로서 이 수치가 높다는 것은 양극화가 심하고 상대적으로 가난한 국민이 많은 것을 의미한다.

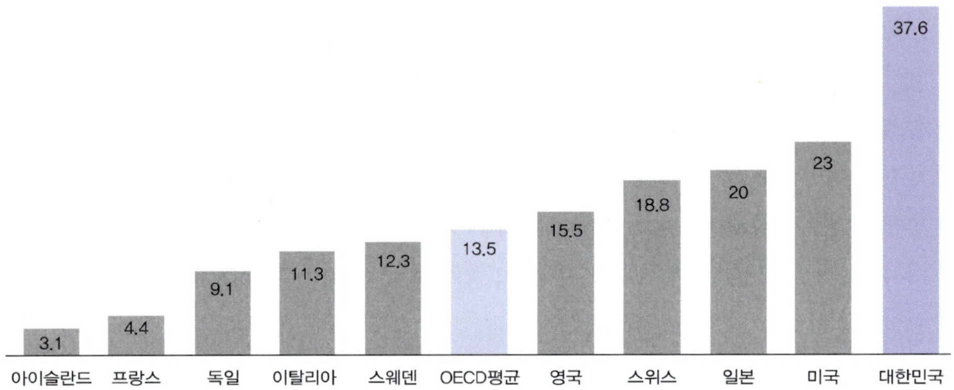

그림 7-1 OECD 주요 국가의 노인 빈곤율

출처: 한국경제인연합회자료(2022).
대한민국 21년, OECD평균 19년, 독일 18년, 아이슬란드17년 기준.

우리나라 65세 생존자의 기대여명은 OECD 국가 평균보다 남녀 모두 높다. 고령화가 가속화되면서 5년 뒤인 2025년에는 10명 중 2명이 65세 이상인 초고령사회로 진입하고, 40년 뒤엔 전체 인구의 44%가 노령 인구가 될 것으로 전망된다(YTN, 2020).

이처럼 빠른 증가세는 노인 빈곤의 중요한 요인이며 빈곤은 생활에 직결되는 문제로 노년의 삶에 막대한 영향을 미친다. 노인 빈곤의 또 다른 원인으로는 60세 이상 가구주의 비중이 급격하게 증가하는 가족 형태의 변화가 지목된다.

노인 단독가구이거나 노인부부끼리만 거주하는 가구는 2008년 66.8%에서 지난해 78.2%로 늘었다(보건복지부, 2020). 이는 자녀들에 의한 사적 부양체계가 무너지고 있다는 것을 의미한다. 노년층의 평균 연금액은 약 40만 원 정도이며, 월평균 급여액은 생애 평균 소득의 24%에 그친다(성영태·최인규, 2020). 노후 준비가 미흡한 노인들은 사적 부양이 이루어지지 않는 데다 노후 소득마저 취약한 상황이라 공적연금만으로는 노후를 살아가기 매우 힘들다. 그러므로 노인들은 노동시장에서 퇴직한 이후 여가를 즐길 겨를도 없이 새로운 일자리를 찾을 수밖에 없다.

빈곤은 개인의 경제적 어려움으로 인한 삶의 만족도를 저하할 뿐 아니라 자살이 증가하는 등 사회적 문제와도 복합적으로 작용하고 있다. 따라서 노인빈곤율을 낮추는 것이 매우 중요한 문제이다. 그러나 우리나라는 급속한 고령화에 맞춰 사회복지제도, 연금제도 등 노후 대비를 위한 제도적 기반의 정비 속도가 고령화 속도를 따라가지 못하고 있다. 게다가 자녀 세대의 노인 부양의식 또한 약화하면서 노인층의 사적 소득원이 빠르게 감소하는 추세를 보인다(장민, 2019). 이러한 문제에 비추어봤을 때 노인 빈곤으로 인한 사회적 문제를 줄이려는 노력이 절실하다. 노후 준비를 퇴직 이전부터 시작하여 스스로 최소의 생활비를 확보하고 공적연금과 일자리를 통해 소득원을 증가시키며, 소득재분배 시스템을 활성화해야 함을 시사한다.

2) 노인 자살률 증가

노인 자살은 주로 아노미적 자살과 이기적 자살로 설명된다. 아노미적 자살이란 혼란스러운 사회로부터 탈출하기 위해 자살을 선택하는 것이다. 핵가족화, 노인 단독 거주의 증가, 노부모 부양에 대한 자녀의 의식 변화 등으로 인해 사회가 무질서한 상황에서 가족이나 사회로부터 노인 개인이 욕구를 충족시키지 못할 때 발생한다. 한편 이기적 자살은 사회가 개인을 통제할 힘이 약할 때 증가하게 되는 것을 의미한다. 즉, 소득 저하와 사회적 역할 상실로 사회적 교류가 감소함으로써 사회에 대한 결집력이 약해진 상태에서 발생할 때 이기적 자살이라고 설명하고 있다(Durkheim, 2019; Innamorati et al., 2009).

우리나라 노인자살률은 2020년 인구 10만 명당 60대 30.1명, 70대 38.8명, 80대 이상 62.6명으로 전반적으로 연령대가 높을수록 증가했다. 특히 70대 이후의 자살률이 급격히 상승해 80세 이상 연령의 자살률이 가장 높았다(자살예방백서, 2022).

65세 이상의 노인 자살률은 OECD 회원국 평균(18.4명)보다 2.9배 높은 수치인 53.3명('16년)으로 1위를 차지할 정도로 심각하다. 우리나라에 이어 두 번째로 높은 노인 자살률을 보이는 슬로베니아의 38.7명('15년)과 비교해도 큰 격차를 보인다.

노인의 자살은 노화과정에서 발생하는 질병, 사회적 관계의 변화, 경제적 능력 상실과 빈곤 등 다양한 문제와의 인과관계가 명확하다. 2022년 자살예방백서에 따르면 노인 자살의 원인 1위가 육체적 질병(39.6%)이였다. 다음으로 정신적 정신과적 문제가 2위(36.9%)를 차지하였고, 경제생활문제는 11%로 3위의 원인으로 나타났다.

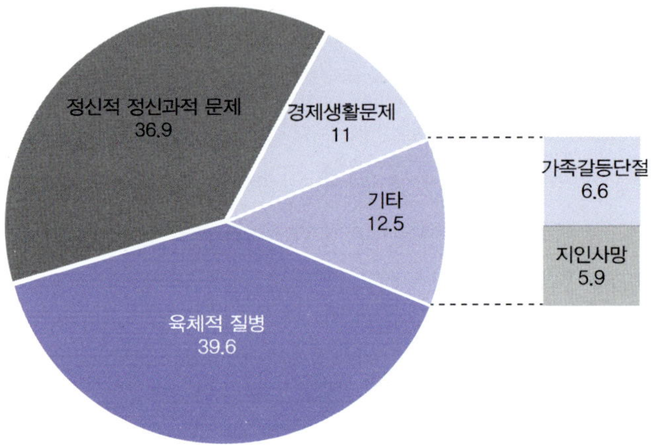

그림 7-2 노인의 자살 원인

출처: 자살예방백서(2022).

경제적 어려움과 더불어 사회적, 정신건강 요인들이 노인 자살 현상과 관련이 있다. 사회적 교류 감소로 인한 사회 통합성의 저하는 노인 자살 문제 악화를 견인한다(김미경·심재연, 2019; 이창숙·강상경, 2020).

원인을 제거해줌으로써 노인들이 자살 충동에서 벗어나게 하는 노력이 무엇보다 중요하다. 정신건강 문제 역시 자살의 위험요인으로 작용하는 만큼 정신건강 증진을 위한 인프라 증가는 노인 자살 현상을 완화하는 데 기여하는 것을 확인하였다. 국민기초생활보장제도나 공적연금 등을 통한 소득의 보장과 노인 맞춤형 복지 정책과 사회 통합성 증진은 노인 자살 현상을 완화하는 데 이바지할 것이라 기대할 수 있다.

3) 세대 갈등

노인 인구의 증가는 노인들의 문제로만 그치는 것이 아니다. 그들과 함께 살아가는 다른 세대의 문제로 확대되고 있다. 또한, 고령화가 진행될수록 세대 간 갈등과 반목은 중요한 사회문제의 하나로 떠오른다. 그중 3가지 측면에서 갈등의 원인을 다뤄보고자 한다.

첫째, 노인 부양에 대한 부담이 세대 갈등을 일으키는 원인이다. 최근 코로나19로 인해 청·장년들의 삶이 더욱 팍팍해진 이유도 한몫했다. 이들은 급속하게 고령화되고 있는 노인들을 위해 가벼운 지갑에서 세금을 지급하고 공적 부양의 책임까지 지고 있어 한숨이 더욱 깊다. 청년들 또한 힘든 경쟁을 치르고 대학엘 가도 기다리는 것은 더욱 치열한 취업 경쟁이라는 현실이 무겁다.

2000년 노년부양비는 10.1명으로 15세~64세의 생산가능인구 9.9명이 노인 1명을 부양했지만 2015년 노년부양비는 17.9명으로 생산가능인구 5.6명이 노인 1명을 부양하고 있다. 초저출산, 초고령화가 되는 2030년에는 생산가능인구 2.6명이 노인 1명을, 2060년에는 1명당 노인 1명을 부양할 것으로 예측된다. 젊은 세대는 부모 부양과 자녀 양육에 대한 책임을 자신이 해결해야 할 상황이다. 그러나 노인 부양비가 늘어날수록 받을 수 있는 젊은이들의 공적연금은 줄어드는 반면 세금은 늘어나는 상황에서 이러한 악순환의 고리에 매몰되지 않도록 고령화 대책을 촘촘히 준비해야 한다.

둘째, 일자리 문제로 나타나는 세대 간 갈등도 심각하다. 노후 준비가 필요하다는 인식이 높아지고 있음에도 불구하고 실제로는 제대로 이루어지지 않고 있다. 50대 가구주의 53.7%가 노후 경제적 준비를 시작하지 못하고 있으며 60대와 70대도 40%에 가까운 가구가 노후에 대비하지 않고 있다(KB금융지주 경영연구소, 2018). 은퇴 후 사적 이전소득이 감소하고 정부나 사회단체로부터의 공적 소득은 미흡해 생활비 마련을 위한 고령층의 노동시장 참여는 꾸준히 증가하는 추세를 보인다. 근로소득을 생활비에 보태려는 목적으로 은퇴 이후에도 취업 의사가 있는 고령층의 비중도 계속 늘어나고 있다(장민, 2019). 보건복지부(2020) 자료에 의하면 노인의 생계형 경제활동 참가율은 36.9%로써 OECD 평균(16.2%)의 2배를 상회한다. 특히 65세~69세는 55.1%가 일하는 것으로 나타났다. 그만큼 생계유지가 어렵고 노후 소득보장의 기반이 취약한 고령자의 노동은 이제 필수가 되었다. 표 7-1은 노령 인구 중 장래 취업 의사가 있는 비율이다.

표 7-1 노령 인구의 장래 근로 희망 비율

노령 인구의 장래 취업 의사 (단위: %)					
	2012	2014	2016	2018	2020
장래 취업 의사 있음	59.2	62.2	61.5	64.1	68.5
생활비 목적	32.2	33.6	35.7	37.8	57.1

출처: 통계청(2021).

고령층 취업자가 다른 연령층에 비해 빠르게 증가하는 상황이 지속되는 이유로 빈곤한 고령층의 노동시장 잔류와 더불어 정부의 고령층 소득지원 및 일자리 지원 정책 확대 등이 맞물리는 현상을 들고 있다. 이같이 고령층의 은퇴 후 노동시장에 머물러 있는 것으로 인해 노동생산성을 하락시키는 부작용을 일으키고, 일부 영역에서는 청년층을 일자리에서 몰아내는 결과를 초래할 가능성이 있는 것도 세대 간 갈등의 원인이다(장민, 2019).

셋째, 세대 갈등의 다른 이유로는 노인과 젊은 사람 간 상호작용이 줄고, 점차 노인에 대한 오해와 부정적 편견이 늘고 있는 것이다. 비동거 자녀와 연락하는 비율은 63.5%로 줄고, 비슷한 연령대와는 71%로 증가한 것도 그 한 예다(문화일보, 2021). 나이 든 사람에 대한 편견과 차별은 노년기에 나타나는 변화와 그들이 처한 상황에 대한 이해의 부족으로 생기는 경우가 많다.

이러한 문제는 현재의 노년 세대뿐만 아니라 미래의 노인이 될 사회의 모든 구성원에게 부작용을 초래한다는 점과 부모에 대한 부양 부담이 가중되어 가족 관계에 영향을 미친다는 점, 그리고 청년 자신의 노후에 대한 불안에서 기인한 근시안적인 시각으로 사회문제 해결에 적극적이지 않다는 점에서 세대 갈등 문제의 심각성이 크다고 하겠다.

2. 노인 평생교육의 필요성

1) 교육 및 사회 환경 측면

수명의 연장은 어느 연령층을 불문하고 기존의 지식과 기술뿐만 아니라 새롭게 등장한 정보와 기술을 습득하고 발전시켜 나가야 하는 것을 뜻한다. 인간이 계속해서 생존하고 발전해 나가기 위해 새로운 지식과 기술을 배워야 하는 시대라는 사실에 공감한다. 누구나 노인이 된다는 명제 아래 변화하는 사회에 적응하고 노후의 삶을 준비하기 위해서라도 노년에 대한 전반적인 평생교육의 필요성을 강조하는 것이다. 성공적인 노화는 신체적, 인지적, 심리적, 사회적, 정신적 건강 등이 관련된 다차원적으로 접근함으로써 이끌어낼 수 있다(Kozar, Troutman, Westman, Nies, 2013).

전 생애적 관점에서 노인교육은 성공적 노화의 열쇠라고 할 만큼 큰 의미가 있다. 노인의 평생학습 기회는 개인과 사회 모두에게 제공되어야 한다. 그러므로 퇴직 상황에 도달하는 세대뿐만 아니라 사회 전반에 수반되어야 할 것이다. 노후에도 지속적인 학습이 필요한 이유를 살펴보면 다음과 같다.

첫째, 노인을 둘러싼 교육환경이 변화되고 있다는 점이다. 노인의 교육기관 증가, 매체의 다양성, 온라인 교육 등과 더불어 평생교육에 대한 정보를 쉽게 얻을 수 있고 교육 프로그램의 종류가 증가함으로써 선택의 폭도 넓어졌다. 노인들은 인터넷을 이용해 새로운 학습에 참여하고 원하는 것을 배우고 있다. 디지털 교육을 위해 노인 컴퓨터 교실이 열리고, 스마트폰 강좌가 열리는 것은 자연스러운 현상이다.

둘째, 정보화 발전으로 사회의 변화 속도가 매우 빠르게 진행되고 있다는 점이다. 평생교육의 패러다임을 변화시킨 요인 중 하나가 온라인 교육방식으로의 변화다. 이러닝 학습과 인터넷, 스마트폰을 활용한 동영상 및 실시간 교육이 일상화되었다. 그만큼 배워야 할 지식도 많아지고 사회 구성원으로 기대되는 역할 수행을 위해서 학습이 요구된다.

셋째, 4차 산업사회로 인해 기술의 비약적 발전과 습득해야 할 지식의 양이 증가했다는 점이다. 모든 사람이 변화하는 기술에 빠르게 적응하고 새로운 지식과 기술을 습득하기 위해 정보화 교육의 중요성이 증대되었다. 새로운 정보 교육을 위해 시간과 장소에 구애받지 않고 개개인의 다양한 교육 요구에 따라 정보에 쉽게 접근하고 이용할 수 있으며, 인공지능이나 새로운 지식과 기술을 습득할 수 있도록 전 생애에 걸쳐 다양한 학습으로의 접근이 확대될 것이다.

넷째, 100세 시대에 세대 간 단절의 문제가 심화하고 있다는 점이다. 1세에서 100세까지 평균 4세대가 공존하고 있지만, 오히려 단독가구의 증가와 개인주의 확산으로 전통적인 가족제도가 붕괴되고 세대 간에 소통할 기회는 줄어들었다. 세대가 분리된 채 각자의 삶을 살며 사회에서 단절을 보이는 까닭에 늘어난 노년층과 서로 교류하고 노인을 수용해 나가는 일은 해결해야 할 중요한 과제로 남았다. 세대 간의 갈등 및 노인에 대한 편견을 해소하기 위해서라도 정보와 이해의 증진을 위한 교육이 요구된다.

그럼에도 노인의 평생교육 참여가 성인의 평생학습 참여율(30.7%)에 비해 저조한 만큼 노인은 평생교육 참여의 소외집단이라고 할 수 있다. 교육부(2021)에 따르면 20~30대(40.6%) 평생학습 참여율과 비교하면 60~70대(19.2%)의 참여율은 여전히 부족한 실정이다. 전 연령집단 중에서도 가장 낮은 참여율을 보이고 있다.

2) 개인적 측면

노년기에는 전반적인 기능에 변화를 가져온다. 이러한 변화에 적응하는 것은 정신적 위기로부터 자신을 보호하고 극복하여 자기 성장을 할 수 있게 한다. '삶의 질'은 객관적 조건에서 개인이 느끼는 주관적 만족감과 신체적, 정신적으로 안녕한 상태를 의미하는 다차원적 개념이다(정경희 외, 2017). 그러나 다기능 경쟁 사회는 노후에도 인간의 정신과 육체를 피로하게 하고 있다. 그러므로 신체적, 정신적 건강 및 경제적인 문제를 감소시키고 성공적인 노화를 위한 노년의 준비와 함께 은퇴 후 당면하게 될 문제에 대처할 수 있는 다양한 능력이 필요하지만 두 가지 측면에서 살펴보고자 한다.

첫째, 삶의 질 측면에서 볼 때 평생교육은 스스로 문제들을 해결할 능력을 갖게 한다. 개인이 노후에도 다양한 기능을 유지할 뿐 아니라 정년 이후에도 끊임없이 일에 도전하고 임무를 수행하며 욕구를 충족시키려는 열의를 발휘한다. 노동시장의 변화가 새로운 직업군을 창출하며 평생 직업이란 인식을 두고 남은 생애 동안 자기 계발을 확대해 나가도록 이끈다. 노인에게 있어서 일은 생활을 유지할 재화나 서비스를 제공하는 경제적 기능이며, 사회 관계망을 유지하는 사회적 기능으로 작용기 때문이기도 하다. 더불어 개인의 만족감을 동반하는 정서적 기능이며 규칙적이고 활동적인 일을 통해 신체 기능을 유지하는 까닭에 노년의 일은 매우 중요하다. 능동적인 자세로 학습하고, 자격증을 취득하며, 취업 정보 수집 등을 교육을 통해 이룰 수 있다.

둘째, 노년기는 사회에 대한 기여를 극대화할 수 있는 시기다. 사회활동에 참여하고 소통하는 것으로 기여가 가능하다. 레몬, 벤트슨, 페터슨(Lemon, Bengtson & Peterson, 1972)은 활동(Activity)의 유형을 비공식 활동, 공식 활동, 개인적 활동 3가지로 구분하고 있다. 비공식 활동(informal activity)은 친척, 친구, 이웃과의 사회적 상호작용을 의미하고 공식 활동(formal activity)은 자원봉사, 사회 단체에 공식적 참여를 뜻한다. 개인적 활동(solitary activity)은 티비 시청, 음악 감상, 독서와 같은 취미 활동을 말한다.

노년기의 사회활동은 건강한 삶을 위해 필수적인 일이다. 노인실태조사에 따르면 노인 인구의 여가·문화 활동은 휴식이 90.2%로 가장 높게 나타났고, 취미, 오락 활동은 42.5%로 나타나 그 뒤를 잇고 있다. 그 이외에는 스포츠 활동, 문화예술 활동 등으로 노인들은 자신의 시간을 활용하는 것으로 나타났다(정경희, 2017).

이외에도 지역사회 봉사활동, 취미 단체에서의 회원활동, 종교활동, 정치활동 등 다양한 사회활동을 통해 타인과의 상호작용으로 소통하고 사회구성원으로서 역할을 더 잘하도록 교육이 매개할 수 있다. 더불어 사회공헌에 대한 기대를 충족함으로써 노인의 사회적 관계와 여가 등의 욕구도 실현될 뿐 아니라 여생을 보람되게 보낼 수 있다.

하지만 아직 현재의 노인교육은 노인을 위한 교육이라기보다 휴식과 취미 오락 등의 여가선용이라는 노인복지서비스 일부로 보는 경향이 있다. 변화하는 환경을 고려하여 노인의 특성을 기반으로 다음과 같이 활동적 노화의 개념에서 노인교육이 이루어져야 할 것이다.

3) 활동적 노화

유럽에서는 가중되는 사회적 부담을 해결하기 위해 활동적 노화(active aging)의 관점에서 고령자 정책에 적용하고 있다. 즉, 고령자를 사회경제적 역할을 할 수 있는 더욱 적극적인 존재로서 가치를 인식하려는 점에서 이전의 노인에 대한 인식과 차별화된다(임호 · 오재환, 2017). 반면 우리나라는 여전히 생산적 노화나 성공적 노화의 관점에서 연구가 이루어지고 활동적 노화의 개념은 최근에 소개된 일이라 아직은 생소하다.

세계보건기구(WHO, 2002)가 고령사회에 대응하기 위해 체계화한 개념으로 활동적 노화를 "노화 과정에서 삶의 질을 높이기 위해 건강(health), 참여(participation), 안전(security)의 영역에서 사회 구성원들에게 최대한의 기회를 제공하는 것"으로 정의한다. OECD의 개념에서는 "사람이 노령화되면서도 사회와 경제 체제 속에서 생산적인 삶을 이끌 수 있도록 하는 역량"(OECD, 1998)이라고 정의하고 있다. 각각의 영역의 의미는 다음과 같다.

건강영역은 수명을 연장하고 삶의 질을 향상하는 것을 목표로 개인이 건강과 관련한 위험요인은 최소화하려는 의미가 담겨있다. 건강증진 정책은 독립적인 생활이 가능하게 함으로써 노인 의료서비스 이용을 감소시키는 것이다.

참여영역은 노년기에도 생산적인 활동을 지속함으로써 경제적이며 사회적으로 자립할 토대를 마련하도록 지원하는 것을 목표로 한다. 노동시장에 진입한 고령자들에게 교육과 경제, 문화 활동에 참여할 기회를 확대하려는 것이다.

안전 영역은 정책과 프로그램 제공을 통해 인간으로서 존엄과 보호받을 권리 보장이 목표다. 그러므로 노년기 삶을 안전하게 영위할 수 있는 정책과 프로그램을 제공하고자 한다(박영란, 2013).

그러므로 활동적 노화란 "사회와 경제 체제에서 건강과 참여, 보장의 기회를 통해 적극적인 삶을 실현하는 과정"으로 정의할 수 있다. 또한 활동적 노화의 유사한 개념으로 생산적 노화(productive ageing)나 성공적 노화(successful aging)가 있지만, 엄밀히 말해 이들은 활동적 노화의 개념을 형성하는 데 있어 이론적이고 실천적인 기반을 제공해주었다. 생산적 노화는 노인들의 생산성을 증진하는 방안에 초점을 둔다. 다시 말해 '재화나 서비스의 생산에 기여하고 기술 습득으로 의미를 개발하는 노인들의 활동'으로 정의된다. 이상적인 노인은 유의미한 것을 창출하거나 다양한 활동을 하는 것으로 인식한다. 생산적 노화의 관점에서는 경제활동을 강조하며 고령사회의 사회 경제문제 해결책으로 제시됐다(Walker, 2002). 경제활동에 적극적인 노후의 삶은 연금지출의 축소, 과세 기반의 확대 등 고령사회의 문제를 완화할 수 있는 수단이었다.

성공적 노화는 개인 수준에서 탐색하는데 집중하는 개념이다. 사회 구조적 측면에서보다 노년기의 행복한 삶의 조건이 무엇인지를 탐구하는 개념으로써 신체적인 질병이나 장애가 없는 것, 높은 수준의 신체적, 정신적 기능을 유지하는 것, 그리고 적극적인 삶을 살아가는 것'으로 정의된다(Rowe & Kahn, 1997).

표 7-2 생산적 노화, 성공적 노화, 활동적 노화 비교

	생산적 노화	성공적 노화	활동적 노화
초점	노인의 생산성 향상에 초점	생애주기를 통해 준비하고 노년 기간을 유지하는 데 초점	노인들이 오랜 시간 노동시장에 머무는 것에 초점
강조	고령자의 경제활동 참여 강조	노년기 행복한 삶을 위한 개인 노력 중요	노동을 넘어 사회 모든 분야에 지속적 참여 강조
의미	노인의 경제활동 강조로 생산에 중심을 둔 협소한 관점	성공적 노화의 기준 제시	생애과정의 안녕을 포괄하는 관점

출처: 임호, 오재환(2017).

그러므로 생산적 노화와 성공적 노화와 달리 '활동적 노화'는 개인 행복 증진을 위한 활동이 포함되어 있어 모든 노인이 대상이다. 개인의 역량 강화와 자발적 참여를 독려하는 것으로 단순히 노동시장 참여의 수준을 넘어 정치, 경제, 사회, 문화 등 다양한 영역에서의 활동에 지속해서 참여하는 것을 의미한다(Walker, 2006).

활동적 노화를 위한 정책 패러다임은 개별 국가가 지니는 다양성이 인정되는 측면에서 적합한 최선의 전략을 모색하고 있다. 앞으로 노년기에도 주도적인 역할을 하며 성장해 나갈 수 있도록 사회적 환경이 조성되고 교육의 기회가 제공됨으로써 노령사회에 걸맞게 기여하기 위해 노인교육이 해야 할 역할이 크다.

제2절 노인 학습자 평생교육의 범위

1. 노화와 노인에 대한 이해

1) 인지적 특성

인지 기능은 노화에 따른 신경세포의 감소에 수반하여 그 변화가 관찰됨에 따라 노화와 인지 기능은 서로 밀접한 관련이 있다(Friedman, Das, & O'Connor, 2012).

인지는 깨닫고, 생각하고, 추리하고 판단하는 모든 형태의 지적 활동을 말한다. 인지 능력은 뇌의 기능에 의존하며 주의 집중력(Attention & Concentration), 언어 및 관계 능력(Language & Related function), 운동 능력(Motor function), 학습과 기억 능력(Learning & Memory function), 전두엽 관리 능력(Frontal executive function), 성격과 감성 능력(Personality & Emotional function)으로 구분지을 수 있다. 노인의 학습 능력은 순발력이 요구되는 것일수록 기능 저하가 뚜렷하며 순발력이 필요 없는 인지 수행 능력은 75세까지 기능이 잘 유지되는 것으로 알려졌고 언어지능은 보통 80세까지, 동작 지능은 보통 60세까지 잘 유지되는 것으로 보고 있다(하동원 · 이창조, 2010).

성인의 지능과 관련하여 널리 알려진 견해로, 카텔과 혼(Cattell & Horn, 1980)은 인간의 지능이 유동성 지능(fluid intelligence)과 결정성 지능(crystalized intelligence)이라는 두 개의 요인에 의해 결정된다는 점을 밝혔다. 새로운 지식과 정보를 습득하고 암기하는데 필요한 유동성 지능은 성인 전기부터 이미 쇠퇴하기 시작한다. 유동성 지능은 뇌 신경의 성숙과 함께 발달하며. 뇌세포의 손상과 쇠퇴와 함께 감퇴하는 지능으로 14세쯤에 절정을 보이다가 20세 이후가 되면서 낮아지는 것으로 알려져 있다. 그러나 유동성 지능은 유전적 요인에 의해 결정되는 지적 능력을 말하는 것으로 알려졌지만 유동성 지능도 학습으로 변화할 수 있다고 밝힌 바 있다.

결정성 지능은 후천적인 경험과 훈련, 학습과 문화 등에 의해 습득되는 지능을 말한다. 결정성 지능은 성인기 이후에도 계속 상승하는 지능으로 알려져 있다. 노년기에 유동성 지능이 쇠퇴하는 것은 사실이지만 결정성 지능은 70대에도 안정적이라고 강조한다. 지능이 노년에 이르러서도 안정적이라는 것은 노인들도 배우고 익히는 과정의 반복을 통해 지능의 쇠퇴를 어느 정도 늦출 수 있다는 의미다. 실제로 노년기에는 뇌세포 간 연결되는 신경회로의 연결망이 증가함으로써 뇌세포의 감소를 보완하게 되는데 이러한 인지적 특성들로 노년기에도 적절한 자극을 통해 인지 기능을 유지하거나 향상할 수 있게 된다(Friedman, Das, & O'Connor, 2012). 이로써 노인 인지 능력의 저하를 학습으로 완화할 수 있다는 메시지를 노인 평생교육에 제공하는 것으로 파악할 수 있다.

2) 심리적 특성

노년기에는 노화로 인하여 자신의 상황과 환경에 대해서 적응하지 못할 가능성이 높다. 심리적 기능은 신체적 기능이 현저하게 감퇴하는 것으로 인해 불안, 고독, 의존성 등 정서적 문제가 증가하는 특성을 가진다. 그러므로 노인이 특유의 신체적, 심리적, 사회적 변화로 인해 심리적, 정서적으로 어려움을 겪고 성격적 특성이 나타난다고 보는 게 일반적이다.

노화에 따른 고립감은 우리 사회 노인 문제의 핵심이라고 할 수 있다. 사회적 고립은 신체적·정신적 건강의 위험요인으로 지적됐다. 고립감을 느끼는 노인들은 사회적 역할 상실로 인해 설 자리를 잃은 절박한 상황에서 생존을 위해, 또는 상실감으로 생기는 분노로 인해 범죄를 일으킬 가능성이 있다. 노인 고립감은 범죄의 원인이 될 뿐만 아니라 노인 우울감으로 연결되어 심각한 사회문제인 노인 자살로까지 이어지고 있기 때문이다.

2019년 법무부 자료에 따르면 65세 이상 고령 범죄자가 최근 10년간 전체 범죄자수 대비 7%, 168,528명으로 나타났다(뉴스1, 2020). 이것은 10년 전보다 2배 이상 증가한 수치다. 따라서 노인 중심의 여러 가지 사회문제를 해결하고 노인의 성공적 노화를 위해서는 노인들이 고립감에서 벗어날 수 있도록 돕는 것이 필요하다.

3) 욕구와 가치관 변화

노인들은 기본적인 생존보다 건강과 안락한 삶은 물론 자기 계발과 자아성취를 위한 고차원적인 다양한 욕구를 가지게 된다. 건강 욕구와 배움의 지식 욕구가 전반적으로 증가하고 있다. 특히 베이비 붐 세대인 1946년에서 1964년 사이에 태어난 사람들의 집단은 자신의 삶을 적극적으로 이끌고 싶은 열망을 가진 것으로 파악된다. 이전 세대보다 고등교육을 받아 풍요와 자율성의 요구가 더 높고 독립적이고 만족스러운 삶을 노년에 이르게 하려는 욕구가 높아 노화 과정에 대한 호기심과 전반적인 건강과 웰빙에 관심 또한 많다(Morgan & Kunkel, 2016). 따라서 미래의 노인들은 교양과 문화, 철학 등 노년 평생교육에 대한 욕구가 더 커질 것으로 예상한다.

개인적인 관심의 증가에 비해 사회적으로는 경로사상 붕괴, 부양의식 희박으로 인해 노년은 이모작의 인생을 살기 위한 학습과 노력이 더 필요한 나이다. 그럼에도 불구하고 노인들이 경제활동 참여로 자립하고 학습을 통해 취약계층을 대상으로 봉사활동과 사회에 공헌하는 등 변화의 잠재력은 노년 평생교육을 가능하게 하는 밑바탕으로 작용하게 될 것이다.

2. 퇴직에 대한 접근

1) 퇴직 준비와 재취업

직무에서 떠나는 퇴직은 직업을 상실하는 것과 더불어 그동안 누려왔던 사회적, 경제적 지위뿐만 아니라 인간관계 및 사회활동의 범위가 크게 변함을 의미한다. 퇴직교육의 학문적 관심은 퇴직 이후의 시기에 대한 의미가 확대되면서 노년학과 성인교육학 분야로부터 비롯되었다. 그러므로 자신의 퇴직 후의 삶과 노년의 변화에 대응함으로써 노년의 삶에 충실할 수 있도록 하기 위한 구체적인 평생교육적 노력의 하나가 퇴직 준비 교육이라고 할 수 있다(한정란, 2015).

노인들의 재취업을 위해서는 해결해야 할 과제를 개선하는 것이 시급하다. 특히 법적 제도적 과제로 고용대책이 마련되어 있지 않은 것은 큰 문제다. 은퇴가 급증하는 베이비 붐 세대들은 취업 직종과 형태가 다양하지 못하고 사회적 환경 변화에 따른 직업훈련이나 적응훈련 프로그램 시스템이 일원화되지 않아 개인에게 맞는 취업 상담이나 알선 등이 원활히 이루어지지 않고 있다. 정년 없는 삶을 위해 평생교육 차원의 접근이 필요한 실정이다.

개인들도 재취업에 성공하기 위해서 과거의 직무와 대우를 비교하며 예전의 향수에 대한 생각을 버려야 할 필요가 있다. 재취업은 이전과 다른 상황임을 인식하여 나이와 체면 등을 내려놓고 재취업을 위해 갖춰야 할 것을 준비하는 자세가 요구된다. 자신이 가장 잘 할 수 있는 기술과 비법은 성공 요인을 높인다. 새롭게 배우는 것이라면 적성에 맞는지도 중요하다.

취업 시장에서 고령자들은 젊은 세대와 경쟁하기보다 직업교육 등을 통해 자신의 능력을 향상하여 조언자와 자문가로서의 역할을 함께 수행하는 것이 세대 갈등을 줄이고 여생을 활동적으로 살아가는 방법이기도 하다.

2) 은퇴 없는 삶

고령화로 노년층 인구가 갈수록 늘고 있어 은퇴 뒤에도 고단한 삶을 이어가는 이들이 많다. 은퇴 없는 인생이란, 은퇴했지만 다시 일하는 것을 말한다. 김정진(2016)은 은퇴 없는 반퇴 시대가 등장했다는 표현을 사용했다. 이제 노인들은 은퇴하고 싶어도 할 수 없고, 집에서 쉬고 싶어도 쉴 수가 없다. 이쯤 되면 노년의 삶이 무겁게 다가온다. 우리나라 노인들의 노동 참여는 세계 최고 수준이고 은퇴라는 단어는 또 다른 시작을 예고하는 것으로 일을 그만둔다는 말은 무의미하게 되었다.

은퇴 후의 교육은 인생을 살아가는 데 필요한 정보와 기술을 습득할 수 있는 학습을 가능하게 한다. 특히 노후에도 정년 없는 100세를 위한 행복한 노후를 보낼 수 있는 프로그램들에 대한 정보 제공은 노년의 생활안정과 여가선용을 통해 유익한 인생을 사는 데 영향을 미친다.

사례

올해 71세가 된 K 씨는 지하철로 물건을 배달하는 택배 일을 한다. 택배를 받아 하루에 왕복 서너 시간을 오가며 일하고 한 달에 받는 돈은 60만 원 정도다. 그러나 이것마저 없으면 생활비가 턱없이 부족하므로 일을 그만둘 수 없다. 노인이 된 자신이 생활비를 해결하지 못해도 도와줄 사람이 없어 절박한 심정으로 일한다고 한다. 주변에 있는 친구들 모두 은퇴 후에도 일하고 있지만 벌이는 시원치 않다. 급여가 높은 일을 하고 싶어도 일자리 또한 많지 않은 까닭에 그만두면 다른 일을 잡는 게 어려워 힘들어도 참는다.

노후 대비를 하지 못한 탓에 국가에서 지급하는 기초노령연금과 아르바이트 수입으로 생계를 유지하고 있다. 좀 더 젊었을 때 노후의 삶에 대해 들었더라면 이 정도는 아니었을 것이라며 후회한다고 말했지만 어쩔 수 없는 일이라며 체념했다. 젊은이들도 직업이 없어서 노는 마당에 노인이 할 수 있는 일이라도 꾸준히 있었으면 좋겠다는 바람을 가졌다.

많은 수의 노인들이 힘겨운 노년을 보내고 있지만, 모든 노인이 힘든 삶을 사는 것은 아니다. 수많은 슈퍼 시니어가 탄생하고 있다. 슈퍼 시니어란 건강을 유지하며 일상을 활력 있게 사는 노인들을 말한다. 노년에 자신이 좋아하는 일을 하면서 건강을 유지하고 이보다 더 행복한 삶은 없다며 노래하는 이들도 있다. 코앞으로 다가온 초고령사회를 행복하게 살기 위해 열심히 운동하고 일을 찾으며 노년을 준비하는 슈퍼 시니어들은 인간의 수명이 늘어나는 환경에 빠르게 적응하며 진화하고 있다. 자녀들이 독립하고 젊음을 바친 직장에서 은퇴한 이들은 다시금 공부에 전념하며 새로운 친구가 생기고 다시 사회적 존재로 거듭난다(김정진, 2017). 이제 노년을 위한 공부는 다양한 삶을 경험하는 세상으로 나가는 문을 열어주는 역할을 하게 될 것이다.

3. 죽음 준비

세계보건기구(WHO)는 죽음을 '소생할 수 없는 삶의 영원한 종말'이라고 하였고, 코르(Corr, 2013)는 단순히 죽음의 상태나 상황을 의미하기보다 죽어가는 과정과 사건으로서의 영향 등을 포함하는 것이라고 정의하고 있다. 이에 따라 죽음 교육(death education)은 죽음과 관련된 지식, 기술, 태도를 학습하는 과정으로서 죽음과 그 과정, 사별이 포함된다.

죽음 교육은 1990년대에 이르러 사회복지학, 심리학 등 다양한 학문적 관점에서 접근하게 되었다 2006년 웰빙(well-being) 열풍에 이어 웰다잉(well-dying)에 대한 관심이 확산하기 시작한 사회적 분위기에 영향을 받아 노인을 대상으로 한 죽음 준비교육을 실시하는 기관이 늘어나고 있다(김순분, 이재모. 2022). 죽음 준비를 잘하고 대비하는 것이 노년기의 자아 통합을 성취하고 한 인간으로서 완성된 삶을 가능케 하는 핵심으로 보았다. 우리나라도 죽음에 대한 논의가 확대되어 가는 추세다. 이는 죽음 준비 프로그램을 시행하는 기관의 수가 많아지는 것에서 유추가 가능하다.

에릭슨은 노년기에 해결해야 할 심리·사회적 발달 위기를 자아통합감(ego integrity) 대 절망(despair)이라고 했다. 노년기에 달성할 자아통합감을 자신이 살아온 인생을 수용하고 두려움 없이 죽음에 직면할 수 있는 능력으로 정의하는 것처럼 자아 통합은 노인의 심리적 안정과 적응에 필수적인 발달과제라 할 수 있다. 따라서 성공적인 노화로 선행되는 필연적 요인이다.

죽음 준비교육은 죽음의 과정과 죽음의 현상을 다루는 형식적, 제도적 프로그램을 제공하는 것으로(Warren, 2014) 죽음에 대한 이해를 높여 죽음 불안을 감소시키고 죽음에 대한 심리적, 정신적 적응력을 향상해 남은 인생을 보다 안정되게 살 수 있도록 도와주는 것을 목표로 한다(Corr, 2013).

죽음 준비 교육 프로그램이 단순히 죽음 불안과 우울을 감소시키는 것이 아니라, 더 나아가 삶의 질을 향상하는데도 긍정적인 영향을 줌으로써 삶의 의미와 목적을 생각하게 하여 궁극적으로 삶의 질을 높여 준다(오혜진, 2020). 노인을 대상으로 죽음 준비교육이 이전보다 더 필요하다 하겠다.

제3절 노인 평생교육 이점과 시사점

1. 성공적 노화를 촉진하는 평생학습의 7가지 이점

노년기에 지식을 업데이트하면 생활 방식, 소비문화, 질병에 대한 태도 및 일부 기능 상실을 대체할 수 있는 새로운 가치 체계가 생긴다. 종종 더 실용적이고 새로운 삶의 시대에 적응하고 다른 세대와의 대화를 지향하기도 한다. 의사소통과 새로운 지식 습득은 은퇴 연령의 노인들이 독립적으로 생활하고 스트레스를 덜 받는 능력을 일깨우는 훈련이 된다. 그 과정에서 지속적인 동기 부여는 자기실현의 새로운 측면을 가능하게 한다. 새로운 삶의 조건에 적응하는 능력을 개발하는 데 있어서 노년층의 교육은 매우 중요하다.

노인들은 학습을 중단하기에 늦은 나이가 아니다. 연속적인 학습은 노인에게 광범위하고 지속적인 건강 혜택을 제공한다. 로와 칸(Row & Kahn, 1997)은 성공적 노화(Successful Aging) 이론을 통해 사회참여가 가지는 중요한 측면으로 대인관계의 회복과 의미 있는 생산적 활동을 제시하였다. 이 이론에 의하면 활동적인 사회참여를 하는 노인은 정서적, 신체적인 자극으로 인해 인지적이며 신체적인 기능까지도 긍정적 영향을 받게 된다. 평생학습의 이점에는 다음과 같은 것이 있다(https://chartwell.com).

- 학습을 통한 정신적 탄력성과 대처 능력이 향상된다는 점이다. 댈하우지 대학교(Dalhousie University, 캐나다)에 따르면 학습을 통해 두뇌를 운동하면 정신적

탄력성과 도전에 대처하는 능력이 향상된다. 따라서 평생학습은 예비 인지력을 구축함으로써 노화 관련 뇌 변화에 더 탄력적으로 대응할 수 있다.

- 치매의 위험이 저하된다는 점이다. 매사추세츠 종합 병원 연구는 나중에 흥미롭고 즐거운 인지 활동에 참여하면 뇌 건강을 보호하고 치매 위험을 줄일 수 있다고 하였다.
- 새로운 친구를 만날 수 있다는 점이다. 수업 또는 프로그램에서 다른 사람들과 함께 배우는 것은 사회적, 정신적으로 자극이 된다. 사회적으로 활동적인 사람은 고립된 사람들보다 오래 살 가능성이 50% 더 높다고 의학 및 생명과학 종합저널 국제학술지 '플로스 메디신(PLOS: Public Library of Science Medicine)'이 보고했다.
- 책 읽는 것으로 인한 긴장이 완화된다는 점이다. 서식스 대학교(University of Sussex) 연구에 따르면 단 6분의 독서만으로도 심박 수를 늦추고 근육의 긴장을 완화하며 스트레스를 2/3 이상 줄일 수 있다고 하였다.
- 기분을 향상시킨다는 점이다. 산타클라라 대학 연구는 노년층의 여성과 남성이 평생학습 참여 후 기분이 좋아졌고 우울함과 분노를 덜 느꼈다고 하였다.
- 자원봉사로 전반적인 건강을 개선하는 효과를 얻는다는 점이다. 일주일에 몇 시간씩 학교에서 아이들을 가르치면서 지식을 공유하고 새로운 것을 배우면 학교 조부모 프로그램 같은 지역에서의 활동을 수행할 수 있다. 토론토 대학 연구에 의하면 자원봉사는 우울증 감소하고 전반적인 건강 개선 및 수명 연장과 관련이 있어 건강이 개선될 수 있다.
- 더 길고 건강한 삶이 가능하다는 점이다. 높은 수준의 교육은 더 긴 수명과 더 건강한 행동과 관련이 있다고 하버드 의과 대학 연구에 보고되었다(https://chartwell.com).

2. 노인 평생교육의 시사점

노인교육의 접근성과 전문적 측면에서 시사점을 고려하고자 한다.

첫째, 노인교육의 접근성 확충이 필요하다. 노인교육은 과거보다 평생학습에 참여할 수 있는 인프라가 늘어났지만, 일정 수준 이상을 갖추었다고 볼 수 없는 실정이다. 더욱 많은 노년 세대가 평생교육에 참여할 수 있도록 하는 환경을 마련해야 한다. 고등교육에 대한 노인들의 욕구를 파악하고 현재 교육에 참여하지 않는 노인들의 접근성을 높이고, 평생교육의 정보를 제공하는 것은 참여의 기회를 증가시키는 데 도움이 된다.

사회복지관과 노인복지관은 노인의 교양 향상을 위한 프로그램과 레크레이션 활동을 지도하고 있다. 또한 한국성인교육협회가 대한노인회로 흡수되어 운영하는 노인 교실은 노인대학, 실버대학 등 다양한 명칭으로 불리며 노인교실 회원 대부분은 70~80대 연령층이다. 교육내용이 구분되어 있으나 실제로는 엄밀히 구분하기 어려울 만큼 편의에 따른 교육이 시행되는 형편이다. 대학 부설 평생교육원도 405개에 이르지만, 노인을 위한 교육은 0.4% 수준이다. 대학에서 실시하는 노인교육의 유형은 공개강좌 형태의 노년 교육, 외부 지원으로 시행하는 노년 교육 프로그램, 대학 평생교육원 자체에서 운영하는 노년 교육 프로그램으로 나눠진다. 노인들을 대상으로 하는 평생교육에 대한 정보 접근을 높이는 것이 필요한 실정이다.

둘째, 교육내용의 전문성 확보가 필요하다. 다양한 노년층의 참가가 확대되면서 능동적이며 참가자들의 기대를 반영한 눈높이에 적합한 프로그램 개발이 이루어져야 한다. 또한, 스마트 시대에 따라 컴퓨터와 인터넷 관련 기술과 스마트폰 및 디지털카메라 같은 기기 사용에 대한 수요도 늘었다. 노인층은 정보격차의 문제점을 가장 크게 겪을 가능성이 크다. 온라인 교육용 기기의 익숙한 사용은 학습에 대한 동기와 성취에 영향을 미칠 수 밖에 없다.

고령자들이 자기의 흥미와 적성에 어울리는 일반성인 프로그램에도 자유로이 참여할 뿐 아니라 그동안 배우고 익힌 것을 바탕으로 가르치는 사람이 되어 노인이 노인을 가르치거나 노인이 아이들 프로그램의 강사로 참여하는 것은 의미있는 일이다. 이들의 경험과 지혜는 소외계층을 돕고 삶의 가치를 되찾으며 노후를 보람있게 살아가게 할 수 있다. 외국의 경우 U3A(University of the Third Age)은 전 세계 평생학습인 세 번째 연령에 대한 지속적인 교육을 장려하는 기관이다. 은퇴하거나 반퇴한 노인에게 창의적인 비공식학습 기회를 제공한다. 대학 및 카페, 가정에서 학습 과정을 개최하며 요리, 예술, 스포츠, 철학 및 지리와 같은 광범위한 관심사를 다룬다(Rotoura Daily Post. 2016). U3A는 영국에서 시작해 각 지역에서 운영되고 있다. 교육과정을 스스로 만들어 운영하는 학습 협동조합(Learning Co-op)이라 할 수 있다. 누구나 회원이 될 수 있으며 다양한 교육 방법을 수용함으로써 누군가는 서비스를 제공하고 다른 누군가는 그 서비스를 소비하는 것이 아닌 모두 함께 참여해 서로 배우는 동시에 서로를 가르치는 순환적 학습의 장이다(박성희, 2019).

엘더호스텔(Elderhostel)의 전신으로 잘 알려진 로드 스콜라(Road Scholar)는 1975년부터 교육 여행의 선두주자였다. 개인 및 문화를 통해 전반적인 웰빙을 촉진하도록 설계된 여행을 제공한다. 여러 대륙에 걸쳐 참가자들이 손자와 함께 여행하고 배울 수 있는 세대 간 프로그램을 제공하는 것으로 유명하다(Road Scholar).

오아시스(OASIS: Older Adult Service and Information System)는 50세 이상의 성숙한 성인의 삶에 도전하고 풍요롭게 하도록 고안된 비영리 단체와 기업 간 컨소시엄 형태의 기관이다. 교육, 문화 건강 및 자원봉사 프로그램을 제공하여 지역사회 문제에서 독립적이고 활동할 기회를 제공하고 있다. 2005년에 연방 백화점(Federated Department Stores)이 인수하여 오아시스(OASIS) 프로그램을 물려받아 계속 지원하고 있다. 자원봉사활동은 오아시스(OASIS) 프로그램의 중요한 구성요소다. 많은 참가자가 노년층과 동료 리더십인 오팔(OPAL: Older Adult, Peer Leadership) 프로그램에 대한 교육을 받고 세대 간 활동을 돕는다(OASIS, 2017).

세퍼드 센터(Sepherd's center)는 우리나라의 종교단체와 비슷한 신앙 기반 자원봉사자가 운영하는 비영리 프로그램 제공 기관이다. 현재 21개 주에 75개 이상의 센터가 설립되어 있고 175,000명 이상의 노인을 섬기는 15,000명의 자원봉사자 네트워크로 구성되었다. 노인들이 자신의 지식, 재능, 기술 및 새로운 관심사를 동료들과 공유할 수 있는 환경을 제공하는 것이 프로그램의 목적이다(Manheimer, 2008).

시니어넷(SeniorNet)은 고령 학습자들의 컴퓨터 기반 정보, 커뮤니케이션 및 소프트웨어의 사용을 장려하기 위해 설립되었다. 그 후 240개가 넘는 시니어센터가 노인센터, 공공 도서관, 은퇴 후 학습센터(LLIS: Lifelong Learning Institutes) 등에 형성되었고 이 사이트는 다른 국가로 퍼져나갔다(Manheimer, 2008).

우리나라의 경우에도 다양하게 노인들이 학습을 통해 자아성취와 지역사회 발전에 이바지함으로써 지속적인 평생학습문화 확산에 도움이 되도록 운영될 필요가 있다.

연구문제

1. 노인 평생교육이 발전하는 기술적 사회적 환경에 대해 검토해 봅시다.

2. 노인 평생교육이 필요한 이유를 사례를 읽고 설명해 봅시다.

> "올해 70세가 된 김 노인은 노후 대비를 하지 못한 탓에 국가에서 지급하는 기초노령연금과 아르바이트 수입으로 생계를 유지하고 있다. 좀 더 젊었을 때 노후의 삶에 대해 들었더라면 이 정도는 아니었을 것이라며 후회한다고 말했지만 어쩔 수 없는 일이라며 체념했다. 젊은이들도 직업이 없어서 노는 마당에 우리가 할 수 있는 일이라도 꾸준히 있었으면 좋겠다는 바람을 가졌다."

3. 활동적 노화를 생산적 노화와 성공적 노화와 비교해 설명해 봅시다.

4. 노인의 심리적 특징에 기반해서 세대 간 갈등 해소 방법을 검토해 봅시다.

5. 성공적 노화를 위한 노인 평생학습의 이점을 설명해 봅시다.

CHAPTER 08

장애인 평생교육

제1절 장애인의 인권과 평생교육

1. 장애의 뉴패러다임

모든 인간은 태어날 때부터 자유롭고, 존엄성과 권리에 있어서 평등하고(세계인권선언 제1조), 모든 국민은 인간으로서의 존엄과 가치를 가지며, 행복을 추구할 권리를 가진다(헌법 제10조). 장애인은 미성숙한 존재로 통제와 보호의 대상이었으나, 불안전하지만 자율과 참여와 책임을 강조하는 자기결정권을 갖는 주체, 즉 양육의 관점에서 자기결정의 관점으로 인권패러다임이 바뀌었다.

모든 장애인에게는 인간으로서의 존엄성을 존중받아야 할 천부적인 권리가 있으며, 장애의 원인과 특징과 정도에 관계없이 동일한 연령의 일반 시민과 마찬가지로 기본적 권리(the same fundamental rights as their fellow - citizens of the same age), 즉 무엇보다도 먼저 품위 있는 생활을 정상적으로 최대한 누릴 수 있는 권리가 있다(UN 장애인권리선언 제3조, 1975). 이는 국가·사회의 구성원으로서 정치·경제·사회·문화, 그 밖의 모든 분야의 활동에 참여할 권리와 장애인 관련 정책결정과정에 우선적으로 참여할 권리가 있음(장애인복지법 제4조)을 뒷받침하는데, 자기결정권과 선택권을 갖는 장애인 당사자주의를 의미하는 것으로 권리보장을 위해서 평생교육 분야에 시사하는 바가 크다. 내가 사는 집에서 지역공동체를 중심으로 돌봄을 받아 자립생활로 주체적인 삶을 영위하기 위해서 장애 유형이나 장애 정도를 이유로 배제되지 않는 복지 분야와의 협력(Partnership)이 필요하다.

이를 위해 국가와 지방자치단체는 사회통합의 이념에 따라 장애인이 연령·능력·장애의 종류 및 정도에 따라 충분히 교육받을 수 있도록 교육 내용과 방법을 개선하는 등 필요한 정책과 전문 진로교육 제도를 강구하여야 하며, 모든 교육기관은 교육 대상인 장애인의 입학과 수학(修學) 등에 편리하도록 장애의 종류와 정도에 맞추어 시설을 정비하거나 그 밖에 필요한 조치를 강구하여야 한다(장애인복지법 제20조).

노선옥(2018) 국가장애인 평생교육진흥센터장은 "장애인이 행복한 나라가 복지국가다. 제 소원은 우리 센터가 없어도 될 만큼 장애인지원이 잘 되는 것"이라고 하였다.

2. 장애인 평생교육의 개념

장애인 평생교육은 요람에서 무덤까지의 교육의 수직적 통합과 가정교육, 학교교육, 사회교육의 수평적 통합 교육으로 보는 광의의 정의를 받아들여 교육의 자기실현과 종합성, 보편성, 연계성, 융통성, 다양성, 자율성을 특징으로 하는 의도적이고 조직적인 모든 교육활동이라 정의할 수 있다(국립특수교육원, 2001; 정동영 · 정동일 · 정인숙, 2001; 위선민, 2019).

2007년 제정된 특수교육법은 장애인 평생교육을 학교형태의 장애인 평생교육시설에 한정하여 문해교육 위주로 제한된 영역이었으나 2016년 평생교육법을 개정하여 장애인 평생교육으로 옮겨오면서 장애인 관련 법령에만 명시된 제한된 분야가 아닌 일반 평생교육 체계로 확장하였다.

장애인 평생교육은 장애성인을 대상으로 지역사회에서의 삶의 질을 증진하는 것을 목적으로 하는 교육활동이다. 비장애인과 함께 교육받는 통합교육 뿐만 아니라 장애유형과 정도의 차이를 고려한 분리교육까지도 욕구에 따라 선택할 수 있어야 하는 것이다(이지수, 2019).

3. 장애인 평생학습자의 이해

성공적인 평생교육을 위해서는 우선 학습자의 이해가 선행되어야 한다. 성인의 학습은 페다고지가 아닌 안드라고지로 학습자의 경험에 기반하여 문제해결을 위한 학습으로 자기주도성을 갖는다. 장애인 학습자는 장애의 유형과 정도가 다양하고, 복잡하고 특수한 교육적 요구를 갖고 있기 때문에 학습대상자인 장애인을 이해하는 것이 중요하다.

1) 장애의 개념

장애인복지법 제2조에 의하면, "장애인은 신체적 · 정신적 상태로 오랫동안 일상생활이나 사회생활에 상당한 제약을 받는 자로서 대통령령으로 정하는 장애의 종류 및 기준에 해당하는 자"로 정의하고 있다.

발달장애인은 통상적으로 지적장애인과 자폐성장애인을 일컫는다.

장애인복지법에 따른 장애유형 분류는 표 8-1과 같다.

표 8-1 장애인복지법에 따른 장애유형 분류

<table>
<tr><th>대분류</th><th>중분류</th><th>소분류</th><th colspan="2">세분류</th></tr>
<tr><td rowspan="12">신체적 장애</td><td rowspan="6">외부 신체 기능의 장애</td><td>지체장애</td><td colspan="2">절단장애, 관절장애, 지체기능장애, 변형 등의 장애</td></tr>
<tr><td>뇌병변장애</td><td colspan="2">중추신경의 손상으로 인한 복합적인 장애</td></tr>
<tr><td>시각장애</td><td colspan="2">시력장애, 시야결손장애</td></tr>
<tr><td>청각장애</td><td colspan="2">청력장애, 평형기능장애</td></tr>
<tr><td>언어장애</td><td colspan="2">언어장애, 음성장애, 구어장애</td></tr>
<tr><td>안면장애</td><td colspan="2">안면부의 추상, 함몰, 비후 등 변형으로 인한 장애</td></tr>
<tr><td rowspan="6">내부 기관의 장애</td><td>신장장애</td><td colspan="2">투석치료 중이거나 신장을 이식받은 경우</td></tr>
<tr><td>심장장애</td><td colspan="2">일상생활이 현저히 제한되는 심장기능 이상</td></tr>
<tr><td>간장애</td><td colspan="2">일상생활이 현저히 제한되는 만성·중증의 간기능 이상</td></tr>
<tr><td>호흡기장애</td><td colspan="2">일상생활이 현저히 제한되는 만성·중증의 호흡기 기능 이상</td></tr>
<tr><td>장루·요루장애</td><td colspan="2">일상생활이 현저히 제한되는 장루·요루</td></tr>
<tr><td>뇌전증장애</td><td colspan="2">일상생활이 현저히 제한되는 만성·중증의 뇌전증</td></tr>
<tr><td rowspan="3">정신적 장애</td><td colspan="2">정신장애</td><td colspan="2">정신분열병, 분열형 정동장애, 양극성 정동장애, 반복성 우울 장애</td></tr>
<tr><td colspan="2">지적장애</td><td>지능지수가 70 이하인 경우</td><td rowspan="2">발달장애</td></tr>
<tr><td colspan="2">자폐성장애</td><td>소아자폐 등 자폐성 장애</td></tr>
</table>

출처: 한국보건사회연구원(2020) 재구성.

2) 장애인 학습자 현황

장애성인의 평생교육 규모를 파악하기 위하여 장애인 인구 현황을 살펴보면 표 8-2와 같다.

2021년 말 우리나라의 등록 장애인 인구수는 2,645천 명이며, 총인구의 5.1%를 차지한다.

표 8-2 2021 유형별 및 연령별 등록 장애인수 (단위: 천 명)

계	지체	시각	언어청각	지적	뇌병변	자폐	정신	신장	심장	호흡기	간	안면	장루요루	뇌전증
2,645	1,191	252	435	222	248	34	104	102	5	12	14	3	16	7

계	장애 아동 (20세 미만)	장애 성인 (20세 ~ 65세 미만)	장애 노인 (65세 이상)
2,645	92 (3.5%)	1,196 (45.2%)	1,357(51.3%)

출처: e-나라지표(2023).

장애인은 장애유형별로 특수성을 지니므로 이를 고려한 유형별 맞춤형 평생교육프로그램 개발 및 운영이 필요하다. 아울러 장애인 가구 중 국민기초생활수급은 생계급여 19.1%, 의료급여 25%, 주거급여 14.7%, 교육급여 1.8%(한국보건사회연구원, 2020)를 차지하므로 장애인의 경제적 여건에 대한 고려도 필요하다.

3) 장애인복지의 이념과 평생교육의 이념

장애인복지의 기본이념은 장애인의 완전한 사회 참여와 평등을 통하여 사회통합을 이루는 데에 있으며(장애인복지법 제3조), 평생교육의 이념은 모든 국민은 평생교육의 기회를 균등하게 보장받으며, 평생교육은 학습자의 자유로운 참여와 자발적인 학습을 기초로 이루어져야 한다(평생교육법 제4조).

제2절 복지사회에서의 장애인 평생교육

1. 장애인 복지와 평생교육

UN장애인권리협약(CRPD) 제24조에는 "당사국은 장애인이 차별 없고 다른 사람과 동등하게 일반적인 고등교육, 직업훈련, 성인교육 및 평생교육에 접근할 수 있도록 보장한다. 이를 위하여 당사국은 장애인에 대하여 합리적인 편의 제공을 보장한다"고 규정하고 있다. 아울러 보건복지부는 '장애인의 자립생활이 이루어지는 포용사회, 장애인과 비장애인의 삶의 격차 완화'라는 슬로건의 제5차 장애인정책종합계획 정책비전(2018~2022)과 제2차 사회보장기본계획(2019~2022) 안에도 장애인의 평생교육을 담고 있다.

교육부의 장애인 평생교육 활성화 방안(2020~2022)은 국민 단 한명도 차별받지 않고 함께 잘 사는 사회, 장애인의 인권과 복지가 보장되는 포용사회('18.9.11.) 실현을 위한 실천 전략과 장애인의 사회통합 실현을 위한 제5차 특수교육발전 5개년 계획(2018~2022)의 장애인 평생교육 지원기반 구축 등 과제 세부 추진 방안을 마련하고자 장애 친화적 평생학습 환경 구축을 위한 '장애인평생학습도시' 조성, 장애인 문해교육 교육과정 신설 및 학력인정 체제 구축, 장애인 평생교육을 보다 체계적이고 지속적으로 지원하기 위해 교육부, 복지부, 고용부 등 관계부처 및 유관기관 중앙상설협의체 구성 등이 방안으로 제시되었다(교육부, 2019).

또한, '모두가 존중받는 국가책임 맞춤형 특수교육 실현'을 위한 제6차 특수교육 5개년 계획(2023~2027)은 장애인 평생학습도시의 확대 등 장애인의 고등평생교육 기회 확대를 위해 장애인평생학습도시 확대(현재 32개에서 100개), 평생교육바우처 지원, 장애인 평생교육 참여 확대를 담고 있다(교육부, 2023).

발달장애인 권리보장 및 지원에 관한 법률 제26조(평생교육 지원)는 발달장애인의 평생교육 지원에 관하여 규정하고 있으며, 교육부장관이 보건복지부 장관과 협의하도록 명문화하였다.

이상에서 살펴보았듯이 장애인의 균등한 평생교육의 기회 보장과 완전한 사회참여와 평등을 통하여 사회통합을 이루는 기본이념을 실현하고자 장애인복지와 장애인 평생교육은 본질적으로 그 궤를 같이 한다(임경미 외, 2019).

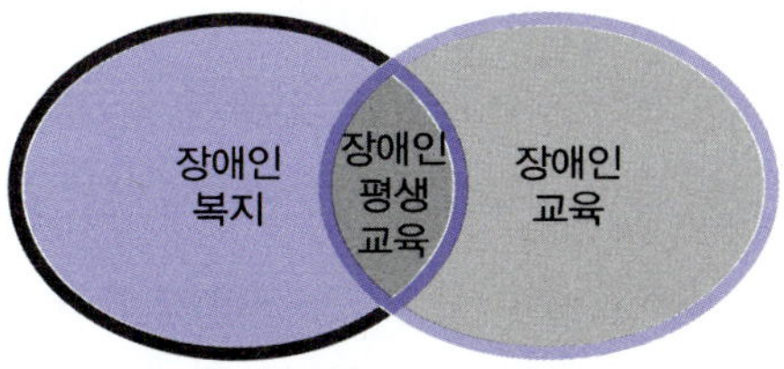

그림 8-1 장애인 복지와 장애인 평생교육

2. 장애인 평생교육 법령 고찰

장애인 평생교육은 2007년 이전에는 법령에 근거하지 않은 민간 차원의 자생적 평생교육으로 비제도권 시기였다. 이후 2015년까지는 2007년 특수교육법을 제정하여 학교형태의 평생교육시설로 야학을 지원하였고, 일반평생교육기관 내에서 프로그램을 운영했던 제도화 준비 시기였다. 2016년 5월 29일 평생교육법을 개정하여 다양한 형태의 장애인 평생교육을 실시하게 되었다[그림 8-2].

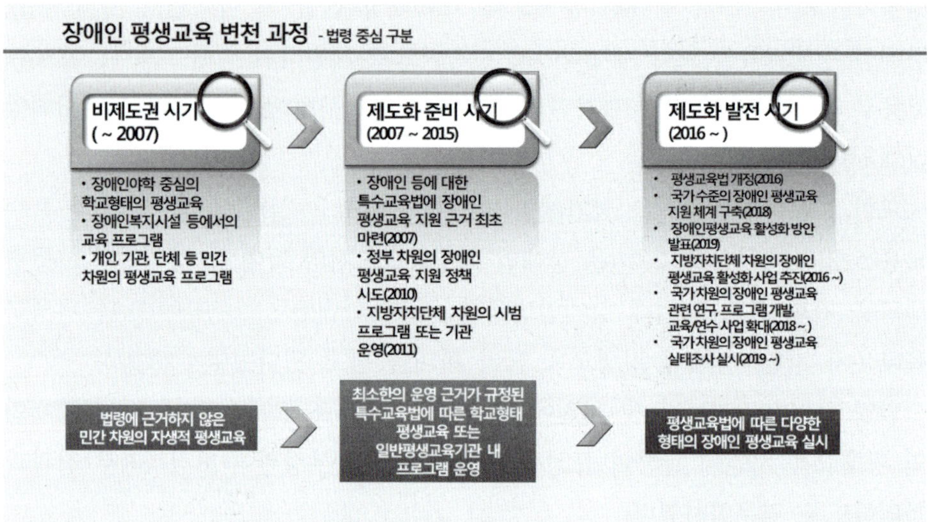

그림 8-2 장애인 평생교육 변천과정

출처: 김기룡(2020).

법 개정으로 제19조의2(국가장애인평생교육진흥센터), 제20조의2(장애인평생교육시설 등의 설치), 제21조의2(장애인 평생교육과정)이 신설되었으며, 최근 단독법령으로 장애인 평생교육법을 제정하려는 움직임이 있다.

그 외에도 장애인 평생교육권과 관련한 법률은 헌법, 장애인복지법(1989 전부개정), 장애인·노인·임산부 등의 편의증진 보장에 관한 법률(1997), 장애인 등에 대한 특수교육법(2007), 장애인 차별금지 및 권리구제 등에 관한 법률(2007), 발달장애인 권리보장 및 지원에 관한 법률(2014), 한국수화 언어법(2016), 지능정보화 기본법(2020 전부개정) 등이 있다.

아울러 지방자원에서는 지자체와 교육청 등에서 평생교육 관련 조례를 제정·시행중이거나 추진 중에 있어 조속히 완비가 필요하다.

3. 장애인 평생교육 현황

1) 장애인 평생교육 현황

평생교육은 모두를 위한(For All) 것으로 언제, 어디서, 누구나 배우고 싶은 것을 배워서 나를 성장시키고 지역을 변화시킨다. 그러나 장애인 평생교육은 언제 어디서, 누구나에 많은 제약이 있다. 우선 이동에 상당한 제약이 있기 때문에 일반 평생교육 시설에 접근성이 낮고 장애인 평생교육 인프라가 부족하다.

따라서 장애인의 평생교육 참여기회가 제한적이며 참여율도 낮다(참여 경험이 없다는 응답이 99.1%, 한국보건사회연구원, 2020).

장애인의 평생교육은 장애인복지관, 장애인야학, 전공과, 발달장애인 평생교육센터 등에서 실시되고 있다. 장애인복지시설인 장애인복지관과 학교형태의 평생교육시설인 장애인야학이 쌍두마차를 이루는데, 장애인복지관에서는 문화예술교육(60.1%)이, 장애인야학에서는 학력보완교육(32.3%)이 가장 많은 비중을 차지했다(김두영, 2013).

2) 장애인 평생학습도시사업(교육부)

교육부는 장애인 평생교육 활성화 방안(2020~2022)에 의거 지역중심 장애인 역량개발 지원 및 평생교육 활성화 기반조성을 위해 장애인 평생학습도시를 2020년 공모를 통해 지역별 특화 프로그램 운영과 장애인 접근권 강화에 중점을 두어 5개 도시를 지정하였는데, 세부내역은 표 8-3과 같다.

표 8-3 2020 최초 장애인 평생학습도시 현황

도시명	사 업 명	비 고
경기 광명시	장애유형별 평생학습형 일자리사업	국고 15억 지원
경기 오산시	이동 문제로 교육에 참여하지 못하는 학습자를 위한 찾아가는 '러닝메이트(Learning Mate)'	
부산광역시	비장애인 대상 '장애 인식 개선 교육' 및 '장애인인식개선지도사 자격취득과정' 운영	

도시명	사 업 명	비 고
전북 군산시	행복한 장애인 가족을 위한 '부모교육 및 상담 지원'	
충북 청주시	경로당, 공방, 아파트 등 '마을 곳곳에서 열리는 장애인 평생학습 프로그램' 운영	

아울러 장애인 평생학습도시는 2021. 6. 8. 개정된 평생교육법 제15조의2(장애인 평생학습도시)에 근거가 마련되어 향후 더욱 활성화될 전망이다.

3) 성인 발달장애인 주간활동 서비스 제도(보건복지부)

주간활동 서비스로 달라지는 발달장애인 가족의 일상(사례)

- (도입 전) 20세 지적장애 1급인 아들 A군과 사는 엄마 B씨는 일하러 나와서도 하루 종일 방에만 있을 아들을 생각하면 마음이 불편하다. 아들 A군은 학교 졸업 후 갈 곳이 없어 매일 집에서 컴퓨터 게임만 하다 보니 식욕조절이 어려워 점점 체중도 는다. 온순했던 아들이 짜증도 심해지는 것 같아 이러다 아들을 집에서 돌보지 못하게 될까 엄마는 날로 걱정이다.
- (도입 후) A군은 동네에 새로 생긴 주간활동 제공기관에 다니며 매일 밖에서 볼링도 치고, 노래도 배우고 다양한 프로그램에 참여하면서 즐겁게 낮 시간을 보낸다. 친구도 사귀게 되면서 예전처럼 성격도 밝아지고 건강한 생활습관을 익히게 되어 엄마도 걱정을 덜고 일할 수 있게 되었다.

출처: 보건복지부(2019).

발달장애인 주간활동 서비스는 시범사업을 거쳐 2019년 3월부터 보건복지부에서 추진하는 복지 서비스로서, 발달장애인이 지역사회의 다양한 기관이나 장소를 이용하여 동료이용자와 함께 낮 시간(주간)을 보내는 바우처사업이다. 가구의 소득·재산 유무와 관계없이 만 18세 이상 64세 이하 장애인복지법상의 발달장애인을 대상으로 하며, 프로그램은 학습형(기초교육, 정보화교육, 자립적응교육), 취미형(생태활동, 예술활동, 동호회활동), 체육형(생활체육활동, 특수체육활동), 직업형(직업체험활동)으로 분류된다(보건복지부, 2017).

장애인 평생교육 측면에서 보는 장애인 주간활동 서비스 프로그램 분석 및 인식조사 연구결과, 학습형은 기초문해교육 25.8%, 인문교양교육 0.7%로 총 26.4%로 나타났다. 취미형은 문화예술교육 26.5%, 인문교양교육 11.9%로 총 38.4%를 차지한다. 체육형은 문화예술교육 여가스포츠 28.1%, 직업형은 직업

능력향상교육 7.1%를 차지한다. 학력보완교육이나 시민참여교육 프로그램은 없는 것으로 나타났다. 장애인 평생교육에 대해 모르는 경우가 많았으며, 프로그램을 진행하면서 알게 되었다는 복지사들이 많았다(김선민, 2019). 주간활동 서비스는 보건복지부에서 추진하는 복지제도이지만 평생교육의 일환이므로 보다 전문성이 높은 수요자 중심의 맞춤형 프로그램 개발에 역점을 두어야 할 것이다.

4) 장애인 평생교육의 문제점

교육부(2019)의 '장애인 평생교육 활성화 방안(2020~2022)'에 의하면 장애인 평생교육은 다음과 같은 문제점을 가지고 있다. 첫째, 참여율이 저조하고 접근성이 미약하다. 평생교육기관의 운영 프로그램 대부분이 비장애인 위주이며, 접근성이 약해 장애인 평생교육 참여율은 낮다('11년 이후 전체 성인의 평생교육 참여율이 평균 약 44.5%인데 비해 장애인 평생교육 참여율은 10배 낮은 평균 약 4.8%임). 둘째, 장애인에게 적합한 평생교육 프로그램이 부족이다. 비장애인에 비해 장애인 운영프로그램이 다양하지 않으며, 장애유형과 장애정도를 고려한 프로그램이 부족하다(최근 5년간 전체성인 평생교육 프로그램 수는 평균 212,330개인데 비해 장애인 평생교육 프로그램 수는 580개로 0.3%에 불과). 셋째, 장애인의 문해교육에 대한 맞춤형 지원이 부족하다. 저학력·비문해 성인문해교육 프로그램을 지원하고 있으나, 장애인맞춤형 문해교육 교육과정 등 장애인의 문해교육에 대한 지원은 미흡하다. 전국 장애인 인구의 절반이 넘는 장애인이 중졸 이하로 학력소외 현상이 심각하나, 문해교육학습자는 '18년 2,028명에 불과하다. 장애유형을 고려한 문해교육 프로그램을 통한 학력인정 체제 마련이 시급하다. 넷째, 장애인 평생교육에 대한 지원체계가 미비하다. 국가장애인평생교육진흥센터 설립으로 국가단위 장애인 평생교육 전담조직이 구성된 반면, 지자체는 기존 평생교육이나 장애인 업무 부서에서 담당하고 있다. 다섯째, 장애인 평생교육의 체계적 관리가 미흡하다. 특수교육실태조사 및 통계조사는 주로 학령기 학생이나 일반성인 대상 등으로 실시되고 있다.

4. 장애인 평생교육 추진 체계

2016년 평생교육법 개정으로 2018년 5월 국립특수교육원 내에 국가장애인 평생교육진흥센터를 개소하였고, 시·도, 시·군·구, 평생학습센터와 장애인복지관, 장애인야학 등에서 장애인 평생교육을 실시하고 있으며, 일선 지자체에서 발 빠르게 대응하고 있다. 평생학습의 1번지 광명시의 경우 2018년 9월 27일 전국 최초로 시(市) 직영 장애인 평생학습센터를 설립하였다. 서울시 25개 구와 인천 서구, 울산광역시는 발달장애인 평생학습센터를 설치하였고, 장애인 평생교육기관이 확대되는 추세이다. 장애인 평생교육 추진 체계는 그림 8-3과 같다.

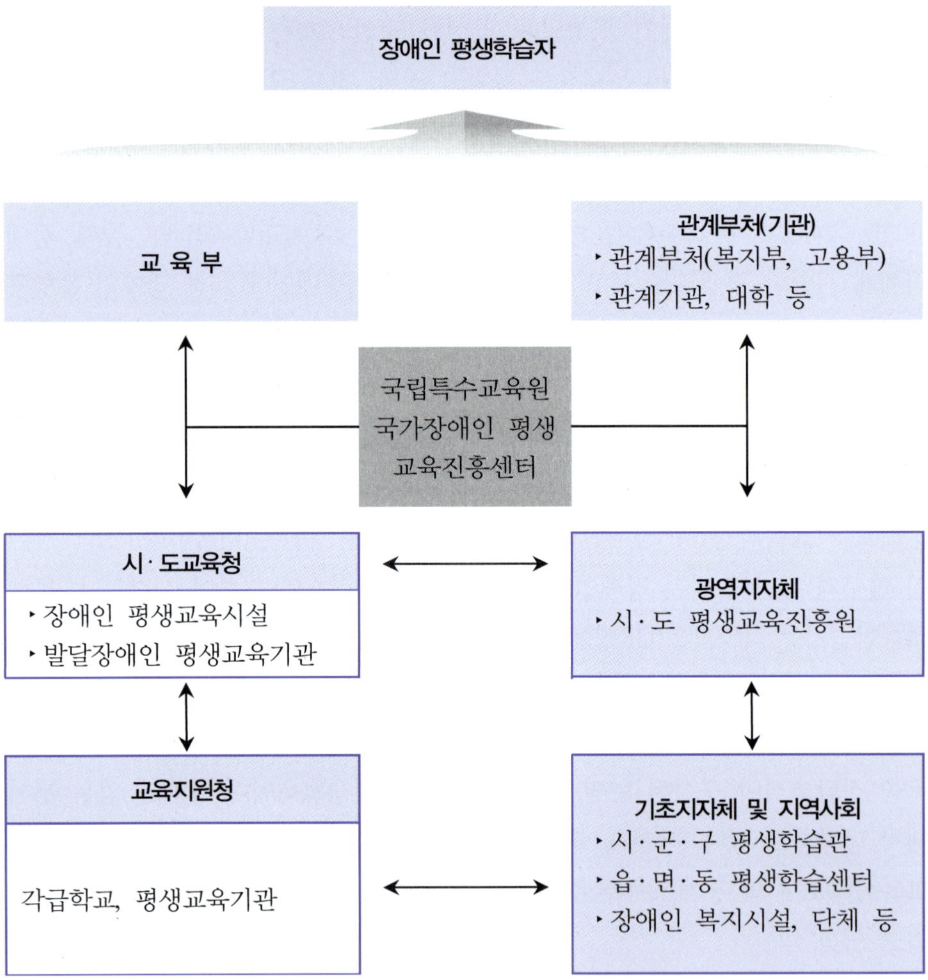

그림 8-3 장애인 평생교육 추진 체계

출처: 교육부(2019).

장애인 평생교육 추진을 위한 국가와 지자체의 역할은 표 8-4와 같다.

표 8-4 국가와 지자체의 역할

구분	역할
국가(국가장애인 평생교육진흥센터)	장애인 평생교육 진흥 시행계획 수립, 행정기구, 전담·지원기구, 심의·협의기구 간 유기적인 지원체제 구축
시·도 (평생교육진흥원)	시·도 장애인 평생교육 진흥 계획 수립, 지역 내 유관기관 간 협의회 활성화, 장애인 평생교육시설 확충·운영
시·도교육청	장애인 평생교육시설 설치·운영 및 등록관리, 시설기준 고시, 발달장애인 평생교육기관 지정 및 관리
각급 학교장, 평생교육기관	장애인 평생교육과정 설치·운영
읍·면·동 평생학습센터	장애인 평생교육 프로그램 운영 및 상담

출처: 교육부(2019).

국가장애인평생교육진흥센터는 장애인 평생교육 전달체계의 핵심 국가기관이자 국내 최고의 허브 기관이다. 장애인 평생교육을 선도하기 위하여 인적·물적 자원 확보와 인프라 구축, 협치에 기반한 운영 지원 체계의 구축으로 민주적 운영을 위한 시스템을 갖추어야 하며, 지역사회와의 다양한 협력 체계 마련으로 장애인 평생교육의 저변을 확대해 나가야 한다. 발전방안에 나타난 연도별 추진 전략 및 비전은 그림 8-4와 같다.

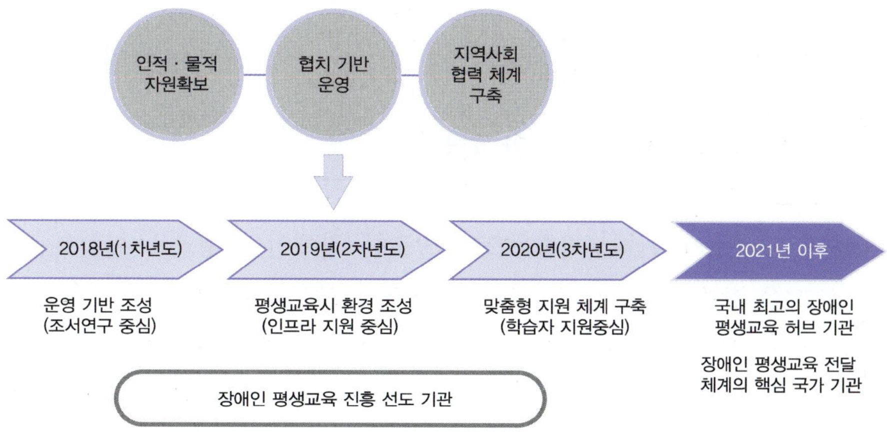

그림 8-4 국가장애인 평생교육진흥센터의 연도별 추진 전략 및 비전

출처: 국립특수교육원(2018).

발달장애인 평생교육센터의 발전방안은 첫째, 고유한 기능을 수행하기 위해 인적 지원체계의 변화와 개선이 필요하다. 둘째, 효과적인 운영을 위해 물리적 환경에 대한 최소기준이 재정비되어야 한다. 셋째, 발달장애인의 자립을 위해 명확한 지침에 따른 센터의 기능정립이 필요하다(양인숙 외, 2020).

평생교육 강화를 위해 장애인복지관은 첫째, 평생교육 담당자 대부분은 사회복지사로서 평생교육적 소양이 부족하기 때문에 전문성을 함양하기 위한 교육과 연수기회가 필요하다. 장애인복지관 내에 평생교육팀이 존재함에도 평생교육사나 관련 자격증 미소지가 배치되어 있는 현실이다. 둘째, 통합 평생교육 프로그램이 확대되어야 하며, 성격에 따라서 통합과 분리를 조정하여 운영해야 한다. 셋째, 국가와 지자체 재정적 지원의 확대가 절실하다. 넷째, 장애인 평생교육 강사의 양성과 파견 및 인력풀을 갖출 필요가 있다. 다섯째, 장애 유형과 정도를 고려한 맞춤형 평생교육 프로그램의 개발과 보급이 필요하다(김두영 외, 2018).

장애인야학은 교·강사의 전문성 확보가 필요하다. 장애인야학 학습자들은 교사의 전문성 결여로 인해 교육방법에 대해 만족도가 낮은 문제를 안고 있다. 따라서 국가장애인평생교육진흥센터에서는 시설 근무자나 교·강사를 대상으로 보다 체계적인 교육과 연수가 필요하다(김미아, 2016).

제3절 장애인 평생교육 실천

1. 장애인 평생교육 활성화 방안 고찰

2019년 교육부가 관계부처합동으로 발표한 장애인 평생교육 활성화 방안(2020~2022)은 장애인의 인권과 복지가 보장되는 포용복지국가의 국정철학을 실현하고, 국가 및 지방자치단체의 임무(평생교육법 제5조)와 발달장애인 평생교육 지원(발달장애인 권리보장 및 지원에 관한 법률 제26조)에 관한 국가책무에 대한 성실한 이행, 장애인의 지역사회 참여 역량을 개발하여 모두가 함께 성장할 수 있는 장애 친화적 평생학습 여건을 마련을 추진배경으로 하고 있다.

교육-복지-고용이 유기적으로 연계되는 종합서비스 제공을 위해 교육부(국가장애인평생교육진흥센터) – 보건복지부(한국장애인개발원) – 고용노동부(한국장애인고용공단) 등 정부와 산하기관 간 협의회를 운영하였다. 범정부적 공동 추진 협의체를 활성화하고 광역지자체의 지원협의체 구성·운영으로 강사와 시설 프로그램을 공유하고 공동프로그램을 개발하여 평생교육의 균등한 기회와 맞춤형 평생교육을 제공하여 장애인복지의 기본이념인 장애인의 완전한 사회 참여와 평등을 통하여 사회통합을 이루어야 할 것이며, 지원 추진체계(안)은 그림 8-5와 같다.

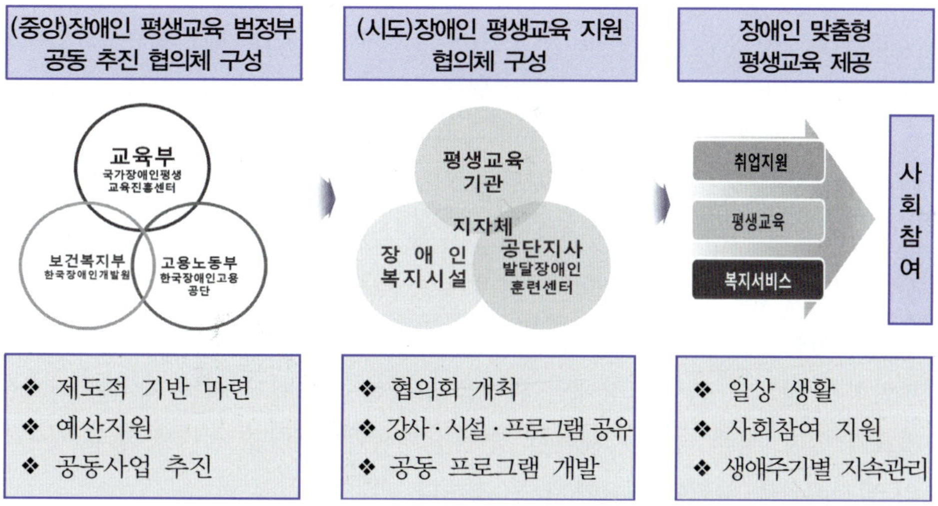

구분	교육부 국가장애인 평생교육진흥센터	보건복지부 한국장애인개발원	고용노동부 한국장애인고용공단
역할	제도 마련, 종사자 연수, 프로그램 개발 및 보급	평생교육 프로그램 운영, 복지 서비스, 복지일자리사업 지원 – 발달장애인지원센터	평생교육 프로그램 운영, 평생교육학습자 대상 취업알선, 상담 – 발달장애인훈련센터

그림 8-5 장애인 평생교육 지원 추진체계(안)

출처: 교육부(2019).

장애인 평생교육의 실천과제는 다음과 같다(홍경숙, 2018).

첫째, 실효성을 위해 장애인 평생교육 예산이 확대되어야 한다.

둘째, 공급자가 아닌 수요자 중심의 평생교육 서비스를 제공해야 한다.

셋째, 평생교육기관의 접근성 보장을 위해 시설과 설비가 확충되어야 한다.

넷째, 전문성을 가진 평생교육인력 배치가 필요하다.

1) 경기도 광명시 장애인 평생학습센터의 전망(광명시, 2021)

광명시는 2018년 9월 27일 전국 최초로 시(市) 직영 장애인 평생학습센터를 설립하였고 2021년 1월 21일 중장기발전계획을 수립하였는데, 중요 내용은 다음과 같다. 첫째, 장애인 평생학습의 중추적 역할을 담당할 장애인 평생학습센터의 현재 역할에 대한 점검과 재수립이 요구된다. 둘째, 관내 장애인 관련 단체가 10여 개 있는데 그들의 현실적 요구를 수렴하고 논의하는 장치가 부재한 상태에서 장애인 평생학습센터가 기관 중심 단위 프로그램을 개발하고 학습자를 모객하는 것은 센터 설립 취지와 맞지 않을 뿐더러 장애학습자의 환경에도 부합하지 않으니 도시의 장애인 환경을 고려한 네트워크 지원 체계를 강화할 필요가 있다. 향후 타 지자체에서 장애인 평생학습센터를 설립할 경우 광명시의 발전계획을 참고할 필요가 있을 것이다.

2. 장애인 평생교육 사례

1) 학력보완교육을 통한 장애 여성의 탈수급

정도가 심한 장애 여성이 야학을 통하여 평생교육 6영역 중의 학력보완교육으로 중고등과정 학력을 취득하고 사이버대학을 졸업한 후 주체적인 삶을 살아가는 평생학습 사례를 소개한다. 사례자는 사회복지사로서 국민기초수급권을 포기하였는데, 자기 결정권이 갖는 평생교육적 의미를 상기할 필요가 있다.

어린 시절 뇌성마비와 가정불화로 인해 초등학교를 제대로 다니지 못한 채 가출 한 이후 가족과 단절된 채 40여 년을 고향을 떠나 혼자 살아온 사례자는 50대 초반까지 국민기초수급과 장애수당 등 국가의 지원으로 생계를 유지해 왔다. 의존적인 자신의 삶을 벗어나고자 지역의 야학에서 지자체에서 파견된 도우미의 도움을 받아 중학교 졸업자격 검정고시와 고등학교 졸업자격 검정고시에 2년에 걸쳐 합격을 한다. 공공도서관의 작은 매점을 수탁운영하게 되자, 수입도 따져보지 않고 국민기초수급권을 포기하는데, 혼자 사는 여성으로서 생활비를 줄여가며 살면 되지 않겠냐는 판단에서 내린 과감한 결정이었다. 평소 자신을 돌봐주는 사회복지사가 되어 남에게 도움을 주겠다는 일념으로 사이버 대학 복지경영학에 진학하여 원하던 전문학사와 사회복지사를 취득한다. 자신을 위하고 자신을 돌봐줬던 사람들과 그 사회를 위해서 남은 삶을 살아야겠다고 결심하고 사회복지공무원이 되기 위해서 공공도서관 모퉁이 작은 매점에서 공무원시험 준비에 매진하고 있다(임경미 외, 2019 일부 각색).

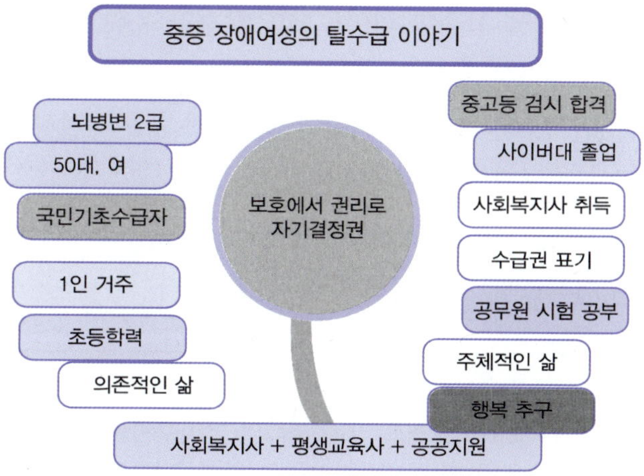

그림 8-6 **학력보완교육에 참여한 중증 장애여성의 탈수급**

출처: 임경미 외(2019).

2) 지역기반 언어 · 청각장애인의 평생교육

우리나라에는 30만 명이 넘는 언어·청각 장애인이 있다. 언어·청각 장애인의 60% 이상은 초등학교 졸업 이하의 저학력이다. 농인과 청인의 인지 능력은 차이가 없을 뿐만 아니라 지능이 낮지 않지만 다른 언어의 사용으로 인해 학업 성취도가 낮다.

2016년 2월 한국수화언어법의 제정으로 한국수어가 농인의 공용어임을 선언하고, 한국수어를 통해 농인들의 교육권, 언어권, 정보 접근권을 보장하고 있다(법 제2조). 따라서 음성언어인 한국어는 모어(母語)가 아니고 수어가 모어이기 때문에 평생교육은 한국수어로 진행되도록 강사 양성과 교육환경, 프로그램 등에 노력을 기울여야 한다. 수어통역센터는 수어통역사를 양성하고 평생학습관은 양성된 수어통역사를 평생교육 인력으로의 활용이 필요하다. 평생교육은 주로 장애인복지시설인 농아인복지관과 장애인복지단체인 (사)한국농아인협회에서 실시한다. (사)한국농아인협회는 시·도 협회와 시·군·구 지회를 두고 있으며, 장애인복지시설인 시·군·구 수어통역센터를 운영하는데, 수어통역센터는 수어통역 외에 수어교육, 문해교육 등의 역할을 담당한다. 서울시는 각 구별로 수화통역센터 내에 농아인 쉼터를 두어 평생교육과 복지향상에 힘쓰고 있다(임경미 외, 2019).

2019년 9월 24일 개소한 남양주시 농아인 쉼터는 청인들이 '귀동냥'을 하듯이 농인들의 '눈동냥'을 고려한 화이트보드 탁자와 유리 칸막이 등이 돋보인다. 이를 활용하여 남양주시 수어통역센터는 2020년 국가장애인평생교육진흥센터의 지원으로 농인 15명이 참여하여 '남양주 8경 농인해설사 양성과정'이라는 지역기반 장애인 평생교육을 실시하였다.

또한 남양주 8경을 수어로 만들고 농인들이 직접 소개하며 책으로 엮어낸 '남양주 8경 수어책 만들기' 프로그램도 운영하였다.

> '2020 경기 특성화 문화예술 교육 지원사업'에 선정돼 '남양주 8경 수어로 말해요'라는 주제로 '목소리를 보여드릴게요'라는 제목의 남양주시 수어책을 발간했다. 주된 목적은 문화예술교육을 통해 농인, 청인들과 함께 지역의 관광지 소개를 수어로 만들고 그 과정을 통해 농인, 청인들을 이해하며 농문화를 널리 알리고자 했다. 남양주시 '사암유스필오케스트라'(SYPO) 조성미 단장과 '사암날개 뮤지컬 컴퍼니' 정희윤 감독이 '서로 다름을 이해해 배려 있는 사회 만들기 프로젝트'라는 슬로건으로 발간해 화제가 되고 있다(열린뉴스통신, 2020.12.19.).

3) 발달장애성인의 직업 능력향상교육

발달장애성인 직업 능력향상교육 프로그램을 개발하여 성공적으로 운영 중인 사례를 살펴보는 것은 의미가 있다. 시흥시 평생교육원은 장애인보호작업장과 연계하여 '핸드폰케이스 디자이너 양성교육' 및 '수경재배 프로그램'을 운영하고, 핸드폰케이스 제작 및 상추 재배 수확물을 판매한다. 남양주시장애인복지관은 발달장애성인의 직업적응훈련 프로그램 '누릴터'를 운영한다.

발달장애인의 평생교육 활성화를 위해서는 장애인활동지원 제도를 평생교육 분야와 접목하는 다양한 연구가 시급하다.

연구문제

1. 장애인 평생교육이 평생교육법 개정으로 특수교육법에서 이관되었다. 유형별 장애성인을 위한 평생교육기관은 전담기관으로만 해야 하는지 논의해 봅시다.

2. 장애인 평생교육의 내실화를 위해 장애와 평생교육 두 분야에 대한 전문성을 갖춘 전문인력 확보가 필요하다. 전문인력 확보방안에 대해 설명해 봅시다.

3. 장애인 평생교육 참여율을 높이기 위한 방안은 무엇이 있는지 생각해 봅시다.

4. 장애인 평생교육 진흥을 위한 장애인복지관의 기능전환에 대해 설명해 봅시다.

5. 지역사회 기반 장애인 평생학습도시 발전방안에 대하여 설명해 봅시다.

CHAPTER 09

다문화 평생교육

제1절 국내 문화의 다양성

제2절 주요 이주 배경

제3절 다문화사회 모형 및 교육

제1절 국내 문화의 다양성

1. 외국인 주민 현황

우리나라는 1990년대 중반부터 외국인 배우자와의 결혼으로 국제결혼 이주여성이 증가하였다. 일자리를 찾아 유입하는 이주노동자와 북한이탈주민, 조선족에 이르는 해외 유입이 급속히 늘어나면서 외국인 주민이 220만 명이 넘었으나 2020년에 이어 2021년에도 감소세가 지속되어 최근에는 213만 명으로 전년대비 1%(21,848) 줄었다. 한국에 거주하는 장기체류 외국인은 국제결혼이나 근로, 유학 등의 이유로 빠르게 우리의 일상 속으로 스며들었다. 이러한 현상은 다양한 배경을 가진 사람들이 우리 사회의 구성원으로서 같은 공간에서 협력하며 살아야 하는 과제를 주었음을 의미한다.

대한민국에 새로 편입된 구성원은 외국 국적을 계속 유지하며 지내는 사람과 국적법에 따라 대한민국 국적을 취득한 사람들이다. 2021년 현재 우리나라 거주 외국인 주민 수는 2,134,569명이다(통계청, 2022). 이는 2006년 1.1%에서 약 4배가량 증가한 것으로 총인구의 4.1%에 해당한다. 국토 연구원(2019)은 그랜드비전 2050에서 국내 외국인 주민 수가 2050년에는 9.8%(409만 명)로 늘어나 인구 10명당 1명이 외국인이 될 것으로 전망하고 있다.

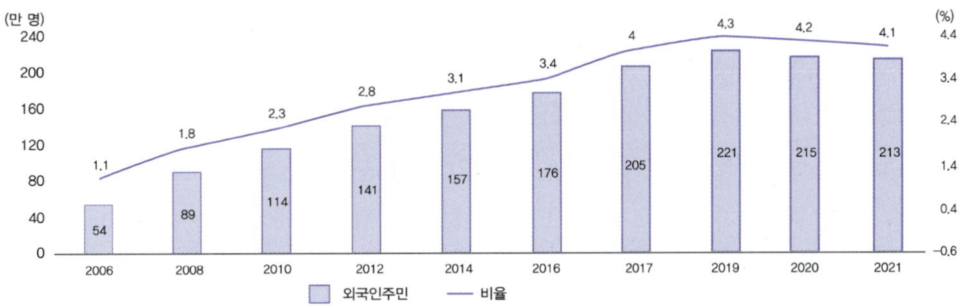

그림 9-1 외국인 주민 증가 추이

출처: 통계청(2022).

2022년 지방자치단체 외국인 주민 현황에 의하면 거주지별로는 경기(33.5%), 서울(20%), 인천(6.3%) 등 수도권에 외국인 주민의 60%가 집중적으로 거주하는 것으로 나타났다. 특히 국제결혼가정의 자녀들이 취학연령에 진입되면서 다문화가정 자녀는 급격히 증가하는 추세를 보인다.

대한민국 국적 취득자는 귀화(혼인귀화, 일반귀화), 입양, 결혼 이민자 및 국적 취득자의 자녀 8.4%, 외국인 주민 출생 자녀 11.4%이다(행정안전부, 2019). 반면 외국 국적자는 외국인 근로자, 외국 국적 동포, 국적 취득 이전의 결혼 이민자, 유학생, 기타 외국인으로 80.2%에 이른다. 외국인 근로자를 제외하고 모든 유형이 전년에 대비해 숫자가 증가하였다.

지역적으로 보면 안산시는 한국 국적이 아닌 사람이 가장 많이 사는 곳으로 유명한 지역이다. 이 지역에는 결혼 이민자(5,528)와 외국 국적 동포(21.556), 기타 외국인(25,802)이 다른 곳에 비해서 가장 많이 거주한다. 화성시에는 외국인 근로자(27,310) 유형이 가장 많이 거주하며 동대문구에는 유학생(9,443)이 많이 사는 것으로 집계되었다.

국내거주외국인의 연령은 20~30대가 54.1%를 차지한다. 유형별로 연령을 구분하면 외국인 근로자와 결혼 이민자는 30대가, 유학생은 20대가 그리고 외국 국적 동포는 60대의 비중이 가장 높다.

표 9-1 거주지역별 현황

경기	서울	인천	경남	충남	경북	부산	전남
714,497	426,743	134,714	123,074	124,492	98,197	72,361	66,871
전북	**대구**	**충북**	**강원**	**광주**	**대전**	**울산**	**제주**
60,684	51,140	73,529	37,230	41,181	33,078	34,800	32,643

출처: 행정안전부(2022).

주요 출신 국적별 현황으로는 중국인(한국계 중국인 포함)이 43.4%(716,146명)로 가장 많은 수를 차지하고 다음으로는 베트남(12.1%), 태국(9.6%), 우즈베키스탄(3.6%), 미국(3.5%), 필리핀(2.5%), 캄보디아(2.4%) 등 순이다.

표 9-2 주요 국적별 현황

중국(한국계)	베트남	중국	태국	우즈베키스탄	미국	필리핀	캄보디아
523,073명	200,265명	193,073명	158,567명	59,898명	57,815명	40,870명	40,415명
31.7%	12.1%	11.7%	9.6%	3.6%	3.5%	2.5%	2.4%

출처: 통계청(2022).

이들은 국내 정착 기간이 10년 이상 되는 비율의 증가로 언어와 문화 차이에 따른 격차는 점차 감소하고 있다. 장기간 국내에 거주하게 되면서 그림 9-2와 같이 언어 문제는 빠르게 줄어드는 양상을 보이지만 가정의 경제적 어려움은 급격히 증가하는 추세다. 더불어 자녀 양육과 편견, 차별 문제는 정착 기간에 비례해 높은 상태를 유지하는 것으로 나타났다.

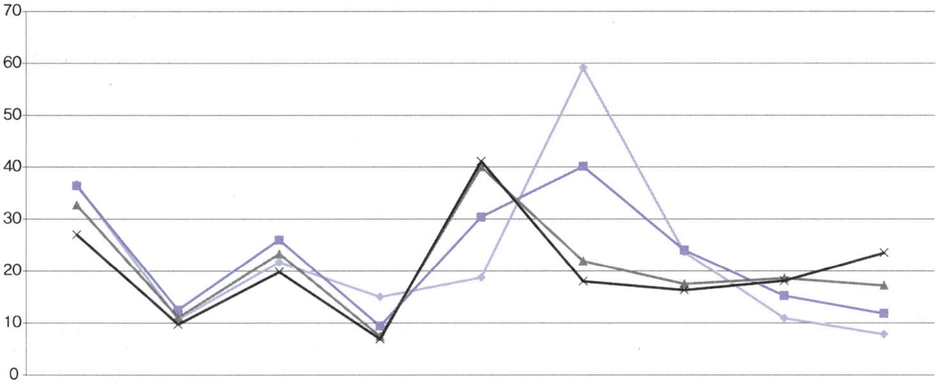

	외로움	가족 갈등	자녀 교육	은행, 구청 이용	경제 문제	언어 문제	문화 차이	편견 차별	어려움 없음
5년 미만	36.8	10.8	21.8	15.1	18.8	59.2	23.7	11	7.9
10년 미만	36.5	12.6	26.1	9.5	30.5	40.23	24.1	15.3	11.9
15년 미만	32.7	11	23.3	7.4	40	21.9	17.5	18.6	17.2
15년 이상	27	9.7	19.8	6.9	41.1	18	16.3	18.1	23.5

그림 9-2 거주기간별 한국 생활의 어려움

출처: 행정안전부(2019).

외국인 수가 차지하는 비중에 있어서 지역적 편차와 국적의 편차 또한 매우 심하다. 그리고 자녀 양육 문제와 차별 문제가 증가하는 상황에서 여러 유형의 다문화 가족이 지속해서 생겨날 것으로 예상된다. 이와 같은 변화는 유형에 따른 다문화교육에 대해 고민하게 할 뿐 아니라, 인간의 생애주기에 걸친 경험을 지역사회에서 재구성하는 과정을 반영하는 다문화 평생교육에도 영향을 미칠 수밖에 없다(김진희·윤한수, 2016).

2. 다문화 학생의 규모 및 특성

최근 5년간 우리나라의 전체 학생은 연평균 약 18만 명이 감소한 것에 비해 다문화 학생은 연간 1만 명 이상 증가하는 실정이다. 국내 교육기관에 재학 중인 다문화 학생 수는 전년 대비 8.6%(12,680) 증가한 160,058명으로 전체 학생의 3.0%를 차지한다(여성가족부, 2022). 이처럼 외국인이 우리 사회로의 유입 증가와 우리나라의 저출산 기조에 따라 상대적으로 다문화 학생 비율이 점차 높아지는 추세다. 실제로 학교에는 언어와 문화가 다른 배경의 학생들이 다양해지고 있다.

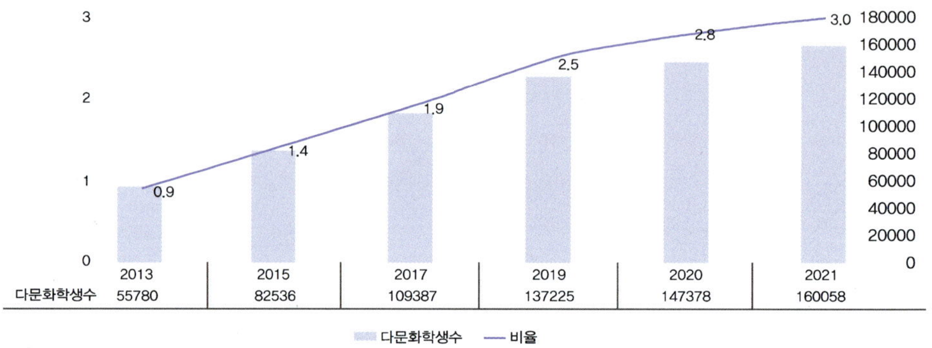

그림 9-3 **다문화 학생 수**

출처: 여성가족부(2022).

초등학교 111,371(69.6%), 중학교 33,950(21.2%), 고등학교 14,308(8.9%)명으로 학교의 다문화 비율은 계속해서 증가하고 있다는 것을 알 수 있다. 상급학교로 올라갈수록 취학률은 현저히 떨어지는 문제를 안고 있으나 학교 현장의 다문화 학생 교육에 있어 변화는 가속화될 전망이다(여성가족부, 2022).

다문화 학생 규모에는 국내 출신 다문화가정 자녀와 중도입국 자녀, 외국인가정 자녀를 포함한다. 결혼 이민자의 자녀가 성장하여 학령기에 진입함에 따라 초등학생의 비중이 높아졌고 전체 학생 대비 다문화 학생의 비중도 연속적으로 증가 추세에 있다. 중앙다문화교육센터(2019) 자료에 따르면 부모의 출신 국적별 다문화 학생 수는 베트남이 가장 높고 중국(한국계 제외), 필리핀, 중국(한국계), 일본, 기타 순이다.

표 9-3 출신 국가별 다문화 학생 수

국가	다문화 학생 수	비율
베트남	46,683	31.7
중국(한국계 제외)	34,885	23.7
필리핀	15,140	10.3
중국(한국계)	12,296	8.3
일본	8,686	5.9
기타	29,688	20.1
	태국, 몽골, 캄보디아, 말레이시아, 대만, 동남아시아, 서남아시아, 남부 아시아, 중앙아시아 인도, 인도네시아, 러시아, 우즈베키스탄, 미국, 중남미, 유럽, 아프리카, 오세아니아 등 포함	

출처: 중앙다문화교육센터(2019).

이들의 성장배경이 국내인 경우는 61%이다. 외국에서 주로 성장한 자녀의 비율도 15%에 이른다. 외국에서 성장한 자녀가 만 18세 이상이 되어 국내에 들어오는 중도입국 청소년의 비율이 69%다(중앙다문화교육센터, 2019). 이들은 외국에서 성장하기 때문에 국내에서 성장한 자녀와 달리 한국어 구사에 가장 애로를 겪는다. 또한, 심리적, 사회적 적응 면에서 한국에서 태어난 가정의 자녀들과는 특성이 다르다. 진학 및 학력 인정, 진로 및 취업에도 어려움이 따른다. 학교급이 높아질수록 다문화가정 자녀의 학업중단율은 전체 학생의 두 배가량 높다. 이들은 또래 관계에서 차별대우를 겪고 고민에 대한 상담 비율이 낮아 학교생활에 적응하는 데도 어려움을 겪는다.

3. 중도입국 청소년 이해

다문화가정의 자녀는 국제결혼가정 자녀, 외국인가정 자녀가 있으며, 출생지에 따라 한국 출생 자녀와 중도입국 자녀로 구분하고 있다. 북한이탈주민가정과 난민가정도 중도입국 자녀로 분류한다. 중도입국 자녀는 외국에서 태어나 성장하다가 부모의 재혼이나 근로 등으로 부모를 따라 입국한 경우다. 자녀가 부모와 함께 오는 것과 부모보다 나중에 오는 여부는 중요한 문제다. 외국에서 성장 후 나중에 입국하는 자녀들은 대체로 정서적 안정과 적응에 큰 영향을 받는다는 것과 한국어를 하지 못한다는 것이 공통적이다.

중도입국 자녀의 연령이 청소년의 범주에 있는 까닭에 중도입국 자녀를 중도입국 청소년이라고도 부른다. 중도입국 청소년은 이주 배경에 따라 다문화가족의 청소년과 그밖에 국내로 이주하여 사회 문화적응 및 언어학습 등에 지원이 필요한 청소년이다(청소년 복지 지원법 제18조). 중도입국 청소년의 유형으로는 ① 한국인과 재혼한 외국 여성이 재혼 전 자국인 사이에서 태어난 자녀를 한국으로 초청해서 함께 살게 된 자녀, ② 제3국에서 자라다가 입국한 북한이탈주민 자녀, ③ 외국인 근로자들이 장기체류가 가능해지면서 그들의 본국에 있는 가족을 동반해 입국한 자녀 ④ 재외동포의 19세 미만 자녀의 방문 동거를 할 수 있게 됨에 따라 입국한 자녀 등이다. 중도입국 다문화 청소년은 국제결혼가정 자녀 중에 19세 미만의 자녀로 한정(법무부)하며 본국에서 성장하다 나중에 한국에 입국한 25세 미만의 청소년으로 한정(여성가족부)하고 있다.

청소년의 이주 배경이 다양한 만큼 이들에게 적용되는 법 또한 다양하다. 법률에 따라 분류해보면 ① 다문화 가족 자녀는 다문화가족지원법(제2조 제1호)이, ② 외국인 근로자 가정 자녀는 외국인 근로자의 고용 등에 관한 법(제2조)이, ③ 탈북청소년은 북한이탈주민 보호 및 정착지원에 관한 법률(제24조2항), ④ 제3국 출생 북한이탈주민 자녀다. 북한이탈주민이 탈북 후 제3국에서 출생한 자녀로서 이들은 '북한이탈주민 보호 및 정착지원에 관한 법률'에 의한 보호 대상자로 분류되지 않는다.

다양한 배경의 중도입국 청소년은 부모의 결정으로 갑자기 이주하는 경우가 대부분으로 재구성된 가정도 안정적이지 못한 경우가 많다. 한국어를 빨리 배워야 하는 압박을 받지만, 공부를 따라갈 수 없어서 낮은 성취 수준에 머무른다. 본국의 학교와 달라 문화가 낯설고 입학한 학급의 동료 나이와 불일치는 학교 생활적응에도 부정적인 영향을 미친다. 청소년기 후반에 한국에 들어오는 경우가 많아서 청소년기 발달과제와 새로운 문화에 적응이라는 과제까지 수행해야 하는 이중의 어려움을 겪는다. 두려움에 학교를 다니지 못한 중도입국 자녀들이 많은 것이 그들만의 문제로 끝나지는 않는다는 사실이 다문화교육의 중요성을 부각시킨다.

표 9-4 중도입국 청소년 유형

다문화가정 유형	이주 배경 유형	중도입국 청소년
국제결혼가정	국내 출생	×
	한국인 해외 출생 중도입국	○
	외국인 자녀 중도입국	○
외국인 근로자가정	모국 출생 자녀 동반입국	○
	모국 출생 자녀 중도입국	○
	국내 출생 자녀	×
북한이탈주민가정	북한 출생 자녀	○
	제3국 출생 동반입국	○
	국내 출생 자녀	×
난민가정	모국 출생 동반입국	○
	모국 출생 중도입국	○
	국내 출생 자녀	×

제2절 주요 이주 배경

1. 국제결혼가정

국제결혼가정은 결혼 이민자와 대한민국 국적으로 이루어진 가족을 의미한다. 결혼 이민자는 대한민국 국민과 결혼한 적이 있거나 결혼 관계에 있는 외국인을 일컫는다. 2000년대 이후 국제결혼이 급증하면서 새로운 가족 형태를 형성하였다. 결혼 이민자의 성별로는 여성이 전체 결혼 이민자의 80% 정도를 차지하고 있다(행정안전부, 2018). 이주여성과 자녀에 대한 관심은 다문화 정책과 교육에 집중하는 계기가 되었다.

이들 가정은 한국인 아버지와 외국인 어머니로 구성된 초혼가정이 대부분으로 국내에서 출생과 성장이 이루어진 자녀는 사회 적응의 어려움이 다소 덜하다. 한국인인 부모가 자녀를 도울 수 있고 자연스레 문화를 습득하고 관계 형성도 자연스럽다. 이런 아이들은 본인이 한국 사람이라고 믿으며 성장하는 경우가 많다. 재혼가정일 경우는 좀 더 어려움이 많은 것으로 볼 수 있다. 재혼가정은 새로 구성된 가족으로 인해 세 가지 유형의 자녀로 분류된다. 원 가족인 한국인 자녀, 외국에서 데려온 자녀, 국제결혼으로 한국에서 출생한 자녀다.

국제결혼가정은 결혼이주여성과 다문화가정의 자녀에 대한 공통적인 어려움이 있다. 결혼이주여성은 한국사회의 문화적 차이와 의사소통문제로 오해가 확대되거나 가족 간 갈등, 자녀 양육방법과 교육에 대한 의견 충돌, 부부가족 간 갈등, 가정폭력, 학대 등이 있어도 이중언어가 가능한 전문상담의 부족으로 문제에 개입하거나 돕는 데 어려움을 경험하고 다문화가정의 자녀는 언어가 안 통하는 부모로 인해 겪는 어려움이 큰 경우가 생기기도 한다.

2. 외국인 근로자 가정

우리나라는 1993년 산업연수생이 체류 자격을 가지고 지정된 산업체에서 연수를 받는 것으로 시작해 2004년 고용허가제 수립 이후 합법적 근로자 지위로 제조업이나 3D 업종에서 인력부족 현상을 해결하기 위한 근로자의 유입이 급증하였다.

통계청(2022)에 의하면 외국인 취업자가 843천 명에 달한 가운데, 전년대비 1만 2천 명(-1.4%) 감소하고, 고용률은 64.8%로 전년대비 0.6%p 상승했다. 국적별로는 중국 국적 근로자가 37만9천 명으로 전체의 45%를 점유하는 등 가장 많았으며, 뒤를 이어 베트남 88천2백 명, 네팔 3만3천 명, 인도네시아 3만1천

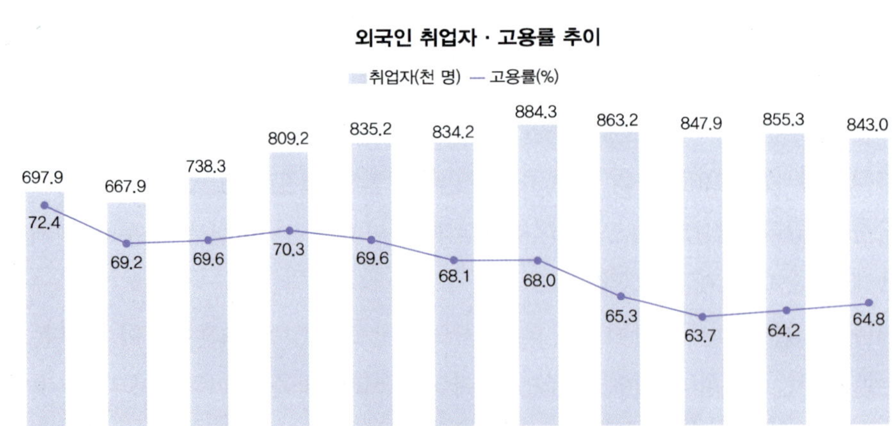

그림 9-4 외국인 취업자 수

출처: 통계청(2022).

명 순이다. 1인당 월평균 임금 300만원 미만 근로자 수는 감소한 반면 300만원 이상에서 전년대비 임금이 증가한 것으로 나타났다.

외국인 근로자는 외국인 근로자 고용에 관한 법률에서 대한민국 국적을 가지지 않은 사람으로서 정해진 사업장에서 근로를 제공하는 자로 정의하고 있다. 이들은 국내에서 장기 체류하거나 영구 정착으로 가정을 형성하기도 한다.

초·중등교육법 시행령 제19조에는 외국인 근로자가정의 자녀들이 의무교육인 중학교 과정까지 생활근거지와 인접한 학교에서 교육을 받을 수 있게 되어 있다. 하지만 불법체류 신분의 외국인 근로자들이 한국에서 결혼하여 태어난 경우, 출생신고를 하지 못해 외국인등록번호나 주민등록번호가 아예 없는 경우가 많아 교육이 잘 이루어지지 않는다. 받더라도 학교 부적응 발생빈도가 매우 높아 진로에도 어려움이 따른다. 이들은 국내에서 주민의 일원으로 제대로 자리 잡지 못하고 교육적, 사회적으로도 소외되는 일이 발생하고 있다. 여전히 불평등과 취약한 상태에 놓이는 경우가 많다.

3. 북한이탈주민

북한이탈주민은 우리와 동질성을 가진 집단이면서 한국의 새로운 환경에 적응해야 하는 이질적 존재이기도 하다. 북한에 주소와 직계가족, 배우자, 직장이 있는 사람이 북한을 탈출하여 외국 국적을 취득하지 않고 북한 이외의 지역에 체류하는 북한 주민을 북한이탈주민이라고 한다. 이전에는 탈북자, 귀순 용사, 새터민이란 용어로 불리었으나 2008년 북한이탈주민으로 부르게 되었다.

우리나라에 체류하는 북한이탈주민은 33,882명이다. 2000년대 이후 지속 증가하여 연간 입국 인원이 2019년까지 천 명대였으나, 현저하게 감소하여 2021년에는 63명 입국, 2022년에는 67명이 입국하였다. 이들이 한국에 입국하는 형태는 다양하다. 제3국으로 탈출해서 그곳에 정착해 살다가 오거나 다른 나라로 탈출 경로를 거쳐 한국에 입국한다. 성인 남성 중심의 입국에서 여성 중심으로 변화해 여성의 비율이 72%로 월등히 많다(통일부, 2022).

북한이탈주민이 탈북 후 제3국에서 출산한 자녀는 제3국 북한이탈주민 자녀라고 한다. 부모 중 한 명이 탈북 후 다른 나라 사람과 결혼으로 낳은 자녀로서 북한에 대해 전혀 아는 바가 없어도 제3국 북한 이탈 자녀다. 이들이 국내로 들어오면 북한이탈주민이 아니라 중도입국 다문화 청소년으로 분류된다.

이들 대부분은 서울, 경기, 인천 등 수도권에 64% 정도가 거주하고 있다(국가통계포털, 2022). 연고가 있거나 자녀와 자신의 교육과 일자리를 구하기 용이한 점 등이 수도권 거주 희망의 이유다.

이들은 하나원에서 생활하다 이후에 원하는 지역에서 새롭게 인생을 출발하게 되는데 한국 사회에 적응하는 데 많은 어려움을 느끼고 있다. 특히 자녀교육에서 어려움이 생기는 원인으로는 입국 경로를 거치는 과정에서 생기는 학습 공백이 가장 큰 것으로 지목되기도 한다.

북한이탈주민은 전문지식이 필요 없는 단순 노동과 일용직 아르바이트에 대부분 고용되고 고용 안정성도 낮다. 하지만 최근 경제활동 참가율은 지속해서 증가하며, 임시 및 일용근로자 비중도 감소하고 있어 고용 안정성이 개선되고 있는 추세이다. 북한이탈주민은 북한과 한국이 체제와 문화가 다르므로 재교육을 받아야 하는데, 단기간에 한국의 높은 교육 수준을 따라잡기에는 무리가 있고, 계속되는 한국사회의 취업난으로 인해 좋은 일자리를 구하기는 더욱 어렵다.

4. 난민

난민은 우리가 생활하는 지역에서 쉽게 만나는 사람은 아니지만, 다문화 이주 배경을 가진 사람들이다. 유엔난민기구에 의하면 난민이란 "인종, 종교, 국적, 특정사회집단의 구성원 신분 또는 정치적 의견을 이유로 박해를 받을 우려가 있다는 합리적인 근거가 있는 공포로 인하여, 자신의 국적국 밖에 있는 자로서, 국적국의 보호를 받을 수 없거나, 또는 그러한 공포로 인하여 국적국의 보호를 받는 것을 원하지 아니하는 자"를 말한다. 인도적 체류 허가는 난민 인정 사유에 해당하지는 않지만, 고문 등 비인도적인 처우로 생명이나 자유 등을 위협받을 수 있다고 인정할 근거가 있는 이에게 허가가 내려진다(연합뉴스, 2020).

우리나라는 1992년에 난민 협약과 난민 의정서에 가입했다. 민족의 관습이나 종교의 억압, 내전 등으로 모국으로 돌아가지 못하는 사람들이 난민 신청을 하고 있다. 난민 신청자 수가 급증한 것에 비해 우리나라에서 난민 인정자 수는 매우 적은 상태다. 난민 지위를 인정받으려면 외국인으로서 법무부장관에게 난민 신청을 해야 하는데, 2013년 난민법 시행을 기점으로 난민 신청 건수는 큰 폭으로 증가했다.

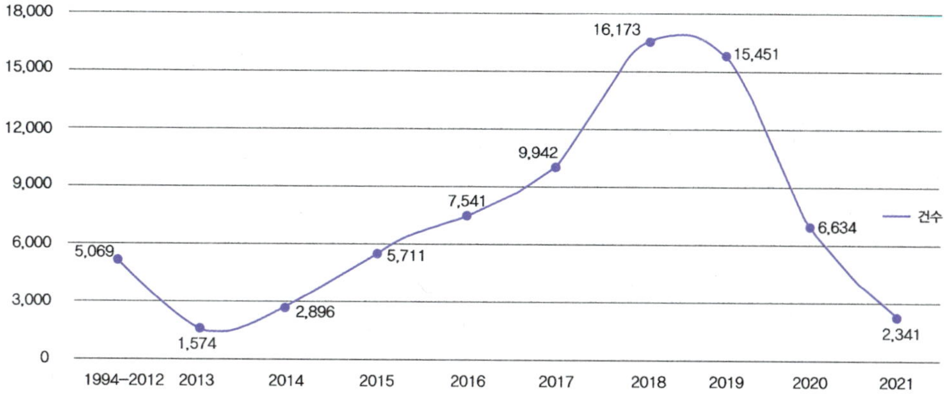

그림 9-5 연간 난민 신청 건수 추이

출처: 통일부(2022).

2021년 한 해 동안 2,341건의 난민 신청이 있었다. 그중 72건(3%)이 난민지위를 인정받았다(법무부, 2022). 1994년부터 지난해까지 난민 인정자 1,022명, 체류 허가 2,217명으로 한국에 머무는 난민은 3,239명이다.

지난해 난민 인정을 신청한 외국인 가운데 러시아 국적자 비율이 18.3%(2,829)로 가장 높고, 카자흐스탄(2,236), 중국(2,000), 말레이시아(1,438), 인도(959) 등이 뒤를 이었다. 하지만 우리나라 난민 인정률은 2021년 3.0%로 유엔난민기구가 집계한 세계 난민 인정률의 10%에 미치지 못할 정도로 매우 낮다(유엔난민기구, 2018).

난민 인정을 받았어도 이들의 생활은 불안정하다. 난민으로 인정받기까지 4~5년 이상의 시간이 걸리는 데다 취업이 불법이기 때문이다. 이들은 자녀의 출생등록이 남은 가족을 위험에 노출될 수 있는 상황이 되는 이유 등으로 대사관에 출생등록을 하지 않는 경우가 대부분으로 외국인 등록번호가 없는 무국적자가 된다. 난민가정의 아이들은 출생 증명서가 없거나 외국인 등록번호가 없어도 모두 의무교육을 받아야 한다. 난민가정 아이가 초등학교와 중학교교육의 대상임에도 불구하고 모르는 까닭에 학교를 보내지 않기도 한다. 이들은 취학통지를 받지 못해 학교에 입학하지 않아서 상위학교로의 진입이 어렵다.

5. 외국인 유학생

대학 캠퍼스에서는 낯선 언어를 듣는 것은 자연스러운 일처럼 느껴질 만큼 전 세계에서 온 많은 학생을 만난다. 우리나라는 고등교육법시행령에 따라 법제처 출입국 관리법 및 법무부 외국인정책과에 따르면, 외국인 유학생이란 유학 혹은 연수 활동을 목적으로 국내의 대학 및 대학원에 재학 중인 외국 국적을 가진 학생으로 정의한다(한형주·서은숙, 2020). 교육부(2022)에 따르면 외국인 유학생은 2015년부터 빠르게 늘어나서 2021년 16만 명이 넘었다. 학위과정 유학생 수는 124,803명으로 전년 대비 4.0%(4,785) 증가하였고 비학위과정은 42,089명이다.

전 세계 181개국에서 우리나라로 유학을 오고 있고 출신 국가 중 가장 많은 비중을 차지하는 나라는 중국으로 40.4%(67,439)이며, 베트남 22.7%(37,940), 우즈베키스탄 5.2%(8,608), 몽골 4.4%(7,348), 일본 3.4%(5,733) 순으로 아시아 국가 비율이 높다.

대학별로는 경희대에 가장 많은 유학생이 있고 고려대, 성균관대 순이다. 서울에만 6만 명이 넘는다(한겨레, 2019). 외국인 유학생 유치와 지원정책은 양적인 면에서 성장했지만, 역기능도 나타났다. 이주한 문화를 배우고 적응하는 과정에서 스트레스 경험과 유학 기간 동안 적응 여부는 개인 성취 목표와 미래의 삶에 영향을 줄 수 있다.

외국인 유학생의 가장 큰 문제는 언어와 학비다. 대부분 한국어로 수업이 이루어지기 때문에 언어장벽은 수강과 시험에 어려움을 초래한다. 수학 능력이 부족한 까닭에 대학 생활을 이어가지 못하고 학업을 중단하는 사례가 증가하고 있고, 언어 능력이 부족한 학생들에 대한 대학 여건이 마련되지 않아 문제가 되고 있다. 그뿐만 아니라 학비와 생활비로 경제적 어려움을 겪는 유학생이 늘면서 불법 취업 등의 위반 건수는 크게 늘어 대학에 대한 부정적 이미지로 남을 것이 우려된다. 한국에서 공부한 고급인력 유치, 역량 인증제를 도입하여 관리를 강화했으나 실제로는 공부를 마치고도 일자리 잡기가 어려운 실정이다.

베이커와 시리크(Baker & Siryk, 1984)는 개인의 내적 적응과 생활 환경 적응을 포함한 대학 생활에서의 적응해야 할 것을 4가지로 구분하고 있다. 첫째는 학업에 적응해야 한다. 둘째는 사회 적응이다. 셋째는 개인-정서적 적응이다. 넷째는 대학 환경 적응이다. 외국인 유학생은 공간만 이동한 것이 아니므로 자국에서 학문하기보다 한국에서의 유학 생활에 더 어려움을 겪는다. 대학 내에서 다양한 사람들과 대인관계를 확대하고, 학과의 행사나 동아리활동에 적극적으로 참여하고, 사회적 지지를 받을 수 있는 기회를 통해 적응력을 높이는 것이 필요하다.

외국인 주민의 양적인 확대와 다문화가 어우러지면서 인식변화와 함께 외국인 유치의 근본 이유를 돌아보고, 문화 포용력으로 다른 문화와 역사가 있는 외국인을 이해하려는 노력이 많아져야 한다.

제3절 다문화사회 모형 및 교육

1. 다문화사회 모형

다문화 사회가 이루어짐으로써 국가마다 문화적 배경이 다른 사람들에 대한 인식과 태도가 다르게 나타난다. 캐슬스와 밀러(Castles & Miller, 2003), 마르티니엘로(Martiniello, 2002) 등은 다문화 정책의 유형을 차별적 배제모형(differential exclusionary model), 동화모형(assimilation model), 다문화주의 모형(multi-cultural model)의 세 가지로 구분하는데 이중 차별적 배제모형과 동화모형은 문화적인 단일성을 중시하는 모형이라고 할 수 있다.

첫째, 차별적 배제모형은 국가가 특정 국가의 국민이나 기술인, 투자 외국인 등 엄격한 조건을 통과한 사람만 이민을 받아들이는 배타적인 이민정책이다. 자국 내 충당하기 어려운 일자리에 대해 제한된 범위의 이주민들에 한해 단기 취업자로 한시적 유입을 허가할 뿐 복지 및 다문화 정책을 실행하지 않는 등원치 않는 외국인의 정착을 차단하는 유형이다(김은미 외, 2009). 둘째, 동화모형은 이질적인 문화를 가진 출신 국가의 특성을 버리고, 이주 국가의 주류문화의 흐름에 일방적으로 흡수시키려는 사회통합정책으로서 사회에 순응적으로 편입되어 문화적으로 동질화되는 것이다. 미국이 표방한 용광로 정책(melting pot)은 대표적인 동화모형이다. 즉, 다양한 국가로부터 유입된 이주민들의 정체성을 포기하도록 요구하여 주류사회가 중심이 되는 용광로에서 상호 혼합된 단일한 성격의 국민으로 편입시키려 한다는 것이다. 이 과정에서 긴장과 갈등을 많은 문제를 유발하는 한계를 드러낸다. 셋째, 다문화주의 모형은 사회통합을 지향하기 위한 정책으로 이주민들의 문화적 다양성을 인정하고, 이들의 고유한 문화와 관습의 유지를 장려하며, 다양한 인종과 민족의 문화가 공존할 수 있게 하는 유형이다(김순양, 2013). 이러한 다문화주의를 다양한 재료가 어우러져 하나의 샐러드가 되는 것에 비유해 샐러드 볼(Salad Bowl) 모형이라고 한다. 이민자와 집단 내 소수자들의 차별을 거부하고 다양성을 존중하고, 나아가 그들의 문화와 권리를 인정하는 것을 포함하고 있다. 이민자로 형성된 국가에서 다문화주의 모형을 중심으로 나아가는 초기 단계의 정책이 실행되는 경우가 많다.

각각의 모형에 대한 정책을 비교하면 다음의 표 9-5와 같다.

표 9-5 다문화정책의 유형

	차별적 배제 모형	동화 모형	다문화주의 모형
국가 역할	규제	제한적 지원	지원
정책 목표	인종적 소수자의 배제 및 최소화	주류사회로의 동화	문화 다양성 인정 및 공존을 통한 사회 통합
이주민에 대한 관점	이방인, 노동력, 위험스러운 존재	통합의 대상, 완전한 동화를 전제로 인정	다양성의 원천, 상호 존중과 관용
문화적 지향	문화적 배제, 타문화의 이해를 위한 노력이 없음	문화적 동질화 추구, 타 문화에 대한 추상적 이해와 수용	문화적 이질성 존중, 다문화에 대한 인정과 보호
법적 수단	단속 및 추방	소극적인 수단으로 소수자 집단 차별방지의 법제화	제반권리를 허용, 소수자 집단 문화와 권리를 보호하는 적극적 수단의 법제화
갈등 해소방안	배제 및 사전 규제를 통한 갈등 방지	완전한 동화를 통한 사회갈등 해소	완전한 참여를 통한 갈등 해소
문제점	불법체류 단속 강화, 인권침해 문제	이주민 동화의 어려움, 사회적 배제	민족 정체성 약화 및 사회분열 초래 가능

출처: 김수진(2018) 재인용.

우리나라의 상황을 비춰보면 가족 이데올로기를 강조하는 가부장적인 동화정책의 성격을 배태하고 있으며(윤인진, 2008), 국제결혼 이외 이주 배경집단에 대해서는 차별적 배제 모형의 성격을 갖는다(양경은 · 노법래, 2020). 대다수 선진국에서 다문화주의 모형을 중심으로 나아가고 있다고 볼 수 있어(김수진, 2018) 우리나라의 다문화정책이 각 모형의 특징에서 제시하듯 동화 모형과 다문화주의 모형을 중심으로 외국인 이주민의 문제를 국민과 함께 해결하고 개선하는 방향으로 나아가야 하는 사회통합을 위한 해결 과제를 안고 있다.

2. 다문화교육의 차원

다문화교육은 교육철학이자 교육개혁으로 교육기관의 구조를 변화시켜 다양한 사회계층, 인종, 민족, 성 배경을 지닌 모든 학생에게 평등한 기회를 제공하는 것이다(Banks, 2008). 슬리에터와 그랜트(Sleeter & Grant, 2009)는 문화적으로 다양한 배경을 가진 개인들이 소통을 통해 편견이나 이질성을 극복하고 서로를 긍정적으로 수용하는 문화적인 기반을 구축하는 교육과정이라고 하였다.

따라서 다문화교육은 국가, 민족, 성, 언어, 윤리, 종교, 정치, 연령 등 다양한 사회적 계층의 배경을 가진 학생들이 서로 상호작용하는 방법을 습득할 수 있도록 교육과정의 변화를 시도하는 총체적 노력이라 하겠다(박선희, 2020).

다문화교육에 있어서 무엇을 어떻게 가르쳐야 하는지에 대해 명확히 하는 것도 중요하지만 모든 사람이 동의할 만한 개념을 드러내기도 어려운 일이다. 그러나 학생들이 공동체 문화를 유지하면서 그 문화 안에서 사는 데 필요한 교육경험을 제공하고 더불어 세계적인 태도를 기를 수 있는 요소도 포함되어야 하는데 뱅크스(Banks, 2008)는 많은 사람이 다문화교육을 단순한 내용으로 생각하며 교육을 부분적으로 단순화된 개념으로 드러내는 것은 오히려 다문화교육에 대해 오해를 만들어 낼 수 있다고 지적하였다. 그러면서 교육자들의 다문화교육을 돕기 위해 다문화교육에는 최소한 다섯 가지 차원이 있다고 하였다.

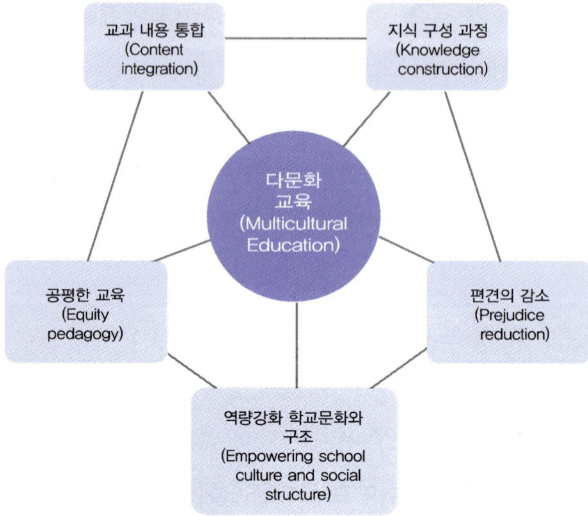

그림 9-6 제임스 뱅크스의 다문화교육 차원

첫째, 교과 내용 통합(Content integration) 차원이다. 이는 교사들이 주요한 개념이나 집단의 사례를 활용함으로 자신의 교과나 학문의 영역에 등장하는 개념이나 원칙, 이론 등을 설명하는 것을 의미한다. 교과 내용의 통합은 다문화교육과 관계가 없어 보이는 과목에서조차 이루어질 수 있다. 수학과 과학은 다문화교육과 무관하다고 생각하지만, 내용을 포함할 기회는 있다.

둘째, 지식의 구성과정(Knowledge construction) 차원이다. 교사가 학교지식을 구성하는 과정에서 암묵적 가정, 개념의 틀, 관점, 편견들이 지식 구성과정에 어떠한 영향을 주는지를 학생들이 이해하고 탐구하도록 돕는 교육활동을 의미한다. 다양한 민족에 관한 내용을 교육과정에 포함하고 학교지식의 구조를 변화시키며, 학생들이 지식 생산자가 되도록 돕는다. 그러므로 지식 구성과정은 교사와 학생들이 지식의 타당성을 평가할 때 문화적 정체성과 연구자의 가치, 태도, 신념 등 생산자의 위치성을 고려해야 한다. 그것에 영향을 받지 않을 수 없기 때문이다. 그래서 더욱 비판적인 독자가 되는 데 도움이 된다.

셋째, 공평한 교육(Equity pedagogy) 차원이다. 학생들이 더 효과적으로 배울 수 있도록 교사가 가르치는 방식을 수정하는 것과 관련이 있는 것으로 다른 인종을 가르치는 데 있어 더 개방적이고 유연해야 한다. 이는 다양한 문화적·민족적 집단의 학습 특성에 적합한 교수법을 사용하는 것을 의미하며 학업 성취도를 향상하기 위한 전략으로 시뮬레이션, 여러 형태의 긍정적 격려 등 협동학습을 사용하는 것을 포함한다. 다양한 민족집단 학생의 경험, 행동 양식 등을 이용하여 그들에게 적절하고 효과적으로 학습을 제공하는 것이다.

넷째, 편견의 감소(Prejudice reduction) 차원이다. 학생들로 하여금 인종과 성별에 대해 민주적 태도를 보이도록 도와주는 것이다. 학교교육의 구성과 주류집단의 태도와 신념이 정체성에 어떤 영향을 주는지도 이해하도록 돕는다. 교사는 모든 교과를 통해 교실에서 편견을 줄이기 위해 노력해야 한다. 학생들은 다른 그룹에 대한 편견을 가지고 학교에 오는 것에 모든 교사는 민감해야 하며 인종적 태도에 긍정적이도록 형평성 교육과 편견이 감소하게 될 때 교사가 참여할 수 있다.

다섯째, 학생의 역량을 강화하는 학교 문화와 구조(Empowering school culture and social structure) 차원이다. 개별 교실뿐 아니라 다양한 집단의 학생들이 더욱 공평함을 경험할 수 있도록 전체 학교의 문화와 사회적 구조를 재구성하는 것이다. 학교 안의 집단 간에 문화 차이와 학업 성취도의 불균형을 개선하고 민족과 인종 경계를 뛰어넘는 교사와 학생 간의 상호작용 등이 중요한 변수이다. 이질적 집단 간, 교사와 학생 간의 질적으로 향상된 관계를 요구하며 문화 차이에 대한 존중을 바탕으로 관계가 맺어진다. 학생의 역량을 강화하는 학교 문화는 교사, 부모가 학교관리에 대한 책임을 공유하는 민주주의 구조를 촉진한다.

다문화교육은 교육의 특정 분야에 국한되는 개념이 아니라 교육에 있어 교육 내용, 교육과정, 교수 방법, 교육 체계, 학교 문화 등 모든 분야를 다루는 통합적 개념으로 이해할 수 있다.

3. 다문화교육 목표에 따른 교사의 유형

학자들은 다문화교육에 있어서의 교수자, 교사의 역할의 중요성을 주장해왔다. 다문화교육은 교사의 가치관이나 기대, 학생의 태도, 학교의 분위기와 규칙 등의 잠재적 교육과정에 의해 주류집단과 소수집단 학생의 인식에 영향을 준다(Bennett, 2007). 교사가 가진 태도와 신념은 다문화교육이 지향하는 목표를 실현하는데 매우 중요한 변수로 작용한다(박윤경 외, 2008). 그러므로 교사가 학생들의 문화적 배경을 이용하도록 수업방법을 수정하면 다양한 문화·언어 집단에서 온 학생들의 교실 참여도와 학업 성취도를 향상할 수 있다(Banks, 1993).

팡(Pang, 2005)은 교육 시 어떤 목표에 강조점을 두는가에 따라 다문화 교사를 4가지 유형으로 구분했다.

첫째, 학생들에게 가장 필요한 것은 보편적 진리로서 동화주의 교사는 학교에서 지식을 가르쳐 학생들이 기존의 체제에 순응하도록 하는 것이 목적이다. 다양한 출신의 가정에서 자란 아이들이 주류사회의 문화를 습득하고 그 사회에서 생존해 나가도록 하는 점에 의미를 둔다. 예로 동화주의 교사의 경우 부모가 가진 인도문화나 파키스탄의 문화를 드러내지 않고 그 자녀는 우리나라의 문화만을 습득해야 한다고 여기게 된다.

둘째, 인간관계를 강조하는 교사는 학생들에게 전수해야 할 필수적 지식이 있다고 믿지만, 다양한 집단의 학생들이 서로 존중하고 협력하는 환경을 제공하여 각자의 편견을 극복하는 것에 초점을 둔다. 그러므로 다른 나라의 문화를 체험하고 다양성을 인식하는 프로그램을 운영하기도 한다. 다문화 학생과 일반 학생들이 서로 이해할 수 있는 경험을 제공하려고 노력하는 교사라고 말할 수 있다.

셋째, 사회적 행동을 강조하는 다문화 교사는 학생들에게 비판적인 사고가 가능하도록 가르침으로써 사회적 불평등에 도전하고 변화의 주체가 되는 것을 목적으로 교육한다. 노동자나 유색 인종, 여성과 같은 다양한 집단의 불평등과 인권 등을 교육 내용으로 다룬다.

넷째, 배려 중심 교사는 자유와 정의를 바탕으로 한 다문화사회가 되는 것을 목적으로 하고 있다. 학생들이 상호 존중하고 배려가 중심이 되는 분위기를 조성함으로써 공정과 평등이란 가치를 함께 나누도록 하는 데 초점을 둔다. 수업 내용으로는 인간은 편견을 가진 존재임을 인식하게 하고 사회에 존재하는 차별과 편견 등을 다룬다.

교사는 다문화 학생과 일반 학생이 모두 다양한 문화를 인식하고 체험하는 과정을 통해 상호 이해하고 존중하도록 가르치는 것이 매우 중요한 일이다. 학생들이 편견과 고정관념, 차별 의식 등을 변화시키는 주체가 되어 문화적응에 적극적으로 대처하고 지속해서 성장해 나가도록 하는 것 또한 교사의 역할이기 때문이다. 그러므로 다문화에 대한 인식개선과 차이를 반영한 지원이 되어야 하겠다.

4. 다문화교육 방향

다문화 가족 지원법은 결혼 이민자들이 한국 사회에서 잘 적응하는 것이 중심이다. 이에 필요한 기본적인 정보와 언어소통 능력향상을 위한 한국 교육과 가족생활 교육, 다문화 가족 아동, 청소년에 대해 지원을 하고 있다. 현재 우리나라의 다문화 가족 정책은 외국인 및 결혼이주여성과 자녀에게 교육의 기회를 제공한 점에서 기여한 바가 크다. 하지만 여전히 결혼이주여성과 자녀 중심의 정책으로 구성되어 있고, 정착하는 단계에서 초기 적응을 위한 교육에 관심이 쏠리며, 학령기 자녀의 학교 교육 지원에만 초점을 두는 것을 한계로 지적할 수 있다.

현재 국내에 체류 중인 다문화 배경 이주민 유형에는 국제결혼 가족 외에도 외국인 노동자, 북한이탈주민, 유학생, 동포, 난민 등 다양한 집단이 존재하지만, 우리나라의 다문화가족은 한국인과 가족을 이루는 결혼 이민자, 대한민국 국적을 취득한 자로 한정함으로써 협소한 대상을 지칭한다.

그러므로 우리나라에서 논의하고 추진하고 있는 다문화 정책은 다문화를 지향하기보다 동화주의와 차별적 사회통합의 성격으로, 전통적인 이민 국가들이 추구하는 다문화주의를 지향한다고 보기 어렵다. 외국인 노동자와 국내 체류하는 외국인의 다수가 우리나라의 다문화 정책의 대상에서 제외되는 차별적 사회통합의 성격을 갖는다고 할 수 있다. 가족 이데올로기를 강조하고 결혼이주여성에게 한국의 규범과 가치에 순응하도록 하는 동화정책은 문화적 다양성과 시민권을 보장하는 것과 상당한 틈이 존재한다.

다문화 교육이 주류문화를 기준으로 하위문화를 동화, 편입시키고 이주민들이 자신의 정체성으로 갈등하게 하는 것이 아니라 한국문화를 주체적으로 수용하도록 이끄는 다문화 교육이 되어야 한다. 또한, 이주민 대상 프로그램뿐 아니라 지역사회 구성원으로 함께 살아가는 국민을 대상으로 하는 교육으로 확장되어야 한다. 이주민과 내국인이 함께 참여하는 소통의 통로를 형성할 수 있는 방향으로 이루어지는 것이 중요하다.

한국 국적의 다문화 가족뿐 아니라 외국에서 공부한 자녀와 중도입국 자녀가 진학하는 비율이 증가는 고등교육으로 유입되는 외국인의 증가로 우리나라 대학의 주요 학습 대상군이 될 것을 시사한다. 평생교육에 관한 관심과 수요에 대응하는 준비가 필요한 시점이다.

따라서 이들이 가정과 직장, 지역사회에서의 활동에 필요한 '평생학습 역량'을 쌓을 기회를 제공하고, 다문화 가족에 대한 교육과 생활에 중요한 능력을 향상하기 위해서는 이들에 대한 향상하기 위해서는 '평생교육적 접근'이 요구된다.

연구문제

1. 다문화 이주 배경의 집단에서 체류 기간이 오래될수록 겪는 어려움은 무엇이 있는지 세 가지를 기술하고, 해결방안에 대해 생각해 봅시다.

2. 다문화가정의 유형과 특징을 비교하고 연구가 필요하다고 생각하는 이유를 말해 봅시다.

3. 뱅크스의 다문화교육의 5가지 차원 중의 하나를 선택하고 현재 교육에 적용할 수 있는 방안을 생각해 봅시다.

4. 다문화정책에서 다문화주의 모형으로 가려면 우리 사회가 해결해야 할 문제에 대해 논의해 봅시다.

5. 외국인 유학생의 학업중단을 예방할 방법에 대해 토론해 봅시다.

CHAPTER 10

시민교육

제1절 시민교육의 이해

1. 시민의 개념

평생교육이 우리나라에 도입된 이래 양적 성장은 이루었지만 평생교육의 궁극적인 목적인 평생학습사회의 실현으로까지 이어지지 못하고 있다는 주장이 제기되고 있다. 특히 평생학습사회 실현을 위해 평생교육 안에서 민주시민교육을 활성화할 필요가 있다는 목소리가 커지고 있다. 평생교육 비전공자들 안에서도 민주주의의 유지, 발전을 위해 민주시민교육이 학교교육을 넘어 평생교육에까지 확대될 필요가 있다는 목소리가 나오고 있다(신미식, 2011).

현재 일부 지방정부는 평생학습관에서 민주시민교육 프로그램 예산을 지원하고 있고, 지역에서 민관이 함께 평생교육 추진체계 안에서 민주시민교육 활성화를 위한 논의를 하거나 추진체계를 갖추고 있는 곳이 늘어나고 있다. 그런데 시민교육과 관련된 용어가 시민교육, 민주시민교육, 세계시민교육 등 여러 단어가 혼용되고 있다. 시민교육의 중요성이 커지는 상황에서 이에 대한 정리가 필요하다. 시민에 대한 정의부터 시작한다.

우리가 일상적으로 사용하는 '시민(市民)'은 다층적 의미를 가지고 있다. 사전적 의미는 크게 세 가지이다. 먼저 시민은 '시(市)에 사는 사람'을 뜻한다. 서울시민, 부산시민 등으로 명명할 때의 의미이다. 즉, 특정 행정구역에 거주하는 사람이라고 볼 수 있다. 두 번째는 서양에서 국가의 정책이나 정치에 참여할 자격이 있는 국민을 말할 때의 의미이다. 고대 로마 시민이 대표적이다. 세 번째는 근대 서양 사회에서 봉건 시대의 군주나 귀족 계급을 대신하여 정치적, 경제적 권력을 장악한 상공업 계층을 말한다(다음어학사전).

서구에서 시민은 '권리를 향유하고 의무를 다하는 특정한 정치공동체의 구성원'을 가리킨다. 이것의 기원은 고대 그리스 도시국가의 시민으로, 도시 거주자와 정치공동체 구성원이 같은 단어로 사용되었다(정은주, 2020). 중세 시대는 기존 지배계급과 다른 신흥 중소상공업자들인 부르주아가 출현했고 이들을 시민이라고 하였다. 오늘날의 시민은 권리와 의무를 지닌 국가시민을 뜻한다.

이처럼 역사적으로 시민 개념은 그리스·로마 시민을 가리키는 고대 시민에서 부르주아를 중심으로 하는 근대 시민 그리고 현대사회에서의 시민으로 변천해 왔다. 고대 시민의 범주는 계급과 성별을 바탕으로 하여 여성과 노예, 이주민은 포함되지 않았다. 근대 시민의 개념과 범주는 자본의 소유 유무에 기반을 두었다(김창엽, 2016). 근대 민주주의 발전과 함께 시민의 개념은 '민주주의의 주체'라는 적극적인 의미로도 사용되었다. 봉건 시대의 '신민(臣民, subjects)'과 구분하려는 차원에서 강조된 것이다(정은주, 2020). 따라서 시민이라고 할 때는 민주주의와 밀접한 관련 속에서 이해해야 한다. 또한 시민의 범주가 역사적으로 발전하면서 그 범위가 확대되었고, '모든 인간은 존엄성을 가진 존재로서 평등하다'는 인권의 기본 전제 때문에 현재는 시민의 범주 안에 특정 집단을 배제하지 않는 것을 원칙으로 하고 있다. 다만 시민이라는 의미에 얼마나 부합하느냐에 따라 그 수준이나 정도가 달라질 수 있다. 이를 '시민성'이라는 개념으로 구체화하게 된다.

2. 시민성의 개념과 내용

1) 시민성의 개념

시민성은 citizenship을 번역한 용어이다. 우리말로 풀이하면 시민임/시민이라는 사실, 시민됨, 시민다움 등과 같이 다양한 뜻을 담고 있다. 일차적으로 이 개념은 정치공동체의 구성원으로서 다양한 권리를 누리는 시민의 법적 지위를 나타내고 있다. 따라서 이 의미로 사용될 때는 '시민권'이라고 하는 것이 낫다. 그러나 시민다움이나 시민됨, 시민정신 등의 의미로 사용하는 경우는 시민권보다는 시민성이라는 말이 더 어울린다.

시민권을 먼저 살펴보면, 시민이 누려야 할 권리 중심의 시민권 담론을 가장 잘 정리한 사람은 마샬(Marshall)이다. 그는 시민권을 공민적 권리(civil right), 정치적 권리(political right), 사회적 권리(social right) 등 세 가지로 구분했다. 18세기에 대두된 공민적 권리는 표현의 자유, 정당한 절차의 법적 권리, 재산권의 보호 등이다. 이 권리는 시민에게 개인의 자유와 법의 보호를 받도록 하여 자신이 속한 사회에 소속감을 부여하는 것이다. 정치적 권리는 선거권, 피선거권 등이다. 이 권리는 시민에게 정치적 참여를 할 수 있도록 하여 법과 공공정책을 형성하는 데 투입하게 함으로써 그가 속한 사회에 더 많은 소속감을 부여하는 것이다. 사회적 권리는 교육권, 복지권 — 연금을 받을 권리, 건강을 누릴 권리 등을 포함한다. 이는 자신의 기본적 필요를 국가로부터 제공받음으로써 그가 속한 사회에 소속감을 부여하는 것이다. 이러한 시민권은 오늘날 문화적 권리, 집단적 권리 — 연대권, 평화권 등으로 확장되고 있다(심성보, 2011: 89).

마샬의 담론은 시민권의 사회문화적 차이를 인정하지 않고 '전 지구적 시민권을 소홀히 하여 시민의 책임의 중요성을 소중하게 여기지 않았다는 비판을 받는다(Howe & Cowell, 2007). 즉 시민으로서 국가에 요구하는 권리를 강조하면서 각 국가가 처한 차이를 고려하지 않았다는 것과, 세계화된 시대에 맞는 시민의 책무가 중시되지 않았다는 것이다.

시민성과 관련해서 살펴보면, 공화주의 전통에서는 고대 그리스와 로마 공화정 이후부터 지금까지 시민성을 기본적으로 시민자치의 이념과 연결시켜 이해했다. 시민은 정치공동체의 적극적 구성 주체로서 공동선을 지향하는 '시민적 덕성'으로 무장하고, 일상적으로 정치과정에 참여할 수 있어야 한다. 통치와 피통치, 입법 참여, 정치적 의사결정이나 숙의 과정에 적극적으로 참여하는 것이다. 반면 자유주의 전통에서 시민성은 정치공동체 구성원으로서 법적 지위를 보장받는 것이다. 시민을 국가가 보호해야 할 권리의 담지자로서, 시민은 선거에 주기적으로 참여하는 정도로 생각한다(정은주, 2020). 이처럼 자유주의자들과 공화주의자들이 말하는 시민성은 시민 권리 행사의 적극성 차원에서 차이를 보인다.

심성보(2011)는 시민성에 대해 다음과 같이 세 가지로 정리하였다.

첫째, 시민성은 권리와 책임의 적절한 균형을 필요로 한다. 시민으로서 권리를 향유하면서 공공의식을 갖고 공동체의 공적 삶에 적극 참여해야 한다. 권리의 주체는 항상 의무와 책임의 주체를 동반한다. 둘째, 집단 간의 차이를 인정하는 다원적 시민성을 수용할 필요가 있다. 가치관 차이, 지역 차이, 세대 차이 등 다양한 차이를 인정하고 수용해야 한다. 셋째, 시민의 '지구적/세계적' 차원을 인식할 필요가 있다. 근대 시민권의 존립 근거였던 국민/민족의 정체성을 뛰어넘어 지구적 시민의 정체성을 생각해야 한다.

최근에는 사회문제 해결을 위한 적극적 시민과 시민성에 대한 관심이 높아지고 있다. 적극적 시민성(active citizenship) 개념은 법을 잘 지키고 좋은 이웃이 된다는 의미에서의 좋은 시민이나, 시민으로서의 권리 인식에 기초한 투표와 같은 소극적 참여를 넘어서, 자신이 속한 공동체에 대한 책임 인식과 지역사회 멤버십을 가지고 공동의 문제를 해결하기 위한 참여활동을 부각시키는 것으로서 주로 (평생)교육 영역에서 실천 지향적으로 사용되고 있다(Mascherini, Manca &

Hoskins, 2009). 이는 개인보다는 전체 공동체의 공공선에 기여하는 활동, 특히 지역사회 차원의 봉사활동을 강조한다는 특징이 있다.

EU 차원에서 적극적 시민성 관련 지표를 개발하는 데 기여한 호스킨스와 마스케리니(Hoskins & Mascherini, 2009; 이선미, 2020 재인용)에 따르면, 적극적 시민성은 "시민사회, 공동체, 정치적 생활에의 참여로서, 상호 존중과 비폭력에 의해 특징지어지며, 인권과 민주주의에 부합한다"고 정의된다. 또한 민주적 가치의 지식교육만을 강조하거나, 자원봉사와 같은 실천활동만을 일방적으로 강조하는 이분법을 벗어나, 시민교육과 공동체 봉사의 책임, 지역사회 멤버십활동 간의 연결을 새로운 방식으로 회복할 것을 촉구한다.

2) 시민성의 내용[1)]

김창엽(2016)은 시민성의 개념에 인권, 자유, 평등, 참여, 저항 등의 가치가 포함되어 있다며, 시민은 인간이 인간으로서 두루 누리며 자유롭고 평화롭게 함께 사는 것을 지향한다고 하였다. 이를 위해 요구되는 것을 다음과 같이 제시하였다. 첫째, 더불어 사는 인간으로서의 품성을 갖춰야 한다. 품성에는 인권의식, 인간의 존엄성, 자유, 평등, 박애, 참여, 관용, 타협, 다수결 원칙, 소수의견 존중, 비판과 저항, 측은지심 등 도덕적 규범 등이 포함된다.

둘째, 더불어 살기 위한 방법을 공부하고 실천해야 한다. 더불어 사는 삶과 사회의 모습을 구체적으로 그려보고 지금 바로 할 수 있는 것을 찾아내 실천해야 한다. 이를 위한 방법과 내용을 공부하고 행동함으로써 더불어 살기가 촉진될 수 있다.

셋째, 인간을 비인간화시키는 사회구조를 간파하고, 인간화를 위한 지금 여기의 시대적 소명을 인식하며, 인간을 비인간화시키는 것을 극복하는 실천에 나서야 한다. 특히 제도적·사회구조적 요인을 제대로 보고 인간을 비인간화시키는 요인을 없애는 실천에 나서야 한다.

국제기구에서도 시민성과 관련하여 시사 받을 내용을 발표한 것이 있다. 세계교육과학문화기구(UNESCO)는 1994년 선언을 통해 평화·인권·민주주의교육의 내용으로서 전 세계시민들이 갖춰야 할 역량을 8가지로 제시하였다. 그 내용은 다음과 같다.

1) 특별한 인용 표시가 없는 경우 광명시민주시민교육센터(2020)의 글을 인용한 것임

① 평화의 보편적인 가치 의식과 행동양식 개발
② 어렵고 불확실한 상황에 대처할 수 있는 준비, 자율성과 책임감 부여
③ 다양성의 가치 인식과 수용, 타인과 의사소통할 수 있는 능력 개발
④ 비폭력적인 분쟁 해결 능력 개발
⑤ 현재 상황과 미래 전망에 관한 판단과 그에 따른 선택을 할 수 있는 능력
⑥ 문화유산 존중, 환경 보호, 지속가능한 발전
⑦ 생산 방식과 소비 양식 채택 능력, 개인의 가치와 집단의 가치, 당장의 요구와 장기적 이익 사이의 조화 능력
⑧ 균형 있는 장기적 발전의 관점으로 연대감과 평등의식 배양

세계경제협력개발기구(OECD)는 1997년 교육을 통해 개인이 반드시 갖춰야 할 3대 핵심 역량을 설정하고, 회원국들이 함께 노력해 나가자는 '핵심 역량의 규정과 선택(Definition and Selection of Key Competences, DeSeCo) 프로젝트를 추진하였는데 이 내용이 시민성과 잘 연결된다. 구체적인 내용은 표 10-1과 같다.

표 10-1 세계경제협력개발기구(OECD) 3가지 핵심 역량

범주		핵심 역량	
1	상호교감하며 도구 사용하기	A	상호교감하며 언어, 상징, 텍스트를 사용하는 능력
		B	상호교감하며 지식과 정보를 사용하는 능력
		C	상호교감하며 기술을 사용하는 능력
2	이질적인 집단에서 상호작용하기	A	타인과 원만한 관계 맺기 능력
		B	협력하는 능력
		C	갈등을 관리 및 해결하는 능력
3	자율적으로 행동하기	A	전체적 조망 속에서 행동하는 능력
		B	생애 계획을 수립하고 실천하는 능력
		C	권리, 이익, 한계, 요구를 주장하는 능력

출처: 광명시민주시민교육센터(2020).

3) 시민성 개념의 확장

오늘날 기존의 시민성 개념의 한계를 벗어나야 한다는 목소리가 높아지고 있다. 특히 페미니즘 운동의 발전과 함께 전통적 시민성 개념이 도전을 받고 있

다(Ledydet, 2017; 장은주, 2020 재인용). 전통적 시민성 개념은 사적 영역과 공적 영역의 엄격한 분리를 전제로 한 것인데 이 전제 자체가 남성 중심적 시각의 반영이라는 비판이다. 또한 '보편성'이라는 이름으로 다양한 개인으로서의 시민을 단일하게 이해하고 있다는 문제가 제기되고 있다.

시민은 하나의 요소로만 규정되지 않는다. 계급, 인종, 젠더, 종족, 문화, 종교 등 다양한 층위를 가지고 있으며 구체적인 맥락 안에서 존재한다. 기본적으로 공화국의 시민이지만 그 사람의 사회적 위치나 경험 등에 따라 매우 다양한 형태로 존재한다. 따라서 더 이상 시민성 개념을 단일하게 이해해서는 안 된다.

또한 시민은 '코로나19 펜데믹' 현상으로 세계화의 특성이 적나라하게 드러난 현실에서 개별 국가의 시민이자 동시에 '세계시민'이 될 수밖에 없다. 따라서 오늘날 시민성 개념은 개별 국민국가 수준으로 한정할 수 없는 것이다. 지구라는 생태계 안에서 사회적·경제적·정치적으로 밀접하게 의존하며 서로 영향을 주고받는 상황에서, 지구적 시민성(global citizenship)을 발휘해야 한다(심성보, 2011).

이처럼 국가 단위의 시민성에서 세계 수준의 시민으로서의 인식과 실천의 중요성이 강조되면서 세계시민성에 대한 논의도 활발해지고 있다. 김진희(2017)는 이에 대해 정치적, 도덕적, 경제적, 비판적 측면에서 다음과 같이 제시하고 있다.

첫째, 정치적 관점에서 세계시민성을 다루는 접근이다. 이는 세계 정부(world state) 개념을 설정하고 현재의 단위 국가 차원의 헌법적, 실행적, 법리적 체제를 갖춘 주권을 지구적 차원으로 변환해서 재구조화하는 논의이다. 정책적으로 글로벌 거버넌스 구축과 구현을 통해 민주주의 확산에 기여하는 것이 한 예가 된다.

둘째, 도덕적 세계시민성 접근이다. 현재 이 접근이 세계시민성 담론을 주도하고 있다. 도덕적 가치와 규범은 모든 국가에서 적용될 수 있는 보편적 이성이자 윤리라는 측면에서 도덕적 세계시민성이 필요하다는 입장이다. 모든 인류는 서로 서로 관계를 맺고 있고 상호책무성을 지닌 채 영향을 주고받는다는 점에서 세계시민성 논의에서 가장 많이 거론되고 있다.

셋째, 경제적 세계시민성이다. 이것은 신자유주의와 자본주의의 파급력을 부정하지 않는다. 도덕적, 정치적 세계시민성을 축소하고 글로벌 시장에서의 경쟁력, 소비주의, 자본주의를 통해 세계공동체를 만들고 여기서 창출된 기업의 사회적 이윤을 공공선을 위해 활용할 수 있다고 본다(강순원·박명림·이우영·한경구, 2019). 따라서 이 접근에서 시민은 얇은 시민성(thin citizenship)을 가진 존재로 본다.

마지막으로 비판적·탈식민주의 관점에서 세계시민성을 접근하는 관점이다. 자유주의적 세계시민론자들이 말하는 개인의 자율성 — 모든 시민들이 자유를 충만하게 누리는 시민성 — 은 유토피아적 생각이며 전 세계에 팽배한 불평등과 차별, 소외 구조와 현상에 눈을 감는 접근이라고 비판한다. 이 관점에서는 해방을 위한 투쟁과 전 지구적 연대가 세계시민성이 발현되는 진정한 모습이라고 주장한다. 억압적 글로벌 체제를 해체하고 사회적 변환을 도모하는 정치성(politics of social transformation)이 누락된 세계시민성은 허구에 불과하다는 것이다. 이런 점에서 보편적 인권이 사실은 서구 입장에서의 인권 담론에 불과하므로, 탈식민주의 관점에서 접근하고 사회구조 체제와 지역적 맥락에서 재구성해야 한다고 강조한다.

한편, 시민성 개념이 정치 영역을 떠나 가족이나 직장 같은 일상적 삶의 차원에서도 드러나고 깊어져야 한다는 요구도 많아지고 있다(장은주, 2020). 시민성 개념이나 원리가 사회적 정치 영역 또는 국가 수준에서뿐 아니라 사적 영역에서도 이루어져야 한다는 것이다. 민주주의의 주체로서 시민성 개념이 정치 영역에서 제대로 이루어지기 위해서라도 개인적 관계로 일컬어지는 친밀한 관계 안에서도 제대로 작동되어야 한다는 것이다. 이를 '일상의 민주주의'라고 하며 일상생활 안에서 민주주의가 제대로 훈련되고 실천되어야 사회적. 정치적 영역에서도 실현할 수 있다고 본다(강은숙, 2020). 나아가 개별적 자아 수준, 대인 관계(이웃) 수준, 사회적 수준 등 여러 층위에서 시민성이 발휘되어야 하고 이에 따른 교육훈련과 실천이 필요하다고 보고 있다(광명시민주시민교육센터, 2020). 이처럼 시민성 개념은 보편성을 넘어선 다양성을 포용하고 사회적·정치적 수준뿐 아니라 여러 요소를 종합적으로 고려해야 한다는 문제제기가 이어지면서 그 개념의 범위와 내용이 확장되고 있다.

3. 시민교육, 민주시민교육, 세계시민교육

한국에서 시민교육 관련 용어는 여러 개가 혼용되고 있다. 시민교육, 민주시민교육, 세계시민교육, 정치교육 등을 강조하고자 하는 내용이나 관점에 따라 다르게 사용하고 있다. 각각의 용어에 대해 살펴보면 다음과 같다.

1) 시민교육

시민교육은 협의와 광의로 구분할 수 있다. 협의의 시민교육은 한마디로 정치교육을 말한다. 협의의 시민교육은 민주국가의 주권자로서 정치 현상과 기능에 대해 바르게 이해하고 정치 과정의 참여에 필수적인 지식, 기능, 가치 등을 체계적으로 함양시키는 것이다. 이는 국가와의 관계에서 시민의 지위를 파악하여 국가 구성원으로서의 시민, 민주국가 주권자로서의 시민적 삶을 전제로 한다(이해주, 2010). 광의의 시민교육은 시민으로서의 자질과 능력을 함양할 수 있는 교육이다(박상옥, 2018). 이것은 사회 공동체의 구성원으로서 자신이 속해 있는 공동체의 활동 공간인 직장, 지역사회, 국가 또는 세계 지구촌 전체의 시민으로서 정치, 사회, 문화, 생태 등의 영역에서 각자의 역할을 다하고, 그때그때 해야 하는 의사결정에 참여할 수 있도록 필요한 자질을 길러주는 것 모두를 포함한다(설규주 · 김영인, 2017). 즉, 광의의 시민교육은 영역과 상관없이 시민성을 함양할 수 있는 모든 교육을 포괄하는 용어이다.

2) 민주시민교육

민주시민교육은 우리나라에서 사용하는 용어이다. 시민을 민주주의 사회와 국가의 주체로 정의할 때 시민교육은 곧 민주주의를 실현할 시민을 양성하는 것이므로 시민교육이라는 용어 안에 민주주의 가치가 내포되어 있다고 할 수 있다. 그렇다면 민주시민교육은 동어 반복 표현이 된다. 그럼에도 불구하고 한국에서 민주시민교육이란 용어가 사용되어 왔고 현재도 그렇다. 이렇게 된 이유는 한국의 정치적 상황 때문이었다. 과거 군사독재정권 시기에는 시민이 사회나 정치 현상에 대해 비판의식을 키울 수 있는 정치교육이나 시민교육이 터부시 되었다. 대신 반공정신과 준법의식만 강조한 국가주의교육이 시행되었고(교육부, 2018), 정치의식을 키우거나 정부에 비판적인 교육은 '빨갱이교육'으로 매도되었다. 이런 상황에서 독일에서 활발하게 진행되고 있는 정치교육을 한국에 도입, 적용하려 하자 어려움이 따랐다. 그때 사용한 용어가 민주시민교육이었다.

민주시민 양성은 교육기본법에 명시되어 있는 교육 이념이다. 교육기본법 제2조 교육이념은 홍익인간의 이념 아래 모든 국민으로 하여금 인격을 도야하고 자주적 생활능력과 민주시민으로서 필요한 자질을 갖추게 함으로써, 인간다운 삶을 영위하게 하고 민주국가의 발전과 인류공영의 이상을 실현하는 데 이바지하게 함을 목적으로 한다고 명시하고 있다. 따라서 민주시민 양성을 목적으로 하는 민주시민교육은 우리나라 교육 이념을 실현하는 교육이 되는 것이다.

다만 민주시민 용어 중 주권자로서의 민주시민을 강조할 때는 정치교육과 동의어가 되고, 폭넓게 시민으로서의 자질 함양을 목적으로 할 경우에는 광의의 시민교육이 되는 등 사용자의 의도와 맥락에 따라 여전히 그 뜻이 다양하게 사용되고 있다. 현재는 교육부나 교육청에 민주시민교육과가 신설되고 '민주시민교육 지원법' 제정 움직임 등 정부 조직 안에서도 민주시민교육이란 용어를 사용하고 있고 그 내용도 일상에서의 민주주의 실현을 포함하는 추세이다. 따라서 정치교육만 의미하기보다는 그것을 포괄하는 폭넓은 시민교육의 한국적 용어로 정착되어 가고 있다. 다만 정권을 잡은 정당의 성격에 따라 추진 부서를 없애거나 통폐합하는 등 아직도 민주시민교육 추진체계가 안정적으로 정착되어 있다고 보기는 어렵다.

3) 세계시민교육

세계시민교육은 시민교육 중에서 글로벌 수준의 시민성과 시민의식을 강조하는 용어이다. 글로벌화의 영향이 정치·경제·사회 제 분야에서 나타나면서 국가 단위의 경계를 넘어서는 것이 일상이 되어가고 있다.

정치적으로는 세계 각국 간에 거버넌스 연계가 강화되는 형태로 나타나고, 경제적으로는 세계시장이 형성되어 국가 간의 상호 영향력이 심화되고 있다. 특히 우리나라처럼 수출의존도가 심한 나라일수록 이 영향을 크게 받는다. 사회적으로는 국경을 초월하는 대규모 인구이동이 일상화되어 가면서 세계는 전례 없는 인구이동의 시대로 접어들었다(IOM, 2014; 김진희, 2017 재인용).

교육 분야도 마찬가지이다. 국가 단위를 넘어서 인권, 평화, 사회 정의, 문화다양성 등 인류의 상호 발전을 고민하면서 세계시민으로서 의식과 행동 변화를 추구하는 교육의 필요성이 높아지고 있다. 따라서 국민국가 수준에서 벗어나 세계 수준에서 생각하고 행동하는 시민이 필요하고 이에 대한 교육으로서 세계시민교육의 필요성이 더욱 커지고 있다(김진희·허영식, 2013).

이런 세계시민교육은 세계를 하나의 단위로 인식하고 다양한 문화에 대한 포용과 사람들 간의 상호의존성을 이해하면서 인류의 보편적 가치를 추구하거나 그런 가치를 실현할 수 있도록 하는 교육이라고 정의할 수 있다(김진희, 2015). 지구촌 전체가 직간접적으로 경험하고 있는 빈곤, 인권, 평화, 형평성의 문제에 관심을 갖고 이에 대해 공동체적 해결방안을 모색하는 데 초점을 둔다(김진희, 2017: 3). 따라서 세계시민교육은 국가 단위의 교육과정에서만 다루어지는 것이 아니라 전 지구촌이 학습해야 하는 교육이 되어야 한다(UNESCO, 2014). 구체적인 세계시민교육의 내용과 수준은 달라질 수 있지만 국가 간 상호연관성이 긴밀해졌고, 이에 따라 서로 다른 차이를 수용하고 지속가능한 발전을 고민하며 국제사회 수준의 소속감과 인류를 향한 연대감을 기본적으로 형성하려 한다는 목적은 동일하다.

제2절 각 나라의 시민교육

1. 우리나라 민주시민교육[2)]

1) 역사

조철민(2020)은 한국 민주시민교육의 역사를 민주화 이전 시기, 민주화 이후 시기, 민주시민교육의 제도화 등 3가지로 구분하여 제시하고 있다.

(1) 민주화 이전 시기

현재적 의미의 민주시민교육은 1980년대 민주화 이후 진행되었다. 민주화가 진전되기 이전까지 오랜 시간 한국의 민주시민교육은 제도 안에서 이루어진 것과 시민사회에서 이루어진 것이 서로 대비되면서 진행되어 왔다. 이 과정에서 두 개 축의 교육이 상호작용하면서 한국의 민주시민교육이 형성되었다(조철민, 2020).

근대화 이전 일제강점기 교육의 주된 내용은 황국신민교육이었다. 교육에 의해 한국인을 일본인으로 동화시키고 우민화시켜 황국신민으로 개조하려 하였

2) 한국은 정부 등 국가기관에서 민주시민교육이라는 용어를 공식적으로 사용하고 있으므로 민주시민교육 용어를 사용한다.

다. 이는 철저하게 황국신민으로 복종하게 만드는 교육이었는데(조경원, 2015), 이는 이후 민주시민교육 형성과정에 부정적인 영향을 미치게 된다(조철민, 2020).

해방 이후에는 미군정에 의해 교육 목표에 민주주의 국가 건설을 위한 국가 민주화를 표방하면서 민주시민교육이 일부 시도되었다. 그러나 한국전쟁 이후 한반도에서 공산주의를 막는다는 미국의 봉쇄정책에 따라 민주시민교육 대신에 반공교육이 그 자리를 대신하였다. 특히 공교육의 도덕교과를 중심으로 반공사상을 철저하게 심어주고 민주주의 생활을 확립하여 통일 독립을 달성해야 한다고 표방함으로써 반공이 민주주의인 것으로 인식하게 하였다. 민주주의에 대해서는 원리를 설명하고 소개하는 정도의 이론적인 수준에 머물렀다(심성보, 2011).

군사정권이 수립되면서 공교육에서 민주시민교육은 민주주의적 정치의식을 높이는 것보다 국민정신 강화 및 안보의식 향상에 초점을 맞추었다(정하용, 2015). 박정희 정권은 멸공교육, 반공교육, 새마을교육, 국민정신교육, 국민윤리교육, 통일안보교육, 이데올로기 비판교육 등을 강조하고 민주시민교육은 이런 교육의 한 부분으로 다루었다. 성인을 대상으로 이루어진 민주시민교육은 '재건국민운동'이라는 정부 주도 하에서 이루어진 생활개선, 문맹 퇴치, 질서 지키기 등의 내용으로 이루어졌다. 대부분의 교육과정에 기본적으로 유신체제에 대한 교육이 포함되어 있었다(심성보, 2011).

이런 흐름은 1980년대 민주화 시기까지 이어진다. 제1차 교육과정(1954~1963) '초등도의' 교과목에 반공교육이 주류를 이루다가 제2차 교육과정(1963~1973)에서는 '반공도덕' 교과목이 신설됐다. 제3차 교육과정(1973~1981)에서는 도덕 교과목이 반공도덕생활 영역에 편입됐고, 제4차 교육과정(1982~1987)에서 이런 흐름이 다소 완화됐지만 도덕 교과목의 많은 부분이 반공교육과 관련된 내용으로 구성되었다(조철민, 2020).

이처럼 군사정권과 권위주의 정권하에서 대부분의 교육은 국가 주도로 이루어졌다. 국가가 정한 교육과정과 내용에서 벗어나는 교육을 하는 교사는 해직되거나 불이익을 당하였다. 이런 상황에서 제도권에서 민주시민교육을 하는 것은 거의 불가능했고 교육의 정당성이나 내용이 설득력을 갖기 어려웠다. 따라서 제도권 밖에 있는 재야나 시민단체 등에서 진행하는 민주시민교육이 내용적으로 사람들에게 더 다가갔다(심성보, 2011).

(2) 민주화 이후

1987~1992년에 진행된 제5차 교육과정에서는 반공 대신 민주주의 관련 내용을 확대하였고, 제6차 교육과정(1992~1997)에서는 도덕교과에서 반공·보안 관련 내용을 삭제하였다. 제7차 교육과정(1997~2007)에서는 교육과정이 추구하는 5가지 인간상 안에 민주시민의식을 기초로 공동체의 발전에 공헌하는 사람이 포함되었다. 민주시민 자질의 구성요소는 타인을 존중하고 대화하는 시민성, 개인의 책임, 자율, 시민다운 마음, 개방적인 마음, 원칙 존중과 타협, 다양성에 대한 관용, 인내와 지구력, 정열, 관대함, 국가와 그 원칙에 대한 충성 등이다.

제도권 밖에서 민주시민교육의 내용을 구성하고 진행해 왔던 시민사회의 노력이 제도권에 영향을 미치면서 정부 주도의 민주시민교육과 시민사회의 민주시민교육 사이에 접점이 형성되고, 시민사회는 민주시민교육을 보다 더 다양한 방식과 내용으로 진행하게 된다. 자원봉사교육, 환경교육, 평화교육, 인권교육, 성평등교육 등 시민사회 안에서 각 주체들의 관심 영역에 따른 교육들이 민주시민교육 영역의 하나로 자리 잡게 된다(조철민, 2020).

이런 흐름 속에 2004년 여야 정당대표는 민주시민교육 제도화를 약속한다. 2007년에 '민주시민교육 지원에 관한 법'이 국회에 상정되었으나 제정되지 못했다. 그러나 2010년 이명박 정부 시기 교육부는 '체험과 실천 중심의 민주시민교육 활성화 방안'을 발표하는 등 이후에도 정부 차원에서 민주시민교육 제도화 관련 시도는 꾸준히 이어졌다.

(3) 민주시민교육의 제도화

민주시민교육 제도화에 대한 논의는 1990년대 말부터 시작되었다. 민주시민교육 관련 학계와 시민사회 주체가 중심이 되어 논의가 시작됐고, 민주시민교육에 관한 법률 제정 움직임으로 연결되었다. 2020년 현재, 다시 국회에 발의되어 있는 상태이다. 이 법 외 민주시민교육 관련 법 제정이 꾸준히 이어졌다. '통일교육지원법'(1999), '환경교육진흥법'(2008), '법교육지원법'(2008), '경제교육지원법'(2009), '인성교육지원법'(2014) 등이 그것이다. 또한 통일교육원, 한국양성평등교육진흥원, 중앙선거관리위원회 선거연수원, 국가인권위원회 인권교육센터, 민주화운동기념사업회 등 민주시민교육을 실시하는 공공기관들이 생겨났다.

2010년대 후반부터 중앙정부와는 별도로 지방정부 차원에서 민주시민교육 관련 조례 제정과 예산 편성, 정책 등의 추진이 활발해지고 있다. 2020년 7월 현재 광역자치단체는 서울특별시 등 11개, 기초지방자치단체는 33개에 조례가 제정되어 있다(조철민, 2020).

2) 우리나라의 시민과 시민성

(1) 우리나라의 시민

우리나라가 서구 민주주의 국가에서 보이는 바와 같은 성숙한 시민이 충분히 형성되어 있는지에 대해서는 회의적인 시각이 많다. 일본의 식민 지배와 분단, 전쟁, 오랜 군사 독재에서 맹목적으로 국가에 충성을 다해야 하는 '국민'이 되기를 강요받았기 때문이다. 이 과정에서 시민으로서의 권리나 시민으로서의 삶을 제대로 배우고 발전시키지 못했고, 시민 형성의 가장 중요한 기준인 '자율적 개인'으로서의 시민이 여전히 미약한 것이다(송호근, 2016).

우리나라에서 민주주의의 주체인 시민은 서구의 자유주의 전통이 강조하던 '부르주아'가 아니다. 서구적 의미의 부르주아가 존재한 적이 없고, 존재했다 하더라도 서구와 같은 정치적 역할을 수행하지 않았다(최장집, 2011). 그럼에도 시민들은 4·19혁명과 5·18광주민주화운동, 6·10민주항쟁, 2016년 '촛불'에 이르기까지 민주주의의 위기가 닥칠 때마다 민주주의를 지켜냈다. 이런 우리나라의 시민은 어떤 경제적 이해관계에 기초하기보다 서구 전통에서의 '시민적 덕성'이라고 하는 공동선에 대한 지향과 함께 형성되었다. 불의에 대한 분노나 정의 실현의 주체로서 적극적인 정의감을 갖고 정치적 주체로 성장해 온 것이다(장은주, 2020).

오랜 시간 이어져 온 군사독재의 경험으로 강화되어 잔존해 있는 집단주의 문화가 있지만, 우리나라의 시민은 그것을 뚫고 정치 영역에서 상당한 수준의 민주주의를 이뤄냈다. 또한 일상생활에서도 '갑질 논란'과 이를 자행한 기업 제품 불매 운동, 성폭력이나 가정폭력, 아동학대 등 '사적 영역'에서 발생하는 제반 문제에 대해 문제의식을 갖고 해결하려는 움직임을 강화하고 있다.

(2) 우리나라의 시민성 논의

우리나라에서 시민성 관련해서 곽병선 외(1994)는 민주시민 자질 함양을 위한 한국교육 과제에 관한 연구에서 21세기에 필요한 한국 시민의 자질을 인간의 존엄성, 기본질서, 자유사회에서의 절차, 합리적 의사결정 등 4가지로 제시하였다. 구체적인 내용은 표 10-2와 같다.

표 10-2 한국 시민의 자질

자질	주요 내용
인간의 존엄성	민주시민이 민주주의의 기본적 원리와 가치가 무엇인지에 대해 확실하게 신봉해야 할 내용들. 자유, 평등, 정의, 애국심
기본질서	절제, 공공질서, 청결, 환경보호에서 기본이 확립돼야 민주사회가 올바르게 존치할 수 있음
자유사회에서의 절차	대화와 타협의 원칙, 합의에 이르는 집단과정과 절차, 절차에 참여하고 약속과 합의를 준수하는 원칙
합리적 의사결정	공공적인 쟁점을 그 성격에 따라 진실되게 다룰 수 있는 식견, 언어의 사용, 사실의 확인, 가치판단, 진실의 문제

출처: 곽병선 외(1994).

이병준 외(2007)의 연구는 민주시민역량에 초점을 맞춰 국내외 다양한 시민역량 모델을 종합하여 한국에 적용하기 위한 내용을 제시하였다. 이들은 한국 민주시민 역량을 '핵심 역량', '시민성 역량', '민주주의 역량' 등 3단계로 나누어 제시하였다. 구체적인 내용은 표 10-3과 같다.

표 10-3 민주시민역량의 3단계 모델

1단계	핵심 역량 Key Competency (개인)	
1	자율적인 행동	• 자신감 • 자기조저 역량 • 인내력 • 독창력 • 결정능력 • 유연성 • 변화를 즐기기 • 기회를 만들어 낼 줄 아는 자신감
2	타인과의 효과적인 상호작용 역량	• 공감능력 • 책임감 • 팀워크/협력능력 • 분쟁중재 기술 • 커뮤니케이션 능력 • 비관처리 능력
3	언어·공학기술 등 도구의 포괄적 사용 역량	• 학습능력 • 계획능력 • 조직력 • 문제해결력 • 반성(반추)능력 • 사고력 • 조작기술 • 혁신의 의지 • 분석역량 • 판단능력 • 비판력

2단계	시민성 역량 Citizenship Competency (시민사회)		
1	국가정체성	국가의식	• 애국심 • 충성심 • 올바른 국가관(민주주의에 대한 신념)
		역사의식	• 정체성 • 올바른 역사의식 • 우리 역사에 대한 자부심
2	권리와 책임의식	준법 규범준수	• 책임감 • 의무감 • 준법정신 • 순종(순응) • 엄격함 • 권위존중 • 기초 법지식 • 공적의무 충실 • 사회적 책임
		도덕성·양심	• 정의감 • 투명성 • 도덕성 • 정직성
		권리의식	• 권리인식 • 권리주장 • 권리존중
3	신뢰와 가치	신뢰감	• 공공성 • 공익성 • 상호신뢰
		평등	• 기회균등 • 공정성/공평성 • 독점반대 • 소수자의 권리존중
		존중	• 배려 • 인권존중 • 공감
3단계	**민주주의 역량 Democratic Competency (민주주의)**		
1	다양성존중	다원주의	• 다양성/차이 인정 • 어울림/조화
		관용	• 이해심 • 용서
2	참여의식	정치적 활동	• 투표/선거참여 • 투쟁 • 정치참여 • 정치의식 • 저항정신 • 사회적 관심 • NGO 활동
		시민활동	• 지역사회 참여 • 협동 • 소속감 • 공동체 의식 • 연대 • 나눔 • 봉사
		미디어역량	• 액세스(access) • 비판적 모니터링 • 미디어 활용
		민주적 의사결정	• 절차적 합리성 • 의사소통 • 비판능력 • 갈등조정 능력 • 타인의 의견 경청 • 자율적 사고 • 토론능력 • 조정능력
3	세계시민성	다문화 역량	• 공존 • 다문화 존중
		세계시민의식	• 통합적 담론 • 지속가능발전 역량

출처: 이병준 외(2007).

2. 외국의 시민교육

외국의 민주시민교육은 정부가 적극적인 역할을 수행하는 국가와 민간의 자발적 활동을 중시하는 2가지 흐름으로 구분된다. 독일과 스웨덴은 정부가 적극적인 역할을 하는 국가인 반면, 미국이나 영국은 후자에 해당한다. 또한 각 나라마다 민주시민교육에 대한 명칭이 다르다. 구체적인 내용은 다음 표 10-4와 같다.

표 10-4 독일, 스웨덴, 영국, 미국의 민주시민교육에 관한 명칭

국가	용어	공교육 과정의 교과목
독일	정치교육(PolitischeBuildung)	초등: 일반사회와 자연(sachunterricht) 중고등: 정치교육
스웨덴	대중교육(Folkbildning)	시민학(Samhällskubskap)
영국	시민성교육(Citizenship Education)	시민성교육(Citizenship Education)
미국	시민교육(Civic Education)	시민학(Civics)

출처: 조철민(2020).

1) 독일

독일의 민주시민교육은 정치교육이라고 한다. 정치를 강조한 시민교육이라고 할 수 있다. 독일의 시민교육이 정치교육으로 불리고 이것이 발달한 이유는 독일의 역사적 경험 때문이다. 나치즘과 동독의 공산주의를 경험한 독일은 다시는 이 같은 역사적 과오를 되풀이하지 않겠다는 국민적 합의를 기초로 정치교육이 활발하게 진행되었다. 국가는 정치교육이 잘 될 수 있도록 적극적으로 지원한다(조철민, 2020).

독일 정치교육은 포괄적이고 다원적으로 접근한다. 이는 독일 정치교육이 학교교육은 물론이고 평생교육의 하나로 간주되고 있기 때문이다. 정치교육 운영체계의 주체는 교육기관, 정당, 연방정치교육원, 사회단체 및 언론기관이다(허영식·신두철, 2007).

독일 학교에서 정치교육이 하나의 교과로 정립된 것은 1960년대 정치교육을 위한 교과교수학이 본격적으로 자리 잡게 되면서부터이다. 1970년대에는 경제문제, 동방정책, 테러리즘, 정치교육의 교과목 및 교수법을 개발하기 시작하였

다. 독일의 정치교육은 개개인이 자주적으로 결정할 수 있고, 그 결정에 스스로 책임질 수 있는 민주적인 정치체제에 대한 지식을 전달해주는 데 있다(심성보, 2011).

학교교육 외 독일 정치교육의 중심에는 연방정치교육원이 있다. 이는 1952년에 제정된 '연방정치교육원에 관한 법령'에 근거해 설치된 기관이다. 민주적 각성을 활성화하고 시민들의 성숙하고 비판적이며 적극적인 정치적 삶의 역량을 부여하는 것을 목적으로 하는 연방정치교육원은 직원이 300여 명에 이르는 연방 내무부 산하의 공공기관이다(홍윤기, 2020). 각 자치주에는 주정치교육원이 있어서 주 차원의 정치교육을 지원한다. 연방정치교육원은 직접 사업을 수행하기보다는 정치재단이나 교회, 시민대학, 시민사회단체 등 다양한 정치교육 주체들의 활동을 지원하는 것을 주된 활동으로 삼고 있다.

2001년에 개정된 연방정치교육원의 설립 규정은 독일 정치교육의 핵심을 분명히 보여준다. 구체적인 내용은 다음과 같다(심성보 외, 2018).

첫째, 민주주의 국가와 자유주의사회의 성찰적인 수용과 실천을 위해 민주주의 규칙의 본질과 절차 그리고 비판력과 합의 자세 등을 교육한다.

둘째, 역사적 결정과 발전의 인과관계를 일깨워 주며, 나아가 역사의 연속과 중단에 대해서도 설명한다.

셋째, 시사문제뿐만 아니라, 과학기술의 발전이 가져올 부정적 결과와 같은 미래문제에 대해서도 많은 관심을 갖는다.

넷째, 이웃이나 다른 민족 집단 혹은 사회에 대한 그릇된 선입견을 타파하도록 한다.

다섯째, 국제 관계 및 세계경제 관계 등에 관한 교육을 통해 이들 외부 변수와 국내 문제의 상호작용을 알 수 있도록 한다.

여섯째, 대중 매체의 사회적 역할에 대해 논의하고, 대중 매체의 한계점과 전달 내용에 대한 비판적 대응력을 배양한다.

일곱째, 통일 이후 새로운 체제에 대한 동독 주민의 올바른 적응을 위해 과거 사회주의 체제에 대한 비판적 정리와 함께 민주주의적 사고 및 행태를 지니도록 한다(김성수·신두철·유평준·정하윤, 2015).

여덟째, 통일의 완성을 위해 독일인 전체가 개방적으로 대화하는 전진기지의 역할을 담당하는 데 역점을 둔다.

국가의 적극적 역할은 독일 정치교육의 특색이지만 이는 사회적 합의에 기반해 있다. 정치교육에 대한 정부의 적극적 지원은 민간의 자율성 침해나 교육의 정치적 편향성 우려를 낳고 갈등의 원인이 되기도 하였다. 이에 정치교육에 대한 공통 기준을 마련하기 위해 사회적 논의가 활발하게 진행되었다. 이 과정에서 독일 시민교육에 관한 최소한의 기준인 '보이텔스바흐 합의'가 마련되었고, 사회적 합의에 기반한 독일 정치교육의 공통된 기준으로 자리 잡았다(심성보 외, 2018).

2) 스웨덴[3)]

스웨덴의 민주시민교육은 대중교육(Folkbildning)이라 불린다. 스웨덴의 대중교육은 평생교육과 융합된 형태로 진행된다. 대중교육의 목적은 다음과 같다.

1. 민주주의를 강하게 하고 발전시킨다. 2. 사람들이 자신의 삶에 영향을 미치고 사회 발전에 참여하도록 한다. 3. 교육격차를 줄이고 사회 안에서의 계몽과 교육의 수준을 높인다. 4. 문화에 대한 관심을 넓히고, 문화활동 참여를 증진한다.

출처: 정하윤, 노태훈, 이필구, 이다현(2020). 일부 발췌.

스웨덴 대중교육 지원업무를 관장하는 전국적 기구는 대중교육위원회로, 1991년에 설치·운영되고 있다. 그런데 대중교육위원회는 국가기관이 아니라 비영리민간단체이다. 연방의회에서 대중교육 지원예산을 의결하고 구체적인 관리·집행은 대중교육위원회가 담당한다. 이를 통해 시민들은 대중교육활동을 공공재정으로 지원받는다. 민간단체가 공공재정을 분배·집행하는 공적 권한을 부여받은 것은 대중교육을 담당하는 조직들이 오랜 시간 축적된 교육역량을 인정받고 공신력을 확보한 탓이다.

스웨덴의 대중교육은 크게 학습단체와 고등대중학교를 통해 이루어진다. 학습단체는 대중교육을 실행하는 단체로 대중강연과 문화활동 등을 제공하는데, 가장 일반적인 형태는 8~12인이 모인 자율적인 학습동아리(studiedirklar: study circle)이다. 학습단체들은 자신들이 지향하는 바에 동의하는 여러 학습동아리들을 지원하고 대표한다. 학습동아리에서 시민들은 정치, 경제, 문화, 복지 등의

3) 특별한 인용 표시가 없는 경우 조철민(2020) 글을 인용한 것임

사회적 문제를 해결하기 위해 자유롭고 합리적인 토론을 진행한다. 따라서 스웨덴의 학습동아리는 사회문제 중심이고 공공적 성격이 강한 모임이다(최운실 외, 2018).

고등대중학교는 시민들이 필요에 따라 고등교육을 받을 수 있는 교육기관이다. 전국에 150여 개의 고등대중학교가 있는데, 이 중 2/3가량은 시민사회단체가, 나머지는 지방자치단체가 운영한다.

대중교육의 각 주체들은 연합체를 결성하여 대중교육위원회의 의사결정에 참여한다. 학습단체들의 연합체는 시민교육연합, 고등대중학교를 운영하는 시민사회단체들의 연합체인 사회운동고등대중학교이익단체, 고등대중학교를 운영하는 지방자치단체들의 협의체인 지방자치단체협의회가 의사결정구조에 포함되어 있다.

3) 영국

영국의 민주시민교육은 시민들이 갖춰야 할 자질에 주안점을 둔 시민성교육(Citizenship Education)이라고 불린다. 시민성의 주요 요소는 사회적·도덕적 책임감(Social and moral responsibility), 공동체 참여(Community Involvement), 정치적 문해력(Political literacy)이 포함되며 이는 적극적 시민성으로 수렴된다(조철민, 2020). 정치적 문해력은 정치현상과 원리를 이해하여 정치와 사회 문제 해결을 위해 적극 참여하고 변화를 만들어낼 수 있는 능력이다. 즉, 영국의 시민교육은 정치적 문해력 신장에 필요한 지식과 실천 능력, 민주적 가치와 덕목을 가르치는 것이다(허영식·신두철, 2007).

그러나 영국 시민교육은 1980년대 이후에야 실질적으로 운영되어서 역사는 오래 되지 않았다. 또한 정부의 강력한 개입이나 노력이 적고 민간 주도하에 진행되었다(심성보, 2011). 1930년대 시민교육협회(AEC), 세계시민권교육협회(AEWC)로부터 1970년대 정치협회(Politics Association), 최근의 젊은 시민(Young Citizen, 전 시민성재단), 앰네스티(Amnesty) 등 다양한 시민사회단체들의 역할이 절대적으로 크다. 이들의 노력에 기반해 시민성 교육이 일반화되면서 민간과 공공기관이 협력하는 관계가 발달해 왔다(조철민, 2020).

공교육에서 시민성교육이 교과로 편성된 것은 2002년이다. 그 이전에는 정권의 이념 지향에 따라 달라졌다. 1980년대 중반부터 1990년대 후반까지 보수당이 집권하면서 시민교육은 개인의 자유와 권리를 강조하는 자유민주주의, 개인주의, 재산권과 소비자 권리, 시민의 의무 등을 강조하였다. 이후 노동당이 집권하면서 공화주의에 토대를 두고 시민의 책임성, 타인에 대한 배려, 사회에 대한 긍정적 기여, 시민의 정치 참여 등을 중심으로 하는 시민교육을 강화하였다(김성수, 2015). 1998년 교육기술부 시민성자문위원회가 '학교에서 시민성교육과 민주주의의 교수'라는 크릭 보고서(The Crick Report)를 제출하면서 시민성교육을 위한 국가 수준의 프로그램이 제안되었다. 시민교육에서 학생이 반드시 학습해야 할 내용은 합리적인 시민이 되기 위한 지식과 이해력, 탐구와 의사소통 기능, 참여와 책임 있는 행위를 위한 기능 등이다(허영식 · 신두철, 2007).

4) 미국

미국의 민주시민교육에 해당하는 시민교육(civic education)은 민주주의 체제 유지와 운영을 위해 시민들이 민주적 태도와 기술 및 가치를 함양하는 데 그 목적이 있다(권진욱 외, 2016). 정부 수립 이전부터 시민들이 모여 스스로 정치적 의사결정을 내리고 공적인 일을 처리하며 사회를 건설하는 시민적 관여(Civic Engagement)를 핵심적인 지향으로 설정해왔다(조철민, 2020).

미국은 1783년 건국 초기부터 민주시민교육에 대해 국가적으로 큰 관심을 기울였다. 세계 도처에서 이주해온 사람들에게 미국의 생활양식을 이해시키고 이주민들 간의 이질성을 극복하여 국민통합을 유지하는 것이 중요한 과제였기 때문이다. 이런 필요에 의해 19세기에 정치교육이 도입되었고 1915년 이후 더욱 강화되었다(허영식 · 신두철, 2007).

미국 시민교육 역사에서 듀이는 중요한 인물이다. 그는 민주주의, 공동체, 의사소통, 책임과 진보 등을 중심으로 하는 학교모델을 제시하였고, 민주주의는 결코 제도의 문제가 아니라 생각할 능력을 요구한다고 하였다. 또한 민주주의는 집에서 시작되어야 하고 민주주의의 집은 바로 이웃공동체라고도 하였다. 미래의 노동자들에게는 당대의 문제와 개선책을 접할 수 있도록 경제와 시민론, 정치론을 공부할 수 있게 해야 한다고 주장하였다(심성보, 2011).

1980년대 들어 미국의 시민교육은 경제 침체와 이민자 급증으로 인한 사회불안에 대처하기 위하여 국제 경쟁력 강화와 전통적 문화기반 강화, 즉 기본으로 돌아가기(Back to Basic)에 중점을 두기 시작했다(Field, 2004; 심성보, 2011 재인용). 90년대 이후에는 다문화교육이 중요 관심사로 부상했다. 다양한 인구로 구성된 미국의 특징과 더불어 성별, 인종, 민족, 연령 등의 다양성을 추구하는 현대의 흐름과 맞물려 미국 시민교육의 핵심 주제로 떠오르고 있는 것이다(허영식·신두철, 2007).

미국의 교육은 연방정부보다 주정부에 주도권이 있어서 지역별로 다른 제도가 만들어져 왔다. 연방정부 차원의 시민교육 지원법은 '연방교육위원회법'(1991)과 '미국학교 개선법'(1994), '소수자시민교육법'(1994) 등이 있고 여기에 시민교육에 대한 재정 지원을 규정하고 있다. 2001년에 제정된 '낙오학생 방지법' 하위법령으로 '민주교육법'이 있고 이 법에 정부가 지원하는 시민교육의 주요 내용을 명시하고 있다(조철민, 2020).

'민주교육법'에서 명시한 시민교육의 주요 내용

1. 권리장전을 비롯한 미국 헌법의 역사와 원리를 학생들에게 가르쳐서 공민학교 및 정부에 대한 교육의 질을 향상시킨다.
2. 시민역량과 책임감을 함양시킨다.
3. 신흥 민주주의 국가들과의 협력적 시민 및 경제교육 교류 프로그램을 통해 시민 및 경제교육의 질을 개선한다.

출처: 조철민(2020).

성인교육은 1996년에 제정된 '성인교육법'을 통해 제도적 근거를 마련하였다. 이 법은 '인력투자법(Workforce Investment Act)'의 하위법인 '성인교육 및 가족문해법'으로 변경되었다. 그 안에 영어문해 및 시민교육 프로그램 조항을 신설하였는데 주로 이민자들에게 초점을 맞추고 있다(조철민, 2020).

미국의 시민교육은 시대적 상황에 따라 부침이 있었지만(심성보, 2011), 허영식과 신두철(2007)은 크게 두 가지로 요약해서 정리하였다. 하나는 연방주의와 귀화주의라는 차원에서 사람들을 미국화시키는 큰 흐름이 존재한다는 것이다. 주된 관심사는 국민의 정치적 통합이다. 다른 하나는 각 시대에 따라 시민사회의 성원으로서 지녀야 할 역량을 규명하고 이것을 기르고자 끝없이 노력해 왔다는 것이다. 특히 시대를 이끌어가는 시민적 능력 함양을 중시하였다.

미국 정부의 노력 외 미국은 시민단체의 활동으로 시민교육이 더욱 활성화되었다. 연방이나 주 차원에서 다양한 단체가 활동을 하는데 교육단체뿐 아니라 많은 단체가 시민교육을 실시한다. 미국의 풍부한 시민사회 결사체는 민주주의를 발달시켜온 토대이고, 이들이 주관하는 시민교육을 통해 시민들의 일상적인 민주주의와 시민성 학습에 큰 역할을 수행하고 있다. 정부는 공교육 이외의 시민교육은 시민단체의 자율적인 활동에 맡기고, 필요한 경우 적절한 재정 지원을 하는 방식으로 관여하고 있다(권진욱 외, 2016).

제3절 시민교육방법론과 사례

1. 시민교육방법론

1) 보이텔스바흐 합의

시민교육을 어떻게 진행할 것인가? 혹은 어떤 원칙으로 시민교육이 이루어져야 하는가를 질문할 때 가장 많이 언급되는 것이 '보이텔스바흐 합의'이다. 보이텔스바흐 합의는 독일 정치교육의 최소 조건이며 민주주의를 전제한 정치교육 운영 원칙이다(이다현, 2020).

보이텔스바흐 합의에서 제시한 원칙은 다음 세 가지이다.

첫째, 강압 금지 원칙이다. 교수자와 학습자 관계에서 어떤 식으로든 학습자의 독립적 판단을 방해해서는 안 된다. 이를 달성하기 위해 학습자의 능동적 사고력 형성을 방해하는 주입식 교육을 지양한다(이다현, 2020).

둘째, 논쟁성 원칙이다. 학문과 정치 등 실제 현실에서 이루어지는 논쟁이 학교 수업에서도 그대로 재현되어야 한다는 것이다. 학교에서도 논쟁주제들을 제대로 소개하고 분석적으로 다루어야 특정 이념이나 주장에 맹목적으로 빠지는 것을 막을 수 있다(이동기, 2018). 이를 위해 교사는 학습자들이 정치적·사회적 입장이 다를 수 있다는 것과 그 내용에 대해 정확하게 설명해야 하고, 자신의 입장이나 이론적·정치적 견해가 학습자들에게 전달되지 않도록 자제해야 한다(이다현, 2020).

셋째, 학습자 이익상관성 원칙이다. 학습자(학생) 중심 원칙이라고도 한다. 학습자들이 정치 상황과 자신의 이익 상태를 분석할 수 있도록 안내해야 한다는 것이다(심성보·이동기·장은주·케르스틴 폴, 2018). 정치교육은 추상적이거나 공허한 내용을 다루는 것이 아니라, 학습자의 삶을 이해하고 분석할 수 있도록 보조해야 한다. 학습자가 자신이 처한 상황을 이해하고 정치적 판단 능력을 키워서 학습자의 이익을 증진할 수 있도록 정치교육이 역할을 해야 한다. 이는 학습자의 정치 참여와 실천을 이끌어내는 것과 연결된다. 학습자들이 정치의 주체로 나설 수 있도록 하는 것이 정치교육의 목적이므로, 이 원칙은 후에 정치 참여 역량 또는 행위 역량 원칙이라고도 불린다(이동기, 2018).

이처럼 독일 정치교육은 보이텔스바흐 합의 원칙을 준수하면서 정치교육에 대한 우려와 불안을 불식시키고 현재까지 잘 이어져 오고 있다. 따라서 이 내용은 독일 뿐 아니라 시민교육에 관심 있는 다른 나라 사람들에게 전해지면서 민주시민교육 원칙으로 널리 활용되고 있다.

2) 다양한 방법 논의

독일 정치교육 외 우리나라 시민교육 실천에 영향을 준 것은 파울로 프레이리(Paulo Freire, 1921년 9월 21일 - 1997년 5월 2일)의 문해교육이다. 프레이리의 문해교육은 사회적 실천을 목표로 두고 과정과 내용을 철저히 주민과 지역 중심으로 운영하였다. 학습자 삶의 문제가 교육의 주제이자 내용이 되게 하고, 교수자는 경험을 안내하고 함께 학습하는 역할을 수행한다. 프레이리가 사용한 대표적 학습방법은 일종의 그림카드인 '발견카드'이다. 글자를 가르치기 전 먼저 그림을 사용한다. 학습자에게 익숙한 사물이나 인물, 환경 등으로 그림을 선정하고 그림에 대해 충분히 이야기한다. 학습자들은 자신에게 익숙한 그림을 보며 적극적으로 대화에 참여하게 되고 그것이 갖는 의미를 발견하며 서로 대화하는 과정에서 또 다른 의미를 만들기도 한다. 그 후 그 그림에 해당하는 글자를 배우면 글자는 단순한 글자가 아니라 학습자 세계에서 이해되고 발견된 글자가 된다(이다현, 2020).

이처럼 프레이리의 교육 실천을 포함하여 대부분의 민중교육이 가지는 공통된 특징은 고정된 교육방법론이나 학습자에 대한 강력한 통제를 거부하고, 생활세계에서 요구하는 것과 그 변화에 따라 유동적으로 대처하는 형태의 교육을 지향한다(한숭희 외, 2020). 이러한 사례로 이다현(2020)은 캐나다의 민중교육 핸드

북교육 운영 원칙을 제시한다. 구체적인 내용은 다음과 같다.

1. 출발점은 학습자의 구체적 경험에 따른다.
2. 모든 사람이 교사이며 모든 사람이 학생이다.
3. 높은 수준의 참여를 요구한다.
4. 변화를 위한 '행동'으로 이끈다.
5. 문제해결에서 개인적인 역량보다 집단적인 노력에 주안점을 둔다.
6. 기존의 지식을 전수하기보다는 새로운 지식의 창출에 큰 비중을 둔다.
7. 언제 어디에서나 누구를 대상으로 하든지 지속해서 수행되어야 한다.
8. 그리고 '재미있어야' 한다.

출처: 이다현(2020).

한편, 이해주(2010: 46)는 시민으로서 갖추어야 하는 자질은 단기간에 이루어지는 것이 아니라 오랜 기간에 걸쳐 만들어지는 것일 뿐만 아니라 각 시기에 따라 요구되는 자질과 능력이 다르기 때문에 평생교육적 차원에서 이루어져야 함을 강조하였다. 그러므로 앞으로 시민교육은 가정과 학교, 사회교육기관이 주체가 되어 아동, 청소년, 성인 등을 대상으로, 시민으로서 갖추어야 하는 지식과 태도 그리고 행동양식을 그들의 발달단계에 따라 개인적, 지역사회적, 국가적, 세계적 차원에서 요구되는 내용을 다원적 차원에서 실시해 나가야 할 것이라고 하였다. 그러면서 히터(Heater, 2004)의 다중 시민성 큐브를 응용하여 민주시민교육 실천 모형을 공간-삶-교육 내용 영역에 따라 제시하였다.

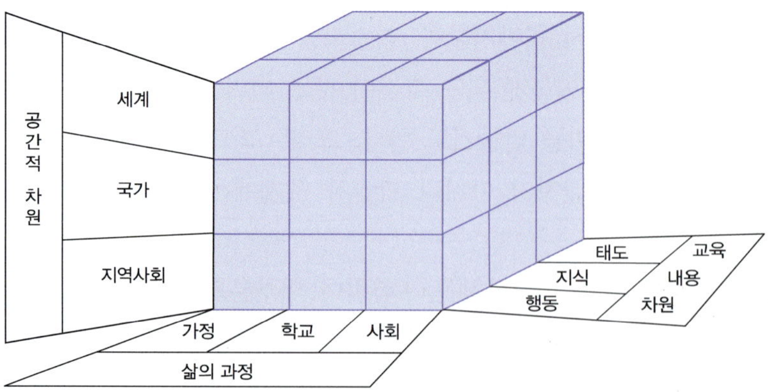

그림 10-1 평생교육적 차원에서의 시민교육 실천 모형

출처: 이해주(2010).

민주시민교육은 다양한 방식으로 이루어질 수 있다. 따라서 구체적인 교육 목적과 내용, 대상에 따라 다양하게 접근하고 다양한 교수기법을 사용해야 한다. 다만, 어떤 접근을 하든지 학습자 개인의 삶에 실질적인 영향을 미칠 수 있도록 해야 한다. 그리고 그 과정에서 교수자는 물론이고 학습자도 모두 주인이 될 수 있어야 한다. 즉, 시민교육은 내용뿐 아니라 방법 측면에서도 민주적으로 진행되어야 한다.

2. 시민교육 사례[4)]

1) 은평시민대학

은평시민대학은 다양한 삶의 질문을 가지고 이웃과 함께 이야기하고 스스로 문제를 해결하는 배움의 과정으로 만든 프로젝트이다. 2015년 처음 출발할 당시 캐치프레이즈를 '내 삶의 변화, 동네에서 답을 찾다'로 정하고, 사회적·정치적 인간으로서 시민의 역량을 키움과 더불어 일상과 유리되지 않는 학습으로 시민 역량을 키운다는 목표를 시민주도형 실천학습을 통해 도달하고자 한다. 과정은 공통, 특화, 특별 과정으로 나누어진다. 공통과정 '질문하는 학교'는 지속가능한 삶에 대한 질문과 대안적 답을 찾는 것을 목적으로 운영된다. 특화과정인 '쉬어가는 학교'는 대상별 맞춤형 학교로, 학습에 참여한 공통 대상이 생활문제를 풀어가는 학습을 운영하는 방식이다. 특별과정인 시민대학 포럼은 평생학습관과 관련된 다양한 주제를 토론하는 장으로, 그중 다빈치실험실은 시민의 아이디어를 제안받아 소액의 운영비를 지원하는 방식으로 진행된다. 이런 방식으로 운영되는 은형시민대학의 또 다른 특징은 교육내용이나 수업 주제가 정해져 있지 않으며, 시민의 요구와 지역사회의 필요에 따라 학습이 진행된다는 것이다.

각 과정은 배움(강의·토론)과 실천(워크숍)을 병행하여 진행하고, 주제는 시민 스스로 자신의 삶과 직결된 학습주제를 제안하여 배워가는 형태이다. 구체적인 과정은 다음 표 10-5와 같다.

4) 이다현(2020: 135-136, 139-140)의 글을 인용하였음

표 10-5 은평시민대학 과정

<table>
<tr><th colspan="2">구분</th><th colspan="2">운영 방향</th><th>세부 과정</th></tr>
<tr><td>공통</td><td>질문하는 학교</td><td colspan="2">지속가능한 삶에 대한 질문과 대안적 답을 찾는 곳</td><td>삶과 일상, 환경과 사람, 도시와 미래 등</td></tr>
<tr><td rowspan="3">특화</td><td rowspan="3">쉬어가는 학교</td><td rowspan="3">연령대별, 직업별 등 유유상종 함께 모여 삶의 과제를 깊이 있게 풀어가는 쉼터</td><td>꽃보다 어른학교</td><td>넘실넘실 마을살이 워크숍, 행복을 가꾸는 인생여행, 여행을 위한 인문학 등</td></tr>
<tr><td>스무살 학교</td><td>독립출판물 동네잡지 제작 워크숍, 만만한 영상 제작 워크숍, 소시민 & 소심이 청년을 위한 액션 스쿨 등</td></tr>
<tr><td>문턱 없는 학교</td><td>나는 나야... 발달장애여성 성(性) 인권교육</td></tr>
<tr><td rowspan="2">특별</td><td>시민대학 포럼</td><td colspan="2">지속가능한 공동체를 위한 질문과 토론을 위한 공론의 장</td><td>평생학습 관계자들 간 학습 네트워킹, 학습 참여자 토론회 등</td></tr>
<tr><td>다빈치 실험실</td><td colspan="2">더 나은 삶과 동네를 위한 어떤 아이디어든 현실이 되는 시민제안 프로젝트(학습비 지원)</td><td>옆집에 국악~ 얼쑤, 세월호에서 촛불까지 새로운 교육상상, 뇌 발달과 부모의 역할 등</td></tr>
</table>

출처: 이다현(2020).

2) 문화예술로 시민성 학습하기: 픽처 저스티스

'픽처 저스티스(picture justice)'는 뉴욕의 민간단체 프루프(PROOF)가 뉴욕시의 고등학생들을 위해 기획한 여름 프로그램이다. 고등학생들이 사회정의에 대한 이슈를 학습하고 사진이라는 문화예술 방법으로 그들이 속한 공동체 안에서 정의와 관련된 이슈에 대한 변화를 이끌어낼 수 있게 직접 행동하도록 설계된 포토저널리즘 프로그램이다. 이 프로그램은 '당신의 동네가 당신의 교실이다(Your Community is your classroom)'라는 슬로건으로 프로그램을 운영한다.

학습자들은 전문 포토그래퍼, 기자, 교수자와 함께 지역 인권 상황과 사회적 정의 이슈를 탐구한다. 참여자들은 각 프로그램에서 개혁, 권익 옹호활동 그리고 사회변화와 관련한 활동을 하는 법률가, 시민활동가, 변호사들과 같은 지역 리더를 만난다.

사진을 찍고 편집하는 기술을 가르치는 것이 아니라 인권교육, 스토리텔링, 인권에 대한 학습, 조사 과정에서 사회적 이슈를 비판적으로 사고하도록 가르치고 때로는 사회적 위기 상황에 연민과 공감을 느끼도록 안내한다. 그리고 사진이라는 시각적 도구를 사용해 그들의 생각과 경험을 대중에게 전달하고 표현하는 법을 터득하도록 한다. 교육에는 법학, 윤리학, 사회학, 심리학 등의 전문가들과 인권운동가 등이 고르게 참여해 학생들이 편향적 환경이 아니라 다양한 시각과 환경에서 스스로의 사고와 의지로 상황을 분석하고 판단하도록 가르치는 것에 중점을 둔다. 학습자의 결과물은 신문기사에 실리거나 전시되기도 한다. 참여자들은 이 과정에서 조사연구, 사진기술, 주창기술(advocacy tools), 대중연설과 주장을 학습하게 된다.

2015년에는 유엔국제학교와 협력하여 'Broken?'이라는 프로그램을 진행하였다. 본 프로그램에 참여한 학습자들은 미국의 높은 범죄자 투옥률을 주제로 이에 따른 사회적 문제점에 대해 고민하고 자신의 생각을 'Broken?'이라는 사진 전시와 심포지엄, 사법제도 개혁을 주제로 한 연극으로 대중에게 알리는 프로그램을 꾸렸다. 이 과정에서 윤리적인 보도와 포토저널리즘기술을 배우고 교도소 개혁을 위해 일하는 공동체 지도자를 만났으며, 수감 경험이 있는 사람들을 직접 만나기도 하였다(표 10-6 참조).

표 10-6 픽처 저스티스 프로그램의 예

일	주요 내용 및 활동	일	주요 내용 및 활동
1	학습자 상호소개 자신의 정체성과 사회적 상황 연결하기	6	관련 활동가 면담
2	대량 투옥(mass incarceration) 관련 학습 새로운 시각으로 보도하는 언론사 방문 관련 활동단체 방문	7	언론사(뉴욕타임스) 사진작가 수업 이미지를 통한 인문 이야기 담기 등 학습 수감 여성과 자녀를 돕는 비영리단체 방문
3	시민권과 사회정의 관련 단체 방문 상근변호사 면담 사회문제 관련 사진작가 면담	8	두 그룹으로 나눠 ① 위기청소년 지원 활동가 방문, ② 초당적 공공정책과 법률기관 방문
4	스토리텔링 전문가에게 구술사방법 수업 듣기	9	대량 투옥 전시회 계획 수립 (인권교육활동가 투입)
5	수감 경험자 면담	10	전시 작품 선택 향후 계획 수립

출처: 이다현(2020).

연구문제

1. 한국사회에서 필요한 시민성은 무엇인지 생각해 봅시다.

2. 학교교육에서 시민교육과 관련된 교과와 내용은 무엇이 있었는지 도출해 봅시다.

3. 외국의 시민교육에서 시사 받을 점은 무엇인지 정리해 봅시다.

4. 시민교육방법으로 활용할 만한 교수법을 생각해보고 각각의 장단점을 정리해 봅시다.

5. 내가 시민교육 프로그램을 기획한다면 어떤 주제로 어떻게 진행하고 싶은지 기획안을 작성해 봅시다.

CHAPTER 11

성평등교육

제1절 성평등교육의 이해

제2절 성평등교육이론

제3절 성평등교육의 실천

제1절 성평등교육의 이해

1. 성평등교육의 대두

1) 성평등교육의 필요성

최근 들어 성평등 또는 페미니즘 이슈는 가장 뜨거운 논쟁거리 중의 하나이다. 현대사회에 들어 개인의 인권의식이 높아지고 평등과 공정에 대해 민감해지면서 성평등 이슈는 유사 이래 가장 뜨거운 관심사가 되었다고 해도 과언이 아니다. 관심사의 정도를 떠나 성(性)은 태어나는 순간부터 생명이 다하는 날까지 한 개인의 정체성과 생애에 큰 영향을 미치는 중요한 요인이지만 아쉽게도 이에 대한 체계적인 교육이 제대로 진행된 적은 별로 없다.

학교에서 성교육을 안 하는 것은 아니지만 대부분 생물학적인 성 – 임신, 출산에 대한 교육에 국한되어 있고, 성 가치관 등 성에 대해 전반적으로 알려주는 교육이 많이 부족하다. 교사들도 제대로 된 성교육을 받아본 적이 없고 훈련이 되어 있지 않은 경우가 많아 성과 관련된 교육을 하기 어렵다고 한다(강은숙 외, 2021).

한편 성을 매개로 한 폭력을 예방하기 위해 1999년 직장내 성희롱 예방교육이 도입된 이래, 학교에서는 2000년대 중반 이후 관련 교육이 의무화되기 시작했다. 2004년 초·중·고 대상 성매매 예방교육이 시행된 후 2006년 가정폭력 예방교육, 2010년 성폭력예방교육이 의무화되었다. 2011년에는 보육시설과 유치원에도 확대됨에 따라 각 급 학교에서 성 관련 폭력예방교육이 의무화되었다. 그러나 폭력예방 차원에서 이루어지는 1회성 특강으로는 제대로 된 교육이 이루어질 수 없다. 따라서 지금이라도 성에 대해 제대로 알려주고 가치관 정립에 도움이 되는 성평등교육이 실시되어야 한다.

2) 여성평생교육과 성평등교육

평생교육 차원에서는 여성평생교육 이름으로 진행되어 왔다. 여성평생교육은 두 가지 차원이 존재한다. 하나는 평생교육 대상으로서 여성을 상정하고 이를 특화시키는 것이다. 이는 학교교육을 포함하여 상대적으로 남성에 비해 여성이 교육을 받지 못하고 소외되어 왔다는 사실에 입각하여 여성을 특별히 배려해야 한다는 맥락에서 이루어졌다. 문해교육의 경우 대부분의 교육대상자가 여성이라는 사실이 이를 반증한다.

다른 한편으로는 결혼, 임신, 출산 등의 이유로 경력단절된 여성들을 위한 교육이나 임산부 교육처럼 생물학적·사회적으로 주로 여성이 경험하는 현상에 대한 맞춤형 교육이 필요하다는 점에서도 여성평생교육의 필요성을 말할 수 있다. 교육 소외집단으로서의 여성이든 여성에게 특히 더 필요한 교육이든 이것은 모두 대상으로서의 '여성'에 초점을 맞춘 것이다.

과거와 달리 교육 소외집단으로서 '여성'을 강조하는 것은 한국사회에서 많이 없어졌다(김재인·곽삼근, 2015). 남존여비 사상이 강하게 남아 있던 1980년대까지만 해도 남자에게 교육 기회를 더 주고 여자는 뒷바라지하느라 교육을 받지 못했지만, 지금은 단순히 성별을 이유로 교육기회에서 차별하는 경우는 거의 없어졌기 때문이다. 학교교육뿐 아니라 평생교육 차원에서도 양적인 확대와 더불어 여성들의 교육 참여율이 증가하였다. 2020년 국가평생교육통계(교육부, 2021)에 따르면 여성(40.3%)이 남성(39.7%)보다 평생학습에 많이 참여하는 것으로 나타났다. 2017년의 경우 여성이 남성보다 4.0%p 많이 참여하였고, 연도별 성별 격차는 점점 감소하는 추세다. 이처럼 성별에 따른 평생교육에서 기회 차별문제는 한국사회에서 더 이상 중요한 문제로 치부되지 않는다.

따라서 최근에는 교육 대상으로 여성에 대한 문제보다는 교육 내용이나 주제에 대한 관심이 커지고 있다(김한별, 2019). 여성평생교육으로 이루어지는 교육들이 남성에 비해 불평등한 여성의 지위를 정당화하거나 은폐하는 기능을 한다는 비판이 제기되고 있는 것이다. 여성 대상 평생교육 프로그램들이 남성 중심 사회체제 하에서 전통적인 여성 역할을 잘 감당할 수 있도록 하는 도구적 학습에 의존한다는 비판이다(Hart, 1995). 가사나 자녀양육 등 주로 여성이 해왔던 역할들을 충실히 할 수 있도록 하는 교육이 주를 이루거나, 자기 삶의 주인보다는 남성을 보조하는 부차적 존재로 위치시킬 수 있다는 우려들이 나오고 있는 것이다. 이런 점에서 여성 평생교육이라는 용어보다는 성평등교육 또는 이런 문제에 대한 민감성을 높이는 성인지 감수성 향상교육의 이름으로 명명하는 것이 바람직하다. 최근에는 인권이 강조되면서 인권 중에서도 성과 관련된 인권을 뜻하는 성인권 교육이라 부르기도 한다. 본 글에서는 '성평등교육' 용어를 사용하는 것을 원칙으로 하지만 문맥에 따라 성인지 감수성 향상교육, 성인권교육 등을 혼용하겠다.

평생교육에서 성평등교육은 평생교육기관 분류 중 시민사회단체형 교육기관으로 되어 있는 여성단체나 시민단체, 비영리민간단체, 비영리 사단·재단법인에서 주로 이루어지고 있다.

2. 성평등교육의 정의

1) 성평등교육 관련 용어와 의미

성평등을 주된 교육 내용으로 하는 교육은 아직까지 여러 가지 용어가 혼용되고 있다. 한국에서 성평등교육은 1970년대 말 대학에 '여성학과'가 생기고 교양과목으로 '여성학'이 개설된 것으로 시작되었다. 이후 법제화를 통해 현재는 '성교육', '양성평등교육', '젠더폭력예방교육', '성별영향분석평가교육', '성주류화교육', '성인지교육', '성인지향상교육' 등 여러 용어로 표현되면서 각각 대상과 내용을 달리하여 사용되고 있다(로리주희, 2020).

(1) 젠더폭력

이 중 젠더폭력예방교육은 법적으로 의무화되어 공공기관 종사자나 일정 규모의 기업 구성원이 들어야 하는 '성폭력', '가정폭력', '성희롱', '성매매'를 예방하기 위한 의무교육을 통합하여 부를 때 사용된다. 4대 폭력예방교육이라고도 하는데, 각각의 폭력이 '젠더'를 기반으로 발생하기 때문에 폭력의 원인과 성격을 드러내기 위해 사용한다. 젠더폭력 또는 젠더기반 폭력이란 성차별을 바탕으로 발생하는 신체적·정신적·성적 폭력으로, 사회경제적 박탈 또는 무관심도 포함된다(변신원 외, 2017). 성별 위계질서에서 성별 또는 성정체성에 따른 사회적 힘의 차이가 폭력으로 연결되는 것이라고 할 수 있다.

젠더폭력의 범주는 크게 여성에 대한 폭력과 사회적으로 구성된 여성성 혹은 사회적 약자에 대한 폭력으로 구분된다(강은숙, 2017). 2019년 한국여성의전화 가정폭력 상담 통계를 보면 가해자가 남성이고 피해자가 여성인 경우가 92.4%로 여성이 압도적으로 많다(한국여성의전화, 2020). 가정폭력이나 성폭력으로 대표되는 젠더폭력 피해자의 대부분이 여성이란 점에서 젠더폭력은 여성폭력이라고 할 수 있다. 최근 생물학적 남성이 피해자가 되는 경우가 늘고 있는데 사례를 보면 성역할이 뒤바뀐 상태에서 전통적인 남성상과 거리가 있는 경우가 많다. 또한 성소수자에 대한 차별과 폭력도 성을 매개로 한 사회적 약자에 대한 폭력이라는 점에서 젠더폭력에 포함된다(강은숙 외, 2021).

(2) 성주류화교육

성주류화(gender-mainstreaming)의 사전적 의미는 공공정책 영역에서 입법과 정책 추진 등 모든 수준에서 양성에 관련된 함의를 반영하는 것을 일컫는다. 모든 정책과 제도를 기획하고 실현하는 과정에서 성 - 젠더 변수를 적용해야 한다는 것이다(로리주희, 2020). 나아가 젠더 요소가 정책에서 주요 요소로 검토되고 작동되도록 해야 한다는 의미를 담고 있다. 이는 1995년 북경세계여성대회 행동강령에서 처음 채택되어 각국의 성평등정책을 입안할 때 주요한 프레임으로 활용되고 있다. 성주류화교육은 정책 입안·실행자들과 모니터링단 등을 주대상으로 성주류화의 개념과 의미, 구체적인 사례 등을 인지하고 실천할 수 있도록 돕는 교육이다.

성주류화교육과 긴밀히 연결되어 있는 교육이 성별영향분석평가교육이다. 이는 성별영향평가법[1])에 따라 중앙행정기관의 장 및 지방자치단체의 장이 정책을 수립하거나 시행하는 과정에서 그 정책이 성평등에 미칠 영향을 평가하여 정책이 성평등의 실현에 기여할 수 있도록 해야 하는데, 이를 할 수 있도록 도와주는 교육이다. 성별영향평가란 중앙행정기관의 장 및 지방자치단체의 장이 정책을 수립하거나 시행하는 과정에서 그 정책이 성평등에 미칠 영향을 평가하여 정책이 성평등의 실현에 기여할 수 있도록 하는 것을 말한다. 주로 공무원들을 대상으로 교육이 이루어지고 있다.

(3) 성인지교육

성인지(gender-sensitivity)교육이란 젠더에 대한 민감성을 키우는 성인지 감수성 향상교육을 말한다. 성인지란 영어 표현 그대로 젠더를 이해하고 이에 대해 일상생활에서 젠더 민감성을 발휘하는 것이다. 법조계에서는 이에 대해 "일상

1) 성별영향평가법은 2011년 '성별영향분석평가법'으로 시행되었다가 2018년 '성별영향평가법'으로 바뀌었다.

생활 속에서 젠더에 대한 차별이 있음을 인지하는 것", "성별의 불균형에 따른 유·불리함을 잡아내는 것"으로 이해하고 있다(다음백과). 특히 성폭력이나 성희롱 사건을 다룰 때 성인지감수성의 중요성이 높아지고 있다.

법조계에서 성인지 감수성의 중요성을 확산시킨 것은 2018년 대법원 판결이다. 대법원이 성범죄 재판에서 '성인지 감수성'을 판단 기준으로 처음 제시했다. 학생을 성희롱했다는 이유로 해임된 대학교수가 징계에 불복해 낸 소송에서 당시 대법원은 "성희롱 관련 소송을 심리할 때는 그 사건이 발생한 맥락에서 성차별문제를 이해하고 양성평등을 실현할 수 있도록 '성인지 감수성'을 잃지 않아야 한다"고 한 것이다(경향신문, 2020. 11. 9.).

당시 대법원은 우리 사회의 가해자 중심적 문화로 피해자가 성희롱 사실을 알리고 문제를 삼는 과정에서 부정적 반응이나 여론, 불이익한 처우, 정신적 피해 등에 노출돼 2차 피해를 입을 수 있다는 점을 짚어주었다. 더불어 "성희롱 관련 소송의 심리를 할 때에는 그 사건이 발생한 맥락에서 문제를 이해해야 한다."며 성인지 감수성을 강조했다. 같은 사건을 두고 성인지 감수성의 정도에 따라 유죄와 무죄가 달라질 수 있음이 드러난 것이다. 이러한 성인지 감수성은 지식의 영역에 해당하는 것이 아니므로 지속적인 교육과 실천, 성찰을 통해 향상될 수 있고, 이를 이끌어주는 것이 성인지교육이다.

(4) 성교육

성교육은 생물학적 성기능에 대한 지식을 포함하여 성에 대한 올바른 가치관 형성을 도모하는 교육을 말한다(다음백과). 젠더폭력예방교육이나 성인지교육 등이 주로 성에 대한 가치관을 중심으로 이루어지는 것이라면 성교육은 그것을 포함하여 생물학적 성과 관련된 내용까지 포괄한다. 그래서 성과 관련된 교육 중 가장 넓은 범위를 아우르는 교육이라고 할 수 있다. 다만 종종 생물학적 내용에 치우쳐서 그것만 뜻하는 교육으로 오해하는 경우도 있으나 전반적인 성에 관한 교육을 말한다.

우리나라에서 공식적인 성교육 논의는 1960년대 후반에 시작되었다. 1966년에 문교부의 '순결교육' 방침이 발표되었고, 1970년대에는 학교의 성교육에 대한 실질적인 논의가 시작되었다. 그러나 여전히 성교육은 여성 쪽에 초점이 맞추어져 순결교육처럼 여겨지기도 했으며 성의 무지에서 오는 문제들을 사전에 예방하거나 그 뒷처리를 위한 미온적인 방편으로 인식되기도 했다. 또한 국가에서는 성교육을 통해 피임과 낙태를 유도하여 인구를 억제하는 효과를 얻고자 했다. 이러한 상황에서 1982년에는 성교육 실시가 공표되었고, 이에 따라 1983년 문교부의 성교육지도자료가 발간되어 공식적인 성교육이 실시되었다(다음백과).

이상에서 살펴본 것처럼 구체적인 명칭이나 주제, 내용 등은 달라도 성평등의식을 고양할 수 있는 교육은 모두 성평등교육이라고 할 수 있다.

제2절 성평등교육이론

1. 성평등 관련 개념 이해

1) 젠더(gender)

성평등교육을 이해하기 위해 알아야 할 기본개념 중에서 가장 먼저 알아야 할 것은 젠더(gender)이다. 일반적으로 인간의 성과 신체는 자연적인 것이라고 생각한다. 젠더는 성과 신체에 대한 우리의 인식이나 관념이 사회적으로 구성된 것이라는 것을 강조하기 위해 제기된 개념이다(여성문화이론연구소, 2015). 우리말로 성(性)은 영어의 '섹스(sex)', '젠더(gender)', '섹슈얼리티(sexuality)'를 다 포괄한다. 일반적으로 '섹스(sex)'는 생물학적인 성을, '젠더(gender)'는 사회문화적으로 구성된, 즉 후천적으로 만들어진 성을 뜻한다. '섹슈얼리티(sexuality)'는 성과 관련된 태도나 가치관 등을 뜻한다. 따라서 우리말로 성(性)이 어떤 의미를 뜻하는지 보려면 맥락을 살펴야 하지만 전체적으로 명료하게 의미가 드러나지 않는 경우가 많다. 따라서 '성'이라는 용어를 쓰기도 하지만, 의미를 좀 더 명료하게 표현하고자 할 때는 영어 표현 그대로 섹스와 젠더, 섹슈얼리티란 용어를 사용하는 것이 추세이다.

생물학적인 성인 '섹스(sex)'와 사회문화적으로 구성된 성인 '젠더(gender)'를 구분하는 것은 1960~1970년대 활발하게 이루어졌다. 젠더는 남녀가 생물학적으로 다르고 이에 따른 성차 역시 본질적이라는 관념을 해체하는 데 사용되었다(여성문화이론연구소, 2015). 여기서 남녀가 다르다는 것은 단순히 '다름'을 의미하는 것이 아니라, 남성이 생물학적으로 여성보다 우월하고 여성은 열등하다는 것이다. 따라서 우월한 남성이 열등한 여성을 지배하는 것은 당연하다는 생각을 포함한다. 이러한 생물학적 결정론을 근본적으로 반박하는 개념이 젠더이다.

남녀의 생물학적 차이가 일부 존재하나 이것이 모든 남녀 차이를 설명하고 결정하는 것은 아니다. 오히려 '여자답다', '남자답다'라는 것은 선천적으로 고정된 것이 아니고 사회문화적으로 구성된 것이라서 시대나 지역에 따라 다르게 나타난다. 이에 대한 고전적인 연구가 마가렛 미드의 세 부족사회 연구이다.

마가렛 미드는 아라페쉬인과 먼더거머인, 챔블리인 등 세 부족사회를 연구하면서 남성과 여성의 역할이 각각 다르게 나타나는 것을 발견하였다. 아라페쉬인은 남녀 모두 전통적인 여성성(감정적, 모성, 자비심, 온화함, 성적 소극성)을 이상형으로 생각하고 있었다. 이들은 남녀 모두 함께 아이를 돌보고 서로 보살피며 전형적인 여성과 남성 일의 구분이 없었다. 반면 먼더거머인은 남성적인 특성(공격적, 보살핌에 무관심, 약자에 대한 배려 없음, 모성적이지 않음)이 남녀 모두의 특성으로 나타났다. 챔블리인은 여성들이 일을 하며 중요한 문제를 해결하였고, 이성적이며 진지하였다. 남성들은 몸치장을 하고 예술을 즐기고 아내를 즐겁게 해주기 위해 파티를 준비하며 여성에게 종속되어 있는 비독립적인 존재였다. 이를 통해 남성다움, 여성다움을 결정하는 것은 타고나는 것이 아니라 우리의 통념인데, 그것을 자연적인 것이라고 믿고 있다고 비판하였다(Mead, 1935).

이처럼 개인은 사회 내에서 여성적인 것, 남성적인 것이라고 부르는 것을 인지하고 학습하는 성역할 사회화를 통해 남성 또는 여성으로서의 정체감을 갖게 된다. 따라서 생물학적인 성(sex)이 태어나기 전에 미리 결정되어 있는 남녀의 해부학적 차이에 의한 성을 말하는 것이라면 젠더는 사회적으로 학습된 기대와 행동방식을 의미한다(정민승 외, 2018).

나아가 젠더는 '상하 위계적으로 만들어진 성'을 뜻한다(로리주희, 2020: 297). 성별 차이를 기반으로 위계가 형성되는데, 그 속에서 나타나는 권력관계에 주목하는 것이다. 우월한 존재와 특성으로서 남성과 남성성, 열등한 존재와 특성으로서 여성과 여성성을 대비시키고, 우월한 집단이 열등한 집단을 지배하고 그 위에 군림하는 것이 당연하도록 여기는 권력관계와 작동방식을 탐구하는 중요한 기제로 젠더가 활용되는 것이다. 최근에는 생물학적인 성인 '섹스(sex)'와 사회문화적으로 구성된 성인 '젠더(gender)'를 구분하는 이분법적 사고에 문제제기를 하는 경우도 생겨났지만, 성별 차이와 이로부터 발생하는 제반 문제를 비판하는 기제로서 젠더 개념은 여전히 유효하다.

2) 사적 영역과 공적 영역

두 번째로 살펴볼 개념은 사적 영역과 공적 영역에 대한 것이다. 한 개인이 살아가는 영역을 크게 두 가지로 구분하면 사적 영역과 공적 영역으로 구분할 수 있다(정민승 외, 2018). 농경사회 때까지만 해도 사적 영역과 공적 영역이 명확하게 분리되지 않았다. 그러나 자본주의가 발달하면서 도시가 팽창하고 사람들의 주요 거주공간이 되었다. 이 과정에서 가정과 임금노동의 장소가 분리되고 여성은 사적 영역인 가정에, 남성은 임금노동 장소로 대표되는 공적 영역에서 활동하는 것으로 구분되었다(여성문화이론연구소, 2015).

두 영역은 그 안에서 일어나는 작동원리와 행동양태, 사회적 시선이 다르게 나타난다. 사적 영역인 가정은 '사랑'과 '헌신'으로 이루어지는 '돌봄'행위가 주요하게 작동되는 공간이다. 가정에서 이루어지는 요리와 설거지, 빨래, 청소, 육아, 환자 간병, 가족 경조사 챙기기 등의 행위는 '노동'으로 치부되어서는 안 되는 행위이다. 가족들을 '사랑'해서 자발적으로 돈을 바라지 않고 하는 '신성한' 것이기 때문이다. 그러면서도 이 일만 하는 전업주부를 사회에서는 '노는 사람'이라고 명명하고 돈을 벌어오지 못하는 '무능력자'로 취급하기도 한다.

공적 영역은 주로 직장으로 대표되는 가정 밖의 '사회'이다. 개인적 노력과 성취를 통한 '경쟁', 이를 통해 나타나는 사회적·경제적 가치가 작동된다(정민승 외, 2018). 사회에서의 일은 '노동'이고 일한 대가로 임금이 지급되어 자본주의 사회에서 살아갈 수 있는 화폐를 획득한다. 사회적 지위나 명예, 재산 정도에 따라 가치가 매겨지고 이를 위한 노동에는 사회적·경제적 보상이 다르게 주어기는 하지만, 기본적으로 일하는 모든 사람들은 수고하고 고생한다는 사회적 인정과 칭찬을 받는다.

성평등 이슈에서 사적 영역과 공적 영역 분리를 중요하게 보는 이유는 성별에 따른 배치가 다르고, 이에 대한 사회적 대우가 다르기 때문이다. 앞서 살펴본 바와 같이 사적 영역은 주로 여성이 활동하는 공간이고 공적 영역은 남성이 활동하는 공간으로 규정되어 있어서, 이것을 뛰어넘으려면 사회적 비난을 감수하거나 장애물을 넘기 위한 노력이 훨씬 더 필요하다.

최근에는 남성 전업주부도 생겨나고 있지만, 전업주부에 대한 '무능력자' 프레임은 남성이 전업주부로 활동하는 데 큰 장애물로 작동한다. 남성 전업주부는 여성 전업주부보다 훨씬 더 강한 부정적 시선을 견뎌야 한다.

반대로 여성은 남성 전유물이었던 공적 영역에 진입하려면 다양한 편견과 싸워야 하고, 편견을 넘어서는 아주 뛰어난 능력을 보여줘야 한다(한국여성노동자회 여성노동위원회, 2015). 여성 청년 구직자는 면접과정에서 '애인이 있는지', '결혼은 언제 할 건지', '아이는 낳을 계획이 있는지' 같이 남성 청년구직자는 잘 받지 않는 질문을 받고 이에 대해 '센스 있게' 대답해야 한다.

3) 성역할 사회화

성역할이란 행위나 태도가 남녀별로 적절한 것으로 규정된 문화적 기대치로서, 개개인이 속하고 있는 사회문화가 남성, 여성에게 기대하는 행동기준을 말한다. 성역할 사회화는 사회구성원으로서 필요한 성역할을 학습하는 과정을 일컫는다. 성역할 사회화를 통해 남자 또는 여자에게 필요한 행위나 태도는 권장되고 그렇지 못한 경우에는 제재를 받게 된다(Andersen, 1983). 즉, 무엇이 남성적인 또는 여성적인 자질로서 적합할 것인가에 대한 사회적 기대치가 사회화 과정을 통해 개인에게 전달되는데(강은숙, 2008), 이 과정을 성역할 사회화라고 한다. 성역할 사회화는 평생 동안 지속된다.

4) 성 고정관념

성 고정관념이란 성역할과 관련하여 일정한 방향으로 사고하고 판단하는 성향으로서, 성별에 따른 신체적·심리적·행위적 특성이 남녀 사이에 존재하는 뚜렷한 차이라고 믿고, 이를 획일적으로 규정하는 인식과 태도를 말한다(정민승 외, 2018). '남성은 강하고 여성은 약하다'처럼 성별에 따라 특성을 구별하거나, '아이는 엄마가 키워야 한다'처럼 성별에 따른 행동이나 역할이 고착되어 있는 것이다. 이런 성 고정관념은 남녀의 행동이나 태도 차이가 남녀의 생물학적 차이로부터 발생한다고 본다. 성 고정관념이 강할수록 성별에 따른 불평등이나 편견을 무비판적으로 수용하게 된다. 이 같은 성 고정관념은 젠더에 대해 무감할수록 강해지는데, 이를 '몰성(gender-blind)'이라고 한다.

2. 페미니즘이론

페미니즘(feminism)이란 라틴어로 여자를 뜻하는 'femin(a)'과 'ism'이 결합한 용어이다. 우리나라 말로 여성주의, 여성해방론, 남녀평등사상, 여권론 등 다양한 용어로 번역되어 사용되고 있다. 페미니즘이 소개된 초기에는 여성해방론이라는 용어를 많이 사용하다가 여성주의란 말로 널리 알려지게 되었다. 그러다가 여성주의라는 말이 '여성만'을 위한 것으로 오해하는 경우가 생기면서 페미니즘이라는 영어를 그대로 사용하는 경우가 늘고 있다.

물론 초기에는 페미니즘이 남성이 누려왔던 사회적·경제적·정치적 권리를 여성들도 평등하게 누리기 위한 것(송현주, 2015)으로 많이 이해했으나, 점차 남성이나 성소수자 등 성을 매개로 불평등한 대우를 받는 모든 사람들을 위한 것으로 받아들이고 있다. 나아가 곽삼근(2008)은 페미니즘을 여성이라는 한 집단이 아니라 성별, 연령, 계층, 인종 등 다양한 층위에서 타자 배제를 극복하려는 움직임으로 정의하면서 진정한 인간학적 성찰을 지향하고 있다고 말한다. 일반적으로 시간의 흐름에 따라 '제1물결 페미니즘'과 '제2물결 페미니즘'으로 구분하고, 이후 나타나는 페미니즘을 '제3물결 페미니즘' 또는 강조하는 내용에 따라 에코 페미니즘, 국가 페미니즘, 흑인 페미니즘, 포스트모던 페미니즘 등 다양하게 세분화하고 있다. 제1물결 페미니즘부터 살펴보도록 하겠다.

1) 제1물결 페미니즘

제1물결 페미니즘은 18세기말부터 1950년대까지의 페미니즘으로 계몽주의 천부인권 사상의 연관 속에서 출발하였다. 천부인권론에 입각하여 평등과 인권에 대한 관심이 높아지면서 여성 차별 역시 관심의 대상이 된 것이다. 여기에서는 여성에 대한 차별이 사회 전반에 존재하는 이유를 주로 법과 제도에 있다고 본다. 따라서 여성 차별을 없애기 위해서는 불평등한 법과 제도를 없애면 이루어질 수 있다고 주장한다. 자유주의 페미니즘의 참정권 운동이 대표적이다(송현주, 2015). 법과 제도의 개정과 변경은 정치 영역에서 이루어지는데 시민혁명이 이루어진 후 남성에게 참정권이 주어졌던 18세기 말에 여성에게는 참정권이 주어지지 않았다. 따라서 이 당시 페미니스트들의 주요 목표는 참정권을 획득하는 것이었다.

18세기말에 천부인권 사상을 바탕으로 모든 인간은 평등하다는 인권의식이 높아지면서 프랑스혁명 등으로 대표되는 시민권리운동이 활발하게 일어났다. 그러나 이때의 평등은 '모든' 사람들에게 적용되는 것은 아니었다(최현, 2008). 성별로는 남성들만이 새로운 평등사상의 수혜자였고 시민권리 운동에 같이 참여했던 여성들은 제외되었다.

이러한 불평등을 경험하면서 여성들은 남성이 누리는 권리를 같이 누려야 한다고 주장하기 시작했다. 이들은 남성과 같이 투표할 수 있는 참정권, 남성과 같이 교육받을 수 있는 교육권, 남성과 같이 일할 수 있는 노동권, 남성과 같이 재산을 소유할 수 있는 재산소유권을 주장하였다(김재인, 곽삼근, 2015). 이를 포함하여 여성을 공적 영역에서 배제하는 모든 제도와 관습 등을 개혁하고 이러한 개혁을 통해 여성에게도 남성이 누렸던 기회를 동등하게 부여해야 한다고 하였다. 또한 전통적인 성역할로 인해 여성이 육아와 가사노동을 전담하면서 공적 영역에 참여하는 것을 제한하므로, 여성이 담당했던 육아와 가사노동 부분을 사회가 부담해야 한다며 성역할 사회화를 주장하였다.

이러한 초기 여성 운동에 적극적으로 참여한 여성들은 대부분 중산층 여성들이었다. 19세기 당시의 귀족 여성들은 귀족 남성들과 마찬가지로 특권을 누리고 있었기 때문에 여성 운동의 이슈에 소극적이었다. 농촌 지역이나 노동 계급의 여성들은 같은 계급의 남성들처럼 여전히 생존 자체가 위협받는 열악한 상황에 놓여 있어서 다른 일에 관심을 가질 여력이 없었다. 반면에 중산층 여성들은 같은 계급의 남성들이 획득했거나 획득해 가는 권리로부터 소외되는 것을 보면서 상대적 박탈감이 커지게 되었고, 남성들의 교육·경제·정치적 권리를 여성들도 누릴 수 있게 해야 한다고 요구하게 된 것이다. 이러한 운동은 특히 의회민주주의가 발달한 미국, 뉴질랜드, 오스트레일리아 등에서 활발하게 일어났다(정민승 외, 2018).

그러나 자유주의 페미니즘은 성불평등이 생기는 '원인'보다는 결과적으로 드러난 현상에만 주목함으로써 평등하게 생산되는 결과를 평등하게 주어지는 기회로 착각했다는 비판을 받는다. 또한 서구의 백인과 중산층 중심의 자유주의 사상과 개인주의 사상을 바탕으로 전개되어, 다른 계급과 인종의 억압과 불평등에 대해서는 제대로 다루지 않았다는 문제점을 지닌다(송현주, 2015).

이런 한계에도 불구하고 자유주의 페미니즘은 세계적으로 성불평등 이슈를 전면화시켰고 그 결과 법과 제도의 불평등한 요소를 개혁하는 데 공을 세웠다.

이 운동의 영향으로 우리나라에서는 '여성할당제' 같은 여성을 위한 한시적 우대조치가 실시되었고, '가족법 개정을 위한 운동' 등을 통해 대표적인 성 불평등 법이었던 호주제가 폐지되는 성과를 이뤘다. 이러한 제1물결 페미니즘에 기반한 여성 운동을 여권 운동이라고 부르기도 한다.

2) 제2물결 페미니즘

제1차 세계대전을 전후하여 서구 대부분의 국가에서 여성에게 참정권을 부여하자 여권 운동이 급속히 약화되었다. 교육에서도 남성과 같은 기회를 누리게 된 것을 바탕으로 사회의 각 분야에 참여하게 되면서 여성들이 두각을 나타내기 시작했다. 세계대전으로 남성들이 전쟁에 참여하면서 여성들이 공적 영역에 더 참여하게 되기도 하였다. 그러나 세계대전이 끝나자 여성들은 대부분 다시 가정으로 돌아가 아내와 어머니로서의 전통적 역할에 머물러야 했다(Elisabeth Beck-Gernsheim, 2006).

1960년대 서구에서 학생 운동, 반전 운동, 흑인민권 운동, 반문화 운동 등이 활발하게 일어나면서 여성들도 동참하였다. 이런 여성들이 다양한 사회 운동에 참여하여 남성들과 어깨를 나란히 하였지만, 남성과 사적관계로 돌아가면 평등한 관계가 되지 않음을 깨닫게 되었다. 밖에서는 같이 열심히 활동하다가 집으로 들어오면 남성은 쉬는 반면 여성은 여전히 밀린 집안일과 자녀 양육에 매달려야 했다. 또 같은 공적활동에 참여하더라도 남성들은 중요한 회의를 주재하거나 결정을 주도하지만 여성들은 차나 간식을 준비하거나 그 활동을 보조하는 경우가 많았다.

이처럼 진보그룹 내에서도 남녀 간의 역할 불평등이 있음을 자각하면서 이들이 추구하는 이상과 현실 사이에 존재하는 괴리에 대해 문제를 제기하기 시작했다. 여성 불평등의 원인이 법과 제도에 한정된 것이 아니라 남성 중심의 사회구조, 즉 가부장제가 불평등의 근본 원인이라고 주장한 것이다. 이러한 문제의식을 느낀 여성들이 사회 운동으로부터 독립하고 남성 중심의 지배체제에 대해 단호한 도전을 하게 되었다. 그러면서 이미 존재하고 있는 남성 중심의 가치관이나 기준에서 벗어나서 여성 중심적 시각으로 사물을 보는 것이 중요하다고 주장하는 급진적 여성 운동이 대두되었다(정민승 외, 2018). 이러한 실천의 이론적·이념적 근거가 되는 것을 급진적 페미니즘이라고 한다.

급진적 페미니즘에서 여성은 남성과 생물학적으로 다르고 이 차이로 인해 여성이 경험하는 것과 남성이 경험하는 것 역시 다를 수밖에 없는데, 이 경험이 가부장제 하에서 어떻게 해석되고 받아들여지고 있는가에 주목한다. 대표적으로 여성만이 경험하는 임신과 출산을 들 수 있다. 이에 대한 입장은 상반된다. 여성이 임신과 출산으로 인하여 공적 영역에서 남성과 동등한 기회를 갖지 못하고 생존을 위해 남성에 의존하게 되므로 이것이 여성 억압의 중심이라고 주장하는 측이 있다(Firestone, 1970).

반면 임신과 출산은 여성만이 경험하는 경이로운 경험으로 남성에 의해 통제되었던 출산기술과, 임신 및 육아에 대해 여성이 가진 느낌과 감정을 여성이 재정의하고 이 모든 것의 주인공이 된다면 이러한 경험은 여성 해방의 원천이 될 수 있다고 주장하기도 한다(O'Brein, 1981).

또한 가부장제 하에서 남성에 의한 여성 억압과 종속은 '제도화된 이성애'에 의해 강화되어 왔다고 주장한다. 이성애 관계에서 남성이 여성의 육체를 통해 여성을 억압해 왔다는 것이다. 이는 강간, 성추행, 아내나 여자친구에 대한 폭행과 살인, 낙태금지법을 통한 여성의 재생산 능력에 대한 통제 등으로 나타난다고 보았다. 이러한 급진적 페미니즘은 여성의 생물학적 특성으로 인한 경험을 보편적인 경험으로 간주하고 여성이 처한 다양한 사회적 맥락을 고려하지 못했다는 비판을 받는다(송현주, 2015).

3) 제3물결 페미니즘

제2물결 페미니즘이 인종, 민족성, 계급, 국적, 종교에 따른 여성 간의 차이를 주목하지 않았다고 비판하면서 1980년대 이후 새로운 페미니즘이론이 등장하였다. 개인 여성은 성별 하나만으로 정체성이 규정되지 않으며 여성이 처한 다양한 사회구조 안에서 여러 층위의 정체성을 갖는 되므로 이를 같이 살펴야 한다는 것이다. 남성과 여성, 섹스와 젠더의 이분법을 해체하고(정민승 외, 2018) '다양한 차이'에 주목한다. 이를 제3물결 페미니즘이라고 한다.

예를 들어, 다민족·다문화사회인 미국의 경우 중산층 백인 여성은 성차별만 경험하지만, 빈민층의 소수민족이나 흑인 여성이 경험하는 차별은 더 다양할 수밖에 없다. 이들은 성차별 뿐 아니라 인종차별, 계급차별 등을 동시에 경험한다. 따라서 페미니즘이론은 단일한 것이 아니라 다양한 상황을 설명할 수 있는 여러 개의 페미니즘이론이 필요하다고 주장한다. 이는 주로 포스트모던 페미니즘에 근거한다(송현주, 2015).

이 같은 움직임은 주로 제3세계 여성들로부터 제기되었다. 이들은 가부장제하에서의 성차별은 물론이고 빈곤과 정치적 탄압까지 같이 경험하고 있어서 기존과는 다른 이론과 실천이 필요했다. 이러한 제3세계 유색 여성들이 주축이 되어 성차별주의뿐 아니라 인종차별주의, 식민주의, 제국주의, 독점자본에 대한 반대까지 큰 흐름을 만들어내고 있다(한국여성학연구회, 1998). 다만 이러한 다양성과 여성의 차이에 대한 강조가 지나칠 경우 통합과 정치 세력화의 걸림돌로 작용하는 것은 아닌지에 대한 우려가 존재한다.

제3절 성평등교육의 실천

1. 우리나라 성평등교육 역사

1) 대학교 여성학 강좌

우리나라 성평등교육은 이화여자대학교에서 여성학과가 개설되면서 시작되었다. 1977년에 여성학이 교양과목으로 개설되었고 정식 학과가 만들어진 것은 1982년이다. 교과목 외에 1969년에 만들어진 여성자원개발연구소에서 성평등 관련 교육 프로그램이 진행되었다. '현대사회에서 여성의 지위와 주부의 새로운 역할', '도시지역사회에서 여성 협동의 가능성', '지역사회 개발과 여성의 역할과 여성파워의 형성', '이스라엘 여성의 생활, 키부츠 소개', '서구의 여성들', '초기 자녀교육과 탁아소' 등 현재의 협동조합과 공동육아, 아동도서관운동의 시초라고 할 수 있는 내용들이다. 주로 중산층 고학력 여성들을 주체로 세우기 위한 교육으로, 지역사회의 주역으로 살아갈 수 있는 내용들이 중심이었다(로리주희, 2020).

2) 여성단체의 여성의식 향상 강좌

대학의 교육 외 1970년대 여성노동자운동을 중심으로 노조의 소모임활동과 교육을 통해 일부 성평등교육이 이루어졌다. 예를 들어, 1973년 인천 도시산업 선교회에서 '부평지역 여성지도자훈련'을 실시하였는데 이 과정 속에 일반적인 노동문제 외 여성노동자들만 경험하는 몸수색과 관리자의 구타 등을 다루었다. 원풍모방 노조의 경우에는 저임금에도 불구하고 몸치장을 위해 빚을 지고 사는 여성노동자들을 변화시키기 위한 내용으로 교육이 진행되기도 하였다. 교육 후 실천약속으로 '멋 부리지 않기', '사치하지 않기', '옷 빌려 입지 않기' 등의 내용이 포함되어 있었다. 이후 여성학을 공부한 경험이 있는 대학생들이 노동 운동에 참여하면서 모성보호나 평생노동권, 직장 내 차별조치 등의 내용들이 다루어지기 시작했다(로리주희, 2020).

본격적인 성평등교육은 1980년대 여성단체가 생기고 이들 단체에서 여성의식 향상을 위한 교육들이 진행되면서 활발해지기 시작했다. 1983년에 여성평우회와 여성의전화(한국여성의전화의 전신)가 창립되었고, 1987년에 한국여성단체연합과 한국여성노동자회, 한국여성민우회 등 기존의 소위 '관변여성단체'와 달리 여성차별을 시정하겠다는 목표를 분명히 하는 여성단체들이 생겨났다. 이들 단체는 생산직 여성, 사무직 여성, 전업주부 등을 대상으로 현재의 성차별 상황을 인지하고 이 문제를 해결하기 위한 주체로 세우기 위해 다양한 교육 프로그램을 실시하였다. 이런 교육을 '여성의식 향상'교육이라고 불렀다.

1992년에 '한국여성사회교육원'이 설립되었다. 대학생들 외 일반 시민들에게도 여성학교육이 필요하다는 공감대가 형성된 학자들 중심으로 만들어졌다. 이 기관에서는 일반 시민 대상 교육 뿐 아니라 여성단체나 시민단체의 활동가교육도 같이 진행하였다.

3) 학교 성교육

한국사회에서 오랜 동안 성에 대해 논의하거나 거론하는 것은 금기시되어 왔다. 그러다가 1966년에 문교부의 '순결교육' 방침이 발표되었고, 1970년대에 학교의 성교육에 대한 실질적인 논의가 시작되었다. 그러나 여전히 성교육은 여성에 대한 순결교육처럼 여겨지거나 생물학적 성, 특히 무지에서 오는 임신과 출산을 예방하기 위한 차원이었다. 정부는 성교육을 통해 피임과 낙태를 유도하여 인구를 억제하는 효과를 얻고자 하였고, 이러한 상황에서 1982년에는 성교육 실시가 공표되었다. 이에 따라 1983년 문교부의 성교육지도자료가 발간되어 공식적인 성교육이 실시되었다. 그 주요내용을 보면 ① 유치원: 남자와 여자의 신체적 차이, 놀이를 통한 남녀 역할, ② 초등학교: 임신, 출산, 제2차 성징, 생리, 자위행위, 이성 친구와의 건전한 관계, ③ 중학교: 제2차 성징(신체적·심리적 발달), 성교와 임신(생명의 신비), 출산(생명의 존엄성), 성적 충동과 관심, 성역할, 가정의 의미, ④ 고등학교: 신체 성숙과 정신적 성숙, 위생(성병), 성 가치관 확립, 피임과 불임, 임신중절, 가족계획 등이다(다음백과).

이처럼 생물학적 성기능 중심으로 이루어진 성교육을 비판하면서 여성단체를 중심으로 성교육 내용 개선과 의무시간 확보를 정부에 요구하였다. 이후 학교 성교육에 성평등 요소들이 포함되고 일정 시간 이상 학교에서 진행되기 시작했다.

4) 성평등교육의 제도화

1995년 북경 세계여성대회에서 '성주류화' 전략을 천명한 이후 성평등을 위한 각종 조치들을 제도화하는 움직임이 활발하게 일어났다. 법을 제정하고 그에 따른 예산 배정과 사업을 담당하는 정부기관들이 생겨났다. 경우에 따라서는 민간단체에 위탁운영하거나 운영비를 지원하는 방식으로 진행되었다. 성평등교육도 마찬가지로 여성단체들이 의무교육으로 실시해야 한다고 지속적으로 요구하였고, 이것이 수용되어 관련 법에 명시됨으로써 법적 의무교육으로 성평등교육이 시행되고 있다.

1980년대 이후 성평등 실현을 분명한 조직의 목적으로 출발한 여성단체들은 자체적으로 성평등교육을 실시하면서 이런 교육이 정부 차원에서 예산을 편성해서 이루어져야 한다고 요구하였다. 1990년대에 이와 관련 내용이 포함된 법이 제정되기 시작하였고, 2000년대 이후에는 본격적으로 성평등교육이 의무교육으로 정착되기 시작하면서 제도화되었다. 구체적으로 살펴보면 다음과 같다.

(1) 학교성교육

1990년대까지 학교성교육은 순결교육에 치중하거나 가부장제를 강화하는 내용이 주를 이루고 있어 여성단체들의 지속적인 개선 요구가 있었다. 2007년에 '학교보건법'이 개정되면서 보건교육을 체계적으로 실시하도록 규정하였고, 이에 따라 학교성교육을 연 10시간 의무적으로 하게 되었다. 그러나 보건교사를 포함하여 성교육을 제대로 할 수 있는 강사가 많지 않아서 여성단체를 중심으로 성교육강사양성과정이 활발하게 운영되었다.

현재 학교 밖 기관으로 성교육을 활발하게 하는 곳은 청소년성문화센터이다. 2020년 현재 이동형2)을 포함하여 59개가 운영 중에 있다. 정부가 민간단체에 위탁 운영하는 형태로 하는 경우가 많아 운영주체에 따라 구체적인 내용이 다를 수 있으나 해부학적 성을 포함하여 연애와 결혼, 임신, 출산, 피임, 성정체성, 성희롱·성폭력예방, 성평등의식 향상 등의 주제를 폭넓게 다루고 있다. 교육 대상도 청소년을 기본으로 하고 양육자, 교사, 청소년기관 및 관련기관 실무자 등 대상이 확대되고 있다(로리주희, 2020).

(2) 젠더폭력예방교육

젠더폭력예방교육 분야 중 제일 먼저 의무교육으로 시행된 것은 성희롱 예방교육이다. 1999년에 제정된 '남녀차별금지 및 구제에 관한 법률' 제정으로 법적 근거가 마련되면서 일정 규모 이상의 조직에서 반드시 성희롱예방교육을 실시하게 되었다. 2008년 성매매예방교육, 2012년 성폭력예방교육, 2013년 가정폭력예방교육이 공공기관 대상 의무교육으로 확대되면서, 폭력예방을 위한 교육이 강화되어 왔다(박성정 외, 2016). 2014년부터 각종 폭력예방교육을 통합적으로 운영할 수 있는 법이 제정되었고, 2018년부터는 4개 유형의 교육을 통합하여 '젠더폭력예방통합교육'으로 명명된 교육을 실시하고 있다.

의무교육이 많아지다 보니 강사 수요도 늘어났다. 이에 따라 교육을 담당할 강사양성과정이 개별 단체를 중심으로 이루어졌고, 국가 차원에서는 젠더폭력예방교육을 포함하여 성평등교육을 총괄하는 한국양성평등교육진흥원이 설립되었다. 한국양성평등교육진흥원은 '양성평등교육을 체계적으로 수행 지원하여 우리 사회의 남녀차별적 의식과 관행을 개선하고 개개인의 능력과 소질을 개발할 수 있는 건강한 사회기반 조성'을 목적으로 2003년 재단법인 형태로 설립되었다.

한국양성평등교육진흥원의 폭력예방교육사업은 직접교육사업과 지원사업으로 구분된다. 직접 하는 과정은 공공기관 내 성희롱 방지 및 피해자 지원을 위한 성희롱·성폭력고충상담원 전문 및 심화과정, 북한이탈주민 양성평등 및 인

---

2) 성교육버스를 말한다. 버스 안에 성교육 교구를 갖추고 학교 등 원하는 기관이나 시설에 찾아가서 성교육을 실시한다.

권보호교육, 아동/청소년 대상 성범죄자 재범방지교육 등 세 가지이다. 지원사업은 공공기관 폭력예방교육 현장컨설팅, 중앙폭력예방교육지원기관 운영, 성인권교육 중앙지원교육기관 운영 등이 있다(한국양성평등교육진흥원 홈페이지, https://www.kigepe.or.kr/kor/com/adult.do?menuNo=12100).

2. 페미니스트 페다고지

1) 페미니스트 페다고지의 기본 이해

(1) 페미니스트 페다고지의 등장

페미니스트 페다고지는 서구사회에서 학교교육과정이나 교과서 내의 성불평등 문제를 탐구하고 실천하면서 시작되었다. 학교 현장에서의 성불평등 문제를 다루기 위한 교육적 관심과 실천이 페미니스트 페다고지이다. 어떻게 교육 현장을 성평등하게 운영할 것인가? 또한 교사와 학생 모두를 어떻게 하면 교육의 주체로 서게 할 것인가에 대한 관심과 실천이라고 할 수 있다(곽삼근, 2008). 우리나라에서는 페미니스트 페다고지 또는 여성주의교육학, 여성주의교육 등 여러 용어들이 혼용되고 있다. 어떤 용어를 사용하든 페미니즘 가치에 입각하여 교육 현상을 분석하고 연구하는 것으로 학교교육 뿐 아니라 평생교육에서도 필요하다. 앞서 페미니즘을 기술할 때 언급했지만 페미니즘에 기초한다고 해서 여성만을 대상으로 하거나 여성만을 위하거나 여성에 의한 교육을 뜻하는 것이 아니다. 성별을 떠나 모든 인간을 대상으로 하며 교육 이념과 실천 과정에서 페미니즘이 추구하는 내용을 토대로 하는 것이다.

한 줄로 표현하면 페미니스트 페다고지는 페미니스트이론의 교육적 실천이라고 할 수 있다(나임윤경, 2003). 다만 출발은 성차별 당사자인 여성들이 이를 인식하도록 하는 것이다. 따라서 여성주의교육학자들은 교육을 통해 여성들이 사회적 억압과 불평등을 인식하고 여성주의 관점으로 세상을 바라볼 수 있도록 노력한다(Flannery & Hayes, 2000; Tisdell, 2000).

학교교육에서 페미니스트 페다고지는 교과서와 교육과정, 교육 현장에서 교사와 학생 간의 상호작용에서 성불평등 요소를 찾아내고 이를 시정하려고 한다. 오랜 동안 다른 분야와 마찬가지로 교육 현장도 성중립적으로 이루어진다고 생각해 왔지만 사실은 이에 대한 민감성이 없어서 알아보지 못했다는 사실을 자각하면서, 교육 현장을 젠더 관점으로 바라보기 시작한 것이다. 이처럼 성에 대한 무지 또는 둔감함을 몰성(gender-blind)라고 한다.

몰성에서 벗어나면서 교과서 안에 등장하는 남성과 여성의 역할이 얼마나 고정관념을 반영하고 있는지, 교사들이 남학생과 여학생을 대하는 태도가 어떻게 다른지, 학교 운영 과정은 성평등한지 등 여러 다양한 이슈들을 제기하고 시정을 요구해오고 있다.

이처럼 페미니스트 페다고지는 처음 출발할 때는 학교 현장에서의 성평등 이슈에 머물렀지만 점차 성차별문제 뿐 아니라 인종차별, 계급차별 등 사람에게 가해지는 다양한 차별을 넘어서도록 교사와 학생 모두를 성찰하게 하고 변화를 위해 작은 실천부터 시작하게 하는 것으로 확대되었다. 이런 관점에서 페미니스트 페다고지는 변화를 추구하기 위해 교실에서 취할 수 있는 실천을 위한 교수-학습과정에 대한 이론이라고 할 수 있다(Shrewsbury, 1993). 그러나 페미니스트 페다고지가 갖는 관심과 실천이 학교교육에 한정되어서는 안 된다. 오히려 학교교육 뿐 아니라 성인교육 등 평생교육 현장에서도 폭넓게 이루어지는 것이 바람직하다.

(2) 페미니스트 페다고지의 기본 관점

학교교육뿐 아니라 모든 교육은 성별을 이유로 불평등을 경험하지 않도록 해야 한다. 나아가 교육을 통해 성불평등을 포함하여 부당한 불평등에 대한 민감성을 키워서 이를 변화시키도록 해야 한다. 이런 차원에서 모든 교육은 성평등을 실천하도록 기여해야 한다. 하지만 아직까지 성불평등 기제가 작동하는 한국사회에서 교육 현장이 성평등해졌다고 확언할 수 없다. 오히려 교육이 기존 질서 유지나 성별 불평등을 재생산하는 데 기여한다는 비판이 제기되기도 한다(강은숙 외, 2021). 이런 차원에서 페미니스트 페다고지가 기존의 교육학과 다른 점을 정민승 등(2018)은 다음과 같이 세 가지로 제시하였다.

첫째, 일차적으로 여성들이 스스로의 삶을 효과적이고 긍정적으로 변화시킬 수 있도록 하는 능력을 키우도록 한다. 교육의 기본 목표는 학습자들이 스스로의 삶의 주체로 성장하도록 도와주어야 하는데, 여성들은 교육을 통해 자신의 능력을 인정하고 자존감을 높이기보다는 부족한 존재로 여기는 경향을 가진다는 것이다. 이는 학년이 올라가고 학교 급이 높아가면서, 특히 수학이나 과학

등 전통적으로 남성적 교과라고 여겨진 과목에서 두드러지게 나타난다(곽윤숙, 2015).

둘째, 여성 자신의 임파워링(empowering)을 지향한다. 임파워링(empowering)은 세력화, 힘 갖추기 등으로 번역되는데, 소외되고 무력화된 여성 또는 소외계층의 사람들이 함께 모여 스스로의 힘을 키워나가는 과정을 말한다. 사회적 지위가 낮은 여성일수록 '배우는 것'과 자신은 관계가 없다고 여기는 경향이 강한데, 오히려 이런 사람들일수록 교육에 의해 내적 힘을 갖추고 자기 인생의 주인으로 설 수 있도록 도와주어야 한다.

셋째, 학교현장에서 페미니스트 페다고지는 학습자와 교사, 지식이 상호 연관되어 있다고 전제하고 그것을 학습자 중심으로 연계하고자 노력한다. 이는 기존의 페다고지가 교사에서 학생으로 지식이 전달되는 것 중심으로 바라본 것에서 벗어나는 것이다. 교실 안에서 교사와 학생 간에 쌍방 소통과 지지가 중요하고, 그동안 관심 받지 못했던 학생들의 경험과 인식을 중요한 교육 자원으로 다룸으로써 학생들이 자신의 경험과 인식이 지식의 창조와 연관성이 있음을 깨닫게 하는 것이다.

위의 논의는 학교현장에 국한된 것이지만 이를 평생교육 현장으로 확대해도 무리가 없다. 교수자와 학습자 모두 서로 연결되어 있고, 이들 간의 쌍방 소통과 지지가 중요하며 학습자, 특히 성인학습자의 경험을 중요한 학습자원으로 활용한다는 것은 이미 다수의 성인학습이론에서도 강조한 바 있다. 따라서 페미니스트 페다고지는 평생교육이 추구하는 가치와 방향과 같이 가되, 교육에서의 성차별적 요소를 없애고 성별 고정관념에서 벗어나 진정한 자아실현과 성평등한 사회 변화를 위한 학문적·실천적 노력이라고 할 수 있다.

2) 페미니스트 페다고지의 이론과 실천

(1) 전통적 페미니스트 페다고지

전통적 페미니스트 페다고지로 자유주의 페미니즘과 급진주의 페미니즘에 기반한 페다고지를 살펴본다. 먼저 자유주의 페미니즘에서 교육에 대한 관심은 여성들이 자신의 잠재력을 발휘하지 못하도록 하는 장애를 제거하는 것이다. 이에 대한 세 가지 주된 주제는 교육에서의 기회 균등, 성역할 사회화와 성 고정관념, 성 차별이다. 이 중에서 교육 기회 균등에 대한 관심은 교육 불평등 문제를 분석하고 해결책을 제시해주고 활성화하는 데 큰 공헌을 하였다. 이 관점에서는 남녀 성별 구분 없이 동등한 교육 기회를 확보하는 것이 중요하다. 특히 상대적으로 교육 기회가 적었던 여학생들의 잠재력을 발휘하는 데 장애가 되는 요소들을 제거하는 것이다(Acker, 1987). 예를 들어, 아직 저개발국가에 남아 있는 형태 — 동생들을 돌보고 집안일을 하느라 학교에 가지 못하는 어린 여학생과 이를 당연히 여기는 부모를 찾아가 교육의 중요성을 설득하고 정규 교육에 이들을 참여시키는 노력 — 등이 이에 해당한다.

다만 자유주의 페미니스트 페다고지에서 기회 균등 전략이 갖는 한계도 존재한다. 먼저 이러한 전략은 교육기관과 지식 내용이 성별 중립적이라고 가정한다. 그러나 앞서 언급한 것처럼 여전히 학교는 성별 중립적이지 않고 전통적인 성 고정관념을 재생산하는 경우가 많다. 지식 내용 측면 역시 남성 과학자나 학자에 의해 주도되었고, 전통적인 남성성과 여성성이 바람직한 것으로 구성되어 이것이 그대로 학생들에게 전달되면서 성 고정관념을 강화하는 데 기여하였다. 무엇보다 남학생의 성평등교육에 대한 관심이 전무하였다(곽삼근, 2008). 성평등을 이루기 위해 여성의 역할도 중요하지만 남성 역시 학습을 통해 성평등을 위한 동등한 주체로 함께 할 수 있도록 해야 하는데 이에 대해서는 거의 시도하지 않았다.

급진주의 페미니즘은 성불평등의 근본 원인을 가부장제라고 하였다. 이 관점에서 교육의 목표는 지식이나 권력, 부를 동등하게 갖는 것이 아니라, 억압적인 문화적 현실로서의 성차를 근절하는 것이라고 주장한다(O'Brein, 1981). 스펜더와 사라(Spender & Sarah, 1980)는 인간의 지식이라는 것은 남성활동과 결정의 기록일 뿐이라고 지적한다. 교육은 남성 지식의 전수이며 학교에서 가르치는 것은 모든 사람들의 경험이라고 하지만 사실은 남성들의 경험일 뿐이라는 것이다. 따라서 학문과 교육 영역에서 여성의 목소리와 공헌, 여성에 대한 이해는 무시되어 왔기 때문에 동등하게 기회를 부여받는 것이 중요한 게 아니라 교육의 본질을 변화시키는 것이 핵심이라고 주장한다. 즉, 이들은 파이를 나눠가지는 것이 아니라 파이 자체를 변화시켜야 한다고 말한다.

(2) 포스트모던 페미니스트 페다고지

근대사회의 모더니즘은 인간과 자연의 분리, 육체와 정신의 구분 등 이분법적인 사고와 남성적 가치로서 효율성을 추구하는 것이 핵심이었다(곽삼근, 2008).

하지만 이러한 세계관에 기반한 개발지상주의는 자연의 파괴를 가져왔고 지구 온난화 등 인류 생존 자체를 위협하는 상황에 이르게 되었다. 포스트모더니즘은 지금까지 인류의 가치관에 대해 해체하거나 새롭게 재구성하기를 요구한다.

포스트모던 페미니스트 페다고지는 교육의 성별 불평등이 여성의 침묵에서 기인한다고 본다. 여성이 침묵하고 목소리를 내지 않은 것은 역사, 사회, 문화, 정치적으로 불리한 위치에 있었기 때문이라고 설명한다(Belenky, 1986). 그러나 이런 여성의 침묵을 무력함으로 보는 것이 아니라 남성의 공적 담론에 대한 일종의 저항이라고 생각한다. 즉, 위험한 환경에서 살아남으려는 주요 방식이라는 것이다(정민승 외, 2018). 그래서 여성은 공적 담론이 아니라 사적 담론을 가지고 있으며, 이것은 남성문화에 대한 저항의 하나라고 본다.

따라서 이 입장에서는 남성적인 공적 담론인 기존의 교육과정을 해체하고 남성이 기술한 여성문화, 여성의 사고와 일상을 사적인 담론으로 끌어들여 여성의 시각에서 읽고 쓰면서 재조명하고 재구성해야 한다고 주장한다(안현용, 2015). 이런 과정 자체가 교육과정을 개혁하는 하나의 방법이라고 제안한다. 또한 기존의 이분법적 사고를 배제하고 다양성에 주목하여 지금까지 소외되어 왔던 여성의 경험과 담론을 교육과정과 체제의 중심에 놓아야 한다고 제시한다.

이 관점에서 교육은 일상에서의 의미를 주체적으로 만들고 정체성을 확립하도록 하는 것이 중요하다(송현주, 2015). 새로운 사실을 아는 것도 중요하지만 기존의 사실이나 사건을 주체적으로 다른 시각과 위치에서 보도록 하는 것이다. 이런 점에서 정형화된 학교교육 현장보다는 평생교육 현장이 더 유용할 수 있다. 서로 다른 사람들이 만나 자신의 경험을 공유하고 토의하며 재해석하는 과정에서 차이를 인정하고 각자 교육의 주체로 설 수 있기 때문이다.

3. 성평등 실현을 위한 교수 원리

지식 전달과 교사 중심의 학교현장과 달리 평생교육 현장은 학습자를 교육의 주체로 참여시키고 일방향의 강의식 교육보다 함께 토의하고 만들어가는 경향이 강하다. 이는 성별 위계질서에 기반한 교수학습과정에 반대하고 교수자와 학습자의 힘의 차이가 드러나는 교육과정을 견제하는 페미니스트 페다고지의 가치와 많이 맞닿아있다. 이것을 좀 더 발전시켜서 페미니스트 페다고지 교수법이라 명명하고 정민승(2018)은 다음과 같이 제언하고 있다.

첫째, 주관적 경험을 나누는 일에서 출발한다.

자신의 상처를 타인이 보듬어 주고 이를 통해 치유될 수 있다는 전제가 있을 때 진정한 교육적 교감이 가능해진다. 앞서 말한 것처럼 사람들은 위험한 환경에 처해 있다고 인식할 때 자신의 경험과 솔직한 목소리를 내지 않는다. 그러나 자신이 목소리를 내도 안전하다고 여기는 환경이 조성된다면 누구나 참여하여 자신의 경험과 감정, 판단, 생각을 이야기할 수 있다. 특히 가부장제 하에서 성차별을 경험한 여성은 자신이 느끼는 불편함에 대해 유난을 떤다는 비난을 받을까봐 쉽게 드러내지 않는 경우가 많다. 그러나 자신의 불편함을 공개했을 때 의외로 다른 많은 여성들도 경험한 것이라서 서로 공감이 되고 자연스러운 동질감이 형성된다. 이런 주관적 경험 공개와 이에 대한 공감, 이로부터 출발하는 새로운 미래에 대한 상상 등은 교육 현장을 더욱 풍부하게 만들 것이다.

둘째, 실천을 전제로 논의를 편다.

페미니즘은 이론이자 실천이다. 왜냐하면 출발 자체가 불평등한 현실을 인식하고 이를 바꾸려는 노력에서 시작했기 때문이다. 따라서 페미니스트 페다고지 역시 현재의 억압적 상황을 바꾸는 실천을 수반한다. 아는 것에 그치는 것이 아니라 작은 것이라도 행동으로 옮기는 것이 중요하다. 페미니스트 페다고지학습과정에서도 실천을 유도하도록 이끄는 것이 필요하다.

셋째, 학습자는 교육자와 동등한 권력을 가지며, 이전보다 좀 더 활력 있는 존재가 되는 것을 목표로 학습한다.

많은 성인학습이론에서 교수자와 학습자가 동등한 지위를 갖는다는 것은 확인되었다. 그러나 이것이 교육 현장에서 실현되는 일은 쉽지 않다. 교수자와 학습자 모두 이에 대해 아직 잘 인식이 안 되어 있거나, 인식하고 있더라도 기존의 관행 때문에 실천하기 어렵다. 특히 학습자 입장에서는 더욱 어려울 수 있다. 따라서 교수자 먼저 자신이 학습자보다 우월하다는 인식을 버리고 교육이 진행되는 과정에서 학습자와 동등하게 소통하려는 노력을 해야 한다.

넷째, 교수자는 연결자 또는 매개자로서 감정이 흐르는 공간이 만들어지도록 한다.

일반적으로 교육 현장은 이성이 지배하는 공간이라고 전제한다. 그러나 이성만큼 감정도 존재한다. 성인 대상으로 교육을 진행할 때 교수법에서 빠지지 않고 언급하는 것이 도입부의 얼음 깨기(Ice Breaking)이다. 이는 학습자들이 경직되어 있을 때 원활한 학습이 이루어지기 어려우므로 분위기를 부드럽게 하자는 것이다(송민열, 2011). 이는 이성 뿐 아니라 사람들의 감정이나 심리 상태가 학습 과정과 공간에 영향을 미친다는 것을 반증한다. 페미니스트 페다고지는 감정이 학습에 영향을 미치는 것을 넘어서서 감정이 흐르도록 해야 한다는 것을 주장한다. 이렇게 되도록 하기 위해 교수자는 연결자 또는 매개자로서의 역할을 수행해야 한다.

연구문제

1. 한국사회에서 성평등교육의 필요성에 대해 탐구하고 논의해 봅시다.

2. 학교교육을 성인지 관점으로 성찰했을 때 불편한 점을 느낀 경우가 있다면 어떤 내용이었는지, 당시의 맥락은 어떠했는지 학습자들과 논의해 봅시다.

3. 성인지 감수성을 향상하기 위한 교육방법은 어떤 것이 좋은지 탐구해 봅시다.

4. 젠더폭력예방교육 등 성평등교육이 강화되고 있음에도 불구하고 일베 등 일부 반발하는 집단이 생겨나는 원인을 분석해 봅시다.

5. 대상별, 세대별, 직군별로 가장 중요한 성평등교육 주제가 무엇인지 생각해 봅시다.

CHAPTER 12

문해교육

제1절 문해교육의 개념과 역사

제2절 문해학습자의 이해

제3절 문해교육 법과 행정

제4절 성인 문해교육의 발전 방향 및 과제

이 장에서는 특별한 인용 표시가 없는 경우 임경미 외(2019)의 글을 인용하는 것임

제1절 문해교육의 개념과 역사

1. 문해교육의 개념

문해(文解)의 사전적 정의는 "글을 읽고 이해함"이다. 글을 읽고 이해하지 못하는 것을 '비문해(illiteracy)'라고 하며, 글을 읽고 이해하지 못하는 사람을 '비문해자(illiterate)'라고 한다. 일제 강점기와 해방 후에는 문맹(文盲)자라 하여 '글을 못 보는 장님'을 의미했다. 비문해자에게 문해자가 되게 하는 교육을 '문해교육'이라 일컫는다.

평생교육법(제2조)에서는 "문자해득교육"(이하 "문해교육"이라 한다)이라고 칭하며, 일상생활을 영위하는 데 필요한 문자해득(文字解得) 능력을 포함한 사회적·문화적으로 요청되는 기초생활 능력 등을 갖출 수 있도록 하는 조직화된 교육 프로그램이라고 정의하고 있다.

황종건 외(1989)는 문맹이 아닌 비문해라는 용어를 사용하였고, 문해의 단계를 문해와 비문해로 구분하고, 문해는 기능문해(functional literacy)와 기초문해(basic literacy)로, 비문해는 준문해(semi-literacy)와 비문해(illiteracy)로 구분하였다. 최운실(1989)은 문해의 유형을 영역별 기능문해, 생활기능문해, 기초문해로 구분하였다. 김종서(1994)는 문해를 문해와 비문해로 나누고 문해는 영역별 기능문해, 일반기능문해, 기초문해로, 비문해는 반문해와 완전비문해로 구분지어 표 12-1과 같이 제시하였다(임경미 외, 2019).

표 12-1 문해의 유형과 의미(김종서, 1994)

구분	유형	의미
문해	영역별 기능문해	정치, 경제, 사회, 문화, 기술 등의 각 영역에서 기본적인 지식을 갖고 있음
	일반기능문해	생활에 필요한 문장이나 셈을 불편함이 없이 할 수 있음 신문을 읽고 어느 정도 이해할 수 있음
	기초문해	친구와의 편지 정도의 글을 쓸 수 있음 초등학교 5학년 정도의 가감승제를 할 수 있음

구분	유형	의미
비문해	반문해	간단한 단어를 읽기는 하지만 쓰지는 못함 간단한 덧·뺄셈은 할 수 있으나 곱하기 나누기는 전혀 못함
	완전비문해	읽기, 쓰기, 셈하기를 전혀 하지 못하는 상태

출처: 임경미 외(2019).

성인문해능력의 개념에 대해 유네스코(UNESCO)는 1990년 세계선언 공표인 "모든 이를 위한 교육(Education for all)"에서 문해를 전 연령층을 위한 형식·비형식 교육 개념으로 확장하였다. 이 개념은 존재하기 위한 학습, 함께 살기 위한 학습, 행하기 위한 학습, 알기 위한 학습의 개념을 표방하고 있다. OECD는 "국제성인문해조사(International Adult Literacy Survey)"에서 일상활동, 가정, 일터 및 지역사회에서 문서화된 정보 이해와 활동 능력 및 지식과 잠재력을 넓힐 수 있는 능력이라 하였다. EU는 "유럽에서의 평생교육 실현(Making a European Area of Lifelong Learning A Reality)"에서 평생학습사회의 실현을 위해서는 모든 국민이 지식과 정보의 이해 및 활용 가능한 기본적인 소양을 갖추어야 하며, 문자를 읽고, 쓰고, 셈하는 능력뿐만 아니라 IT능력, 외국어 능력, 기술문화 이해력, 기업가 정신과 사회적 기술을 제시하였다(국가문해교육센터, 2021).

산업화 사회에서는 문해를 '글을 읽고 이해할 수 있고, 쉬운 셈을 할 수 있는 3R's가 가능한 것'이라 보았다. 하지만 사회가 복잡하게 분화하고 빠르게 변하면서, 1990년대 발달한 컴퓨터와 인터넷으로 인해서 다양한 기술을 활용하고 소통할 수 있는 능력을 문해의 개념에 추가해야 한다는 주장이 등장하였다. 즉, 미디어문해, 디지털문해, 컴퓨터문해, 예술문해, 생태문해, 건강문해, 통계문해, 시각문해, 문화문해, 수해문해 등 문해의 개념은 매우 다양하고 광범위하게 조명 받고 있다(차갑부, 2014).

이와 같이 시대와 사회에 따라 문해의 개념이 변화되고 확장되고 있기 때문에, 누구든지 문해교육의 대상자가 될 수 있다. 변화하는 사회에 적응하고 보다 나은 삶을 영위하기 위해서 평생학습 사회에서는 자신의 부족한 부분을 꾸준히 학습해 나가야 한다.

인간이 평생학습자로 살아야 하는 이유가 바로 시대에 따라 변화하고 확장되는 문해의 특성과 연관되어 있다고 볼 수 있다(임경미 외, 2019).

2. 문해교육의 역사

1) 일제강점기의 문해교육

일제강점기 일본에 의해 실시된 모든 교육은 조선인의 황민화와 전쟁승리의 수단이었다. 반면 우리의 민족적 과제는 자주독립과 근대화였다. 이러한 민족적 과제 해결을 위해 선각자들은 독립협회를 중심으로 민권문제를 부각시켰다. 민권회복 운동은 민간단체가 주도한 문해교육 운동, 서재필의 국문전용인 독립신문과 박은식의 국한문 혼용 황성신문의 발간, 조선일보의 국문보급운동, 동아일보의 브나로드운동, 조선어학회의 표준말 보급과 문맹퇴치 강습으로 전개되었다. 일제의 단속과 탄압이 심해지자 문해교육은 야학과 강습소를 중심으로 추진되었다. 일제의 탄압에도 불구하고 종교기관과 민간단체들은 야학 및 강연회의 문맹퇴치 운동 외에도 농촌계몽운동, 잡지 발간, 조선어사전 편찬, 언문철자법 및 한글 맞춤법 통일안 발표 등 활발한 민중계몽 운동을 전개하였다. 이렇듯 문해교육 운동은 민족적 자주성을 높이는 데 기여하였는데, 문해교육이 민중의 자발적인 힘을 통해 이루어졌다는 점에서 큰 의미를 갖는다.

일제는 1934년부터 황민화 교육정책을 실현하기 위해 간이학교를 설치하여 일본 국민정신의 주입, 일본어 읽기, 쓰기, 말하기 능력과 더불어 직업에 대한 이해와 능력을 함양하였다. 또한 1938년부터는 학교 교과내용에서 조선어의 완전 폐지와 모든 공문서와 공공집회에서 조선어 사용을 금지시켰다. 따라서 조선인의 한글 문해교육은 일본어 문해교육으로 대치되었으며, 이러한 일본의 우민화 정책으로 인해 조선에는 많은 비문해자가 양산되었고, 조선인의 민족정신 말살과 함께 문해교육의 암흑기를 가져왔다.

2) 해방 후 국가 주도의 문해교육

일제의 강압적인 민족문화말살정책으로 인해 한글 교육을 전혀 받을 수 없었기 때문에 1945년 해방 당시 12세 이상 전체 인구 중에서 약 78%가 문맹이었다(문교부, 1961). 그 당시 새로운 민주주의 제도의 수립과 민주주의 국가 운영을 위해 가장 시급한 문제는 모든 국민의 민주적 자질과 문자해득이었다. 또한 일반 국민들도 민족의 해방과 우리말과 우리글을 되찾아야 한다는 열망을 가져

전국적으로 한글을 배우려는 열기가 확산되었다. 이때 높은 문맹률을 해소하기 위해서 국가주도로 대규모 국문보급 사업으로 문맹퇴치운동을 실시하게 되었다. 그 결과 1945년 해방 당시 78%였던 문맹률이 감소하여 1947년 42%로 되었다. 이 시기의 문해교육정책은 정치참여와 사회구성원으로서의 역할 수행을 돕는 것이었다.

1946년 '공민학교 설치요령'의 공포로 전국에 많은 공민학교가 설치 운영되었다. 공민학교는 국민학교에 취학하지 못한 청소년과 성인들에게 초등 기초 2~3년의 교육과정을 마치게 하는 준학교 교육기관으로 전국적으로 문맹률 감소에 큰 기여를 하였다. 1949년 교육법의 제정으로 공민학교가 교육법상 제도화되었다. 그 당시 공민학교는 정규 교육과정인 국민학교를 다니지 못하거나 국민학교를 졸업 중학교에 진학하지 못하던 이들에게 초·중등교육의 역할을 대신 했다.

3) 한국전쟁 이후 국가재건기의 문해교육

1950년 6월 25일 한국전쟁 이후에도 문해교육에 대한 국민적 열의와 정부의 교육 정책은 지속적으로 추진되었다. 1950년부터 1958년까지 국가적 프로젝트로 '문맹퇴치 5개년 계획'을 실시하였다. 한편 군대에서는 한국전쟁으로 동원된 군인들의 문맹률 감소를 위해 1952년부터 문맹퇴치사업을 실시하였다. 정부주도의 문맹퇴치사업으로 정부수립 당시 41.0%의 문맹률을 4%대로 대폭 감소되었다. 아울러 국민학교에 입학하는 학생들이 96%에 달하자 문교부는 문해교육 정책보다 학교교육 확장에 힘쓰게 되었고, 그로부터 20년간 성인기초교육과 문해교육을 간과시키는 결과를 초래하였다.

4) 70년대 이후 민간주도의 문해교육

문맹퇴치 5개년 계획(1954년-1958년) 종료 이후 국가적 차원에서의 문맹퇴치사업은 거의 종결된 상태였기에 국문보급에 관한 사업이 문교부에서 재건국민운동본부로 이관되었다. 1961년의 문맹률이 8.1%였기에 의무교육의 발달로 인해 문해교육이 완전 해소되었다고 여겨 70년대 이후 30년간 국가교육계획에서 비문해 문제를 다루지 않았지만, 민간중심의 기관 등에 의해 유지되어왔다. 다시 문해교육에 관심을 갖고 민간에서 거론되기 시작한 계기는 UN에서는

1990년을 '세계 문해의 해(Literacy Year)'로 정하고 2000년까지 전 세계의 모든 국민들이 비문해를 해소하는 한편 기초교육의 기회를 확대해야 한다는 목표 "Education for All by 2000"을 결정하였기 때문이다. 이로 인해 우리나라도 새로운 문해교육의 전환기를 맞이하였다.

5) 2000년대 부흥기의 문해교육

OECD 가입국인 우리나라는 2000년 문해교육과 모든 국민의 기초교육의 기회 확대를 요구받았는데, 이로 인해 국가적인 평생교육정책 수립이 시급하게 되자 평생교육법을 개정(2007년 12월 14일)하여 문해교육을 법제화하였고, 국가평생교육진흥원을 개원(2008년 4월 20일)하여 평생교육의 진흥과 문해교육 지원의 기틀을 마련하였다. 평생교육법이 전면 개정됨에 따라 문해자 실태조사와 교과서 개발, 문해교사(원)의 양성, 학력인정 시스템 구축 등을 위해 민간과 국가가 협력하고 있다. 초기에는 2008년 개원한 국가평생교육진흥원과 민간 문해교육기관이 협력하였다. 이후 평생학습도시 등 지자체가 적극적으로 지원에 참여하였고, 교육청은 학력인정 시스템 구축을, 시·도평생교육진흥원은 문해교원양성을 위해 노력하고 있다. 아울러 제도교육과 평생교육기관들까지 문해교육에 관심을 갖고 있어 문해교육의 부흥기를 맞이하고 있다.

제2절 문해학습자의 이해

1. 사회적 관점의 비문해의 원인

성인교육은 학습자의 이해로부터 출발한다고 해도 과언이 아니다. 특히 성인문해교육은 그 특성상 학습자의 이해가 중요한데, 이를 위해 비문해의 발생 원인을 알아보는 것은 성공적인 문해교육을 위한 첫 걸음이다. 문해교육은 인간이 마땅히 누려야 할 기본적 인권이며, 교육은 민주사회에서 인간의 존엄성 회복을 가능하게 한다. 다양한 문해의 개념 중에서 주로 3R's의 성인기초 단순문해를 중심으로 한 우리나라의 사회적 관점의 비문해 원인을 살펴보면 여성, 가난, 8.15해방과 6.25 전쟁 등 역사적 사건, 신체적 장애, 건강, 동생 부모의 비문해로 인한 무지, 동생 돌보기 등을 들 수 있다(만희, 1997, 김종천, 2014, 주명희, 2012). 또한 산업화의 과정에서 여성 비문해자가 양산되었다(정창남 외, 2017).

이와 같이 비문해는 한국 사회의 모순으로 인한 사회적 원인에서 발생되었기에 그 해결방안 역시 국가와 사회, 특히 지역사회의 관심과 노력이 요구되며, 더 나아가 책임 있는 실천방안이 필요하다(만희, 1997).

2. 비문해자 현황

문해교육은 "일상생활을 영위하는 데 필요한 문자 해득 능력을 포함한 사회적·문화적으로 요청되는 기초생활능력을 갖출 수 있도록 조직화된 교육프로그램"이라고 평생교육법 제2조 제3항에 정의하고 있듯이, 일상생활을 영위하기 위한 기초생활능력인 문해는 기본적인 인권이며 마땅히 누려야 할 기본권으로 인식되어 우리나라뿐만 아니라 전 세계적으로 관심을 갖는 중요한 과제이다.

국가평생교육진흥원의 2020년 성인 문해 능력 조사 결과에 따르면 만 18세 이상 성인 중 초등 또는 중학 수준의 학습이 필요한 '수준 1 ~ 수준 3'에 해당하는 성인은 20.2%로, 약 890만 명 정도가 이에 해당하며, 이 가운데 일상생활에 필요한 문해능력이 부족한 수준 1(초등 1~2학년 수준)에 해당하는 성인은 4.5%로, 약 200만 명 정도가 이에 해당한다. 일상생활에 필요한 기본적인 읽기, 쓰기, 셈하기가 불가능한 수준 1에 해당하는 성인은 2017년 조사결과 311만 명(7.2%)에서 2020년 조사 결과 200만 명(4.5%)으로 감소하였다. 문해교육대상자는 여성이 남성보다, 60세 이상 고령층에서, 최종학력 중졸 미만에서, 월가구소득이 낮을수록, 농산어촌이 대도시 및 중소도시보다 많다.

영역별 문해 현황은 표 12-2와 같다.

표 12-2 영역별 문해 현황

1. 문해 능력 수준별 현황			
수준 1	(초등 1, 2학년 수준)일상생활에 필요한 기본적인 읽기, 쓰기, 셈하기가 불가능한 수준	비율(%)	추정인구(명)
		4.5%	2,001,428명

수준 2	(초등 3~6학년 수준)기본적인 읽기, 쓰기, 셈하기는 가능하지만, 일상생활에 활용은 미흡한 수준	4.2%	1,855,661명
수준 3	(중1~3학년 수준)가정 및 여가생활 등 단순한 일상생활에 활용은 가능하지만, 공공 및 경제생활 등 복잡한 일상생활에 활용은 미흡한 수준	11.4%	5,039,367명
수준 4 이상	(중학 이상 수준)일상생활에 필요한 충분한 문해력을 갖춘 수준	79.8%	35,184,815명
	전체	100%	44,081,271명
2. 성별, 연령별 격차			
성별	여성이 남성보다 높음: 여성 6.4%, 남성 2.7%		
연령별	연령이 증가할수록 문해력 낮음 : 60세 미만 0.8%, 60세 이상 14.2%		
3. 소득별, 지역별 격차			
월가구 소득별	월가구소득이 낮을수록 문해력 낮음: 100만 원 미만 34.3%, 500만 원 이상 1.6%		
지역별	농산어촌이 대도시보다 문해력 낮음: 서울 및 광역시 4.4%, 중소도시 3.6%, 농산어촌 12.1%		

출처: 국가평생교육진흥원(2020) 재구성

3. 비문해자의 삶의 특성

우리나라는 여성, 가난, 역사적 사건 등 사회적 요인으로 인해 비문해자가 양산되었다. 비문해자는 스스로 죄인이라고 여길 만큼 불편하고 불평등한 삶을 살아왔는데, 일반적인 비문해자의 특성은 다음과 같다(임경미 외, 2019). 첫째, 일상생활을 영위하는 것이 어려워 삶의 질이 떨어진다. 둘째, 문자매체 이용을 못해서 인간의 기본적인 권리를 누리거나 인격 형성을 방해한다. 셋째, 자신의 가족뿐만 아니라 사회에서 문화적인 접촉이나 실질적인 사회참여가 어렵고 외부와의 의미 있는 단절상태로 고립된다. 넷째, 삶 속에서 주눅이 들어 자존감이 낮다. 다섯째, 비문해자라는 사실이 수치심을 주며, 열등의식으로 이끈다. 여섯째, 국가나 사회에서의 책임, 권리, 의무 등을 제대로 인식하지 못해 학습권도 보장받지 못한다.

이렇듯 불편하고 불평등한 삶의 과정에서의 비문해자의 생동감 있는 특성을 김종천(2014)의 연구를 통해 살펴보면, 성인학습자의 문해학습 참여를 통한 삶의 과정단계를 '주눅든 삶 – 갈등하는 삶 – 자유로운 삶'의 3단계로 구분하였다. 문해학습 참여이전 비문해자의 삶을 까막눈의 '주눅든 삶'이라 하였으며, 문해학습 참여 단계를 어둠을 걷어내려는 몸부림으로 '갈등하는 삶'이라 하였고, 문해 이후는 자신감과 관계를 회복함에 따라 '다른 사람에서 똑 같은 사람으로', '부족한 사람에서 더 나은 사람'으로 전환되는 '스스로 자유로운 삶'을 누린다고 하였다.

아울러, 현영섭 등(2018)은 전국 성인문해교육 시화전 우수작품집의 시(647편)를 분석한 결과 비문해시기는 춥고 어두운 터널과 같으며, 메타포는 '터널', '다른 사람의 손을 빌려', '조롱박', '겨울(한)', '죄인' 등이다. 둘째, 문해교육을 통해 공부의 기쁨을 느끼고 비문해자의 삶에 새로운 변화가 생겼으며, 메타포는 '까마귀', '동창생', '콩나물' 등이다. 셋째, 비문해자에게 삶은 밝고 따뜻하게 변하였으며, 계속해서 학습하려는 꿈을 꾸고 새로운 역할에 도전하는 모습이 드러났고, 메타포는 '봄날', '글자꽃', '꿈보따리', '어깨펴고', '싸인' 등이다.

이와 맥을 같이하여 2020년 전국 성인문해교육 시화전 수상사례집(교육부, 국가평생교육진흥원)에 나타난 최우수상 수상자 4인의 소감 메시지를 살펴보면 다음과 같다.

> "글자를 더 열심히 배워서 자선전을 내보고 싶어요"
> "세상 밖에 새로 태어난 것 같아요 "
> "글자를 배우니까 계속 봄인 것 같이 밝고 기뻐요"
> "배움에도 길이 있구나 꽃이 피는구나"

김종천(2014)의 연구와 현영섭, 신은경(2018)의 연구를 종합하여 성인 문해학습자의 삶의 과정단계를 그림으로 나타내면 그림 12-1과 같다.

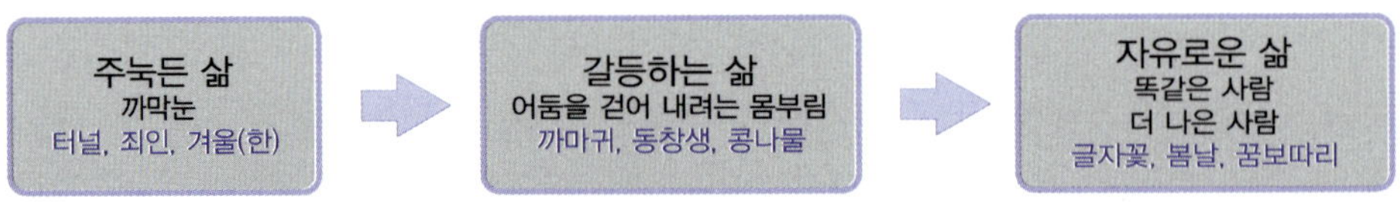

그림 12-1 성인 문해학습자의 삶의 과정단계

출처: 임경미 외(2019).

교육부에서 주관한 2020년 전국 성인문해교육 시화전 최우수상 수상작 '도로까막눈'(남원시평생학습관 신정득)을 소개한다.

> 한글 학당에서
> 드디어 까막눈을 좀 떠볼라고
> 손목이 시드락 가나다라를 배우는디
> 아 느닷없이 코로나19라는 것이 나타나서
>
> 선생님도 오지 말라
> 학생들도 모이지 말라 헝게
> 인자 겨우 바늘 귀만치 실눈떠젓는디
> 아이고 어쩍그나
> 도로 까막눈이 될라고 허네
>
> 코로나19 그것이 무슨 벌거지 같으면
> 잡아서 돌팍에 대고 콕콕 찧어 불먼
> 내속이 시원허것네

남양주야학에서 문해 창작영상을 제작하여 보급한 사례가 있어 소개한다. 남양주야학의 문해학습자가 시를 쓰고 지역청년 작곡가가 곡을 붙였고, 지역어린이들이 노래를 불러 제작한 창작뮤직비디오를 유튜브를 통해 보급하였다. 한국어뿐만 아니라 중국어, 영어, 베트남어로 노래를 불러 전 세계적으로 문해교육 문화확산에 기여하고 있다.

유튜브 - 꿈꾸는 세상 [창작곡]

출처: https://www.youtube.com/watch?v=RIThVsWdxvA

꿈꾸는 세상

작사 이병일
작곡 김시온

웃음꽃

작사 문해반
작곡 김시온

유튜브 - 웃음꽃 [창작곡]

출처 : https://www.youtube.com/watch?v=VMgzL6xkZeA

제3절 문해교육 법과 행정

1. 문해교육 법령 고찰: 평생교육법

성인의 문해교육권은 헌법과 교육기본법 등에 규정하고 있는 국민의 기본권이며 국가의 책무이다. 문해교육법은 존재하지 않는다. 즉, 문해교육은 별도의 법령으로 존재하지 않으며 평생교육법 제6장에 근거한다. 2007년 12월 14일 평생교육법을 전부 개정하여 오랜 숙원이었던 문해교육에 대한 규정을 담았다. 문해교육이 법제화되면서 최초로 문해교육 실체를 제도적으로 인정한 의의를 가지며, 문해교육에 대한 지원과 문해교육 학습경험에 대한 학력인정을 담고 있다.

2014년 1월 28일 평생교육법 개정으로 문자해득(文字解得)교육의 개념을 사회 변화에 맞춰 단순한 문자해득능력을 초월하여 모든 일상생활을 영위하는데 필요한 기초생활능력을 함양하는 교육으로 확장하였다. 재정적 지원을 명시하여 문해교육의 활성화를 꽤하였고 읍·면·동 단위의 평생학습센터 운영 근거를 신설하여 평생학습 참여기회 확대 기반을 마련하였다.

2016년 8월 4일 평생교육법 개정으로 국가문해교육센터를 국가평생교육진흥원에 두도록 하고, 시·도교육감 및 시·도지사가 시·도문해교육센터를 설치하도록 하였으며, 국가문해교육센터에서 문해교육종합정보 시스템의 구축·운영하도록 하였다.

평생교육법 제2조 제1호에서는 평생교육을 학교의 정규교육과정을 제외한 학력보완교육, 성인 문자해득교육, 직업 능력 향상교육, 인문교양교육, 문화예술교육, 시민참여교육 등을 포함하는 모든 형태의 조직적인 교육활동이라고 정의하고 있어 문해교육을 평생교육의 중요한 한 영역으로 삼고 있다. 그러나 문해교육은 문자해득뿐만 아니라 성인 기초교육 전반을 의미하는 것임에도 불구하고 평생교육법에서 문해교육은 '문자해득교육'이라 규정한 아쉬움이 있다.

평생교육법 시행령 제75조에서는 문해교육에 대한 학력인정을 중학교 과정까지로 규정하고 있어 문해교육은 성인대상 초등학교 및 중학교 수준의 교육을 뜻한다.

평생교육법 제39조(문해교육의 실시 등)에서는 "국가 및 지방자치단체는 성인의 사회생활에 필요한 문자해득능력 등 기초능력을 높이기 위하여 노력하여야 한다"는 국가 및 지방차치단체의 의무를 명시하고 있다. 제40조(문해교육 프로그램의 교육과정 등)에서는 일정 수준의 문해교육 프로그램을 이수한 자에게는 그에 상응하는 학력을 인정하는 학력인정제도를 도입하였다. 따라서 초·중학검정고시를 거치지 않고도 초등학교 및 중학교 졸업자격을 취득할 수 있다.

동법 제39조2에서는 국가문해교육센터(진흥원)를 두고 시·도 문해교육지원센터를 설치 지정·운영할 수 있으며, 동법 제40조의2는 교육부장관은 국가문해교육센터에 문해교육종합정보 시스템을 구축·운영할 수 있다고 정하고 있다.

동법 제39조에는 교육감은 관할 구역 안에 있는 초·중학교에 성인 문해교육 프로그램을 설치 운영하거나 지방자치단체·법인 등이 운영하는 문해교육 프로그램을 지정할 수 있으며, 국가 및 지방자치단체는 우선하여 재정 지원을 할 수 있다고 명시하고 있다. 문해교육 프로그램의 설치 및 지정기준 및 지원 등에 대하여 시행령에 정하고 있다.

법 시행령 73조의3(시·도 문해교육센터)에는 시·도 문해교육센터의 업무로 문해교육 대상자 발굴 및 상담 지원, 해당 지방자치단체의 문해교육 프로그램 운영·지원, 문해교육 교원 양성 및 연수, 해당 지역의 문해교육 관련 기관 간 연계체제 구축, 그 밖에 문해교육 진흥을 위하여 시·도교육감 또는 시·도지사가 필요하다고 인정하는 업무를 수행하도록 하였다. 또한 시·도교육감 및 시·도지사는 시·도 문해교육센터를 설치하거나 지정하려는 경우에는 상호 협의하여야 하고, 시·도 문해교육센터의 조직, 시설 및 지정 등에 필요한 사항은 해당 시·도의 조례로 정하도록 하였다.

2. 문해교육 과정

우리나라의 문해교육 과정은 18세 이상의 저학력 성인 및 비문해자를 위한 교육과정으로 '초등·중학 문해교육 교육과정'과 초등·중학 문해교육 교육과정을 적용하기 어려운 만 18세 이상의 장애인을 위한 '초등·중학 문해교육 기본 교육과정'이 있다. 이는 문해교육 프로그램을 통해 초등·중등 학력을 인정하기 위한 국가수준의 교육과정으로 평생교육법 제40조, 평생교육법 시행령 제 70조 제2항 및 평생교육법 시행규칙 제22조 제4항에 의거하여 3년마다 개정하여 고시하고 있다. 현재 교육부고시 제2018-157(2018.5.30.)와 교육부고시 제2020-247호(2020.12.30.)에 따른다. 아울러 학력비인정 과정인 성인문해능력 조사에 따른 '문해능력 수준'으로 수준1에서 수준4로 구분하고 있으며, 투 트랙으로 운영되고 있다.

1) 초등 성인문해교육과정

초등 문해교육은 성인학습자의 일상생활에 필요한 기초적인 지식과 능력을 함양하고, 자기주도적인 생애 역량을 함양하는 데 중점을 둔다. 첫째, 읽기, 쓰기, 셈하기 능력을 포함하여 성인학습자의 일상생활에 필요한 기초 지식을 함양한다. 둘째, 자신의 삶에 능동적으로 대처하는 데 필요한 기초적인 학습 능력, 생활 능력, 문제해결 능력 등을 기른다. 셋째, 다양한 문화를 이해하고 공감하는 기초적인 태도를 기른다(교육부고시 제2018-157(2018. 5. 30.).

1, 2, 3단계로 구성되며 교과 영역과 창의체험 활동으로 편성되는 각 단계별 교육과정은 1단계 교과는 초등 1, 2학년 수준의 국어와 수학을 중심으로 하고 나머지 교과를 부분적으로 포함한 통합 교과로 편성한다. 2단계 교과는 초등 3, 4학년 수준의 국어, 수학, 영어, 기타 교과를 포함한 통합 교과로 편성한다. 3단계 교과는 초등 5, 6학년 수준의 국어, 사회, 수학, 과학, 영어, 기타 교과를 포함한 통합 교과로 편성한다. 창의적 체험활동은 일상생활, 사회생활, 직업생활, 문화생활 등 생활을 영위하는 데 요구되는 생활문해교육활동을 중심으로 문해교육기관의 특성, 교육 환경 등을 고려하여 성인학습자의 수준에 적합한 학습 경험을 선정, 편성한다(교육부고시 제2018-157(2018. 5. 30.).

1시간의 수업은 45분을 원칙으로 하되, 기후 및 계절, 학습 내용의 성격 등을 고려하여 탄력적으로 편성·운영할 수 있다. 각 단계는 연간 40주를 기준으로 하여 주당 6시간(주당 최소 3회, 회당 2시간), 총 240시간의 수업을 실시한다(교육부고시 제2018-157(2018. 5. 30.)).

2) 중학 성인문해교육과정

중학 문해교육은 초등 문해교육의 성과를 바탕으로, 성인학습자의 일상생활에 필요한 기본 능력을 기르고, 민주시민의 자질을 함양하는 데 중점을 둔다. 첫째, 인간, 사회, 세계, 자연 등 현대사회에 필요한 기본 지식을 함양한다. 둘째, 민주 시민으로서 타인을 존중하고 함께 소통할 수 있는 공동체 의식을 기른다. 셋째, 다양한 문화활동에 대한 이해를 바탕으로 새로운 문화 창출에 기여할 수 있는 자질과 태도를 기른다(교육부고시 제2018-157(2018. 5. 30.)).

1, 2, 3단계로 구성되며 교과 영역(필수, 선택)과 창의체험 활동으로 편성되는 교육과정은 필수 교과는 국어, 사회, 수학, 과학, 영어로 한다. 선택 교과는 체육, 음악, 미술, 한문, 컴퓨터 등으로 한다. 그러나 단위 기관의 재량에 따라 다른 과목을 설정할 수도 있다. 창의적 체험활동은 일상생활, 사회생활, 직업생활, 문화생활 등 생활을 영위하는 데 요구되는 생활문해교육활동을 중심으로 문해교육기관의 특성, 교육 환경 등을 고려하여 성인학습자의 수준에 적합한 학습경험을 선정, 편성한다(교육부고시 제2018-157(2018. 5. 30.)).

1시간의 수업은 45분을 원칙으로 하되, 기후 및 계절, 학습 내용의 성격 등을 고려하여 탄력적으로 편성·운영할 수 있다. 각 단계는 연간 40주를 기준으로 하여 주당 10시간 이상(주당 최소 3회 이상), 총 450시간의 수업을 실시한다(교육부고시 제2018-157(2018. 5. 30.)).

3) 초등·중학 장애 성인문해교육과정

초등·중학 문해교육 교육과정을 적용하기 어려운 만18세 이상의 장애인을 대상으로 저학력 장애인의 생활경험과 장애 특성을 고려하여 특수교육 기본 교육과정의 수준에 준한 교육과정으로 이수 후 초·중등 학력을 취득할 수 있다. 원활한 운영을 위해 국가 및 교육청·지방자치단체는 행·재정적으로 지원하도록 정하고 있으며, 2022년 3월 시행하였다.

(1) 초등 문해교육 기본 교육과정

초등과정은 학습자의 일상생활에 필요한 기초 지식과 능력을 기르고 자기 주도적 생애 역량을 함양하는 데 중점을 둔다. 첫째, 자신의 소중함을 알고 타인을 존중하는 태도를 기른다. 둘째, 일상생활에 필요한 기초 지식을 습득하여 생활 속의 문제를 적극적으로 해결하는 능력을 기른다. 셋째, 실생활에서 주고받는 다양한 정보를 탐색하고 다루는 능력을 기른다. 넷째, 학습의 과정을 통해 삶의 경험을 확장하고 배움의 즐거움을 누리는 태도를 기른다. 다섯째, 삶의 아름다움과 행복을 느낄 수 있는 감성과 태도를 기른다. 여섯째, 다른 사람들과 더불어 살아가는 데 필요한 가치를 배우고 타인을 돕고 배려하는 태도를 기른다(교육부고시 제2020-247호(2020.12.30.)). 초등 문해교육 기본 교육과정은 표 12-3과 같다.

표 12-3 초등 문해교육 기본 교육과정

<table>
<tr><th colspan="3">단계(수준) / 구분</th><th>초등 1단계
(특수교육 기본 교육과정 초등 1~2학년 수준)</th><th>초등 2단계
(특수교육 기본 교육과정 초등 3~4학년 수준)</th><th>초등 3단계
(특수교육 기본 교육과정 초등 5~6학년 수준)</th></tr>
<tr><td rowspan="8">교과</td><td colspan="2">국어</td><td>172</td><td>154</td><td>115</td></tr>
<tr><td colspan="2">사회</td><td></td><td></td><td>20</td></tr>
<tr><td colspan="2">수학</td><td>28</td><td>28</td><td>23</td></tr>
<tr><td colspan="2">과학</td><td></td><td></td><td>13</td></tr>
<tr><td colspan="2">영어</td><td></td><td>8</td><td>14</td></tr>
<tr><td rowspan="2">기타교과</td><td>음악/미술</td><td></td><td>10</td><td rowspan="2">15</td></tr>
<tr><td>한문</td><td></td><td></td></tr>
<tr><td colspan="2">소 계</td><td>200</td><td>200</td><td>200</td></tr>
<tr><td colspan="3">창의적 체험활동</td><td>40</td><td>40</td><td>40</td></tr>
<tr><td colspan="3">연간 총 수업 시간 수</td><td>240</td><td>240</td><td>240</td></tr>
<tr><td colspan="3">시간 배당 기준</td><td colspan="3">1시간 수업은 40분 원칙, 각 단계는 연간 40주 기준 주당 최소 6시간, 총 240시간 운영, 주당 최소 2회 이상 운영</td></tr>
</table>

출처: 교육부(2020).

(2) 중학 문해교육 기본 교육과정

중학과정은 학습자의 일상생활에 필요한 기본 능력을 기르고 공동체 구성원으로서의 자질을 함양하는 데 중점을 둔다. 첫째, 자신과 타인, 공동체 안에서 건강한 관계를 배우고 다양한 문화를 이해하는 폭넓은 태도를 기른다. 둘째, 학습과 생활에 필요한 기본 지식과 기능을 익혀 스스로 결정하고 창의적으로 문제를 해결하는 자질과 태도를 기른다. 셋째, 필요한 정보자원을 효율적으로 처리하고 활용하는 능력을 기른다. 넷째, 다양한 분야의 경험과 참여를 바탕으로 폭넓은 교양을 쌓아나감으로써 자기 주도적 삶의 태도를 기른다. 다섯째, 다양한 문화 활동에 대한 이해와 경험을 바탕으로 새로운 문화 창출에 기여할 수 있는 자질과 태도를 기른다. 여섯째, 공동체 의식을 바탕으로 타인을 존중하고 서로 소통하는 민주시민의 자질과 태도를 기른다(교육부고시 제2020-247호(2020.12.30.)). 중학 문해교육 기본 교육과정은 표 12-4와 같다.

표 12-4 중학 문해교육 기본 교육과정

구분 \ 단계			중학 1단계	중학 2단계	중학 3단계
교과	필수교과	국어	100	100	100
		사회	70	70	70
		수학	60	60	60
		과학	70	70	70
		영어	60	60	60
	선택교과		50	50	50
	소계		410	410	410
창의적 체험활동			40	40	40
연간 총 수업 시간 수			450	450	450
시간 배당 기준			1시간 수업은 45분 원칙, 각 단계는 연간 40주 기준 주당 최소 10시간, 총 450시간 운영, 주당 최소 2회 이상 운영		

출처: 교육부(2020).

4) 학력 비인정과정

학력인정 교육과정과 달리 시·도 교육청에서 설치나 지정을 받지 못한 모든 문해교육에 해당되며 기초자치단체별로 운영되고 있다. 교육부는 기본계획 수립과 거점 및 프로그램 운영 기관을 공모·선정하고, 지자체는 사업시행주체로서 문해기관 관리를 하고 있다. 교과과정은 자유롭게 운영되며 교원자격기준이나 배치기준, 시설기준의 적용을 받지 않는다. 수업시간은 최소 80시간 이상 편성하고, 자원봉사자를 중심으로 자체 개발 교과서 및 성인문해교과서를 활용하여 야학, 복지관, 학교 등에서 운영한다.

3. 문해교육 교원

1) 문해교사

문해교사는 평생교육법 제40조에 근거한 학력인정 문해교육 프로그램운영 전문 인력으로 초등과정이나 중학과정 학력인정 문해교육 기관에 배치된다. 이는 마치 학령기 학생들을 위한 초등학교나 중학교에 배치되는 교사와 유사한데, 정규 학교교육이 학령기 학생들을 대상으로 하는 반면, 문해교육은 18세 이상의 성인을 대상으로 하는데 차이가 있다. 평생교육법 시행령 제70조(문해교육 프로그램의 설치 및 지정기준)에는 문해교육 교원, 시설 및 설비, 문해교육과정 등에 관하여 정하고 있다. 초등·중학과정 문해교사는 평생교육법 시행령에 따라 시·도평생교육진흥원에서 선발하고, 연수과정을 거쳐 문해교사가 된다. 학력인정 문해교육 프로그램 운영 기관은 반드시 문해교육 교원 연수기관에서 양성한 문해교사를 확보하여야 한다.

초등·중학과정 문해교사 연수과정 자격 요건 및 교육시간은 표 12-5와 같다.

표 12-5 문해교육 교원 연수과정 자격 요건 및 교육시간

과정	신청자격	교육시간
초등 과정	- 고등학교 졸업 이후 연속 20주 이상의 기간 동안 총 120시간 이상 문해교육 관련 경력을 가진 자 - 대학 졸업자 및 동등 학위 소지자 - 전문대학 졸업자 및 동등 학위 소지자	집합교육 5일 현장실습 15시간
중학 과정	-「초·중등교육법」에 의한 교사자격 소지자 - 대학* 졸업 이후 연속 20주 이상의 기간 동안 총 140시간 이상 문해교육 관련 경력을 가진 자	집합교육 3일 현장실습 15시간

출처: 교육부(2017).

문해교육 교원은 초등 과정은 2008년 시작되어 2019년까지 3,946명이, 중등 과정은 2013년 시작되어 2019년까지 1,410명이 양성되어 총 5,356명으로 연도별 과정별 문해교육 교원 양성 현황은 표 12-6과 같다.

표 12-6 연도별, 과정별 문해교육 교원 양성현황 (2019.12.31. 기준/단위: 명)

구분	2008~2012	2013	2014	2015	2016	2017	2018	2019	합계
초등과정	1,358	496	303	382	400	358	340	309	3,946
중학과정	-	133	134	30	167	320	328	294	1,410
합계	1,358	629	437	412	567	678	668	603	5,356

출처: 교육부(2019).

2) 문해교육사

문해교육사(文解敎育士)는 평생교육기관에서 문해교육에 대한 교육과정을 기획하고 진행하며 강의를 담당하는 사람이다. (사)한국문해교육협회가 운영하는 민간자격증으로 1, 2, 3급이 있으며, 지방자치단체 위탁교육과 자체교육으로 나뉜다. 주민자치센터, 야학, 복지관, 경로당 등에서 문해교육을 담당한다. 문해교육사 등급별 검정방법 및 과목은 표 12-7과 같다.

표 12-7 문해교육사 등급별 검정방법 및 과목

등급	검정 방법	검정 과목(분야 또는 영역)
1급 (논문)	이수	문해교육론, 문해교육정책론, 바른국어생활, 문해교육방법론, 문해교육경영론, 문해교육 프로그램개발론, 현장실습, 논문시험 외(총 10과목)
	기타	문해교육기관의 최고경영자 경력, 문해교육 연구 실적 등
2급 (자격시험)	과제	현장 탐방 보고서
	이수	문해교육론, 문해교육정책론, 바른국어생활, 문해교육방법론, 문해교육경영론, 문해교육 프로그램개발론, 문해교사론, 현장탐방, 자격시험 외(총 10과목)
3급	과제	현장실습 보고서
	이수	문해교육론, 문해교육정책론, 바른국어생활, 문해교육방법론, 문해교육경영론, 문해교육 프로그램개발론, 문해교사론, 현장실습 외(총 10과목)

출처: 한국문해교육협회(2021).

3) 학습자에서 교사로

현장에서 활동하는 두 분 문해교사의 글을 남양주야학 개교 30주년 기념 문집(2019)에서 발췌하여 소개함으로써 현장감을 높이고자 한다.

학습자에서 교사로(문해교사 박옥순)

두려움과 설레는 마음으로 남양주야학에서 문해교사를 시작하였다. 처음에는 늘 무엇인가 부족한 생각이 들었다. 그때마다 먼 곳에서 해답을 찾지 않고 내가 공부할 때를 생각하며 학습자의 입장으로 돌아가 보면 내가 생각하는 해답이 보이는 듯 했다. 많은 것을 무작정 알려주고 싶은 것은 나의 욕심이었다. 좀 더 체계적이고 쉽게 전달하는 방법을 연구해 전달하는 것이 올바르다는 생각이 들었다.

이렇게 우왕좌왕하면서 문해학습자들과 함께한 날들이 엊그제 같은데 어느덧 10여년이 훌쩍 지났다. 문해교실에는 참으로 다양한 애환들을 가슴에 품고 살아가는 학습자들이 많다. 수업 중에도 때로는 울기도 하고 웃기도 하면서 공부를 한다. 학습자들의 여러 가지 애환을 들어주고 함께 공감하는 것도 수업의 일부라는 생각을 한다. 학습자분들이 그동안은 어두운 세상을 살았다면 선생님을 만나고부터는 밝은 세상을 선물받은 것 같다는 말씀을 하실 때는 문해교사로서의 자부심이 생기고 앞으로 문해교육이 필요한 곳이라면 '어디든지 달려가겠노라' 하고 마음속으로 다짐을 하게 된다.

글아 글아(문해교사 김영희)

> 글아 글아 게 좀 섰거라!
> 왜 붙잡는데도 자꾸만 달아나니?
> 어르신들이 애타게 널 부르시는데
> 넌 들은 척도 않고 머물지도 않고,
> 자꾸 도망만 치는구나. 버릇없이...
>
> 너와 함께 있고 싶어 하는 어르신들이
> 넌 보이지도 않니?
> 글아 글아 어르신들과 함께 놀아주렴
> 그리고 계속 머물러주렴
> 그럼 넌 훌륭하다고 칭찬들을 거야!

4. 문해교육기관

1) 전문 및 프로그램기관

문해능력 향상을 통해 국민의 삶의 질을 높이고자 2006년부터 시작된 성인 문해교육 지원사업은 공모형태로 추진된다. 전국 문해교육 개별 기관을 지자체 단위로 사업단을 구성하여 공모·선정하여 비문해·저학력 성인대상의 한글교실과 생활문해 등 문해교육 프로그램 운영비 등을 지원하고 있는데, 해를 거듭하면서 국가 지원예산의 규모도 증가하면서 참여하는 지자체, 문해교육 기관, 학습자들의 수도 증가하였다. 2019년까지 누적하여 약 298억 원의 국고가 지원되었으며, 참여 지자체는 2006년 61개소에서 2020년 167개소로 증가하였다. 2018년까지 약 35만 명에게 교육기회를 제공하였고, 2019에는 407개 기관에 63,201명을 지원하였다. 아래 그림 12-2와 같이 매년 증가추세에 있으며, 아울러 2019년 문해교육 지원 실적은 표 12-8과 같다.

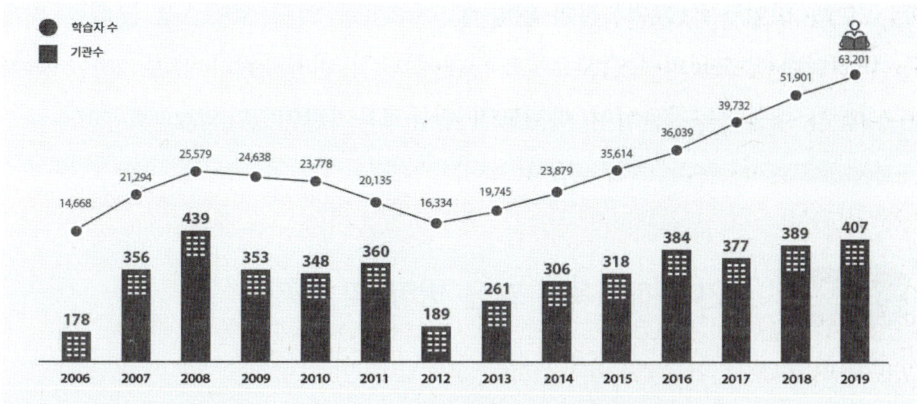

그림 12-2 성인 문해교육 프로그램 참여 학습자 및 기관 현황

표 12-8 2019 문해교육 지원 실적 (단위: 백만 원, 개, 명)

국고지원액	지자체 대응투자액	국고지원 지자체	문해교육기관	학습자
3,190	6,843	165	407	63,201

출처: 국가문해교육센터(2023).

문해교육 기관은 민간기관에서 공공기관으로 확대되고 있다. 2007년 12월 14일 평생교육법 개정으로 문해교육 조항을 신설하여 법제화되었고 수차례 개정을 거쳐 정착되고 있기 때문이다. 또한 문해교육 전문기관에서 문해교육 프로그램 기관으로의 증가 추세이다. 문해교육 프로그램기관은 기관에서 문해교육을 프로그램의 한 가지로 운영하는 기관으로, 광역지자체에서 운영하는 성인 문해교육기관은 17개 시·도평생교육진흥원이 해당된다.

2) 한국 야학 125년

야학이라는 이름이 최초로 나타난 것은 신문에 기록된 1898년이다. 1898년 10월 25일 황성신문에 흥화학교가 최초이다. 금년으로 125년을 맞았다. 1899년에 설립된 세천야학, 광흥야학(독립신문, 1899.11.4.), 한어야학(독립신문, 1899.5.22.), 경성일어야학(독립신문, 1899.4.5.), 배영의숙야학(독립신문, 1899.5.5.), 속성야학(황성신문, 1899.4.4.), 광성야학(황성신문, 1899.8.26.)이다(천성호, 2019; 남양주야학, 2019 재인용). 야학은 초기에는 국민 계몽의식을, 일제 치하에서는 독립정신을 고취시키는 해방계몽으로, 해방 후에는 민주주의의 소양을 배양시키기 위하여, 70년대에는 도시 빈민들의 인권신장과 80년대 민주화의 의식 고양으로 문해는 비정규·비정형화한 교육의 모습으로 그 시대에 맞춰 변천해왔다(박영도, 2019). 야학은 대안적 대중교육기관이며 비제도권 민중교육기관이었다(임경미 외, 2019).

제4절 성인 문해교육의 발전 방향 및 과제

1. 성인 문해교육의 환경 변화

성인 문해교육의 환경은 학습기회의 양극화, 중장년을 고려한 정책 욕구, 신수요계층의 확대를 들 수 있는데, 다음과 같다(임경미 외, 2019). 첫째, 학습격차 마태효과로 기초역량의 양극화가 학습기회의 양극화를 초래하였다. 디지털화, 자동화, 글로벌화로 인한 스킬양극화가 급속이 진행 중이다. 따라서 새로운 일자리 확보를 위한 전 생애에 걸친 역량개발이 필요하다. 특히 환경 변화에 취약한 저숙련·저학력 성인에게 계속교육이 긴요하다. 그리고 학습격차 완화를 위한 정책 추진이 요구된다. 교육과 역량수준이 높을수록 평생학습 참여가 높아지는 마태효과가 심화된다. 문해력과 수리력 수준이 낮으면 노동시장 출발점에서부터 불리하여 결과적으로 역량개발 기회가 낮아져 향후 직업 전망도 낮아지는 악순환이 초래된다. 둘째, 고령화로 인한 중장년 정책이 요구되고 있다. 수명연장과 실질적인 은퇴연령 증가, 급격한 기술변화 등 감안 시 중년 근로자(30~55세)의 기초역량 개발이 중요하다. 셋째, 청년층 비문해자, 북한이탈주민, 다문화이주민, 재소자 등 신수요계층의 확대이다.

2. 성인 문해교육의 발전 방향과 과제

일상생활을 영위하는 데 필요한 문자해득 능력을 포함한 사회적·문화적으로 요청되는 기초생활 능력을 갖출 수 있도록 조직화된 교육 프로그램(평생교육법 제2조 제3항)인 문해교육은 기본적인 인권이며 마땅히 누려야 할 기본권으로 삶의 질 향상과 지속가능한 발전을 위해 우리나라뿐만 아니라 전 세계적으로 관심의 대상이다.

성인 문해교육의 발전 방향과 과제는 다음과 같다(임경미 외, 2019). 첫째, 성인 문해교육의 사회적 가치에 대한 적극적 수용이다. 문해교육을 통한 양질의 교육과 지속가능한 경제성장과 완전한 평생학습 기회를 증진한다. 둘째, 대상의 전 생애 확대이다. 저학력 고령 여성뿐만 아니라 청년, 중년과 신 수요집단을 포괄하는 문해교육으로 확대한다. 셋째, 교육 내용의 고도화 및 융복합화이다. 기존 3R's의 기초 문해교육 및 학력인정 중심에서 벗어나 뉴노멀시대의 디지털 리터러시 등 일상생활의 적응과 문화교양 수준의 향상, 건강관리 등 새로운 개념의 문해로 확대하고 융복합화를 필요로 한다. 넷째, 매체와 교수법의 다양화이다. 쌍방향 온라인 포털 및 자격제도 연계 등 교수방법과 매체를 다양화한다. 특히 코로나19 감염병 등 교육환경에 대처하고 대면교육의 한계를 탈피하기 위해서 매체의 다양화가 양질의 교육을 담보한다. 다섯째, 학습결과의 활용성 증대이다. 성인 문해교육의 초·중등 학력인정을 평생학습계좌제와 연계하여 실효성을 높일 수 있다. 여섯째, 비문해 측정도구의 개발과 정기적인 문해조사의 실시이다. 특히 문해교육 개념이 확대되고 있는 시점에 지속적인 학문적 개념화와 재개념화 작업이 수행되어야 하며, 비문해를 감소시키기 위한 실천적 정책 발굴과 지원사업이 동반되어야 한다. 일곱째, 고등교육기관의 역할이 필요하다. 고등학교교육이 2021년 전국적으로 무상교육으로 추진된 반면, 성인 문해교육은 평생교육법에 중학교까지로 한정하고 있다. 즉, 고등학교교육은 아직 법적 근거가 마련되어 있지 않다. 고등학교와 대학 등 상급학교 진학에 대한 욕구가 있는 문해 후 학습자들을 위해서 대학의 문호개방을 확대하고, 평생교육법상 문자해득교육이라고 제한한 문해교육의 범위를 확장함과 동시에 문해교사의 전문성을 확보하기 위해 교육대학, 사범대학에서 유·초·중등 교원을 양성하듯이 정규대학과정에서 교원을 양성해야 할 것이다.

문해 능력은 단지 글을 읽고 쓸 줄 아는 능력이 아니라, 모든 교육의 토대가 되는 인간 생활의 가장 기본적인 능력으로 개인이 교육받을 수 있는 권리를 실현하는 기본전제로 인간의 성장, 사회경제적 발전, 민주주의 가치실현을 위해 반드시 갖추어야 할 기초 능력이며, 모든 국민이 가져야 할 권리임을 명심해야 할 것이다. OECD, UNESCO, EU에서 문해는 포괄적이며 구체적인 능력개념이 확장되고 있으니(국가문해교육센터, 2021), 우리도 정부와 지자체, 문해교육기관이 디지털 리터러시 등 새롭고 다양한 문해에 대응하고 전 국민의 문해 수용성 향상을 위해 총력을 기울여야 할 것이다.

연구문제

1. 평생학습사회에서 문해교육의 의미와 의의를 설명해 봅시다.

2. 문해교육이 개인의 삶과 국가 발전에 미치는 영향을 설명해 봅시다.

3. 문해의 종류와 특징을 논의해 봅시다.

4. 개인별 비문해 사례를 통한 문해학습자의 특징을 적어 봅시다.

5. 문해교육에 대한 고등교육기관의 역할에 대해 설명해 봅시다.

PART 03

미래의 평생교육

CHAPTER 13

온라인 평생교육

제1절 온라인 평생교육의 발전과 확산

1. 온라인 교육의 기술적 발전

우리는 일상생활에서 스마트 기기를 다양하게 이용하는 사람들을 쉽게 볼 수 있다. 지하철을 타거나 커피숍에서 사람을 기다리는 동안에도, 심지어 길거리에서도 무선 인프라 환경을 바탕으로 한 스마트 장치를 통해 SNS(Social Network Service)는 물론 온라인 강의를 수강하는 사람들을 볼 수 있다. 이러한 인터넷과 모바일 기기는 업무 환경과 조직관리 및 개인의 일상생활까지도 바꾸고 있다. ICT(Information & Communication Technology)의 급속한 발전으로 스마트폰이나 태블릿 PC 등의 모바일 기기를 활용해 언제 어디서나 양질의 교육을 받을 수 있는 환경에서 살고 있다.

테일러(Taylor, 2011)가 언급한 것에 의하면 현재 온라인교육에서 이루어지는 교육의 형태는 4세대를 넘어 5세대로 발전한 것이라고 할 수 있다. 이 형태는 인터넷을 통한 온라인 학습에 더해 인터넷과 웹의 기능을 활용하는 것으로서, 스마트 기술 환경에 놓이게 됨으로써 교육의 연장선에서 유대감 향상과 의견 교류 등의 소통환경이 크게 개선되고 있다. 이러한 기술은 전 세계적으로도 온라인 상에서 사람과 사람 간의 지식의 경계를 허물고, 합리적으로 생각하며 물리적 환경의 제약을 벗어나 학업에 집중하려는 사람들이 시간과 공간의 관점에서 효율적으로 해결할 수 있는 중요한 솔루션이 되었다.

표 13-1 온라인교육의 세대 발전

구분	내용
1세대	인쇄기술과 우편에 의한 교육
2세대	멀티미디어(오디오 비디오) 기반으로 한 교육
3세대	통신 응용에 기반을 둔 것으로 한 원격교육
4세대	인터넷을 통한 온라인 전달에 기반을 둔 이러닝
5세대	4세대의 파생으로 인터넷과 웹의 기능을 활용한 유연한 교육

출처: Taylor, J. C. (2001).

단말기를 손 안에 두고 이동 중에도 5세대 지능형의 유연한 교육이 가능한 이유를 두 가지 측면에서 찾아볼 수 있다. 첫째는 애플리케이션이란 특성 때문이다. 원래 용어는 응용 소프트웨어(application software)다. 애플리케이션 소프트웨어는 넓은 의미로 운영 체제에서 실행되는 모든 소프트웨어를 뜻하는 것으로 간단히 줄여서 애플리케이션이라고 하고, 보통 앱(app)이라고 부른다(네이버 사전). 사용자가 전 세계로부터 제공되는 정보와 콘텐츠를 접하려면 스마트 스토어에서 필요한 앱을 설치함으로써 개인 맞춤형 콘텐츠를 손쉽게 이용할 수 있다. 자신의 요구에 따라 적합한 용도로 스마트러닝을 이용하는 셈이다.

둘째는 클라우드 컴퓨팅의 도입이다. 클라우드 컴퓨팅(cloud computing)은 일반적으로 인터넷 기반 컴퓨팅의 일종으로 정보를 자신의 컴퓨터가 아닌 클라우드에 연결된 다른 컴퓨터로 처리하는 기술을 의미한다. 인터넷상의 서버를 통하여 데이터 저장, 네트워크, 콘텐츠 사용을 편리하게 이용할 수 있는 기술적 환경이 마련된 까닭에 클라우드 서비스를 통해 언제 어디서나 필요한 자료 활용이 가능하다. 그러므로 사용자는 응용 소프트웨어 기능을 이용하여 원하는 작업을 수행할 수 있으며, 저장해 둔 자료를 꺼내 클릭이나 간단한 조작으로 쉽게 자료를 공유하고 전달하게 된다. 여러 사람이 동시에 문서를 공유하면서 작업을 진행할 수도 있다. 이러닝 학습자의 가장 큰 수강 동기는 시간 활용성과 학습방법의 편리성에 있다(권영애 · 이애리, 2020).

이렇듯 앱의 특성과 클라우드 컴퓨팅 도입은 교육 시장의 혁신을 가져옴으로써 누구나 온라인상에서 수월한 접근과 양방향 소통으로 인해 학습자 중심의 교육이 강조되는 새로운 교육 패러다임이 실현되는 기반이 되었다.

2. 온라인 평생교육의 사회적 환경

4차 산업혁명기술은 교육혁명을 요구하고, 코로나19가 가져온 새로운 환경의 교육 메커니즘으로 인해 가상의 공간에서 인터넷 같은 네트워크에 기반한 교육이 활발해졌다. 온라인 혁명으로 교육방법이 다양한 방식으로 도전을 받는 것이다. 최근 교육의 패러다임 변화를 보면 다음과 같다.

첫째, 안전한 언택트(Untact) 교육방식이 뉴노멀(New Normal)이 되었다. 기존의 가상공간은 중요한 학습의 공간으로 확장되어 언제(anytime), 어디서나(anywhere), 누구나(anyone) 원하는 수준별 맞춤형 학습을 할 수 있는 환경에 놓여 있다. 학습과 배움이 학교 교실이나 교과서에만 있는 것이 아니라 가상공간 속에 무한대로 퍼져 있으며, 네트워크에 원활한 접속과 데이터 관리 방식은 공공장소에서 노트북 컴퓨터와 PDA 등 개인용 디지털 장비를 사용하는 것이 훨씬 수월해졌다. 온라인상에서의 학습이 대세다.

둘째, 평생교육(Andragogy) 중심으로 옮겨지고 있다. 교육기관에서 교수자들에 의해 가르치는 것에서 학습자 자신의 자기 주도적 학습이 중요한 요소가 되었다. 학교나 대학에서뿐만 아니라 학교를 졸업하지 못한 사람들이나 졸업 후 사회에 진출해서도 학습활동에 필요한 조직과 시설을 다양하게 이용할 수 있으며, 학교라는 공간을 활용하지 못하는 코로나19 상황은 공교육제도 안에 있는 초·중·고등학교와 아동과 청소년 대상으로까지 확장하고 있다. 공식과 비공식 교육으로 구분해오던 평생교육에 대한 개념이 확대되고, 정보혁명은 자기 주도적인 측면을 강화하며 새로운 교육문화를 만들어 나가고 있다. 직장에 다니며 인터넷으로 연결된 온라인 학습을 활용함으로써 일과 학습을 병행한 평생교육이 활발하게 이루어지고 있다.

셋째, 모바일 러닝이 두드러지게 되었다. 이는 컴퓨터를 인터넷에 접속하여 제한된 장소에서 학습활동에 참여하는 방식으로부터 모바일 기기로 원하는 지식이나 정보를 얻는 방식이다. 우리나라에서 기존의 모바일 기기와 관련된 교육적 활용은 이미 2005년 유러닝(U-Learning) 연구학교의 지정을 통해 모바일 학습방안의 추진이 시작되는 등 모바일 학습에 관한 관심이 지속해서 있었다(임걸, 2011). 모바일 기기를 통한 학습은 미디어의 편리함과 효율성을 추구하는 인간의 필요와 혁신적 기술이 결합해 탄생하였다. 개인용 단말기는 펜이나 손가락으로 조작하고 커다란 화면 없이도 휴대하기만 하면 사용이 가능해지면서 손안에서 한순간도 뗄 수 없는 학습 도구가 되었다.

알헤이트와 다우젠(Alheit & Dausien, 2002)은 교육에서 중요한 것이 성공적으로 가르치는 데 있어서 도움을 줄 수 있는 자료가 무엇인지가 아니라 어떤 환경이 자기 결정 학습을 가장 잘 자극할 것인가에 달려있다고 하였다. 쌍방향 의사소통과 폭발적 학습의 필요를 충족하는 기술적 환경은 평생교육이 추구하는 평생학습사회로의 진행을 촉진하고 있다. 사이버 대학에서도 학습자의 편의를 도모하고 학습만족도 제고를 위해 스마트폰을 통하여 수강하고, 학습자–학습자, 학습자–교수자 간 상호작용을 지원하는 서비스가 제공되고 있다(박기훈·김영민, 2013). 즉, 인터넷으로 온라인 강의를 수강하던 학습 형태에서 스마트폰과 같은 기기를 사용하여 수강하거나 활동에 참여함으로써 자신의 학습에 필요한 정보를 얻는다. 다양한 방법의 교육수요가 평생교육 영역에서도 증가하고 이러한 추세에 힘입어 모바일 컴퓨터의 활용이 커졌다.

3. 스마트러닝과 온라인 평생교육의 확산

1) 스마트러닝

스마트러닝은 정보통신기술을 학습활동에 연계시켜 학습자–교수자 간의 상호작용을 지원하는 스마트 기기와 이러닝(e-learning)이 융합된 교육이다(박미현, 이성원, 2017). 온라인 학습 방법들은 통신매체의 발달로 모바일과 PC 등을 결합한 스마트폰과 소셜 미디어와 같은 기술로 인해 온라인 교육이 스마트한 러닝으로 옮겨가고 있다.

교육과학기술부(2011)는 스마트교육 추진전략을 마련하면서 스마트(SMART)의 의미에 대해 단어의 알파벳을 이용해 설명한다.

표 13-2 스마트(SMART)교육 개념

주체	SMART	의미
학생	S(Self-directed)	자기주도적
학생, 교사	M(Motivated)	흥미롭게
학생, 학교	A(Adaptive)	각자의 수준과 적성에 맞는
교사	R(Resource Free)	풍부한 자료
교사, 학생, 학교	T(Technology Embedded)	정보기술을 활용

출처: 교육과학기술부(2011).

스마트는 정보통신기술을 학습활동에 접목하여 풍부한 자료에 유연하게 접근할 수 있으며, 학습자의 수준과 적성에 따라 학습설계와 효과적인 학습을 선택하고, 학습자의 자기주도적인 학습환경에서 흥미로운 학습이 가능하도록 지원하는 맞춤형 방법이라고 할 수 있다. 그러므로 스마트러닝은 학습자의 역량을 강화하기 위한 맞춤학습으로서 교육체제를 혁신하는 동력으로 작용한다.

교육계의 화두였던 스마트교육과 개념을 비교하자면 스마트교육은 교사와 학생 중심중심의 학습 주체에서 인터넷을 활용한 서비스와 비형식학습 등을 통한 능동적 학습자를 포괄하고 있다. '스마트교육'은 '스마트러닝'을 기반으로 출현한 것으로 스마트러닝의 학습방법적 측면까지 포함하여 전반을 다룬다고 설명할 수 있다.

표 13-3 스마트러닝과 스마트교육 개념 비교

스마트러닝	스마트교육
스마트형 정보통신기술	정보통신기술/네트워크
성과 중심의 학습자주도형	내용/방법/평가/환경 등
학습방법	교육체제 혁신
상호작용/실재감/소스	디지털교과서

출처: 노규성·주성환(2013).

포괄적인 개념의 스마트교육에서는 전통적으로 중시하던 3R(reading 읽기, writing 쓰기, arithmetic 셈하기)보다는 4C(creativity 창의성, citizenship 인성, collaboration 협업 능력, communication 의사소통 능력)를 강조한다(교육과학기술부, 2011).

모바일 기반 스마트러닝은 교사와 학생 간 의견교환의 용이성, 이동하며 유연하게 접근할 수 있는 편리성, 교과 지식 중심에서 편안한 학습 분위기 조성 등이 장점이다. 한계점으로 지적되어 온 상호작용 부재, 고립감, 상호작용 부족, 실재감 부재, 수업 참여율의 하락 등을 극복할 수 있다(하명정·이유진, 2017).

2) 온라인 평생교육의 확산

(1) 직업 세계의 다양한 변화

정보기술의 발전으로 직종이 빠르게 변화하며 직업 세계가 크게 달라지는 가운데 가장 크게 영향을 받는 변화는 고용구조다. 필요에 따라 회사는 인공지능과 로봇으로 인간의 육체노동을 대신하고 기술이 필요한 기간만큼만 단기고용 형태로 바뀌고 있다. 안정된 평생직장이나 평생 직업을 중심으로 이루어졌던 교육 그대로 유지하기가 어려워졌다는 의미다.

현재 업무에서도 젊은 시절에 공부한 것만으로는 일에서 자유로워질 수 없다. 실제로 직장인들의 최대 불안은 자신이 일하는 직종이 사라지지 않을까 하는 것이다. 기계화, 자동화 등 기술혁신으로 인해 직업이 변하고 일거리가 줄어들 것을 염려하는 분위기다. 이제 변화된 노동시장에서 재교육을 통해 새로운 방식의 기술을 습득하지 못한 근로자는 도태될 수밖에 없는 환경이 되었다.

정규직이 줄고 비정규직이 증가하는 불안정한 고용구조는 현대의 가장 큰 사회적 문제로 제기되고 있다. 불안정한 노동은 고용조건의 불안정성과 임금의 지속성이 보장되지 않는 소득 불안정을 가져온다. 2016년 미국백악관 보고서에도 제조업과 낮은 숙련도 직업, 육체노동, 지식 전달 직종이 먼저 사라져 가난한 노동자의 실직이 가속화 할 것으로 전망했다. 불안정한 고용구조가 비정규직을 양산하고 반복적인 취업과 실업의 쳇바퀴에 직면하도록 강요한다. 끊임없이 요구되는 기술과 급속히 변화하는 근로 환경은 새로운 학습 요구를 만들고 끊임없이 새로운 직업기술을 익히는 과정을 통해서야 재취업이 가능해지는 순환을 반복하게 한다.

정재현(2019)은 연령대별로 직업의 변화 연구를 통해 실질적으로 남성은 50대부터 퇴직이 발생하고 있다고 하였다. 하지만 기능 종사자와 장기 기계 조작 조립 등 기술직 종사자는 상대적으로 10년 이상 길게 직무에 종사하고 있다. 퇴직 후 이들은 대부분 농림어업과 단순 노무 종사자로 전환되는 것이 특성이다. 여성은 노동시장에서 남성과 다른 위치에 있으며 대체로 정년이 짧은 것으로 나타났다.

30대에서 65세 이상으로 갈수록 관리자(-48.3%), 전문가 및 관련 종사자(-42.7%), 기능원 및 관련 기능 종사자(-53.1%)와 장치 기계 조작 및 조립종사자(-33.2%)가 현저하게 줄어든 반면 농림어업 종사자(171.2%)와 단순 노무 종사자(72.9%) 폭발적으로 늘어나고 있다(박가열, 2018). 특히 중년에 해당하는 연령대에서 중고숙련에 해당하는 전문가와 관련 종사자, 사무 종사자가 감소하고 농림어업과 단순 노무 종사자의 증가 추세가 특히 두드러진다. 그림에서 보는 바와 같이 농림어업과 단순 노무 직종은 2026년엔 더 줄어들 전망이다. 이들의 경험과 숙련을 활용할 수 있도록 양질의 전직 훈련이 보완되는 것이 경제활동 참가로의 이행을 높이는 것임을 시사한다.

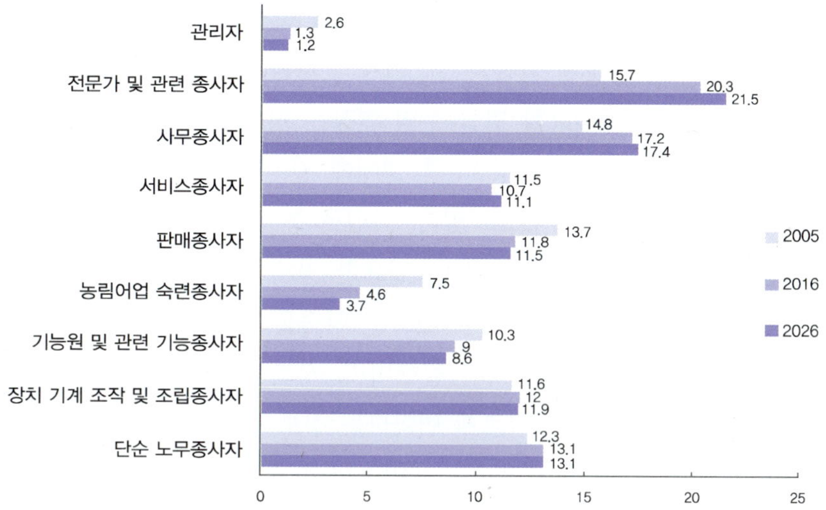

그림 13-1 직업 대분류별 취업자 비중 변화(2005~2026)

출처: 박가열 등(2018).

한국고용정보원의 2019년 일자리 분석에 의하면 지식정보 위주의 사회가 더욱 심화하고 산업구조가 전문직을 중심으로 고도화되고 있어 전문직 관련 종사의 일자리는 계속 증가할 것으로 전망한다. 앞으로도 취업 증가율이 높을 것으로 예상하는 직업으로 과학기술, 보건복지, 정보통신, 법률 등 전문직과 이·미용, 상담·통계 재활용 처리, 문화 및 여가 관련업의 수요가 빠르게 증가할 것으로 예상하며(이시균 등, 2015) 이에 대처하려는 사람들은 평생교육으로 눈길을 돌리고 있다. 퇴직 시점이 이른 중년층의 현실을 고려할 때 퇴직 후 전직을 위한 직업교육이 필요하다는 측면에서도 온라인 학습의 비중이 높다.

미래는 어느 사람도 가보지 않은 길이다. 앞으로 어떤 새로운 직업이 나타날지, 어떤 직업에 대한 수요가 늘어나고 줄어들 것인지 정확히 알 수 없고 예측하기도 힘들다. 그러나 더 멀리, 더 크게 바라보면서 더 나은 방향을 찾기 위해 노력하는 까닭에 미래를 준비하는 측면에서 온라인 평생교육이 더 중요한 시대가 되었다. 그러므로 일자리와 직업의 세계를 반영하고 취업자의 니즈를 고려하여 능동적으로 대처가 필요하다.

(2) 사이버학습자의 인구학적 특성 변화

과거의 인간에 비해 수십 년을 더 살아야 하는 현대인들에게 미래 준비를 위한 학습의 필요가 커졌다. 대부분 학령기교육에 초점을 맞추어 왔던 국내교육이 인생 100세 시대에 맞춰 학습과 일, 여가의 순환과정이 이어지도록 하는 평생교육체제로의 변화가 필요할 만큼 수명 연장은 평생교육에 엄청난 변화를 일으켰다. 그뿐만 아니라 교육환경이 전 생애에 걸치는 과정으로 확대됨으로써 불가피하게 직업 연장을 가져오고 있다. 직업을 통해 은퇴 없는 액티브 에이징을 실현하고 중년과 이후 노년의 삶에 필요한 경제적 수요를 따르기 위해서라도 새로운 학습이 필요한 시점이다. 새로운 학습을 습득하지 못하고 비생산적인 노년을 맞이하는 것은 개인적인 불행이며, 사회적으로도 큰 부담이 된다.

온라인 평생교육은 기술이 빠르게 변화하는 정보 시대에 중년 이후 국민에게 새로운 것을 배울 수 있도록 접근을 용이하게 하고 있으며, 이는 선택의 문제라기보다 생존을 위한 필수가 되고 있다. 평생교육의 다양한 방법 중에서도 사이버 대학이나 온라인 교육기관에 등록하는 성인 학습자들은 상당수가 직업과 학습을 병행하고 있다.

평생학습매체 선호도에서 응답자 전체 대상으로 책이나 판서 수업 중심의 학습이(52.9%), 인터넷 강의 또는 컴퓨터를 통한 학습(43.1%)이 앞서는 것으로 나타났다. 세분화하면 25~44세의 연령층과 대졸 이상 학위소지자는 온라인강의를 선호(62.5%)하였고, 45세 이상 연령층과 중졸 이하 학력자의 판서학습 선호(33.8%)와 고졸 학력자의 판서학습 선호(51.1%) 비율이 더 높았다(교육통계서비스, 2022).

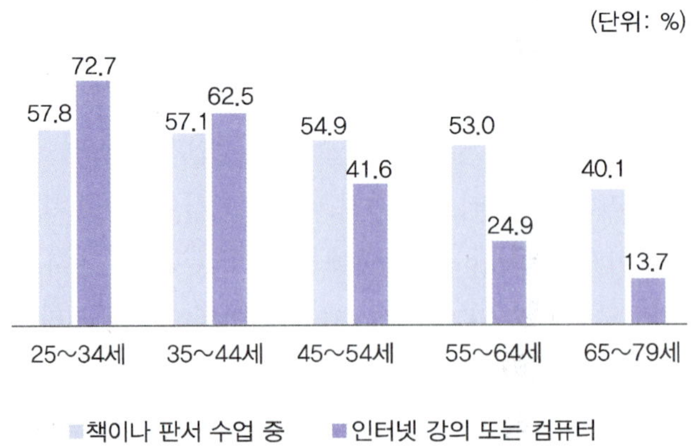

그림 13-2 연령별 학습 매체 선호도

출처: 교육통계서비스(2022).

2022년도 우리나라 성인의 평생학습 참여율(형식·비형식교육)은 28.5%로 2021년(1월~12월) 한 해 동안 만 25~79세 성인 10명 중 2명이 평생학습에 참여했던 것으로 나타났다.

이들은 직업 영역에서 일하는 데 필요한 학습으로 기능 습득(68.2%)을 가장 높게 인식하며, 다음으로는 고용안정(63.7%)과 취업에 도움(60.4%)이 되는 교육을 꼽았다. 이는 직업을 유지하거나 임금의 지속성을 유지하는 데 필요하기 때문으로 해석된다. 일·병행 학습자나 퇴직자의 재교육과 같은 평생교육의 필요가 크게 확대되어 효율적인 새로운 교육방식으로의 수요가 활발해지고 있다.

특히 온라인 학습은 일과의 병행이 가능한 점에서 잠재력이 크다. 이들은 배움을 추구하는 높은 내적 동기로 업무의 성취를 높이고, 사회적 상호작용을 위해 주도적으로 학습에 참여한다. 자녀에게 부양을 받기보다 스스로 경제활동으로 삶을 영위하지 않으면 안 되는 현실에서 능동적으로 배움을 실현하며 이에 대처하는 추세다. 요즘처럼 비대면 상황이 지속되는 환경에서 온라인 평생교육의 확충은 인구구조의 급속한 변화에 대한 대응책이 되고 있다.

(3) 디지털 리터러시 향상

디지털 리터러시는 단순히 컴퓨터를 사용할 줄 아는 능력이 아니다. 인터넷상에 있는 자료들의 가치를 평가할 수 있는 비판적인 사고력을 요구하고, 여러 가지 형태로 구성된 정보를 자신의 필요에 따라 새롭게 조합함으로써 디지털 미디어를 올바로 사용할 수 있는 능력이다(Gilster, 1997). 컴퓨터 사용 능력을 포함한 정보 접근, 정보 역량, 양적·질적 정보 활용능력 등은 연관성을 지니고 있어 상호 보완될 때 효과가 높다. 권성호 외(2014)는 이를 세 가지 능력으로 나누어 접근 능력, 이용 능력, 창의적 능력 등으로 설명한다.

접근 능력은 디지털 미디어 기능을 알고 조작할 수 있으며 문서 작성 및 다른 사람들과 정보에 접근할 수 있는 것이다. 이용 능력은 도구적 이용으로써 온라인 콘텐츠 사용과 원하는 정보를 찾거나 활용하는 것을 의미한다. 온라인 게시판과 채팅 메신저 같은 커뮤니케이션 도구 사용 능력도 이에 포함된다. 창의적 능력은 배우고 익힌 정보를 이용해 고유한 자신의 콘텐츠로 제작하고 게시하고 SNS를 활용하여 창작 활동과 문제해결을 위한 협력 활동 등 소통하는 능력이 여기에 해당한다. 이러한 미디어 활용능력은 연령대가 높아질수록 차이가 뚜렷하게 나타난다. 20대가 50대에 비해 뛰어나고 40대를 기점으로 하락하는 추세가 급격하며 특히 50대와 60대의 능력은 상당히 저조하다. 학습적인 효과도 이러닝 학습의 기회와 경험이 많은 20대 이하 집단에서 유의하게 높다. 컴퓨터활용능력, 인터넷 강좌 경험과 같은 학습자 개인 특성이 학습성과에 영향을 미치고 있다.

그러므로 디지털 리터러시 역량에 포함되는 ICT 활용능력, 인터넷 활용능력이나 컴퓨터 사용 능력에 따른 정보 접근 수준에 따라 학습성과를 예측할 수도 있다(권성호·현승혜, 2014; Hitomi & Kazuhisa, 2007). 학습자가 특정 수업의 결과로써 정보나 기술(skills)을 획득하는 정도를 측정한 학습 성취도와 교사가 학습 목표 달성을 위해 제시하는 의도된 수업 자료와 활동에 참여도를 높이는 것이 학습의 성과로 이어지게 하는 중요한 요소다(Ary, Jacobs & Razavieh, 2002). 온라인 교육에서는 리터러시 능력이 학습 능력에 지대한 영향을 미치므로 나이가 많은 학습자를 대상으로 한 리터러시 교육이 학습자의 학습성과를 높이는 데 도움이 될 수 있다.

온라인 학습자들은 오프라인 대학의 학습자들에 비해 다양한 인구 사회학적 특성과 학점 이수를 통한 학위가 목적인 경우가 많은 만큼 학습이 성공적으로 이루어지도록 해야 한다. 학습자와 이러닝 시스템 간 상호작용을 원활히 할 수 있는 기능이 적극적으로 제공된다면 유효성을 훨씬 더 높일 수 있을 것이다. 기술 요인과 서비스의 품질 및 정보의 품질이 온라인 학습자에게 유의한 영향을 주는 등 컴퓨터 효능감은 학습성취와 만족도에 간접적인 영향을 미치기 때문이다(이영·박인우, 2012).

남들보다 스마트폰 기능이나 기술을 빠르게 수용하고 사용하는 학습자들은 공간적인 제약 없이 편리하게 학습할 수 있지만, 학습성과 달성 측면에서는 부정적인 효과를 가져 올 수 있음도 고려해야 한다. 학습자의 연령이 다양화되는 것을 반영하여 스마트 기기에 익숙한 학습자의 환경에 맞는 학습 내용이나 방법들 또한 제공되어야 할 것이다.

제2절 교수자의 역할 및 평생학습 특성

1. 온라인 교수자 역할 및 교수 과정

1) 교수자의 역할

교사는 온라인 학습에서 직접 만날 수 없는 학생들에 대해 면대면으로 공부하는 학생들과 동일한 종류의 지원과 기회를 제공하기 위해 노력해야 한다. 학습 동기를 지속해서 유지하며 상호작용을 장려하는 새로운 지원 전략이 필요하다. 온라인 수업에서 학생들의 요구를 충족시키기 위해서는 기술에 의존할 수밖에 없다. 따라서 숙련된 온라인 교사가 되기 위해 요구하는 기술을 익힐 뿐 아니라 학생 중심의 접근 방식을 적용하려면 새로운 기술과 교육에 대한 관행도 바뀌어야 한다.

교육 및 학습으로의 전환은 교사와 학생 모두에게 역할과 기대치가 달라짐에 따라 새로운 도전을 맞이하고 있다. 교수자들은 단순 교수자로서 해야 할 역할로 존재하는 것을 포함하여 경우에 따라 콘텐츠 제공, 교육과정 설계, 동영상 편집, 미디어 감독 같은 역할에 이르기까지 수행해야 하는 것으로 비치기 때문에 이러닝이 도입되는 것을 저항하기도 한다. 일인다역을 자처할 교수자는 없기 때문이다(Ulrich & Karvonen, 2011). 충분하지 못한 이러닝은 학습자 중심의 학습 서비스 체제를 구현하지 못하기 때문에 오히려 전통적 강의실 면대면방식보다 더 공급자 중심의 일방적 교육이 이루어지고 있다는 비판도 있다(Govindasamy T, 2002).

이러닝 교수자의 역할을 교수적(pedagogical) 역할, 관리적(managerial) 역할, 사회적(social) 역할, 기술적(technical) 역할 등으로 4가지로 나누어 생각할 수 있다(Berge, 1995).

- 교수적 역할: 이는 교수자의 가장 기본이 되는 역할로서 교수자의 내용 전문성을 기초로 하여 학습을 안내하는 것이다. 강의 계획에 따라 학습이 이루어지고 내용을 설명하며, 학생들과의 상호작용으로 질문과 대답을 주고받으며 학습자가 능동적으로 참여하도록 유도한다.
- 관리적 역할: 학습이 이루어지는 전체적인 과정을 관리하고 필요한 것을

지원하는 역할을 말한다. 학습 동기를 유발하고 유지하기 위한 활동을 하고, 이를 관리하고 평가하는 과정이 포함된다.

- 사회적 역할: 구성원들간의 관계를 유지하고 원활한 사회적 소통이 이루어지도록 지원하는 역할이다. 이러닝 공동체 구성원의 학습을 촉진하고, 친근한 분위기로 온라인 공동체가 지속하도록 도와주는 조력자라고 할 수 있다.
- 기술적 역할: 온라인 학습을 위해 필요한 기술을 조력하고 행정을 지원하는 자문가로서의 역할이다. 교수자는 원만한 이러닝 수업을 운영하기 위해 컴퓨터와 통신 기기를 잘 다룰 수 있어야 한다. 그만큼 교수자의 역할과 기능이 변화하고 있으며, 교수자-학습자의 상호작용의 중요성이 더욱 강조되고 있다. 전통적인 강좌와 비교하면 학습자는 이전보다 더 많은 학습주도권을 가지게 되었다. 이는 곧 학습 참여에의 부담이 커졌음을 가리킨다. 교수자는 학습자와 대면 접촉의 제한으로 학습자의 상황을 통제하기 어렵게 되었다. 컴퓨터나 인터넷 등 물리적인 환경의 영향이 커졌으며 일방적 의사소통이 아닌 쌍방향 의사소통에 더욱더 중심을 두어야 하는 상황이다.

2) 온라인에서의 교수 과정

온라인 교육에서 교수자는 학습을 잘할 수 있도록 학습자를 돕는 역할이다. 학습자가 학습 과정에서 만족하고 학습을 지속하도록 강의를 설계하고 시행함으로써 학습 목표를 성취할 수 있도록 하는 것이 중요하다. 배넷과 로키어(Bennett & Lockyer, 2004)는 각각의 다른 장소에서 서로 다른 시간에 참여하는 학습자의 상호작용을 촉진하고, 일정에 대해 안내하며, 온라인 과제에 대한 피드백 과정을 관리하는 등 더 큰 범위의 자원을 준비하고 통합하는 일을 교수자가 수행해야 한다고 하였다. ICTL(학습정보통신기술 The Information and Communication Technologies in Learning) 프로그램은 온라인 교육을 5가지 차원은 학습자를 위해 어떻게 조력해야 하는지를 구체적으로 확인해준다. 교사는 먼저 커리큘럼의 전체 과정에서 '원하는 학습 결과'에 대해 고려해야 한다. 이렇게 하는 것은 평가를 위한 설계를 뒷받침해 준다.

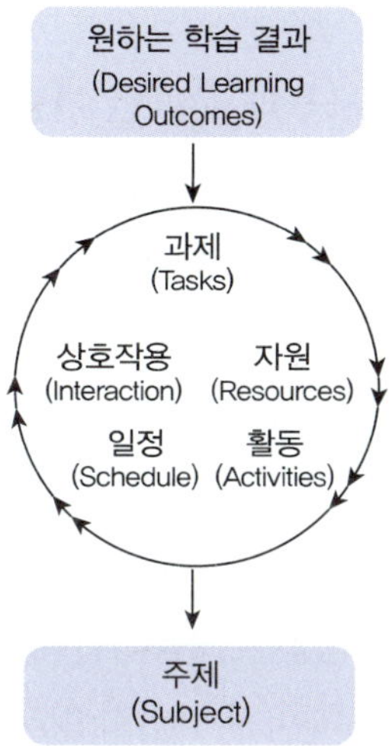

그림 13-3 ICTL의 5가지 차원

출처: Bennett, S., & Lockyer, L.(2004).

- 평가 과제: 세부 사항은 온라인 학습의 주제 개요에 제공된다. 학생들에게 명확한 목표를 제시해주고 이 주제에 대한 최종 성적을 산출할 수 있도록 구성한다. 본격적인 활동을 돕고 지속적인 참여와 아이디어 공유 등 학습자에게 맞추도록 하는 전체적인 맥락에서의 작업이 가능하다. 평가 작업에 대한 논의는 온라인 포럼을 통해 토론하고 과제는 주제 웹사이트를 통해 제출하면 교사는 피드백을 보내고 채점한다.
- 자원: 학습자가 주제에 맞춰 학습을 완료할 수 있도록 하는 과정에서 지원된다. 웹사이트에 정보를 제공하고 학습자는 이를 선택하고 검토하는데 참여하거나 전체 텍스트를 사용할 수 있다. 교사는 평가와 관련된 학습 가이드를 제공하는데 학습자들에게 잠재적 학습 능력을 발휘할 수 있도록 근접발달영역에서 정교한 교수활동, 즉 비계(scaffolding)를 설정한다.
- 활동: 개인 및 그룹으로 이루어지며 학습자가 평가 작업 완료에 도움이 되는 작업으로 구성되었다. 교과 과정이 진행됨에 따라 교사의 지도는 줄어들고 동료 학습자들과의 토론과 아이디어 및 피드백 등의 공유하는 시간이 많아진다.
- 일정: 평가 작업을 완료하는 데 필요한 시간 위주로 구성된다. 일정 내에서 약간의 유연성을 가지고 개별과 공동 작업 사이의 균형을 제공하는 것은 온라인 교사에게 중요한 일이다. 이러한 유연성은 서로 다른 장소에서 학습자들이 연구를 통합할 수 있게 하는 장점을 적절히 사용하기 위해서 교사

는 균형을 맞춰야 한다.

• 상호작용: 커뮤니케이션 도구와 온라인 기술을 사용하면 협업과 공유에 도움이 된다. 인터넷에서 시공을 초월한 커뮤니케이션이 가능하며 동질감을 창출할 수 있다. 하지만 온라인에서의 의사소통은 즉각적인 회신의 부족, 비언어적 단서의 부재 및 언어의 명백한 형식에 영향을 받기 때문에 오해를 피하려면 온라인 환경에서의 커뮤니케이션은 더욱 명확하고 상세한 것이어야 한다. 그럼에도 불구하고 스마트 환경은 질의 및 피드백을 실시간으로 제공할 수 있어 교사는 적시에 학생에게 지원할 수 있다. 이렇듯 스마트 기기와 온라인학습의 성장은 교육기관에 지속적인 도전이 되고 있다. 교수자들은 학습 과정에 필요한 온라인학습의 환경을 구성하는 요소들이 무엇인지에 대해 초점을 맞추고 학습자들의 요구를 충족할 수 있도록 지원하며, 그들의 창의적 능력을 온라인 학습 상황에 녹여내야 한다.

2. 온라인공간에서의 평생학습의 특성

온라인공간에서의 학습은 일상생활에서 학교라는 한정된 장소에서 일어나는 학습과 비교해 볼 때 몇 가지 특성에서 기인한다고 볼 수 있다.

직장인 A씨 사례

직장에 다니는 A씨는 업무가 바쁘긴 하지만 자격이 있어야 하는 과정에 등록하는 것이 자신의 진로에 유리하다고 생각하고 사이버대학에 등록하였다. 시간과 장소에 제약 없이 공부할 수 있는 점을 사이버대학의 가장 큰 장점으로 꼽았다.

교과목은 한 학기에 5과목을 신청하고 할인받아 과목당 5.9만 원씩 지급했다. 시작할 때의 마음과 달리 현실적인 업무에 밀려 수업 시간을 놓치는 것을 알지 못했다. 시간이 지나 수업 진도를 제때 이수하지 못한 결과, 결석이 많아서 두 개 과목에서 조기 탈락을 경험했다. A씨는 학사 일정에 대한 설명이 없었고, 온라인학습은 기간 내에 이수하면 되는 줄로만 알았다며, 학습자가 알아야 할 주요 사항을 알리지 않음으로써 알릴 의무 위반이라고 주장했다. 그리고 수업 기간 시작을 알리는 문자만 2주에 한 번 오는 것이 전부였으며, 자신의 학습활동 현황에 대한 안내마저도 수강 출석 인정 마지막 날에 보내는 바람에 급하게 수강하기도 했었다. 이 때문에 교과목에 대한 낮은 성취와 수료를 위한 학습에 지나지 않게 되었다는 생각이 들었다고 한다. 학습에 대한 정보를 교류할 수 있는 커뮤니티마저 없다는 것에서 답답함을 느끼기도 하였다. 이러한 일들이 반복되면서 결국 학업을 중단하였다. A씨가 계획한 것과 다르게 시간과 비용을 지불했을 뿐 아니라 평생학습에 대한 신뢰도마저 저하되었다. 학습자의 상황을 고려한 지원 서비스가 더 강화되어야 하겠다고 말했다.

1) 네트워킹

온라인공간에서 유통되는 정보와 개인적 필요의 적합성 여부에 따라 학습활동의 지속 여부가 결정된다. 따라서 온라인공간은 긴밀한 유대관계에 의해 더불어 사는 세상을 열어가는 새로운 관계망으로서 지식과 결부된 나눔이 함께 이루어지는 학습철학이 요구된다.

하지만 온라인에서의 양방향 강의는 단순히 실시간으로 강의가 이루어진다는 것을 의미하는 것이 아니다. 교수자와 학습자, 학습자와 학습자 간의 활발한 상호작용과 적극적인 참여를 통해 의사소통이 이루어지는 강의를 말한다(권나희, 2019). 하지만 여전히 교수자가 단순히 지식을 전달하는 방식의 강의로 이루어지는 경우로 인해 학습에 어려움을 겪는다.

2) 자기 주도적 활동

컴퓨터와 인터넷을 활용한 자기주도학습을 기반으로 하는 평생교육 학습의 기회가 광범위해졌다. 학습자가 주체가 되어 자유롭게 선택할 주도권을 갖고 성공적인 온라인 교육의 목적을 달성하기 위해서는 자기주도학습 역량과 시간 관리, 학습 과정 검토, 학습 목표 설정 등의 노력을 수반해야 한다. 이처럼 학습환경이 인터넷 기반으로 확장되면서 학습자의 자기주도학습 태도가 그 무엇보다도 중요시되고 있다. 그러므로 개인이 독자적인 정보처리 활동을 통해 필요한 정보나 지식을 학습하며 자신의 일상에서 직면하고 있는 문제와 직결되는 대안적 해결을 모색하는 과정이라고 볼 수 있다.

자기 주도적으로 학업 의지에 대한 동기와 책임감을 높이고 학업에 투자할 수 있는 시간이 많아야 학습성과가 높게 나타나는데 학습자들은 26.8%가 '혼자 공부할 수 있는 의지 부족'을 호소하였다(서울디지털대학교, 2017). 다양한 학습 콘텐츠를 제공하는 방식이 있지만, 교수자의 일방적 제공 방식은 자기 주도 학습에 맞지 않으며, 온라인 수업에서는 학습자가 원하는 콘텐츠를 직접 검색하고 찾아야 하는 불편함이 존재한다. 이에 대해 무어(Moore, 2003)는 테크놀로지가 효과적이냐 아니냐는 그것을 사용하는 교사의 지식과 기술에 달려있다고 언급했다. 교사들의 기술 사용과 학습 준비가 온라인 교육에서 교수학습과정이 의미 있는 차별화가 되는지 아닌지 예측할 수 있게 한다.

3) 재직학습자

사이버대학 등 온라인교육기관에 등록하는 성인학습자들은 상당수 직장에 다니는 사람들이다. 재직학습자의 경우, 전반적으로 학습 시간이 제한되어 있어 학습 시간을 보다 효율적이고 효과적인 관리와 학습에 규칙적으로 참여할 가능성이 대학생 학습자 집단보다 적다. 규칙성은 학업성취에 정적상관에 영향을 주는 요인으로 온라인학습에 규칙적인 학습자일수록 시간과 전략을 관리함으로써 학업성취 수준도 높다는 것으로 보고된다(조일현·김정현, 2013). 재직학습자의 참여에 대한 적극성과 높은 학업성취는 온라인학습 과정에서 교수자와 튜터 그리고 학습자 간의 상호작용과 연관성이 높았다(Agudo-Peregrina et al., 2014).

현재의 온라인 평생학습은 학습자 개개인의 능력에 따른 맞춤 학습이 이루어지기 힘든 것이 사실이다. 학습자들을 대상으로 다양하고 풍부한 디지털 학습자료에 기반을 둔 개별 맞춤형 온 오프라인 교육과 학습지도 멘토링 등 다양한 방법을 강구해야 한다. 개별 맞춤형 교육의 장점이 발휘되지 않는 것은 기관과 교수자가 해결해야 할 문제다.

4) 정보량 폭증과 개인정보

인터넷이 일상생활에 없어서는 안 될 필수품이 되면서 현대인의 일상은 어느덧 데이터의 생산과 소비로 정보량이 하루가 다르게 증폭되고 있다. 요즘 인터넷에서 이메일은 하루에 수천억 개의 메시지가 전송되는 정보 폭주의 시대를 살고 있다. 아침에 일어나서부터 스마트폰으로 데이터를 확인하며 하루가 시작하고, 출근해서는 전송된 이메일 확인과 답장으로 데이터를 생산한다.

인터넷 기반의 생활 환경이 보편화하고 개인정보의 공개와 처리가 상대적으로 쉽게 허용되면서 온라인상에 공개한 정보들이 개인정보가 되기도 한다. 50대 이후가 10대, 20대와 비교해 규제 정책이나 개인정보 보호를 위한 인지 수준이 낮아 자의적, 타의적 정보 노출로 인한 피해를 더 많이 경험하기도 한다(최대선·안은영, 2013). 주체적 판단에 따라 정보의 옥석을 가려냄으로써 학습에 도움을 제공해 줄 수 있다. 그러나 유용한 정보를 찾지 못하면 정보는 피로를 가중할 뿐이다. 따라서 주체적인 사고와 판단으로 유용한 정보에 접근하는 안목이 필요하다.

제3절 온라인 평생교육의 문제 및 시사점

1. 평생교육의 문제 학업의 중도 포기 요인

듀톤, 듀톤과 페리(Dutton, Dutton, & Perry, 1999)는 오프라인 수업 학습자들의 90.3%가 과정을 이수하지만, 온라인 학습의 경우는 72.2%의 학습자들만 과정을 이수한다고 보고하고 있다. 평생교육은 의무가 아닌 자신의 필요에 따라 선택하는 교육이지만 여러 이유 등으로 계획했던 학습에 불참하는 경우가 발생하고 있음을 확인할 수 있다. 몇 가지 원인을 살펴보고자 한다.

표 13-4 사이버학습 불참 요인

불참 요인	비율(%)	
	2020	2021
직장업무로 인한 시간 부족	32.2	43.8
코로나19 영향으로	0	27.3
만족스럽지 못한 교육과 가까운 교육기관이 없어서	24.3	18.9
동기, 자신감 부족	11.8	11.5
학습비가 너무 비싸서	9.2	8.7
가족 부양에 따른 시간 부족	8.1	9.8
건강상의 이유로	7.6	3.3
함께 배울 친구가 없어서	3.4	4.6
기타	2.7	11.3
교육시설이 만족스럽지 못해서	0.7	3.1

출처: 교육통계서비스(2022). 2021년도 중복 응답

1) 학습 시간 부족

학습 시간 부족은 성인 학습자의 학업중단의 가장 큰 요인이다. 재직자들은 전일제 학생과 비교하면 직장의 업무와 학습을 병행하는데 절대적인 시간이 부족한 것이 사실이다. 직장업무로 인한 시간 부족'으로 평생학습 프로그램을 참

여하지 못했다는 응답은 남성(56.4%)이 여성(35.8%)보다 높았다. 특히 진로와 취업 등의 목적보다 개인의 만족 영역인 심리적 만족 및 행복감 증대와 자기 계발 등에서의 목표를 성취하지 못하는 학습자가 더 빈번히 발생한다. 진입장벽이 낮아진 온라인 학습에 쉽고 편리하게 접근하는 것과 비례하여 학업에 불참하는 학습자들이 발생비율도 높다.

2) 만족스럽지 못한 교육 내용

학습자가 학습 목표를 성취할 수 있도록 함으로써 학습자의 만족을 유도하고 학습을 지속할 수 있도록 강의를 설계하고 시행하는 것이 필요하다. 또한, 학습자의 활동을 촉진하기 위해 자신이 직면하는 문제를 해결할 수 있는 일상의 측면이 내재 되어 있어야 한다. 교육기관에 따라 학습에 대한 계획과 준비된 교육이 제공되는 형태로 내용이 충분하지 못한 콘텐츠와 프로그램은 학습자 중심의 학습 서비스 체제를 구현하지 못하기 때문에 오히려 전통적 강의실에서의 면대면 방식보다 더 교수자 중심의 일방적 교육이 이루어지고 있다는 비판도 제기된다(Govindasamy, 2002).

3) 교수자와 학습자의 상호작용 미흡

로바이(Rovai, 2003)는 온라인 교육에서의 중도 포기나 학업 지속 의사결정에 미치는 요인으로 일반 오프라인 교육과는 달리 학습자의 인간관계도 중요한 변인임을 밝혔다. 인지된 고립감(perceived isolation)이란 사회적 관계의 부족으로 인한 주관적으로 느끼는 고통과 부정적 효과를 초래하는 내적 감정적 상태로 정의된다. 자기 자신이 속해 있는 사이버대학에 대한 소속감(sense of community)이 강한 경우, 고립감을 적게 느낀다는 연구 결과를 보고했다. 오프라인 환경에서는 같은 장소에서 구성원인 심리적인 교감을 하며 수업이 이뤄지는 것이 보통이다(Rovai, 2003). 그러나 온라인 환경에서는 서로 물리적으로 격리되어 있으므로 학습자-교수자가 상호작용을 하기 어렵고 다른 동료 학생들에게서도 고립되기 쉽다.

4) 학습비 및 경제적 부담

윌깅과 존슨(Willging & Johnson, 2009)은 특히 성인 학습자인 경우에는 온라인 강좌의 중도 탈락 원인 중의 한 가지로 재정적 어려움을 들고 있다. 성인의 대학 평생교육 요구분석에 의하면, 전체 조사대상자의 절반에 육박하는 43.8%(105명)가 등록금 부담을 가장 큰 어려움으로 꼽았다(정용균·김중렬, 2018). 교육에 대한 열의가 있는 평생교육 학습자 중에는 경제적인 어려움으로 교육의 혜택을 누리지 못하는 사람들이 있다. 온라인 강의를 위한 컴퓨터, 스마트 기기가 없어 수업을 듣지 못하는 사람들을 위해 누구나 원하는 교육을 받을 수 있도록 지원을 확대할 필요가 있다.

5) 디지털 리터러시 결여

디지털 리터러시 능력은 온라인 학습자들에게 기본적으로 요구되는 역량이다(Dupin-Bryant, 2004). 시험과 리포트 질의응답 등 대부분의 학습활동이 컴퓨터로 이루어지므로 학습자의 부담은 연령대가 높을수록 더 심하다. 고연령층 성인 학습자들일수록 컴퓨터활용능력이 미흡할 것으로 추정된다. 또한, 디지털 미디어에 적응하지 못하는 사람들은 네트워크 공동체에서 소외될 가능성이 있다. 더불어서 디지털 리터러시 교육을 해야 한다. 외에도 가족의 지지가 약한 경우, 학업의 지속에 부정적인 영향이 나타난다(Willging & Johnson., 2009).

이처럼 자발적으로 시작한 사이버 평생교육이라도 중도 포기자가 나타나는 이유는 목표를 성취하기 위해서 요구되는 조건이 자신이 처한 환경이나 여력이 부족한 결과라고 볼 수 있다.

6) 코로나19 영향

새로운 요인으로 등장한 코로나 영향으로 참여하지 못하였다는 응답은 여성(30.4%)이 남성(22.4%)보다 높았다. 연령이 높을수록 학력이 낮을수록 코로나로 인하여 참여하지 못하였다는 응답이 많았다. 전체적으로 감염에 대한 불안이 높고, 코로나로 인한 경제적 부담이 원인인 것으로 나타났다.

2. 스마트시대 온라인 평생교육의 시사점

온라인 평생교육에 있어서 시사하는 점을 제시하면 다음과 같다.

첫째, 재직 학습자가 참여하는 교육 패턴을 고려하여 서비스 지원이 필요하다는 점이다. 사례에 나온 경우처럼 학습자가 학습에 참여하는 시간과 패턴을 파악하고 다수의 학습자가 필요를 해소할 수 있는 지원은 물론 일과 시간 이후의 발생할 문제를 해소할 방안을 마련한다.

둘째, 창의적인 교육 방법을 적용하는 것이 필요하다는 점이다. 학습자 중심의 교수 방법은 자기주도학습에 기반을 두는 것으로 스마트 환경의 장점과 부합하는 속성이다. 그러나 최근 주목을 받는 디자인 사고와 예술기반 학습의 비중은 작게 나타나고 있다.

셋째, 모바일 기기는 더 많은 기능이 탑재되고 있어 단순히 스마트폰 이상의 의미가 있다는 점이다. 모바일을 통한 학습 과정에서 학습자와 교수자, 튜터 그리고 학습자 간에 요구되는 상호작용을 높이는 방안을 다각적으로 검토하는 것이 필요하다(노일경·이성혜, 2016).

넷째, 학습 참여를 독려하고 SNS를 활용하는 메일 지원을 확대할 필요가 있다는 점이다. 재직 학습자의 상황을 고려하여, 제한된 시간 내에 학습 시간을 효과적으로 활용할 수 있도록 학습 시간 관리 전략 및 학습 방법 등에 대해 안내하고 학습자가 자신의 학습 현황을 파악하여 정해진 기간의 수업 참여에 빠지지 않도록 알림 서비스를 운영할 필요가 있다.

스마트시대의 평생교육은 온라인이든 오프라인이든 개인의 선택에 따라 자율적인 수강이 가능하지만, 개인의 차원을 넘어 모든 구성원이 협력하여 학습을 계속하지 않으면 지식과 기술에서 낙오되어 지금의 위치나 수준을 유지하기 어려운 사회가 되었다.

연구문제

1. 온라인 평생교육이 발전하는 기술적 사회적 환경에 대해 검토해 봅시다.

2. 온라인 평생교육이 확산하는 이유에는 어떤 요소들이 있는지 설명해 봅시다.

3. 온라인학습에서 필요한 교수자의 역할을 오프라인과 비교해 설명해 봅시다.

4. 다음에 제시된 예를 읽고, 온라인공간에서 학습적 특성에 비추어 검토해 봅시다.

> "오대리는 회사에서 기술을 담당하고 있다. 테크놀로지의 발전이 하루가 다르게 빨라지는 것을 느끼고 공부의 필요성을 느끼게 되었다. 이를 해결하기 위해 온라인 평생학습 사이트를 통해 기술을 익히고 자격증을 목표로 3개의 강좌를 듣고 있다. 어려운 상황에도 배울 수 있으니 진로에 도움이 될 것에 대해 기대가 컸다. 여러 사람과 어울리기를 좋아하는 오대리로서는 직접 만나서 수업하지 않는 것이 아쉽다는 생각이 들었지만, 시간이 많지 않은 관계로 자신에게 적합한 방법을 선택하고 스스로 잘했다고 생각하고 있다."

5. 스마트시대에 온라인 평생교육이 나아갈 방향에 대해 두 가지를 쓰고 설명해 봅시다.

CHAPTER 14

제4차 산업혁명과 뉴노멀시대의 평생교육

제1절 제4차 산업혁명

오늘날 제4차 산업혁명시대의 가장 중요한 자산은 '인재'를 키우는 것이라 할 수 있다. 이에 기업은 인재육성을 위해 아낌없는 투자를 하고, 개인은 시간을 쪼개어 자신의 역량을 키우는 데 힘을 쏟고 있다. 과학기술의 발달로 새로운 시대가 도래하며 전문인뿐만 아니라 일반인도 이를 잘 다루고 활용할 수 있는 능력이 요구되고 있으며, 이 상황은 나날이 진화되고 있어 이 시대를 사는 누구라도 적응과 배움으로부터 자유로울 수 없다.

따라서 일상이 늘 학습과 함께하는 시대로 변화되었다. 정보통신의 발달로 변화하는 원격교육은 교육 전반에 영향을 미치고 있으며 누구나 언제 어디서나 쉽게 정보를 통하여 원하는 학습을 할 수 있는 진정한 평생교육의 시대가 되었다.

제4차 산업혁명이 점차 본격적으로 진행됨에 따라 전 세계의 선진국과 기업이 힘을 합하여 경쟁적으로 기술을 개발하고 급변하고 있는 시점에서 갑자기 인류의 재앙으로 다가 온 코로나19는 새로운 시대를 열고 있다. 제4차 산업혁명 시대에 올라 탄 뉴노멀시대는 무엇이고 어떻게 변화하는지의 그 방향성을 학습하는 것은 필요하다. 제4차 산업혁명과 뉴노멀시대 교육의 변화와 교육의 방향, 그에 따른 평생교육의 중요성과 실천 방향을 제시함은 의미 있는 일이다.

1. 제4차 산업혁명의 의의

1) 제4차 산업혁명의 정의

산업혁명이란 인류에게 불어오는 기술상의 혁신을 동반한 사회·경제상의 커다란 변혁이다. 1차 산업 혁명은 프랑스 혁명을 시작으로 영국의 명예혁명(1688년)으로 이어져 18세기 초 영국에서 봉건주의의 몰락을 가져왔다. 뒤이은 기계의 등장은 수공업을 공장제 공업으로 변화시키고 상공업의 발달하게 된다. 또한 1764년 동력부분의 중대한 혁신인 제임스 와트의 '증기기관'의 발명과 19세기 기차의 발명으로 교통혁명을 이루어 공업의 시대를 연다.

제2차 산업혁명은 100년 전 에디슨이 백열전등을 발명함에 따라 '전기'의 시대를 열고 공장의 컨베이어벨트를 활용한 자동화 생산라인을 이루며 시작한다.

제1차 산업혁명	제2차 산업혁명	제3차 산업혁명	제4차 산업혁명
18세기	19-20세기 초	20세기 후반	2015년~
증기기관 기반의 기계확 혁명	전기에너지 기반의 대량생산 혁명	컴퓨터와 인터넷 기반의 지식정보 혁명	IOT/CPS/인공지능 기반의 만물 초지능 혁명
증기기관을 활용하여 영국의 섬유공업이 거대 산업화	공장에 전력이 보급되어 벨트 컨베이어를 사용한 대량 생산보급	인터넷과 스마트혁명으로 미국 주도의 글로벌 IT기업 부상	사람, 사물, 공간을 초연결, 초지능화하여 산업구조 사회 시스템 혁신

그림 14-1 제1~4차 산업혁명 과정

따라서 생산의 증가로 경제가 성장하며 자본주의가 강화되고 사람들이 공장이 많고 자본이 풍부한 도시로 모여 도시화를 이룬다.

1970년대 말 시작된 제3차 산업혁명은 '컴퓨터와 인터넷'의 보급으로 시작되었으며 컴퓨터의 정보가 인터넷을 타고 지식혁명시대의 시작을 알렸다. 지식의 데이터화와 자유로운 데이터의 전송은 정보통신시대의 초석이 되었고, 세계는 좁아지고 인류의 삶의 반경과 방식이 크게 변화되었다.

Klaus Schwab, 세계경제포럼 창립자

제4차 산업혁명시대라는 말은 스위스에 본부를 둔 세계경제포럼의 연차 총회인 다보스 포럼에서 이 단체의 창립자이며 회장인 크라우스 슈밥(Klaus Schwab)이 2016년 제46차, 연차총회의 핵심 의제로 "제4차 산업혁명의 이해(Mastering the Fourth Industrial Revolution)"를 논의하며 시작되었다.

그는 "변화는 매우 중요합니다. 인류의 역사에서 이보다 더 큰 가능성이나 잠재력을 지닌 시대는 없었습니다."라며 '제4차 산업 혁명에 대하여 역설하였고 이 엄청난 변화는 현실이 되고 사회와 경제의 모든 것을 변화시키고 있다. 그 때에 앞으로의 세계는 디지털, 물리학, 생물학적 경계가 사라지고 기술의 융합시대가 된다고 미래를 예측하였고 새로운 시대의 서막은 올랐다.

2) 제4차 산업혁명의 의의와 그 특징

제4차 산업혁명은 우리 삶을 근본적으로 바꿀 기술혁명이다. 획기적인 기술의 진보는 인류가 경험해보지 못한 속도로 진화하고, 그 범위는 세계의 전 산업분야에서 엄청난 파괴적 기술에 의해 혁신되고 재편될 것으로 예상된다. 또한 기술의 혁신은 시스템의 변화를 가져와 생산 및 관리 그리고 지배구조에도 지대한 영향을 미쳐 우리 사회에 커다란 변화를 가져올 것이다.

우리는 지금까지 우리가 살아왔던 삶의 방식이 근본적으로 바뀌는 기술 혁명 시대에 와 있다. 제4차 산업혁명 사회를 대표하는 말을 꼽으라면 '초연결성', '초지능성'의 사회라고 할 것이다. 업종 사이, 산업 사이의 경계가 사라지고 모두 연결된 융합의 시대를 기술이 가능하게 하였다.

기술의 발전으로 생긴 플랫폼을 이용한 '공유경제'라고 불리기도 하는 온디맨드경제(on-demand economy)가 부상하였다. 스마트폰만으로도 접근 가능한 플랫폼은 재화와 서비스의 활용 방식을 완전히 바꾸어 놓았다. 다양한 서비스 및 사업 모델이 증가하여 창업을 쉽게 하고, 노동생산성의 향상과 새로운 형태의 일자리들을 창출하여 경제적 번영을 가져오고, 소득 증가와 삶의 질 향상이라는 긍정적 효과를 가진다.

제4차 산업 혁명을 대표하는 말들을 살펴보면 인공지능, 사물인터넷, 빅데이터, 클라우드컴퓨팅, 5G 이동통신 등을 들 수 있는데 놀라운 것은 이 대단한 첨단이 서로 '유기적 연결'이 되고 사이버 세상이 도래한 것이다. 기술의 발전이 이것들을 가능케 함에 따라 우리는 여태까지의 기술이 아닌 '기술의 역할'을 다시 정의해야만 한다. 이 모든 것이 기술을 통하여 이뤄지는 까닭이다. 제4차 산업혁명 시대의 대표적인 주요 기술을 살펴보면 다음으로 수렴된다.

첫째, 사물인터넷(IoT, Internet of Things)을 도입하여 상용화 하였다. '기술'은 세상을 사이버 세상으로 만들고 각종 기기에 통신과 센서 기능을 삽입하여 스스로 데이터를 주고받으며 사람의 개입 없이 자동으로 인터넷을 주고받는다. 가장 일반화되어 있는 지능을 지닌 사물은 스마트폰일 것이다. 스마트폰은 사람과 사람, 사람과 사물을 연결하여 많은 일을 가능케 한다. 사물인터넷 기술은 물건의 전자태그나 스마트 하우스와 스마트 생산 시스템 등 우리의 생활과 일의 방법에 개입되어 빠르게 사회를 변화시키고 있다.

둘째, 인공지능(AI, Artificial Intelligence)은 인간의 두뇌 작용을 빅데이터를 학습 도구로 활용, 딥러닝을 학습방법으로 하여 인간의 사고능력처럼 사고하고 이해하여 사람의 개입 없이 의사결정을 하여 실행하기도 한다. 사람의 창작 영역인 미술의 그림그리기, 음악의 작곡, 글쓰기 등에서도 모방해서 창조하는 기능을 갖게 됨으로서 앞으로의 세상에서 단순한 인간의 정신노동을 모두 대처할 수 있는 능력을 갖기에 이르렀다.

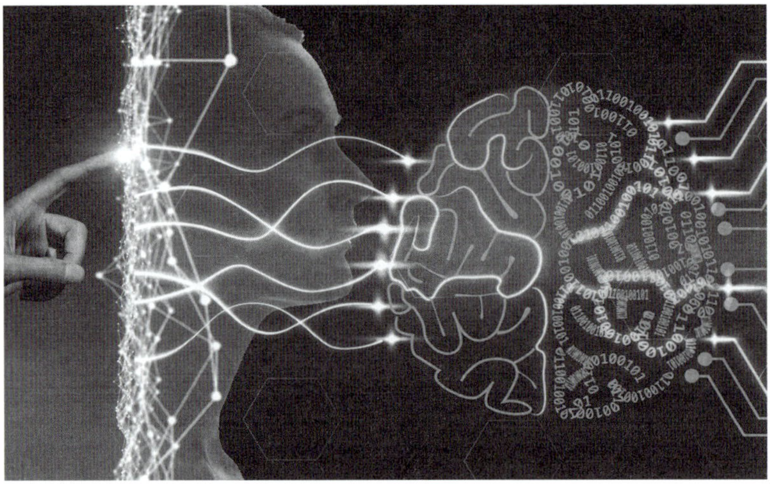

그림 14-2 AI의 인공 신경망을 통한 인공지능의 딥러닝 원리

출처: https://www.einfochips.com/blog/5-deep-learning-trends-that-will-rule-2019/

셋째, 정보통신기술(ICT, Information & Communication Technology)은 정보화 사회의 핵심기술로서 초연결성 사회라 내세울 수 있는 대표적인 기술이다. 통신기술의 발달은 데이터로부터 가치 추출과 결과 분석을 할 수 있는 빅데이터를 탄생시켰고 지능화하였다. 정보통신기술의 핵심은 초고속 인터넷, 이동통신, 광통신, 홈 네트워크 등 통신 기술과 컴퓨터, 소프트웨어, 데이터베이스, 멀티미디어 등을 들 수 있다.

넷째, 이동통신을 따로 구분하여 기술하는 이유는 그 중요성이 매우 크기 때문으로 이제는 차세대 이동통신기술이라 일컫던 5G(5Generation) 이동통신을 너머 이보다 최대 50배 빠른 6G(6Generation)시대에 접어들었다. 6G는 2GB 용량 영화 한 편을 0.016초면 내려 받을 수 있고, 전송 지연 시간도 5G 대비 10분의

1 수준이다. 이동통신의 발달은 AI, 빅데이터, 증강현실 등의 활용을 실현시켜 줄 뿐만 아니라 통신 기술의 꽃이라 할 수 있는 미래의 교통인 완전한 자율주행 자동차 개발은 수준 높은 이동통신 기술의 발전에서만 구현 가능하다. 또한 인공지능(AI), 클라우드컴퓨팅 등의 발전에 바탕이라 할 수 있는 주요 기술이다.

다섯째, 21세기의 원유라고 불리워지기도 하고 황금 열쇠라고도 하는 빅데이터 기술이다. 초연결 시대에서 빅데이터의 적극적 활용은 다양한 산업의 생태계가 새로이 열리는 기회가 되고, 기업과 국가의 경제 활성화를 이루기 위한 방법이며 도구가 된다. 데이터센터라고 할 수 있는 빅데이터는 거대 정보를 담고 통계를 활용하여 미래를 예측할 수 있기 때문이다. 인터넷이 연결된 환경에서 다양한 단말기를 통해 저장된 정보를 처리할 수 있는 커다란 저장장치인 클라우드의 개발은 필요로 하는 맞춤정보를 제공하고 학습도구로도 크게 이용되고 있다.

2. 제4차 산업혁명의 본질

1) 인류의 변화

지금 인류의 문명은 현실에서 '혁명적'으로 변화하고 있다. 혁명이란 표현은 새로운 체제나 시스템이 급격하게 변화한다는 의미이기도 하다. 초연결과 초지능이 바탕이 된 기술의 융합은 인간의 상상의 세계에나 존재했던 아니 상상하기조차 어려웠던 기술을 쏟아내며 우리의 일상에 영향을 미치고 예측하기 어려울 만큼 우리의 미래를 바꾸고 있다. 소셜 미디어와 빅데이터, 사물인터넷 그리고 인공지능의 새로운 세상이 일상과 산업구조를 변화시키고 있다. 제4차 산업혁명은 인류의 더 나은 삶을 위한 기회이자 동시에 미래에 대한 위협이 되기도 한다. 다른 면으로 현실의 삶과 가상의 세계가 결합되기도 하고 충돌하기도 한다는 것을 의미한다.

또한 당면한 지구적·사회적 주요 문제인 지구 환경의 변화가 낳은 기후 변화에 대비하기 위한 신기후체제가 필요하고, OECD국가들의 고령화와 저출산이 빚은 인구 절벽문제, 세계 소비시장의 주류를 이루는 글로벌 도시의 확대 문제 등 문제를 가득 내재한 상태에서 융합과학기술의 비약적인 발전은 기존 시스템의 파괴(disruption)를 불러오고 나아가 패러다임의 전환으로 이어지고 있다. 급격한 변화에는 좋은 점만 있는 것이 아니라 인류를 위협할 정도의 여러 문제점도 잉태하고 있어 제4차 산업혁명 시대의 미래는 다양한 융·복합기술의 개발을 통하여 인류의 위기를 기회로 만들어야 할 책무도 가지고 있다.

인류는 이제 오랫동안 지켜오던 많은 것들을 뒤로하고 새로운 길로 들어섰다. 일상을 가장 변화시킨 기술은 인터넷과 스마트폰을 꼽아왔지만, 최근 AI는 4차 산업 기술의 영역인 자율주행 자동차, 드론, 로봇, 가상현실 등과 결합해 놀라운 변화와 발전을 보이고 있다.

2024 다보스포럼(세계경제포럼 WEF)에도 AI는 주된 주제였다. 특히 생성형 AI의 현재와 미래, 그리고 마이클 샌델 하버디대 교수의 'AI시대 윤리'를 주제로 한 강연, 위험 관리 방안에 대한 논의 등이 활발히 이루어졌다.

인공지능(AI) 덕분에 인류는 인류가 아닌 존재와 대화를 나누기 시작하게 되었고, 생성형 AI인 ChatGPT는 일상에 급속히 들어와 활용되기 시작했지만 인공적인 환각(Artificial Halucination), 낮은 수준, 자료출처 확인 불가능 등 상용화하기 위해 풀어야할 많은 문제들은 단순히 검증과 검열한다고 되는 것일까라는 의문을 가진다. 그러면서 사람들은 더 발전된 생성형AI인 구글의 람다(LaMDA)의 출시를 기대하고 있다. 오픈AI가 인공지능 활용 생성 이미지에 별도의 표식을 달기로 하였지만, 최근 전세계의 걱정거리로 등장한 딥페이크(deepfake·AI가 만든 가짜 콘텐츠) 폐해는 사회 질서를 혼란시키고 있다.

최근 삼성의 인공지능 폰은 진일보하여 전문적 사진 편집은 물론 13가지 언어를 동시통역하는 '내장형(on-device)AI' 시대를 본격적으로 열었고 전자업체들은 노트북, 가전 등 모든 전자기기로 확산시키고 있다. 세계의 인공지능(AI) 리더들은 인공지능(AI)는 이제 시작이라고 말하고 있다.

세계는 모바일 금융혁명이나 모바일 쇼핑이라는 유통혁명 등은 이미 일상이 되고, 더 쉽게 소셜 미디어의 영향을 받음은 물론 개인화 되고 스스로 개인이 좋아하는 정보를 선택하고 쉽게 활용하게 되었지만 심리적인 변화도 가져왔다. 스마트폰이라는 새로운 문명은 "폰을 든 인류, 포노사피엔스(Phono Sapiens)"라는 새로운 말을 탄생시켰고 포노사피엔스가 지구를 바꾸고 있다(출처, 영국 이코노미스트지, 2015, 재인용, 최재붕, 2019). 최근에는 스마트폰을 사용할 수 없으면 패닉 상태가 되어 공포증을 느끼는 '노모포비아(nomophobia)'가 세계적으로 심각한 상태로 만연되어 정신 건강을 헤치기에 이르렀다.

컴퓨터 기술과 정보통신의 발전은 지구를 하나의 공동체로 가까이 묶어주어 재택근무를 가능하게 하고 집에서 보건의료 서비스도 받을 수 있는 등 생활은 더 윤택하고 편리해 졌지만 사생활 침해를 비롯한 여러 가지 역기능도 함께 나타나고 있는 것이다.

2) 제4차 산업혁명의 영향력

우리의 일상에 커다란 변화를 가져온 제4차 산업혁명은 스마트폰의 일상화와 자율주행 자동차가 상용화되고, 드론은 국방에서 상품 배달까지 활용되고 있다. 또 TV에는 AI앵커가 뉴스를 진행하고, 3D 프린팅 기술은 일상의 도구나 주택 건설은 물론 인간의 인공장기까지 생산한다. 기술의 혁명은 산업에서도 놀라운 변화로 나타났다. 로봇이나 자동화 시스템을 활용하여 산업의 생산성과 효율성의 기적을 일으키고, 광고, 운송, 통신 등의 비용이 절감됨에 따라 글로벌 공급망을 통한 물류유통이 효과적으로 재편될 것이다.

이 거대한 변화의 물결은 과학기술의 내면에서 예상보다 훨씬 빠르게 진행되고 있으며 한계를 예측하기조차 힘들다. 세계경제포럼의 연구와 내부 글로벌어젠다카운슬(global Agenda Councils)의 결과물을 바탕으로 제4차 산업혁명을 이끌 주요한 과학적 신기술들을 꼽아보면 물리학 기술, 디지털 기술, 생물학 기술 세 가지이다. 이들 신개발 신기술에는 하나의 공통된 특성이 존재한다. 이 혁신에는 광범위한 디지털화와 정보통신기술의 힘이 활용되어 작용하고 있다는 점이다(클라우스 슈밥, 2016).

위 세 분야는 서로 깊이 연관되어 발견과 결과를 서로 주고받으며 진보하고 있다. 따라서 이들을 분야별로 더 살펴보고 우리의 생활과 연결시켜 봄은 의미가 있다.

제4차 산업혁명시대의 주요 신성장 산업은 인공지능, 사물인터넷, 자율주행차, 3D 프린팅, 가상현실, 바이오 기술, 빅데이터 등을 꼽고 있다.

(1) 인공지능은 바둑으로 우리의 관심과 이목을 집중시켰던 '알파고'를 생각할 수 있다. 인공지능은 입력받은 정보를 통해 스스로 학습하는 기계학습과 기계학습의 한 갈래이지만 인공뉴런을 바탕으로 사고하고 해결할 수 있는 알고리즘을 활용하여 데이터를 받아 스스로 분석하여 답을 내는 딥러닝이 있다. 의료데이터를 이용한 암 검진, 콜센터, 금융거래, 법률·행정 등에 사용된다.

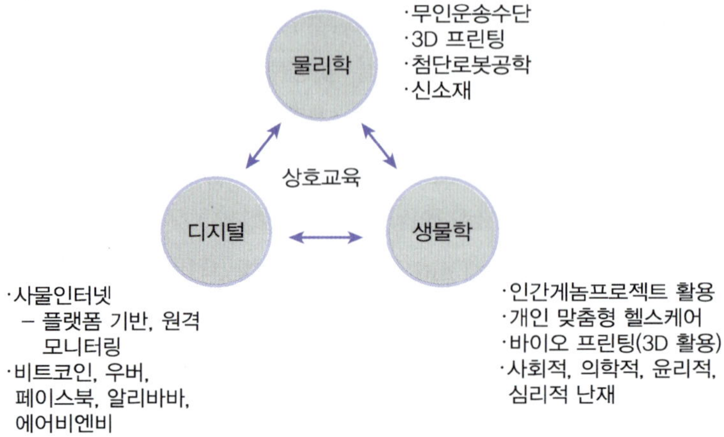

그림 14-3 제4차 산업혁명을 이끄는 주요 과학기술들

(2) 사물인터넷(IoT)은 사람만 인터넷을 하는 것이 아니라 사물도 인터넷을 한다면 이해가 수월하다. 세상의 모든 물건에 통신 기능을 장착하여 인간과 사물, 사물과 사물을 연결하여 소통하는 것이다. 요즘 선호되고 있는 스마트 홈은 기기 스스로 연결하여 사람과 소통하고 명령을 수행하여 청소, 보안, 요리, 육아 등 일상의 가정생활에 쾌적함과 편리성을 높인다. 우리나라 S전자 가전제품 생산의 90% 이상이 통신 기능을 장착하여 사물인터넷 서비스를 제공하고 있다(2017년 기준). 또 폭발적 인기를 얻고 있는 웨어러블 기기 중 하나인 스마트 워치나 스마트 밴드는 건강관리 기능은 물론 사진 촬영, 스마트 폰과 연동한 전화 수신, 다양한 앱 구동 등을 할 수 있다. 세계적 기업들이 앞 다투어 개발하고 있는 자율주행기술 무인자동차에는 IoT기술이 매우 중요하다.

(3) 현실세계를 차단한 완벽한 디지털 환경을 구축하여 눈의 착시현상을 이용 360도 화면을 느끼게 해주는 가상현실(VR, Virtual Reality)과 카메라의 실제 화면에 가상의 이미지를 얹어 보여주는 기술인 증강현실(AR, Augmented Reality) 활용은 집 안에서 마치 실제처럼 쇼핑을 즐길 수 있다. 그리고 더 발전한 융합현실(MR, Mixed Reality)은 홀로그램(가상입체영상)을 현실과 겹쳐 보여주는 기술로 가상현실이 고정된 자리에서 혼자만 가능하고 증강현실이 작은 화면만 가능한 것을 보완·융합하여 예를 들면, 강당에 앉은 학생들이 바닥에서 튀어 오르는 커다란 고래의 영상을 입체적

으로 볼 수 있는 기술이다. 이 기술은 심리치료, 리허설용 교육프로그램 등에도 다양하게 사용되고 있다.

(4) 더욱 다양한 모습으로 우리의 생활에 들어와 있는 3D 프린팅 기술은 처음에는 슬리퍼 등 간단한 생활용품을 만들었으나 지금은 의료보건산업, 항공 산업, 자동차와 주택 건설, 소매제조업, 식품산업 등에 이르기까지 그 활용이 광범위하다. 제4차 산업혁명 기술이 의료보건산업의 발전에 끼친 영향은 지대하다. 의사들은 전쟁난민들에게 3D 프린팅 기술로 24시간 내에 단돈 2만원으로 인공팔다리를 제공할 수 있게 되었으며, 현재 임상에서는 뼈와 치아 및 인체 특정 부위를 프린팅하여 많이 활용하고 있다. 한 건축기술회사인 텍사스의 벤처기업 아이콘은 세계의 집 없는 12억 명 사람들을 위해 공업용 3D 프린터를 이용하여 12-24시간 내에 단돈 4,000달러에 거실 침실, 화장실, 베란다 등이 있는 집을 지을 수 있고, 아이콘사는 뉴 스토리라는 집 자선단체와 협력하여 엘살바도르에 수백체로 이뤄진 마을을 건설하였다. 테슬라는 3D 프린터로 만든 자동차를 이미 선보였다.

(5) 데이터의 수집, 저장, 관리, 분석 역량을 가진 빅데이터는 플랫폼을 사용하여 크기, 속도, 다양성 등에서 그 규모가 엄청나게 자라고 있다. 빅데이터는 안정적인 기반으로 데이터를 분석하여 각종 업무에 통합적으로 제공하여 그 원하는 가치를 정확하게 얻을 수 있도록 해준다. 유권자의 데이터베이스를 확보하여 선거 전략에 활용하고, 기업의 마케팅, 스포츠·문화 부분에도 다양하게 사용되고 있다. 우리의 일상에서 빅데이터의 이용은 날씨를 예측하고, 인터넷이나 신용카드를 사용한 데이터 흔적을 분석하여 점포를 개설하고, 맞춤형 교통정보서비스시스템을 개발하여 정확한 교통량을 측정하여 교통체증을 줄이는 등 맞춤형 정책을 시행하는 데에도 활용되고 있다.

(6) 바이오는 그리스어로 생물을 뜻하는 bios에서 유래한 용어로 바이오기술은 인간, 동물, 식물 등 '생물체'를 이용하는 기술로 생물들이 지닌 능력을 발견하고 개발하여 활용하는 기술이다. 여러 유전자 변형 식품과 바이오 에너지를 개발하고, 신약과 백신 등을 개발한다. 대표적인 예로 인류를 위협하는 'COVID-19'에 대응하여 통상 10년이 걸리는 백신개발을 놀랍게도 단 1년도 안되어 만들어냈다. 바이오기술과 정보기술에 나노

기술을 합하여 나노바이오 기술시대가 열려, 인류의 숙원인 암의 진단과 치료뿐만 아니라 여러 가지 난치성 질환의 치료 및 진단에 확대 적용할 수 있는 원천기술인 스마트 나노입자 기술을 우리의 힘으로 개발하였다.

(7) 교육에도 에듀테크 기술은 원격수업과 프로그램 개발, 테블릿 등 기기 수업을 가능하게 하고 Zoom 등을 이용한 온라인 수업 등 소프트웨어도 변화 하였다. 데이터 이용, 인공지능, AI선생님 등 누구나 언제 어디서나 원하는 학습이 가능하다. 컴퓨터 시뮬레이션을 이용한 학습은 다방면에 활용되고 있다.

그 밖에 일터에서의 스마트 팩토리 기술은 예측, 관리, 제품개발, 소량생산 등 지능형 생산 공장에서 자동화로봇 등에 활용하고 있고, 반도체, 빅데이터, AI, IoT 등의 기술을 융합하여 제조업의 혁신을 이루고 있다. 또한 데이터와 원격제어 기술은 스마트팜이 가능하고 수산업이나 양식장 관리, 전천후 생산이 가능한 식물공장 등에도 로봇 등 융복합의 기술이 적용되어 생산성을 극대화 시켜 식량자원 부족이라는 위기 앞에 우리의 먹거리를 풍부하게 하고 있다.

3) 제4차 산업혁명의 문제점

제4차 산업혁명은 우리에게 좋은 변화만을 가져다주는 것은 아니다. 산업구조의 변화에 따른 일자리의 소멸, 기술 격차 확대에 따른 계층·국가·지역 간의 불균형 심화, 기계가 사람의 자리를 차지하게 되며 오는 노동시장의 붕괴 등 많은 부정적 효과도 가진다. 불평등과 고용, 노동시장과 관련된 많은 문제점을 안고 있는 것이다. 중요 문제점을 열거하면 다음과 같다.

첫째, 자동화로 인해 자본이 노동을 대체한다. 기술의 진보 때문에 노동력에 대한 수요 감소로 실업이 발생한다. 하지만 이 파괴는 새로운 재화와 서비스에 대한 수요 증가를 가져와 새로운 직종과 사업, 산업분야가 창출되는 효과를 동반하는 상충성을 가지고 있다. 따라서 노동시장 내 양극화 현상의 심화된다. 세계경제포럼의 <직업의 미래보고서>의 내용을 보면, 2020년에 요구되는 능력 세 가지는 복잡한 문제해결능력, 사회적 기술, 시스템 기술을 꼽고 있고, 육체적 능력과 콘텐츠 기술의 필요가 가장 낮다고 예측한다. 전문능력을 갖춘 노동력의 희소성 때문에 성장과 혁신, 경쟁력이 제한될 수 있고 자본력보다 능력이 더 중요하다고 예측하고 있다.

둘째, 제4차 산업혁명의 위험성 중 하나는 선진국의 제조업 리쇼어링(re-shoring) 현상은 개발도상국가나 저소득국가가 선진 기술을 배우고 자본을 축적할 기회를 잃게 되고 승자독식의 방식이 전개되는 것이다. 국가 간의 화합력이 감소하고 국가가 국민에게 신뢰를 얻지 못한다면 사회적 불평등은 사회불안, 대규모 이주, 폭력적 집단주의가 국가의 발전을 더욱 어렵게 한다.

셋째, 일과 사람관계, 노동으로 이루어진 사회적 구조를 변화시키는 온디맨드 경제로의 변화이다. 고용주가 '휴먼 크라우드(Human Cloud)' 방식을 선호하게 된다. 다니엘 핑크(Daniel Pink)는 저서 <프리 에이전트의 시대>에서 휴먼 클라우드 프랫폼에서는 노동자가 자영업자로 취급되어, 기업이 목적이 있을 때 노동자와 직접계약을 맺고 그 일이 끝나면 갈라서기를 반복하는 유연한 직업 환경이 되는 것이다. 이런 관계는 인터넷 연결만 되면 누구나 기회를 얻을 수 있고, 고용주가 원하는 때에 원하는 사람을 원하는 방식으로 고용할 수 있는 등의 장점이 있지만, 노동의 권리와 고용의 안정, 젊은 세대들이 갈망하는 일과 삶의 균형을 헤칠 수 있다.

넷째, 인구 고령화로 인한 구조적 장기침체를 들 수 있다. 최근 경제학자 래리 서머스(Larry Summers)와 폴 크루그만(Paul Krugman)이 다시 주장하여 관심을 끌고 있는, 제로에 가까운 저금리에도 불구하고 지속적인 수요 부족이 극복되지 않는 '구조적 장기침체'가 거론 되고 있다. 세계 곳곳에서 출생률이 인구 대체율을 넘지 못하고 있으며, 젊은이가 줄어 재화의 소비가 줄고, 중년의 경우는 은퇴를 준비하며 자산을 지키려하고 생산적 투자를 줄여 저축률과 투자율의 감소된다. 생산성은 경제성장과 국민의 생활수준 향상에 중요한 지표인데, 세계는 기하급수적 진보와 과학기술의 혁신에 대한 투자가 급증함에도 불구하고 지표는 생산성 증대로 이어지지 않는 문제를 안고 있다.

다섯째, 제4차 산업혁명은 우리의 정체성에 영향을 미치고, 도덕과 윤리, 종교적 문제를 야기한다. 정체성과 관련된 소비패턴이나 경력개발방식, 일과 여가에 대한 생각 등의 변화는 정체성을 변화시킨다. 계속적으로 변화를 수용할 수 있는지의 여부에 대한 반복·누적에 따라 사람들의 양극화는 심화되어 존재론적 불평등을 낳게 되고, 디지털 세상에서 태어난 세대와 디지털 세상에 적응해야만 하는 세대 간의 단절은 더욱 악화될 것이다. 인공지능에 대해 스티븐

호킹(Stephen Hawking) 등의 학자들은 "현재는 인공지능을 누가 통제하느냐의 문제이지만, 결국은 인공지능을 통제할 수 있는가의 문제를 고민해야 한다."고 말한다. 생명공학 기술혁신은 생명연장, 유전자 맞춤형 아기의 탄생은 물론 인지능력에까지 확장되어 인간의 한계와 존재의미에 영향을 미친다. 이처럼 제4차 산업혁명의 문제점들은 우리에게 많은 논의를 불러일으키고 있다.

3. 제4차 산업혁명과 평생교육의 방향

제4차 산업혁명의 시대는 교육에 있어 평생교육의 시대라고 할 수 있다. 누나, 언제, 어디서나 평생 동안 필요한 교육을 제공받을 수 있어야 한다는 평생교육의 기본 개념은 급변하는 제4차 산업혁명 환경에 적응하며 살아야 하는 현재의 우리의 삶에 가장 적합한 교육 개념이다. 우리는 끊임없이 적응을 필요로 하는 본질적 체제 변화의 시대를 살고 있다. 이러한 시점에서 패러다임의 변화를 가져온 제4차 산업혁명에 대처하는 평생교육의 대응 방향이 무엇인지를 들여다보는 것은 의미 있는 일이다.

평생직장이란 개념이 이미 사라진 시대에 기술의 급속한 발전에 따라 변화하는 생활과 직업에 적응하기 위해서는 필요한 지식과 기술을 학습을 할 수 있는 기회가 보장되어야 한다. 초연결·초지능의 산업혁명 시대에 적합한 교육자원의 시스템화와 교육 역량을 극대화시키고 이것을 형식·비형식 학습 현장에 녹여 전 생애 동안 최고의 학습이 가능하도록 하는 것이 지금 평생교육이 해야 할 일이다.

제4차 산업혁명 시대의 모든 경계가 사라지는 상황에서 여러 학문분야의 경계가 사라지고 서로 연결된 융·복합교육에서는 사람과 사물과 그리고 환경이 상호작용을 이루며 함께 일하는 방법을 우리는 배워야 한다. 다양한 분야를 이해할 수 있고, 관련성을 찾아 연결하여 문제를 해결할 수 있는 능력을 어떻게 갖추느냐는 것이다.

최근의 일반화되고 있는 두드러진 교육의 변화를 살펴보면, 첫째, 온라인 학습을, 둘째, 가상현실을 활용한 시뮬레이션 학습이나 증강현실을 활용한 Anatomy 4D 등, 셋째, ChatGPT 등 인공지능 활용의 수준별 학습, 넷째, 학습자에 적합한 교육 콘텐츠의 개발을 통한 개인 맞춤형학습 등을 들 수 있다.

학습 방법에 있어서도 온오프라인 병행 학습, 팀 프로젝트 학습과 실생활에 연계된 문제해결학습(PBL), 동아리학습이나 견학 등 형식학습과 비형식학습이 연계된 현장을 포함하는 교차학습 등이 대세이다. 답을 정해주지 않는 교육에서는 학습자의 상상력은 한계를 뛰어넘어 창의성으로 나타난다. 이러한 분위기에서의 학습자들은 힘을 모아야만 문제를 해결할 수 있기 때문에 경쟁 대신 협력의 필요성을 깨닫게 된다.

스텐포드 대학교 래리 라이퍼(Larry Leifer)교수의 교육철학은 '최고의 선생님은 현실'이라고 한다. 교수가 정해주는 것을 배우는 것이 아니라 현실에서 직접 배워야 한다며 이제 교수는 지식을 전수하는 전문가가 아닌 코치의 역할이라고 주장한다. 기업이 제기한 실제 문제를 해결하는 산·학 프로젝트를 수행하는 과정에서 혁신이 시작되고 이 과정에서 미래를 예측하는 가장 정확한 방법을 직접 발견하고 설계하는 것이다. 수업은 그 방법을 가르치는 것이다.

우리는 10년, 20년을 예측하기도 어렵고 중요한 기술도 시간이 흐르면 바뀐다. 그렇다면 교육의 대응이자 21세기의 교육의 목적은 공동으로 협력하여 미래를 예측하고 현장의 문제를 해결하는 방법을 가르치고 훈련하는 것이라고 생각할 수 있다. 따라서 교수자의 가장 중요한 역할을 꼽으라면 '예측 불허의 세상에서 배우는 방법 그 자체를 배우도록 돕는 것'이다. 단순히 지식을 전하는 매개자가 아니라 학습자들 곁에서 바라보며 코치의 역할을 해야 하는 것이다. 학습자에게 적합한 맞춤형 교육과정을 만들고 유연한 프로그램을 설계하여 상상력을 자극하고 창의력을 높이는 역할이 요구된다.

인공지능 분야의 최고의 권위자이며 <딥러닝 레볼루션>의 저자 테런스 세즈노스키(Terrence J. Sejnowski)는 '교육의 미래'라는 주제의 학회에서, 인공지능, 원격학습 등의 신기술 덕분에 누구나 쉽게 정보를 얻고 학습할 수 있게 된 시대에 교수자의 역할은 학습자가 선택의 귀로에 있을 때에 멘토나 롤모델로서의 더 중요한 역할을 담당한다고 하였다. 또 데이비드 로스(David A. Ross)는 "사람만이 사람에게 동기를 부여해 줄 수 있다."고 하였다.

그렇다면 이 시대의 최고 교수자는 학습자에게 정의의 고유한 가치를 전하고, 미래 시대의 변화를 펼쳐 보이며 롤모델이 되어 학습자의 미래의 역량 신장을 돕고, 학습자에게 동기를 부여하는 교수자라 할 수 있다.

제2절 뉴노멀시대와 평생교육

1. Post Corona-19 뉴노멀시대

1) 포스트 코로나시대

"앞으로의 세계는 '코로나 이전(Before Corona)'과 '코로나 이후(After Corona)'로 나뉠 것이다."라고 뉴욕타임스 칼럼니스트인 토마스 프리드만(Thomas Friedman)은 단언하였다. 우리는 코로나가 얼른 진정되어 코로나 이전으로 돌아가고 싶지만, 코로나가 끝나도 세상은 코로나 이전으로 돌아가지 않을 거라는 전망이 여기저기서 나온다. 그렇다면 코로나 이후의 시대는 어떤 시대인지 국내외 학자들의 생각을 정리하여 도출된 7가지 키워드는 다음과 같다.

첫째, 가족의 재발견이다. 국경이 봉쇄되고, 공공장소가 문을 닫는 이동이 극제한 되어 사회적 거리두기가 실행되었다. 하버드대 사회학 교수인 마리오 스몰(Mario L. Small)은 "팬데믹 이후에도 고립과 고독은 지속될 것이다. 고립에서 벗어나고 고독과 이겨내기 위한 새로운 전략이 필요하다."고 하였다. 또 미래학자 제이슨 생커(Jason Schenker)는 국가가 제공하는 사회적 서비스보다 가족의 보살핌이 더 중요함을 강조하였다. 사회적 안적망보다 가족이 제공하는 정서적 안전망이 강조되고 가족의 가치를 재발견하는 계기가 되었음을 말한다.

둘째, 디지털 전체주의의 지배이다. 디지털 메카니즘에 의해 사회적으로 더욱 통제될 것이고 심지어 좌파 철학자 슬라보이 지제크(Zižek, Slavoj)는 '디지털 파시즘'을 우려하였다. <사피엔스>의 저자 유발 하라리(Yuval N. Harari)교수는 "코로나 이후 세계에서 전염병 확산을 막는다는 명목 하에 정부의 감시 체제가 정당화 될 수 있다."고 하였고, 이 현상은 세계 몇몇 나라에서 이미 나타나고 있다.

셋째, 양극화이다. 코로나 사태로 인하여 지구촌의 양극화는 더욱 심각해질 것이다. 고령자, 여성, 외국인 근로자 등 사회적 약자들이 더욱 타격을 받으며 연령·성별에 따른 빈부의 격차도 더욱 벌어질 가능성을 말하고 있다. 캠브리지대 장하준 교수는 경제 위기는 불평등을 증가 시키는데 코로나가 대면접촉을 하는 직장인들이 주로 저임금 노동자들인데 그들이 가장 많이 타격을 받았다고

하였다.

넷째, 지속 확대되어 온 세계화에서 탈세계화로의 변화이다. 코로나 사태로 국가 간 통상이 어려움을 겪으며 글로벌화한 생산방식의 취약성이 인식됨에 따라 미국 트럼프대통령 시기의 '아메리카 퍼스트'처럼 자국중심의 생산방식이 더욱 강화될 것이다. 유라시아그룹의 이언 브레머(Ian Bremer) 회장은 "경제적 어려움이 커지면서 불가피하게 민족주의나 자국우선주의가 증가할 것"이라고 하였다.

다섯째, 디지털 격차의 증대이다. 이것은 직접적으로 저소득층의 정보 소외가 더 커진다는 것을 의미한다. 코로나의 여파로 교육이 온라인 비대면 교육으로 급속히 전환되었다. 온라인 교육의 확산 및 장기화로 인하여 교육의 질적 저하를 우려하는 목소리가 많다. <총·균·쇠>의 저자 재러드 다이아몬드(Jared Diamond) 캘리포니아 주립대 교수는 직접 강의하고 토론하지 못하는 교육을 의대생이 환자를 만지지 않고 치료법을 배울 수 없는 것에 비유하였다. 또 그는 디지털 환경을 잘 갖춘 중산층 자녀들과 그렇지 못한 저소득층의 정보 격차를 지적하며 온라인 교육에 필요한 컴퓨터를 제대로 지원하지 못하면 힘든 아이들이 더 힘든 상황에 놓이게 됨을 우려하였다.

여섯째, 재택으로 인하여 가정 영역의 확장이 지속된다. 코로나를 계기로 인류가 집의 가치를 재발견하고 있다. 가정이 업무를 수행하고, 운동과 취미의 공간이자 생활의 공간, 학습하는 공간 등으로 그 용도가 변화되었다. 재택근무를 전담 관리하는 인원이 필요하고 사무실은 축소되고 집은 확장될 것이며 줄어든 출퇴근 시간을 활용할 수 있다.

일곱째, 온실가스 배출이 줄어 친환경이 되었다. 자동차와 비행기 등의 이용이 줄어 대도시 대기오염이 줄었다. 코로나가 친환경의 관점을 변화시키는 계기가 되었다. 나아가 신재생에너지 연구와 스마트그리드의 부상을 예측한다.

이슈의 공통점은 '변화한다'는 것이다. 재택, 가족의 재발견, 가정영역의 확장, 디지털 격차, 양극화, 친환경, 디지털 전체주의 등 7가지 주요 변화는 사회 변화는 물론 미래의 교육과도 관계가 깊다.

2) 포스트 코로나의 깨달음

뉴노멀시대란 한 마디로 표현하면 변화의 물결을 따라 새롭게 바뀐 표준을 뜻하는 말로 이전에는 비정상인 것 같았던 현상들이 흔해져서 표준 현상이 되어버린 것을 의미하는 '다르고도 낯선 미래질서'를 말한다. 이 말은 2003년 벤처 캐피탈리스트 로저 맥너미(Roger McNamee)가 2003년 처음 제시하였으며, 핌코(PIMCO)의 최고 경영자 모하메드 엘 에리언(Mohamed El Erian)이 그의 저서 <새로운 부의 탄생>에서 2008년 금융 위기 이후의 세계 경제에 나타날 새로운 표준, 뉴노멀을 지적하며 확산되었다.

최근 코로나19 팬데믹에 따라 다가온 고위험 사회의 방역 문제, 불안과 불황이 길어지며, 이에 적응하여 경제 용어로서가 아닌 산업구조 및 사회적·문화적 새로운 변화의 물결이 뉴노멀(New-normal)시대를 만들어 가고 있다.

현대 인류의 재앙이라 일컫는 코로나19로 인하여 우리의 삶이 많이 바뀌었고, 잃은 것도 많지만 깨달음도 많은 시대라고 한다. 세계 전체와 각 나라의 여러 문제점이 속속 드러난 계기이기도 하다. 인간의 존엄성이 상품화 되고, 불평등한 국제사회 질서, 지구환경 문제, 저성장국가의 빈곤과 불안, 위협적인 자본주의 문제점 등을 비롯한 인간 생활의 기본인 삶인 주거, 교육, 의료까지 모두 자본주의 시장에 맡겨져 있다. 인간의 삶이 파괴되고, 사회 질서가 붕괴되어 생존의 위협을 받고, 자연이 파괴되어 생명이 위험을 느끼는 시대를 살고 있는 우리의 민낯이 코로나19에서 드러났다고 할 수 있다.

문명사학자인 재러드 다이아몬드(Jared M. Diamond) 교수는 "코로나19 대응 실패로 전 세계적으로 삶의 수준이 떨어지는 지구차원의 문명 붕괴가 이미 일어나고 있다."고 하였고 코로나19의 팬데믹으로 자유로운 생활에 제약을 받고, 왕래가 봉쇄되고, 주변 가족을 상실하고, 전염병의 공포를 피하여 집에 갇혀있던 경험 속에서 이제 사람들은 아픔을 뒤로하고 다시 일어나 새로운 문명의 세계로 나아가고 있다.

현대의 과학기술의 발달은 우리에게 편리함을 주었지만 인간을 지나치게 경쟁하도록 만들고 더욱 영리하고 폭력적으로 만들었다. 그러나 인류의 역사를 들여다보면 인간은 어려울 때 힘들 때 서록 협력하며 슬기롭게 어려움을 극복하였다. 여러 연구들은 이제 원래의 인류가 발전해온 모습으로 돌아가야 할 때라고 이야기 한다. 사람들은 이 고난의 터널을 지나오며 인류발달 과정과 변화를 천천히 돌이켜 볼 시간을 가지게 되었다.

이 거대한 변화의 물결은 아주 작은 바이러스에 의해 예상보다 훨씬 더 빠르게 진행되고 있다. 이제 사실(fact)을 직시하고 개인과 지구의 미래를 내다보며 사유(思惟)하고 행동할 시간이라 생각된다.

2. 새로운시대의 평생교육

1) 새로운시대 교육의 방향

코로나19는 교육에도 커다란 영향을 미쳤다. 코로나19 팬데믹에 학생들은 정상적인 등교 수업이 어렵게 되었고, 세계 곳곳에서 집에서 디지털 문명의 혜택이 가능한 학생과 가능하지 못한 학생들이 학습에 차이가 발생한다. 이미 학습의 질이 확연히 차이 나고 교육의 효과도 차이가 남은 여러 통계나 보도 등에서 확인되고 있다. 사회에서 약자는 점점 더 무력해지고 있고 이것은 어른들보다 어린 아이들에게 더 가혹한 여건이 된다.

학교교육의 문제점들은 코로나 시대에 더욱 도전받고 있다. 그 동안의 학교교육의 한계를 짚어보면, 학교교육의 통일성과 보편성은 근대 산업국가의 체제에서는 효과적이었으나 현대의 다양화된 사회에서는 걸림돌이 되었다. 인공지능(AI) 시대에 맞는 디지털 기반 교육 혁신은 물론, 최근 조금씩 변화되고 있지만 교사 주도적이고 학생은 수동적인 학교교육 체제에서 탈피하여 시대가 가장 필요로 하는 학습자의 역량인 '창의성' 개발을 위한 학습으로 변화하여야 한다.

예루살렘 히브리대 역사학 교수 유발 하라리(Yuval N. Harari)는 미래 교육의 변화에 대하여 "현재 학교에서 배우는 것은 아이들이 40살이 되었을 때 필요 없어진다."하고, 완전히 다른 교육제도의 필요성을 말하였다. 그것은 바로 "교수자(교사)는 답을 알 수 없는 질문이나 상황들로 학습자(학생)들을 이끌어야 한다."가 답이다.

OECD가 급속하게 변화하는 세상에 미래를 이끌어갈 인재를 육성하기 위한 새로운 패러다임으로 개발하여 제시한 '학습나침판 2030'을 분석하여 보면, 교과서의 내용이나 시험이 아니라 다양한 역량과 기량 및 삶의 기준이 될 태도와 가치관이 함께 성장할 수 있도록 해야 한다. 또한 핵심 기초 능력과 더불어 '새로운 가치 창출', '갈등과 딜레마 조정', '책임감' 등의 변혁적 역량을 배워야 한다. 이것은 세상살이에 필요한 문제해결능력을 기르는 것이 더 중요하다는 것을 말한다.

2) 초고령 사회의 평생교육

미래의 교육을 평생교육에 방법을 두는 데에는 넓게 보면 두 가지 중요한 이유가 있다. 하나는, 과학기술의 급속한 지속적 발전이다. 그 사회의 변화에 적응하기 위해서는 교육이 평생 동안 끊임없이 이루어져야 한다. 다른 하나는, 인구통계학적 변화이다. 인간의 수명이 많이 길어짐에 따라 계속 인생을 개척하며 살아야 하는 기간이 길어져 삶에 대한 플랜을 다시 설계해야 한다.

'대한민국은 국민 5명 중 1명이 노인인 일천만 노인시대'이다. 2023년 12월 기준 65세 이상 노인인구 비율이 19.0%를 기록하였고, 이대로라면 2024년 말-2025년 초에 노인인구가 20%에 달하여 초고령사회가 된다. 우리나라는 OECD 회원국 중 노인 빈곤율이 가장 높은 국가이며, 출산율 감소와 2020년부터 베이비붐 세대가 노인연령이 되며 고령화가 가속화 되고 있다.

고령화의 진행 결과를 예측해 보면, 첫째, 경제적으로 사회 보장 비용이 늘어난다. 둘째, 경제활동 인구가 감소하고 노동력의 감소와 인재 파동으로 기업의 생산성 감소 및 국가의 잠재성장률이 낮아진다. 셋째, 가족 구조의 해체에 따른 사회적으로 단절된 독거노인이 증가한다. 넷째, 노인 대상 범죄나 복지 부족에 기인한 노인 범죄자도 증가한다. 다섯째, 노인의 생계형 창업과 소포장 식품이나 개인용 물품 등 노인을 위한 산업이 성장한다. 여섯째, 병원과 인접한 주택 선호에 따라 인구의 도심 회귀현상이 나타난다.

이러한 문제점의 해결 방안으로는, 첫째, 사회 안전망을 강화하여 노인의 사회적 격리를 예방한다. 둘째, 노인 복지 정책을 강화하여 빈곤을 탈피하여 안정적 생활을 할 수 있도록 한다. 셋째, 노동 유연성을 높여 노인의 경력활용과 노인 노동시장을 개발 확대한다. 넷째, 새로운 노인평생교육을 개발하여 전문적으로 직업개발교육을 실시하여 노인인력 활용 및 사회 문제를 해결한다. 물론 정부와 사회는 출산 및 육아 정책을 강화하고, 기업은 기술 혁신으로 생산성을 증대시키는 것 등 종합적인 대응이 기본적으로 함께 이루어져야 한다.

그렇다면 평생교육은 어떻게 변화되어야 하는지를 들여다보자. 정부는 2023년 평생교육법을 개정하여 성인진로교육과 노인평생교육을 실시하도록 하였다.

신설된 평생교육법 제20조 3에서 국가·지방자치단체 및 시도교육감은 노인평생교육 시설을 설치·지정·운용할 수 있다. 지방자치단체는 필요한 경비를 예산의 범위에서 지원 할 수 있다(2023.4월 18개정, 2024.4.19.시행예정).

또한 제 2조 제 1호 중 '직업능력향상교육'을 '성인 진로개발역량 향상교육'으로 변경하여 성인진로교육을 실시(2023.6.18.개정, 2023.12.14. 시행예정)할 수 있도록 하였다. '성인이 자신에게 적합한 진로를 찾고 진로를 인식·탐색·준비·결정 및 관리할 수 있도록 진로수업·진로심리검사·진로상담·진로정보·진로체험 및 취업지원 등을 제공하는 활동을 말한다.'고 명문화 하였다.

고령사회의 평생교육 표준은 아래와 같이 새롭게 재설계되어야 한다.

첫째, 평생교육의 생태계 자체를 변화시켜야 한다. 이제는 노인을 포함하여 누구나 '평생학습=생활' 환경이 되어야 선진국이라 할 수 있다.

둘째, 평생교육 프로그램 개발 및 빅데이터의 활용은 필수이다. 지역사회의 환경 분석은 물리적 환경뿐 아니라 정치, 교육, 경제, 문화, 서비스, 대중매체, 사회통제, 종교 등의 기능적 환경도 포함되어 있고, 고용지수나 소득정도, 인구분포, 소비성향 등에 대한 빅데이터는 프로그램의 성패를 좌우할 수 있다.

셋째, 현재는 '공감'의 시대로 사회성-감성 교육이 중요하며 평생교육은 온·오프라인에서 사회성과 공감을 키울 수 있는 교육이다.

넷째, 성인평생교육을 통한 새로운 사회문화를 확산시켜야 한다. 사회 갈등과 사회문제를 사회적 연대로 극복할 수 있는, 사회공헌 문화와 교육을 통한 집단지성의 역량을 키워 평생교육의 새로운 패러다임을 형성해야 한다.

OECD 또한 '2020 학습나침판'에서 새로운 시대의 학습에 대한 대안은 '평생학습'이라고 선언하였다.

3. 지속가능한 미래사회

1) 지속가능한 미래의 의미

지난 문명의 과정을 돌이켜보면 지금 만큼 성장주의에 사로잡혀 눈앞의 경쟁적 이익을 위해 환경을 파괴하고 자원을 낭비한 때는 일찍이 없었다. 다르게 말하면 인류 문명사에 가장 급속하게 그리고 많이 발전한 시기였다고 하겠지만 이것은 많은 것을 잃은 대가라고도 할 수 있다. 선성장, 후분배를 내세우며 뒤에서는 빈부의 격차와 불공정·불공평이 일반화되었다. 혹자는 코로나 팬데믹은 이 시대의 쉼표이자 성장주의 시대의 종말의 예고이고 예견된 불행이라고도 말한다.

사회학자 Ulrich Beck

독일의 사회학자 울리히 벡은 그의 저서 <글로벌 위험사회>에서 "21세기 새롭게 등장한 위험은 더 이상 특정지역이나 집단에 한정되지 않으며 이 위험은 초국가적이며 비계급적 특징을 지닌다."고 하였다. 그는 위험을 해결을 위해서는 '초국적 협력과 현실적인 정책'이 필요함을 강조하였다. 일찍이 또 다른 그의 저서 <위험사회>에서는 산업화와 근대화 과정이 실제로 가공스러운 '위험사회'를 낳는다고 주장 하였다. 그는 현대 문명사회의 핵심인 위험과 그 원인을 직시하였고 어떻게 위험과 함께 살아갈 수 있는지에 답을 하였다.

울리히 벡이 일관되게 주장해 온 것은 근대성의 한계를 극복과 새로운 근대 즉 그가 말하는 '제2의 근대'로 돌파구를 찾아 나아가는 것이다. 또한 그는 최근 경제적 합리성을 주장하는 시장 논리에 의해 국가와 정치가 무력화되어가고 있음을 경계해야하고 지구촌의 신자유주의 경향을 지적해왔다.

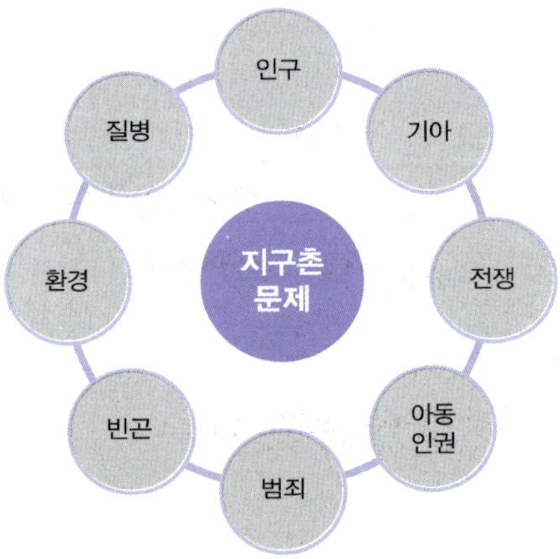

그림 14-4 **인류의 전지구적 주요 문제들**

지구는 이미 하나의 우산을 쓰고 있다. 지구촌의 많은 문제를 함께 짊어질 수밖에 없는 공동운명체로 변화되어 있다. 대부분의 사람들은 전쟁을, 질병을, 가난을 그 밖의 여러 문제들을 느껴왔지만 서로 방관하거나 외면하고 살아 왔다. 인류의 민낯을 그대로 드러난 코로나 팬데믹이 강타한 충격은 우리에게 여백을 가져다주어 문제를 직시할 수 있게 해주었다. 이제는 '이렇게는 안 된다'는 자각을 주며 인류 진화의 모습대로 서로 도와야만 어려움을 헤쳐 나갈 수 있다는 일깨움도 주었다.

멈추어 돌아보고 자각해보니 보인다. 그 동안 우리가 얼마나 초고속 성장의 사회에 살면서 피로감을 느끼고 있었는지를 돌아본다. 주변이 온통 경쟁의 대상이고 경제가 급속도로 성장하여 편리해지고 부유해졌지만 우리의 행복지수가 올라가지 못한 것은 주변을 바라보지 않았기 때문이다. 쓰레기더미 속에 예쁜 꽃이 피었다 하여도 그 꽃은 아름답지도 오래 갈 수도 없다.

우리는 어떻게 하면 이러한 문제들을 해결할 수 있을지를 함께 고민해야 한다.

그러나 우리는 코로나 팬데믹 상황에서도 계급을 재생산하였다. UC버클리의 경제학 교수 로버트 라이시(Robert B. Reich)는 "코로나19 팬데믹은 새로운 계급의 분열과 그 안의 불평등을 조명한다."는 그의 칼럼에서, 코로나19에 직면하여 형성된 4개의 새로운 계급으로 사람들을 구분하였다. 첫째, 원격근무가 가능한 노동자(The Remotes) 35%, 둘째, 반드시 나가서 위험을 무릅쓰고 일해야 하는 의사, 간호사, 소방관, 약사, 경찰 등 30%의 필수적 일을 해내는 노동자(The Essentials), 셋째, 3개월 생활비를 충당할 비상금도 없는 실직자, 어렵게 자리를 지키고 있지만 수입이 없는 소규모 자영업자 등 임금을 받지 못한 노동자(The Unpaid), 넷째, 교도소에 있거나 오갈 곳 없고 끼니를 염려하는 노숙자 등 잊혀진 노동자(The Forgotten)로 나누었다.

지금 우리는 인류의 보편적 문제인 질병, 빈곤, 교육, 난민 등의 문제와 지구 환경 문제인 에너지, 기후변화, 환경오염, 물 등의 문제, 그리고 경제 사회 문제인 주거, 기술, 생산 소비 등등의 어려운 문제를 해결하고 지속가능한 지구 변화를 위한 노력을 계속하여야 할 때이다. 지속가능한 지구를 위해서는 인간이 인간을 지배하는 제국주의, 자본주의, 인종차별 등을 발현시킨 반생태학적 본성의 역사를 뒤로하고, 인간이 지닌 또 다른 한 면인 생태환경을 보존하려는 생태학적 본성을 찾아가야 한다.

최근 경제 분야에서는 ESG경영이라 불리는 환경(Enviromental), 사회(Social), 지배구조(Governance)의 세 가지 핵심 영역에 중심을 둔 지속 가능하고 사회적 책임을 고려한 경영 방식이 주목되고 있다. 환경은 탄소배출 감소, 재생가능 에너지 사용, 폐기물 관리, 자원의 효율성을 포함한 친환경으로 기후 위기에 처한 지구 생태계의 환경개선을, 사회는 인권 및 노동 조건 개선과 다양성의 포용에 따른 기업의 사회적 책임에 가치 창출을, 그리고 기업의 경영 구조 투명성과 윤리적 경영을 강조한다.

오늘날 전 세계에 파급되고 있는 철학적 사회운동이라 할 수 있는 심층생태학은 과학적 생태학에 바탕을 둔 것이며 생태중심적 가치를 가지고 있다. 생태학은 자연과학과 사회과학을 연결시키는 학문이며, 아르네 네스(Arne Næss)는 심층생태학이라는 용어를 처음 사용하였는데 표층생태학이 인간중심적 가치들에 기반하고 있다면, 심층생태학은 생물의 본질적 가치를 인정하고 인간도 자연의 일부분으로서 '생명 그 자체가 중심이 되어야 한다.'는 관점이다. 자연과 인간의 자아를 가치(또는 의미) 차원에서 "같은 하나"로 보고 있는 것이다(이상오, 2017). 자연과 인간을 같은 가치에 두고 있는 심층생태학은 지속가능한 지구를 목적으로 하는 21세기 우리의 새로운 패러다임에 걸맞은 철학적 방향을 제시하고 있다고 할 수 있다.

2) 지속가능한 미래를 위한 실천

우리가 자연과 인간을 모두 함부로 다뤄왔고 그로 인해 전지구적 위험에 들게 되었지만 위험이 늘 그렇듯 출구는 열려 있었다. 누군가를 위해 앞에서 일하는 사람들, 또 소수의 사람들은 그에 동참하기 시작하였고 그 집단은 점점 자라나고 있다. 백신을 밤새워 연구하는 과학의학자, 위험을 무릅쓰고 환자를 돌보는 용기 있는 의료진들, 구급대원 등 자신과 타인을 위한 가치에 중심을 둔 묵묵히 일하는 여러 사람들이다.

또 세상을 향해 종을 울리는 그레타 툰베리(Greta Thunberg)라는 어린 청소년도 있다. 그는 "우리의 삶을 훔치지 말라."고 외치고 있다. 환경은 당신들 것이 아니라 당신들도 빌려서 쓰는 것이니 잘 사용하고 다음 세대로 전해주어야 한다고, 당신들은 환경을 파괴할 자격이 없다고 주장한다. 깊게 보면 심층생태학적인 철학적 사회운동이다. 생명에 고통과 강제된 죽음을 주지 말라고, 온갖 문명의 쓰레기에 지친 지구를 물려받고 싶지 않음을 '미래를 위한 금요일 운동'을 통하여 외치고 있다. 이 작은 종소리에 우리는 귀를 기울이기 시작하였다.

뉴스에는 연일 담 밖에서 고통 받는 아이들이 보도된다. 또 유엔에 따르면 10억 명의 세계 아동이 빈곤이나 학대, 질병에 노출되어 있는데 코로나19는 이들의 상황을 더 급속히 악화시켰다. 최근 전쟁으로 이어진 분열과 갈등은 안보를 위협하고 있다. 수많은 희생자를 내며 2년이 넘게 이어지고 있는 우크라이

그림 14-5 그레타 툰베리의 지구환경운동

나 전쟁과 또 반 년 넘게 지속되는 이스라엘-하마스 전쟁은 질병, 기아, 인권 특히 아동과 여성의 인권, 환경, 가난, 범죄 등 많은 문제를 증폭시키며 인류의 평화를 해치고 있다. 여기도 작은 종은 울리고 있다. 도움이 필요한 사람들을 돕는 NGO단체들의 활동 소식과 홍보를 우리는 이제 어렵지 않게 만난다.

사회의 변화도 인간이 만드는 것이다. 인간은 현재뿐 아니라 미래 사회에서도 책임의식을 가져야 한다. 지구환경은 한 명의 혹은 소수의 개인이 생활 실천이 먼저이지만 국가적 차원의 다양한 정책적 뒷받침이 있어야 한다. 질병, 전쟁, 기아 등등 당면한 지구촌 문제들의 글로벌 대응의 열쇠도 우리에게 있다.

작은 기적들이지만, 우리는 지금 과학문명발전의 뒷자리에 가려져 있던 인간의 진화과정에서 활용되었던 잠재된 의식 안의 '공동체와 협동'이라는 인자를 재발견하고 있다. 이것은 인간의 다른 영장류보다 번성하여 세상을 지배할 수 있게 된 근본 힘이다. 우리는 그 힘을 되찾아야 한다.

연구문제

1. 2024년 다보스포럼의 주제와 세부 주제를 찾아 설명하시오.

2. 이동통신기술은 이제 6G의 시대를 열고 있다. 발전된 이동통신기술의 활용을 아는 대로 열거해 봅시다.

3. 기업의 지속가능하고 사회적 책임을 고려한 ESG경영에 대하여 설명하시오.

4. 고령화 사회에서의 평생교육의 발전방향을 제시하시오.

5. 지속가능한 미래를 위하여 자신이 할 수 있는 일에 대하여 서술하시오.

CHAPTER 15

평생교육 과제와 전망

제1절 평생교육의 과제

제2절 평생교육 전망

제1절 평생교육의 과제

1. 학교교육 중심에서 평생교육체제로 전환

100세 시대를 맞아 학교교육만으로는 불충분하여 평생교육시대가 도래했다는 것은 이제 누구나 다 아는 사실이다. 그렇다면 교육체제가 기존의 학교교육 중심에서 평생교육체제로 전환되어야 하는데 아직까지 그럴 가능성은 보이지 않는다.

2017년 9월에 대통령령으로 공포·시행된 「국가교육회의 설치·운영 규정」에 따라 교육 혁신 및 중장기 교육정책 논의를 주도하기 위해 대통령 직속 민관합동 자문기구로서 '국가교육회의'가 구성되어 운영 중이다. 국가교육회의는 저출산·고령화, 제4차 산업혁명 등 급변하는 사회변화에 대비하고, 시대적 요구에 걸맞은 새로운 교육비전과 정책방향을 제시하겠다고 하였다. 아울러 국민적 공감대 형성이 필요한 교육정책의 사회적 협의를 통해 교육정책의 신뢰도를 높이고 추진동력을 확보하겠다고 하여(국가교육회의 홈페이지) 현재까지 민관 토의 과정을 계속해왔다.

여기에서 약 7,000명의 국가교육회의 국민참여단이 원탁회의, 워크숍, 토론회 등을 거쳐 상향식(bottom-up)으로 선정한 10대 미래교육의제가 발표되었다(표 15-1 참조). 그런데 이 중 평생교육 관련 의제는 돌봄·평생·마을교육공동체·거버넌스 범주의 하나로 '국민의 생애학습권 보장을 위한 평생학습체제 구축' 한 개만 포함되었다.

평생교육법 제2조에서 '학교의 정규교육과정을 제외한 학력보완교육, 성인 문자해득교육, 직업 능력 향상교육, 인문교양교육, 문화예술교육, 시민참여교육 등을 포함하는 모든 형태의 조직적인 교육활동'이라고 평생교육을 정의하고 있어서 포괄하는 범주가 크고 다양하다. 그러나 여전히 학교교육에 비해 중요성과 관심도가 약하다. 이러다보니 학교교육 중심에서 평생교육 중심으로 전환해야 한다는 목소리가 제대로 반영되고 있지 못하다.

표 15-1 국민참여단 선정 10대 미래교육의제

구분	미래교육의제
교육체제 · 교육자치	개인별·지역별 교육 불평등 극복을 위한 포용적 교육체제 구축
	IT인프라·온오프라인 융합형 교수학습·데이터기반 학교교육을 위한 디지털기반 교육체제 구축
	교육체제의 변화에 대응하여 교원의 역할을 재정립하기 위한 교원 양성·재교육 시스템 구축 및 인사제도 개선
유아·초등·중등·특수	민주시민·세계시민교육, 기후·환경·생태·문화예술·철학·인문학·역사교육 등 시대정신을 반영한 교육내용의 변화
	미래 교육환경 변화(코로나19, 학령인구 변화, 에듀테크 등)에 따른 수업과 학습 공간혁신 및 지원체제 구축
	저출산시대에 대비한 유아교육의 공공성 강화 및 유아교육법 정비
대학·직업	학생의 잠재 능력을 평가하고 미래지향적 가치를 담을 수 있는 대학입시 제도의 개선
돌봄·평생·마을교육공동체·거버넌스	국가적 돌봄 지원체제 정비
	국민의 생애학습권 보장을 위한 평생학습체제 구축
	주민자치, 일반자치, 교육자치가 함께하는 긴밀한 협력과 협치 체제 구축

출처: 국가교육회의(2020).

학교교육 중심에서 평생교육 중심 체제로 전환하는 것은 근본적인 변화를 초래하는 것이므로 현 단계에서는 일차적으로 평생학습 지원체계를 재구조화하는 것이 필요하다. 현재 중앙정부 차원의 평생학습 관련 부처는 교육부, 여성가족부, 보건복지부, 행정안전부, 법무부, 문화관광부, 통일부 등이다. 이 부처마다 별도의 법률체계를 가지고 있어 설치 및 운영방식이 다르고, 무엇보다 서로 유기적인 연계가 부족하다. 따라서 효율적인 예산 집행이 이루어지지 않고 교육의 수혜자나 참여자가 중복되어 낭비되는 현상이 나타나고 있다. 지방정부 차원에서도 평생학습 추진 주체가 시·도청과 교육청, 시·군·구청과 지역교육지원청으로 이원화되어 있어 종합적이고 효율적인 집행이 어렵다(최운실 외, 2018). 따라서 국가 차원에서 평생교육을 추진할 수 있도록 행정체계를 정비하는 것이 필요하다.

무엇보다 평생학습 체제로 전환하는 것을 더 이상 미루어서는 안 된다. 제5

차 평생교육진흥 기본계획(2023~2027년)에는 평생학습 대전환과 관련하여 다음과 같이 제시하고 있다(관계부처 합동, 2022).

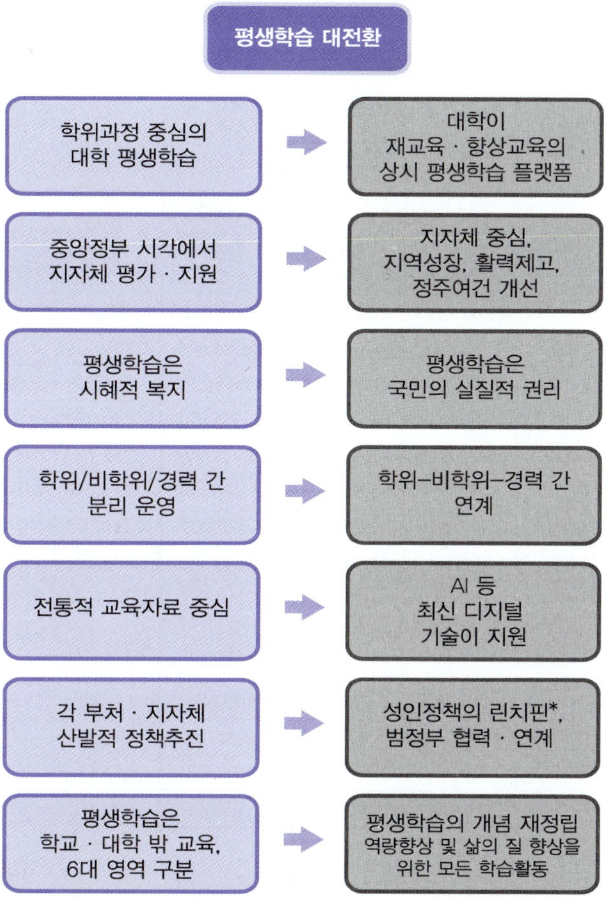

*린치핀(Linchpin) : 마차 바퀴 축에 꽂는 핀, 꼭 필요한 동반자라는 외교용어.

2. 평생교육 예산 확대

1) 2023년 교육 분야 예산 현황

우리나라 교육 분야 예산은 유아·초·중등교육, 고등교육, 평생·직업교육, 교육일반으로 구분된다. 2023년 교육부 예산은 약 102조 원(101,997,999백만 원)이다. 이 중 평생·직업교육 예산은 1조 4,407억 원(1,440,683만 원)이다. 이는 2022년 1,131,583백만 원에 비해 27.3% 증가한 것이다 여전히 전체 교육부 예산의 1.41%에 불과하다. 다만 2023년부터 2025년까지 한시적으로 운영될 고등·평생교육지원특별회계법 신설에 따라 본 예산 외 추가로 예산이 증액되었는데 그 예산은 총 9조 7,400억 원이다. 이는 대학의 평생교육 체제 지원이 포함된 것으로 대학 혁신 지원이나 사립대 구조 개선 지원 등 주로 대학교 개선작업에 사용될 예정이다(교육부, 2022).

표 15-2 2023년도 교육부 예산 총괄표 (단위: 백만 원, %)

구분	2022년도		2023년도	추경대비 증감 (C-B)	%	전년대비 증감 (C-A)	%
	본예산 (A)	제2회 추경(수정)(B)	예산 (C)				
▣ 총지출	89,625,111	100,500,110	101,997,888	1,497,778	1.5	12,372,777	13.8
○ 예산	83,814,972	94,685,223	95,993,631	1,308,408	1.4	12,178,659	14.5
○ 기금	5,810,139	5,814,887	6,004,257	189,370	3.3	194,118	3.3
【교육분야】	83,898,376	94,768,826	96,015,758	1,246,932	1.3	12,117,382	14.4
▪ 유아 및 초·중등교육	70,730,056	81,627,598	80,911,994	△715,604	△0.9	10,181,938	14.4
(지방교육재정교부금)	65,059,537	76,044,956	75,760,666	△284,290	△0.4	10,701,129	16.4
(유아교육지원특별회계)	3,829,046	3,829,046	3,470,037	△359,009	△9.4	△359,009	△9.4
▪ 고등교육*	11,900,887	11,909,221	13,513,495	1,604,274	13.5	1,612,608	13.6
▪ 평생·직업교육*	1,131,583	1,097,563	1,440,683	343,120	31.3	309,100	27.3
(고등·평생교육지원특별회계)	-	-	9,377,301	9,377,301	-	9,377,301	순증
▪ 교육일반	135,850	134,444	149,586	15,142	11.3	13,736	10.1
【사회복지분야】	5,726,735	5,731,284	5,982,130	250,846	4.4	255,395	4.5
▪ 기초생활보장	122,168	122,168	157,313	35,145	28.8	35,145	28.8
▪ 공적연금	5,604,567	5,609,116	5,824,817	215,701	3.8	220,250	3.9

출처: 교육부(2022). p.2.

교육 분야 예산 중 가장 큰 비중을 차지하는 것은 유아·초·중등교육로 2015년부터 2019년까지 5년간 연평균 11.1% 증가율을 보이고 있다. 고등교육 예산은 연평균 -1.8%의 감소율을 보였다. 평생·직업교육 분야 예산은 연평균 5.2%의 증가율을 보이고 있다(표 15-3 참조).

표 15-3 2015~2019년 교육 분야 부문별 예산 현황 (단위: 억 원, %)

구분	2015년	2016년	2017년	2018년	2019년	연평균 증가율
유아·초·중등교육 예산	414,568	430,588	471,494	537,736	598,011	11.1
고등교육 예산	107,450	93,593	94,584	95,617	99,537	-1.8
평생·직업교육 예산	6,150	6,577	6,935	6,707	7,420	5.2
교육일반 예산	1,020	1,101	1,110	1,240	1,270	6.1
교육 분야 예산 계	529,188	531,859	574,123	641,300	706,238	8.4

출처: 교육부와 국가평생교육진흥원(2019).

헌법의 제31조 제5항에 국가는 "평생교육을 진흥하여야 한다."고 명시하여 평생교육 진흥의 책임이 국가에 있음을 분명히 하고 있다. 이는 국가 재정으로 평생교육 예산을 편성·집행해야 한다는 뜻이다. 그런데 평생교육 예산은 직업교육 예산을 포함하여 2019년 기준 전체 교육분야 예산의 1.05%인 7,420억 원이었고, 2022년에도 약 1%의 비중이어서 평생교육에 대한 국가의 책무를 다하고 있다고 보기 어렵다. 평생·직업교육 예산의 구체적인 내용을 보면 인적자원 정책 기반 강화, 평생·직업교육 체제 구축, 국제교육 협력 증진, 국립국제교육원 지원, 산학연 협력 활성화, 정보 활용 활성화 지원의 여섯 가지 단위 사업으로 구성되어 있는데, 전체 평생·직업교육 예산의 절반 이상이 산학연 협력 활성화 사업에 편성되어 54.03%를 차지하고 있다. 실질적인 평생교육이 포함되어 있는 평생·직업교육 체제 구축은 1,361억 원으로 전체 교육 예산 대비 0.19%이며, 이는 전체 평생·직업교육 예산의 18.34%에 불과하다(표 15-4 참조).

표 15-4 2019년 교육 분야별 세부 예산 현황 (단위: 억 원, %)

구분	예산액	전체 교육예산 대비 비율	세부 교육예산 대비 비율
① 유아·초·중등교육 예산	598,011	84.68%	100.0
- 학교교육 내실화	2,342	0.33%	0.39
- 교육복지증진	559	0.08%	0.09
- 학교교육 활성화	239	0.03%	0.04
- 지방교육재정교부금	557,431	78.93%	93.21
- 지방교육정책 지원	34,770	4.92%	5.81
② 고등교육 예산	99,537	14.09%	100.0
- 대학교육 역량강화	14,249	2.02%	14.32
- 학술연구 역량강화	8,764	1.24%	8.80
- 맞춤형 국가장학제도 기반 조성	42,378	6.00%	42.58
- 국립대학 운영지원	31,907	4.52%	32.06
- 대학교육 역량강화	2,133	0.30%	2.14
- 기금운영비(사학진흥기금)	105	0.01%	0.11
③ 평생·직업교육 예산	7,420	1.05%	100.0
- 인적자원 정책기반 강화	25	0.00%	0.34
- 평생직업교육체제 구축	1,361	0.19%	18.34
- 국제교육 협력 증진	1,003	0.14%	13.52
- 국립국제교육원 지원	908	0.13%	12.24
- 산학연 협력 활성화	4,009	0.57%	54.03
- 정보활용 활성화 지원	114	0.02%	1.54
④ 교육일반 예상	1,270	0.18%	100.0
계	706,238	100.00%	

출처: 교육부와 국가평생교육진흥원(2019).

특히 최근에 급격한 저출생으로 초·중·고교 학생수가 급감하고 있는데 세수가 늘어나면 같이 늘어나는 지방교육재정교부금 제도 때문에 예산은 늘어나는 현상이 발생하고 있다. 이 때문에 일부 지역 학교에서는 남아도는 예산을 처리하느라 골머리를 앓는 경우도 생기고 있다(조선일보, 2021). 따라서 이런 사회 현상을 반영하고 평생학습사회에 맞는 체제 구축을 위해서 평생교육 예산을 획기적으로 증액해야 한다.

2) 평생교육 분야 예산 현황

평생교육예산 현황은 평생·직업교육 예산 중 평생·직업교육체제 구축사업을 통해 파악할 수 있다. 평생·직업교육체제 구축사업은 총 11개 사업으로 구성되어 있는데, 고교 취업연계 장려금 지원사업을 제외하면 10개 사업이다(표 15-5 참조).

구체적으로 살펴보면 평생학습 진흥 지원 10억 원, 국가평생교육통계 구축 10억 원, 국가 장애인 평생교육진흥센터 설치·운영 35억 원, 평생교육 바우처 지원 25억 원, 평생교육 검정고시 지원 8억 원, 대학 중심의 평생학습 활성화 지원 241억 원, 성인문해교육 프로그램 운영 지원 45억 원, 한국형 온라인 공개강좌 콘텐츠 개발 및 활용 활성화 114억 원, 국가평생교육진흥원 출연 79억 원, 지역평생교육 활성화 지원 14억 원이며 이를 합하면 총 581억 원이다.

표 15-5 2019년 평생·직업교육체제 구축사업의 세부 사업별 예산 현황 (단위: 억 원, %)

사업명	예산액 (백분율)	사업 내용	운영 주체
평생학습진흥 지원	10 (0.73)	- 평생학습계좌제 운영 - 평생교육사 제도 운영 - 대한민국 평생학습 박람회	국가평생교육진흥원
국가평생교육통계 구축	10 (0.73)	- 평생교육통계조사 - 평생학습 개인실태조사 - OECD국제성인역량조사	한국교육개발원 한국직업능력개발원
국가장애인 평생교육 진흥센터 설치·운영	35 (2.57)	- 장애인 평생교육 진흥 - 장애인 평생교육진흥센터 운영	국립특수교육원
평생교육 바우처 지원	25 (1.84)	- 평생교육 바우처 지원금 - 평생교육 바우처 사업 운영	국가평생교육진흥원
평생교육 검정고시 지원	8 (0.59)	- 검정고시 프로그램 운영 지원 - 검정고시 운영 활성화 지원 등	국가평생교육진흥원

사업명	예산액 (백분율)	사업 내용	운영 주체
대학중심의 평생학습 활성화 지원	241 (17.71)	- 대학의 평생교육체제 지원	국가평생교육진흥원
성인문해교육 프로그램 운영 지원	45 (3.31)	- 성인문해교육 프로그램 지원 - 성인문해교육 활성화	국가평생교육진흥원
한국형 온라인 공개강좌 콘텐츠 개발 및 활용 활성화	114 (8.38)	- K-MOOC 개발 및 운영 - 매치업 운영	국가평생교육진흥원
국가평생교육진흥원 출연	79 (5.80)	- 학점은행제·독학학위제 운영 - 국가평생교육진흥원 운영	국가평생교육진흥원
지역평생교육 활성화 지원	14 (1.03)	- 평생학습도기 조성 지원 - 기초자료개발 및 성과관리	지방자치단체 국가평생교육진흥원
고교 취업연계 장려금 지원	780 (57.31)	- 고교 취업연계 장려금 지원	한국장학재단
계	1,361 (100.0)	전체 교육분야 예산(706,238억 원)의 0.19%임.	

출처: 교육부와 국가평생교육진흥원(2019).

10개의 평생교육 사업은 총 11개로 구성된 평생·직업교육체제 구축 사업에서 사업 수로는 절대적 비중을 차지한다. 그럼에도 이 사업 예산이 전체 평생·직업교육체제 구축사업 예산 1,361억 원에서 차지하는 비율은 42.96%(581억)로 절반에도 미치지 못한다. 전체 교육 분야 예산을 기준으로 보며 총 706,238억 원 중 평생교육 예산이 차지하는 비율은 0.082%에 불과하다. 전 국민에게 평생교육을 진흥하기에는 절대적으로 적은 예산임을 알 수 있다. 물론 향후 교육 분야 투자 계획을 보면 교육 분야 전체 연평균 예산 증가율 3.8%보다 6.8%가 높은 10.6%이다(표 15-6 참조). 이는 평생교육의 중요성이 강조되는 현실을 반영하는 것이라서 바람직한 현상이지만 절대적인 예산 편성 액수가 늘어나야 한다.

표 15-6 2019~2023년 교육 분야 투자 계획

(단위: 십억 원, %)

구분	2019년	2020년	2021년	2022년	2023년	연평균 증가율
유아·초·중등교육 예산	59,383	60,296	62,953	65,766	67,218	3.1
고등교육 예산	10,258	10,982	11,694	11,904	13,267	6.6
평생·직업교육 예산	877	1,068	1,250	1,326	1,312	10.6
교육일반 예산	131	137	142	148	155	4.2
계	70,649	72,483	76,039	79,144	81,952	3.8

출처: 기획재정부(2019); 교육부와 국가평생교육진흥원(2019) 재인용.

3. 평생교육 전문인력 배치 확대와 전문성 강화

1) 평생교육사 배치 확대

평생교육법 제24조에는 평생교육을 진흥하기 위한 전문인력으로 평생교육의 기획, 진행, 분석, 평가 및 교수 업무를 수행하는 평생교육사를 양성하여 배치하도록 하고 있다. 특히 국가 및 시·도 평생교육진흥원, 시·군·구 평생학습관, 학력인정 평생교육시설을 제외한 장애인 평생교육시설 및 평생교육법에 의한 평생교육시설, 학점은행기관, 타 법령에 따라 평생교육을 주된 목적으로 하는 시설·법인 또는 단체에 평생교육사를 의무적으로 배치하도록 하고 있다.

평생교육사 배치 현황을 보면 2021년 현재 전체 4,493개 평생교육기관의 79.2%인 3,560개 기관에 평생교육사가 배치된 것으로 나타났다. 배치된 평생교육사는 총 5,581명으로 기관당 평균 1.2명이었다(국가평생교육진흥원, 2022). 배치 비율이 꾸준히 늘어나고 있지만 문제는 의무적인 배치 기준이 너무 낮다는 데 있다. 평생교육 전담기관인 국가 및 시·도 평생교육진흥원도 평생교육사 1급을 포함하여 5명 이상이면 되고, 시·군·구 평생학습관은 정규직원 20명 이상이면 2명, 그 미만이면 1명만 배치하면 된다. 평생교육 전담기관조차 평생교육사 배치 비율이 너무 낮게 기준이 설정되어 있는 것이다. 평생교육계에서 지속적으로 의무배치 확대를 요구하고 있지만 아직 관련 법 개정이나 제도 정비가 이루어지지 않고 있다.

2) 평생교육사 전문성 강화

평생교육사 전문성 강화는 일차적으로 공식적인 연수과정을 통해서 이루어진다. 평생교육 연수는 평생교육사 연수와 평생교육사 양성기관 관계자 연수로 구분된다(교육부·국가평생교육진흥원, 2019). 평생교육사 연수는 승급과정과 연수과정으로 나누어지는데 승급과정은 현재 국가평생교육진흥원에서만 운영하고 있다. 현재 평생교육사 자격증을 취득하는 사람들 대부분이 2급이기 때문에 2급 승급과정에 대한 수요는 거의 없는 편이다. 1급 승급과정 수요는 꾸준히 있는 편인데 지방에는 운영하는 기관이 없기 때문에 지방에 있는 평생교육사들이 승급과정에 참여하기 어려운 실정이다. 이에 시·도 평생교육진흥원으로 승급과정을 확대해야 한다는 목소리가 커지고 있다.

평생교육사의 전문성 강화와 관련해서 평생교육 영역별 전문성을 심화시켜야 한다는 요구들이 나온다. 예를 들면, 최근 장애인 평생교육의 중요성이 커지면서 장애인 평생학습센터를 설치하는 지방자치단체들이 늘고 있는데, 장애인 평생교육을 담당할 사람이 부족해서 구인난을 호소하고 있다. 장애인 평생교육의 경우 평생교육과 더불어 장애인에 대한 식견과 전문성을 같이 갖춰야 한다.

3) 평생교육사 제도 개선

평생교육사 자격 제도 개선을 위해 평생교육사 양성체제를 개편하는 것이 필요하다. 현재의 체제는 2007년 개편된 이후 현재까지 이어져 오고 있는데 그동안 사회적 변화와 더불어 평생교육 현장도 많이 바뀌었으므로 이에 맞는 양성과정으로 개편이 필요하다. 현재 1, 2, 3급으로 분류되어 있는데 대부분 2급 자격을 취득하고 있어 3급은 없애거나, 평생교육 현장에서 강의하는 강사를 위한 자격으로 두는 등 개선책이 필요하다.

1급은 2급 취득 후 평생교육 현장에서 상근 기준 5년 이상이 되어야 승급 신청 자격이 주어진다. 이는 이론만큼 현장 경험이 중요하다는 판단으로, 평생교육사는 현장을 잘 알아야 한다는 뜻을 담고 있다. 그러나 평생교육학으로 박사 학위를 취득한 사람과 학사 학위 취득자에게 똑같이 2급 자격을 주는 것은 무리라는 비판이 제기되고 있다. 따라서 전반적으로 평생교육사 자격 체계와 기준에 대한 수정과 보완이 필요하다.

둘째, 평생교육사 전문성 유지와 개선을 위해 지속적이고 체계적인 보수교육이 제공되어야 한다. 무엇보다 평생교육사 보수교육이 의무사항이 아닌 것을 개선해야 한다. 사회복지사, 청소년지도사 등 유사 자격 제도는 보수교육을 의무적으로 받도록 관계 법령에서 규정하고 있지만 평생교육법에는 그런 규정이 없다. 연수를 받고 싶어도 현장의 업무가 많은 상황에서는 현재와 같이 의무 규정이 없으면 참여하기 어렵다. 그러므로 평생교육사들이 의무적으로 연수에 참여할 수 있도록 평생교육법 개정이 이루어져야 한다.

제2절 평생교육 전망

1. 언컨택트 시대 평생교육의 전환

코로나19 펜데믹으로 학교가 문을 닫고 집에서 온라인학습이 강제로 진행되면서 많은 사람들이 새삼 '교육이라 무엇인가?'에 대한 질문과 탐색을 하게 되었다. 특히 아동들에게 학교라는 공간에서 이루어지는 교육의 내용과 의미에 대해 다시금 성찰하고 깨닫는 기회가 되고 있다. 온라인학습을 잘 할 수 있는 환경이 갖춰진 곳에서 자기주도학습 능력이 뛰어난 일부 학생들은 학교에 오가는 시간을 줄이고 더 효율적으로 공부할 수 있다고 말하지만, 대부분 오프라인에서 이루어지는 교육에 비해 효율성이 떨어진다고 토로하고 있다.

온라인학습에 필요한 장비가 없는 경우 정부에서 긴급하게 지원을 해줬지만 다자녀 가정의 경우 여전히 어려움을 호소하고 있다. 또한 온라인학습이 진행되는 동안 선생님이 학습을 제대로 케어하기 어려운데, 이를 지원하기 어려운 맞벌이가정이나 일부 조손가정, 이민자가정 등도 어려워하거나 불안해하고 있다. 무엇보다 학교라는 공간이 단순히 지식을 배우는 곳이 아니라 또래 학생들과 선생님, 다른 학교 구성원들과 관계를 맺으며 사회성을 배우는 곳이라는, 그동안 그림자처럼 제대로 드러나지 않았던 학교교육의 또 다른 기능의 의미가 새롭게 조명되고 있다. 그러면서 온라인만으로 진행되는 학교교육의 문제점과 대안 마련 등에 대해서 이구동성으로 논의가 이루어져 왔다.

평생교육 현장도 대부분의 대면교육이 취소되었고, 2000년 하반기 들어 일부 강의를 온라인으로 전환하여 진행하였다. 많은 평생교육 강사들이 강의 기회를 잃어버렸고 성인학습자들도 학습기회를 박탈당했다. 학교교육은 바로 온라인으로 전환하고 문제점을 보완하여 비교적 발 빠른 대응이 이루어진 반면, 평생교육 현장은 한동안 강의 취소나 무기한 연기 등 실질적으로는 무대응인 상태로 대응해 왔다. 각 기관에 등록하여 활동하거나 자발적으로 이루어져 왔던 학습동아리들도 기관이 폐쇄되고 공간을 개방하지 않자 자동적으로 활동이 취소 또는 무기한 연기되면서 평생교육 현장은 그야말로 초토화되었다.

일부 강의가 온라인으로 전환되어 진행되고 있고, 이런 강의는 지역을 뛰어넘는 특징을 살려 긍정적인 측면도 나타나고 있다. 거리에 따른 제약이나, 어린 자녀를 돌보는 등 오프라인 강의에 참여하기 어려운 학습자들이 참여하면서 일부 강의는 예전에 비해 수강생이 늘어나는 등 순기능이 드러났다. 하지만 상호작용의 제한, 디지털 매체에 익숙하지 않은 학습자와 교수자들이 쌍방향 온라인 강의 시 발생하는 돌발상황에 제대로 대처하지 못하는 등 문제점이 계속 노정되고 있다.

그럼에도 불구하고 온라인 강의는 더 이상 줄어들지 않고 오히려 더 증가할 것이다. 기업교육 현장에서도 몇 년 전부터 디지털 트랜스포메이션(Digital Transformation)의 필요성을 강조하며 준비해 왔지만 그 시기가 강제로 당겨지면서 다양한 시도들이 이루어지고 정착되고 있다. 핵심은 결국 오프라인의 장점을 살리고 온라인의 단점을 보완하면서 어떻게 효과적으로 온라인 강의를 진행할 것인가이다.

이를 위해 교수자와 학습자 모두 새로운 준비가 필요하다. 기본적으로 교수자와 학습자 모두 디지털 매체에 익숙해지고 잘 다룰 수 있어야 한다. 2020년은 준비 없이 대응하느라 각자도생했지만 이제는 각자도생이 아니라 이를 평생교육 차원에서 대응해야 한다. 이전부터 제기했던 디지털 문해(Digital Literacy)가 광범위하게 이루어지도록 해야 하는 것이다. 학습자는 디지털 매체와 온라인 환경에서 이루어지는 강의에 어떻게 하면 좀 더 주도적으로 참여할 것인가를 고민하고 실천해야 한다. 교수자는 온라인 강의 시 발생하는 오류를 최소화하고 제한적이지만 상호작용을 활성화할 수 있는 방안을 고민해야 한다.

이를 위해 평생교육 현장에 러닝PD가 필요하다는 목소리가 나오고 있다. 대부분 오프라인 강의는 주최 측의 사회자가 강사 소개를 하고 이후부터는 강사 혼자 진행한다. 하지만 온라인 강의에서는 강사 외 다른 인력이 강의 촬영 등 여러 사항을 보이지 않는 곳에서 체크하고 문제가 생기면 바로 대응하여 해결해줘야 한다. 마치 TV나 라디오에서 진행자와 PD가 나뉘어 각자 역할을 수행해야 매끄럽게 프로그램이 진행되는 것과 같다. 더욱이 상호작용 활성화 차원에서 실시간 댓글을 허용하고 있는데 이를 강사가 강의하면서 취합하고 선별하는 것은 쉽지 않다.

다음은 학습 공간으로서 가정의 재발견과 활용이다. 산업화가 진전되면서 일터와 삶터가 분리되고 삶터는 주로 휴식의 공간으로 간주되어 왔다. 그러나 이제 가정은 휴식의 공간이자 학습 공간, 취미와 여가, 운동, 노동 등 모든 것을 하는 공간으로 탈바꿈하고 있다. 특히 그동안 학습 공간으로서 가정은 거의 주목받지 않았다. 학교교육을 포함하여 대부분의 '공부'는 학원과 독서실, 평생교육기관 등 외부 공간에서 이뤄졌다. 하지만 이제는 가정도 학습공간이 되어야 하는 상황이 되었다. 따라서 학습공간으로서 가정을 재구성하고 이를 충실히 해낼 수 있도록 안내가 필요하다.

2. 성인학습자를 위한 대학 활성화

교육부가 집계한 2023년 고등학교 3학년 학생 수는 사상 처음 40만 명 아래로 떨어진 39만 8천여 명이다. 2024학년도 대입 선발 인원은 총 51만 명(4년제 34만 4천 명, 전문대 16만 6천 명)이다. 재수생 등을 포함해도 신입생 입학 자원이 4만~5만 명이 부족할 것으로 보여 지방대를 중심으로 역대급 신입생 미달 사태가 우려된다. 정시 모집에서도 사실상 충원 미달인 경쟁률 3대 1 미만인 대학 68곳 중 87%인 59곳이 지방대이다. 지원자가 전무한 학과도 매년 늘어나면서 올해 정시 모집에선 전국 26개 학과 지원자가 한 명도 없었다. 지역별로 보면 경북 10곳, 경남 4곳, 전남 4곳, 부산 2곳, 충남 2곳, 충북 2곳, 강원 1곳, 전북 1곳으로 모두 지방 소재 대학 학과들이다(노컷뉴스, 2023).

학령인구가 줄더라도 학령인구가 대학 입학정원보다 많다면 아무런 문제가 되지 않는다. 그러나 앞으로도 학령인구는 대학 입학정원보다 적을 것이다. 결국 대학은 자기 혁신을 통해 새로운 수요를 만들어내야 한다. 그중 하나가 성인학습자를 위한 대학이 되는 것이다.

2013년 교육부는 대학 중심의 평생학습 활성화가 본격 추진되도록 재정 지원 규모 확대 및 엄격한 성과관리 체제 구축에 집중 지원하겠다며 평생학습 중심대학 육성 계획안을 발표하였다. 계속교육을 희망하는 성인·재직자 등을 위해 대학이 생애주기별 맞춤형 실용·실무교육을 제공할 수 있도록 평생학습 중심대학을 육성하겠다는 것이다(교육부, 2013). 2012년에도 추진했지만 대학의 미온적 태도와 홍보 부족 등으로 성과가 제대로 나지 않자 2013년부터 본격적으로 추진하겠다고 한 것이다.

제5차 평생교육진흥 기본계획(2023~2027년, 관계부처 합동, 2023)에도 대학이 평생학습 상시플랫폼으로서 대학의 역할 확대를 다음과 같이 제안하고 있다. 평생학습 거점으로서 대학의 기능과 역할을 강화하는 것이다. 일반성인 대상 학점 제공이 가능한 재교육·향상교육 과정을 운영하고, 성인학습자 특화형 전담 학부·학과 개설을 확대한다. 둘째, 기업과 대학 간 연계를 활성화하는 것이다. 기업 맞춤형 대학 위탁과정을 활성화하고, 기업-대학 등이 공동개발·운영하는 신산업분야 단기 직무역량향상 프로그램인 매치업(Match業)을 지속 확대·고도화한다. 셋째, 지역주민의 평생학습을 위한 대학의 역할을 강화하는 것이다. 이를 위해 한국형 커뮤니티 칼리지 모델을 도입하고 대학의 우수한 인프라를 활용해 평생학습동아리 등 활성화를 촉진함으로써 지역 평생교육에 기여하도록 한다.

유럽 등 서구에서는 이미 오래전부터 성인학습자를 위한 대학 과정이 운영 중에 있다(김한별, 2019). 우리나라도 성인학습자에게 대학교육 기회를 확대하고 대학의 인프라를 활용하여 언제, 어디서나, 누구에게나 교육 기회를 제공해야 한다는 평생교육 이념 실현에 대학이 함께 해야 한다. 이는 이미 세계적 추세이고, 우리나라가 처한 저출생시대에 대학이 살아남기 위한 방편이기도 하다.

3. 지속가능발전과 평생교육

2015년 유엔은 전 세계 모든 나라가 2030년까지 달성해야 할 지속가능발전목표(Sustainable Development Goals, SDGs)를 선포하였다.

지속가능발전(Sustainable Development)이라는 용어는 1987년 세계환경개발위원회(WCED)가 발표한 보고서인 "우리 공동의 미래"(Our Common Future)에서 '미래 세대가 그들의 필요를 충족시킬 능력을 저해하지 않으면서 현재 세대의 필요를 충족시키는 발전'(development that meets the needs of the present without compromising the ability of generations to meet their own needs)을 말한다. 우리나라에서는 2008년 제정된 지속가능발전법에서 '현재 세대의 필요를 충족시키기 위하여 미래 세대가 사용할 경제·사회·환경 등의 자원을 낭비하거나 여건을 저하시키지 않고 서로 조화와 균형을 이루는 것을 뜻하는 지속가능성 개념에 기초하여 경제의 성장, 사회의 안정과 통합 및 환경의 보전이 균형을 이루는 발전'이라고 정의하고 있다(지속가능발전포털 누리집).

지속가능발전목표는 통합적이고 불가분의 경제, 사회, 환경의 지속가능발전의 세 가지 차원의 균형을 맞추는 17가지 목표로 구성되어 있다. 우리나라도 2018년에 14개 이해 당사자그룹과 전문가그룹이 참여하는 분야별 토론회, 심포지엄, 국민대토론회를 통해 17개 목표와 122개 세부목표, 214개 지표를 수립하였다. 국가지속가능발전목표(K-SDGs 2030)는 "모두를 포용하는 지속가능 국가"의 비전과 목표를 국정과제로 채택하여 공표하였다(그림 15-1 참조).

그림 15-1 우리나라 지속가능발전목표(K-SDGs 2030)

출처: 지속가능발전포털. http://www.ncsd.go.kr/ksdgs?content=4

지속가능발전목표 네 번째(SDG4)가 양질의 교육이다. 국가지속가능발전목표(K-SDGs 2030) 4 '모두를 위한 양질의 교육'에는 10개의 세부 목표가 있다. 구체적인 내용은 다음 표 15-7과 같다.

표 15-7 양질의 교육 세부 목표

- **세부목표 4-1:** "모든 아동이 성별과 장애유무에 관계없이 적절하고 효과적인 학습성과를 거둘 수 있도록 양질의 무상 초등·중등교육의 평등한 이수를 보장한다."
- **세부목표 4-2:** "모든 아동에게 양질의 영유아 보육 및 교육서비스의 이용기회를 보장하여 초등교육에 대비한다."
- **세부목표 4-3:** "모든 학습자들에게 성별과 장애유무에 관계없이 적정 비용으로 가능한 양질의 기술교육, 직업교육 및 대학교육을 포함한 고등교육에 대한 평등한 접근을 보장한다."
- **세부목표 4-4:** "취업, 양질의 일자리, 창업 활동에 필요한 전문기술 및 직업기술 등 적절한 기술을 가진 청소년 및 성인의 수를 실질적으로 증대한다."
- **세부목표 4-5:** "교육에서의 성불평등을 해소하고, 장애인, 이주민, 취약상황에 처한 아동 등 취약계층이 모든 수준의 교육과 직업훈련에 평등하게 접근할 수 있도록 한다."
- **세부목표 4-6:** "모든 청소년과 다수의 성인이 문해 및 산술능력을 갖추도록 한다."
- **세부목표 4-7:** "지속가능발전, 인권, 성평등, 평화와 비폭력문화 확산, 세계시민의식, 문화다양성 존중과 지속가능발전을 위한 문화의 기여 등에 대한 교육을 통해 모든 학습자들이 지속가능발전을 증진하기 위한 지식과 기술을 습득할 수 있게 한다."
- **세부목표 4-8:** "아동, 장애인, 성별을 고려한 교육시설을 건립·개선하고, 안전하고 비폭력적이며, 포용적이고 효과적인 학습환경을 제공한다."
- **세부목표 4-9:** "포용적이고 양질의 교육을 위해 모든 교육단계에서의 충분한 교육재정을 확보한다."
- **세부목표 4-10:** "모든 교육단계에서 양질의 교육을 제공하기 위한 교사를 충분히 확보한다."

출처: 지속가능발전포털. http://www.ncsd.go.kr/ksdgs?content=3

위의 세부 목표 달성을 위해 목표마다 지표를 설정하여 일정 기간이 지나면 점검할 수 있도록 하고 있다. 영유아교육부터 성인교육에 이르기까지 교육의 모든 분야를 망라하고 있는 SDG4를 달성하기 위해 세계 각국은 다각도로 노력하고 있다. 이런 국제사회의 노력에 비해 국내의 SDG4 관련 움직임은 아직 크지 않다(유네스코한국위원회, 2018).

그러나 기후위기가 현실화되고 사람들이 체감도가 높아감에 따라 광역이나 기초 지방자치단체에서도 지역에 맞는 지속가능발전목표를 수립하는 곳이 늘고 있다. 따라서 평생교육 차원에서도 지속가능발전목표의 의미 달성과 실천을 위해 노력해야 한다. SDG4 양질의 교육은 교육 자체로서도 의미 있는 목표이지만, 다른 지속가능발전목표 달성을 위한 전제조건인 만큼 평생교육 차원에서도 더 많은 관심과 참여가 이루어지도록 해야 한다.

4. 마을교육공동체와 평생교육

최근 마을교육공동체 논의와 실천이 눈에 띄게 증가하고 있다. 배움이란 학교라는 틀에서 정체되거나 고립되는 것이 아니라, 지역사회의 환경과 맥락 속에서 끊임없는 상호작용을 통해 학습자 스스로 경험하고 실천함으로써 이루어지는 것이다. 이러한 배움의 장으로서 마을교육공동체는 '마을이 아이들을 함께 키우는 것', '마을이 아이들의 배움터가 되는 것', '아이들을 마을의 시민으로 키우는 것'으로 실천될 수 있다(김용련, 2015). 이처럼 마을이 하나의 학습생태계가 되면 언제, 어디서나, 누구와도 배움이 일어나게 되므로 마을교육공동체는 곧 마을에서의 평생교육 실천이라고 할 수 있다.

마을교육공동체 실천의 원류는 대안교육에서 보여 주었던 학습자중심의 배움, 생태적이고 민주적인 학습, 지역과 함께하는 공동체 교육 등에서 찾아볼 수 있다. 제도권 밖에서 시작된 대안교육은 중앙집권적인 교육과정에 얽매이지 않고 학습자 중심의 생태적이고 민주적인 학습을 실천하였다. 또한 배움의 과정을 '교실'이라는 공간에서 지역 혹은 마을이라는 '사회적 맥락'으로 옮겨 놓은 풀뿌리적 접근이었다. 이러한 대안교육의 실천을 제도권 교육 안으로 들여오게 된 계기는 경기도에서 2010년부터 본격적으로 실시한 혁신학교라고 볼 수 있고, 이러한 혁신학교를 일반화하기 위하여 도입한 혁신교육지구사업 또한 그 역할을 담당하였다(양병찬 외, 2018). 혁신교육지구 사업의 초기 목표는 혁신학교의 일반화였지만, 이보다 더 큰 의미는 본 사업을 통해서 교육자치와 일반자치가 유기적인 협력을 도모했다는 점이다. 더 나아가 사업이 점차 성숙되면서 일반자치단체와 교육자치단체가 지역의 교육인프라를 개발하고 학교와 지역사회의 연계를 모색하는 교육협력 사업으로 진화하였다는 점이다. 마을교육공동체는 이러한 혁신교육지구사업이 심화되면서 자연스럽게 부각되었던 측면이 있다. 혁신교육지구사업이 생태적, 민주적, 참여적 교육 프로그램을 전개하면서 마을교육공동체가 본격화되었다(김용련, 2020).

마을교육공동체가 제대로 구성되고 구축된다면 이는 바람직한 미래교육의 한 형태가 될 것이다. 현재 일반자치와 교육자치가 분리되어 있는 상태에서 마을교육공동체는 두 개의 자치가 만나서 협업해야만 이루어질 수 있기 때문에 지방분권과 자치 관점에서도 바람직한 모습을 구현하는 것이다. 뿐만 아니라 민간 영역과의 협업도 같이 이루어져야 지역의 자원을 최대한 활용하면서 마을교육공동체를 일굴 수 있어서 관-관, 민-관 협력적 교육거버넌스 체제를 구축해야 한다. 한편, 학교 밖 교육의 공교육화를 확산하기 위해서는 지역사회와 주민의 자치 역량을 강화하고 이들의 참여를 활성화시키는 것이 중요하다. 최근에 기존의 주민자치위원회를 명실상부한 주민자치를 실현하기 위해 주민자치회로 전환하는 지방자치단체가 늘면서 주민자치에 대한 관심과 참여가 높아지고 있다. 이는 마을교육공동체 성장을 위해서도 바람직한 현상이다. 마을교육공동체는 특정집단의 힘과 참여가 아니라 지역주민 모두가 관심 갖고 참여해야 완성되는 것이고, 이를 위해 주민들의 역량 강화는 필수불가결하다. 이를 위한 다양한 교육과 훈련은 지역 평생교육의 하나이기도 하다.

평생교육 관점에서 학교가 지역사회에 개방되어야 한다는 요구는 계속 있어왔다. 마을교육공동체는 학교와 지역사회 연계가 뒷받침되어야 하므로, 이를 계기로 학교가 마을로 나가는 것처럼 마을도 학교에 들어갈 수 있다. 결국 교육이 학교 등 특정 공간에서 이루어지는 것이 아니라 마을 전체가 '배움터'가 되고 특정 교·강사 뿐 아니라 마을 주민 모두가 강사가 될 수 있는 것이므로, 교육을 중심으로 언제, 어디서나 교육이 이루어지도록 마을이 재편되는 것이다. 또한 학교도 학령기 아동·청소년만을 위한 공간으로 섬처럼 홀로 있는 것이 아니라 지역주민 모두에게 열려있는 평생교육 공간의 하나로 기능하여 지역사회와 유기적으로 연계 맺는 것이 가능해진다.

내용적으로도 그 마을과 지역의 자원을 활용한 교육 — 마을의 역사와 전통, 전설, 마을의 자연과 생태계, 마을 사람들의 생활습관과 양식 — 등 마을에 특화된 교육을 통해 학습자들에게 마을의 소중함과 소속감을 높임으로써 공동체를 강화할 수 있다. 이처럼 마을교육공동체는 중앙집권적이고 획일화된 학교교육을 넘어서는 것에서 출발하여 지역사회를 교육공간으로 포섭하는 지역 평생교육의 또 다른 모습이다.

연구문제

1. 학교교육 중심에서 평생교육체제로 전환하기 위해 우선적으로 해야 할 일과 절차는 무엇인지 생각해 봅시다.

2. 평생교육사 전문성 강화를 위한 방안은 무엇인지 고민해 봅시다.

3. 언택트 시대에 평생교육은 어떻게 구현되어야 하는지 연구해 봅시다.

4. 지속가능발전목표를 위해 평생교육 차원에서 무엇을 해야 하는지 생각해 봅시다.

5. 마을교육공동체 활성화와 평생교육은 어떤 관계가 있는지 탐구해 봅시다.

참고문헌

[단행본]

강은숙(2020). 학습동아리 성공의 단맛과 실패의 쓴맛. 학습공동체 가치를 담다. 서울: 디자인밈.

곽삼근(2005). 한국평생교육의 사회철학적 과제. 서울: 집문당.

곽삼근(2008). 여성교육과 실천. 서울: 도서출판 학영사.

곽삼근(2008). 여성주의교육학: 학습 리더십의 출현과 그 의미. 서울: 한영문화사.

곽윤숙(2015). 청소년기의 교육과 진로 개발. 여성교육개론 제3판. 경기: 교육과학사.

관계부처 합동(2022). 제5차 평생교육진흥 기본계획('23~'27년).

김순양(2013). 한국 다문화사회의 이방인: 사회적 배제와 정책적 대응. 서울: 집문당.

김신일, 한숭희(2001). 평생교육학-동향과 과제. 경기: 교육과학사.

김은미, 양옥경, 이해영(2009). 다문화사회, 한국. 경기: 나남출판사.

김진희(2017). 글로벌시대의 세계시민교육: 이론과 실제. 서울: (주)박영story.

김재인, 곽삼근(2015). 여성교육개론 제3판. 경기: 교육과학사.

김종서(1994). 한국의 문해교육문제 종합적 고찰. 한국정신문화연구원. 한국의 교육과 윤리 3.

김창엽(2016). 지역사회와 시민교육. 서울: 청목출판사.

김한별(2010). 평생교육론. 서울: 학지사.

김한별(2014). 평생교육론. 서울: 학지사.

김한별(2019). 평생교육론(3판). 서울: 학지사.

나임윤경(2003). 여성교육과 실천. 서울: 학영사.

남양주야학(2019). 꿈을 키우는 숲 - 개교30주년 기념문집.

노울즈 외(2005). 성인학습자 6판(최은수 역). 서울: 아카데미프레스.

로리주희(2020). 성평등이 민주주의의 완성이다. 우리는 시민입니다: 현장에서 말하는 한국민주시민교육론. 서울: 도서출판 피어나.

박영숙, 제롬 글렌(2020). 세계미래보고서 2021(포스트코로나 특별판). 서울: 비즈니스북스.

미래전략정책연구원(2017). 10년 후 4차산업혁명의 미래. 서울: 일상이상.

서성록(1986). 포스트모던미술과 비평. 서울: 서울미술공론사.

설규주, 김영인(2017). 시민교육론. 서울: 한국방송통신대학교출판문화원.

성낙돈, 안병환, 가영희, 노재화(2015). 교육사회학. 서울: 동문사.

송민열(2011). 누구나 강사 되기. 경기: 이담.
송현주(2015). 페미니스트 페다고지의 이론적 접근. 여성교육개론 제3판. 경기: 교육과학사.
슬라보예 지젝, 이택광(2020). 포스트 코로나 뉴노멀: 이택광 묻고 지젝 답하다. 경기: 비전 C&F.
신진욱(2006). 시민. 서울: 책세상.
심성보(2011). 인간과 사회의 진보를 위한 민주시민교육. 서울: 도서출판 살림터.
심성보, 이동기, 장은주, 케르스틴 폴(2018). 보이텔스바흐 합의와 민주시민교육. 서울: 북멘토.
양병찬(2002). 지역을 살리기 위한 평생학습마을. 도시 만들기. 서울: 한국교육개발원.
여성문화이론연구소(2015). 페미니즘의 개념들. 경기: 도서출판 동녘.
오수길 외(2018). 로컬 거버넌스의 성공모델. 서울: 대영문화사.
오혁진(2006). 지역공동체와 평생교육. 서울: 집문당.
이규호(2005). 현대철학. 1, 현대철학의 이해. 박순영 편집. 서울: 연세대학교 출판부.
이다현(2020). 민주시민교육의 다양한 방법과 사례. 우리는 시민입니다: 현장에서 말하는 한국민주시민교육론, 서울: 도서출판 피어나.
이동기(2018). 보이텔스바흐로 가는 길. 보이텔스바흐 합의와 민주시민교육. 서울: 북멘토.
이상오(2005). 평생교육론 –역사·조건·전망–. 서울: 문음사.
이상오(2017). 학습혁명-H사고. 성남: 북코리아.
임경미, 김선자, 김소윤, 이석진, 임정임(2019). 세계시민의 평생교육을 위한 문해교육의 이론과 실제. 서울: 도서출판 말벗.
장은주 외(2020). 우리는 시민입니다. 서울: 도서출판 피어나.
장은주(2020). 한국의 민주주의와 민주시민교육. 우리는 시민입니다: 현장에서 말하는 한국민주시민교육론. 서울: 도서출판 피어나.
전국평생학습도시협의회(2023). 전국평생학습도시 현황.
정민승, 유현옥(2018). 여성교육론. 서울: 한국방송통신대학교출판문화원.
조경원(2015). 서론. 여성교육개론 제3판. 경기: 교육과학사.
조철민(2020). 민주시민교육정책의 역사와 논점. 우리는 시민입니다: 현장에서 말하는 한국민주시민교육론. 서울: 도서출판 피어나.
최현(2008). 인권. 서울: 책세상.
정찬남, 김성자, 김종천, 노병윤(2017). 문해교육론. 경기: 양서원.
존 엘리어스, 샤란 메리엄(1980). 성인교육의 철학적 기초(기영화 역). 서울:

학지사.
차갑부(2014). 평생교육론-모든 이를 위한 평생학습. 경기: 교육과학사.
최운실, 송성숙, 최라영, 조미경, 이주석(2018). 평생교육론. 경기: 공동체.
최은수(2012). 평생교육정책론. 서울: 학지사.
최은수 외(2019). 평생교육론. 서울: 학지사.
최재붕(2019). 포노사피엔스. 서울: 쌤앤파커스.
최진석(2013). 인간이 그리는 무늬. 서울: 소나무.
파울로 프레이리(1986). 페다고지: 억눌린자를 위한 교육(성찬성 역). 서울: 한마당.
한국경제TV 산업팀(2016). 4차 산업혁명 세상을 바꾸는 14가지 미래 기술. 서울: 지식 노마드.
한국문해교육협회(2005). 한국의 문해교육. 서울: 문음사.
한국여성학연구회 편(1998). 여성학의 이해. 서울: 도서출판 정문사.
한우섭(2019). 평생교육론. 서울: 학지사.
한정란(2015). 노인교육론(노인을 위한, 노인에 대한, 노인에 의한 교육). 서울: 학지사.
허영식, 신두철(2007). 민주시민교육 핸드북. 서울: 도서출판 오름.

[논문 등]
4차산업혁명위원회(2017). 혁신성장을 위한 사람 중심의 4차 산업혁명 대응 계획 I-KOREA 4.0.
KB금융지주 경영연구소(2018). 가계복지조사로 살펴본 국내 가구 은퇴 시점과 은퇴 준비.
강순원, 박명림, 이우영, 한경구(2019). 한반도 세계시민성 담론 연구. 유네스코한국위원회.
강은숙(2008). 기혼여성의 성역할 인지 변화 연구: 양성평등교육 참여자를 중심으로. 숭실대학교 대학원 석사학위논문.
강은숙(2020). 광명시 민주시민교육 종합계획 중간보고회 토론회 자료집. 광명시평생학습원.
강은숙, 변신원, 서승희, 전소은, 정애숙(2021). 직장내 4대 폭력예방 원격교육 프로그램 개발. 인천광역시교육청.
강은숙, 유정흔, 이정은, 조희정(2017). 찾아가는 폭력예방교육 강의기획 매뉴얼. 여성가족부.
경기도장애인권익옹호기관(2019). 2019년 장애인인권강사양성과정 교재.
고용정보원(2020). 2020 노동력 전망과 시사점.
곽병선 외(1994). 민주시민교육: 민주시민 자질 함양을 위한 한국교육의 과제. 한국교육개발원.

관계부처합동(2021). 2021년도 북한이탈주민 정착지원 시행계획.

광명민주시민교육센터(2020). 광명형 민주시민교육학습과정 및 프로그램개발 연구. 광명시평생학습원.

광명시, 서울대학교(2021). 제5차 광명시 평생학습도시중장기 종합발전계획 수립연구.

교육부 보도자료(2020. 6. 12). 42개 평생학습도시 대상 재지정평가 결과 발표.

교육부(2013). 2013년도 평생학습 중심대학 육성사업 기본계획(안).

교육부(2018). 2018년 성인문해교육 활성화 지원 기본계획.

교육부(2018). 민주시민교육 활성화를 위한 종합계획.

교육부(2018). 평생교육통계자료집.

교육부(2019). 2019년 성인문해교육 활성화 지원 기본계획.

교육부(2019). 장애인 평생교육 활성화방안('20~'22)

교육부(2019). 평생학습도시 재지정 평가 시범운영 분석 및 평가편람 개발 연구.

교육부(2020). 2020 보도자료. 교육 기본통계.

교육부(2021). 국가평생교육통계결과.

교육부(2021. 1. 21.). 보도자료: 2020년 국가평생교육통계 결과 발표.

교육부(2022). 교육기본통계 조사 결과.

교육부(2022. 12. 24.). 보도자료: 교육부 2023년 예산 및 기금 102조 원 국회 확정.

교육부, 국가평생교육진흥원(2014~2020). 2013~2019 평생교육백서.

교육부, 국가평생교육진흥원(2018). 2018년 성인문해교육 지원사업 운영지침서.

교육부고시 제2018-157(2018. 5. 30.)

교육부고시 제2020-247호(2020. 12. 30.)

교육통계서비스(2022). 한국성인의 평생학습실태.

국가교육회의(2020. 12. 22.). 보도자료: 국가교육회의『2020 대국민 보고대회』개최.

국가통계포털(2022). 외국인 근로자 현황, 유학생 현황, 북한이탈주민 실태조사.

국가장애인 평생교육진흥센터(2019. 12. 6). 2019 장애인 평생교육현황 조사.

국가평생교육진흥원(2015). 글로벌평생교육동향 이슈 2015. 10.

국가평생교육진흥원(2018). 2011-2017 지역평생교육 활성화 지원사업 추진성과집.

국가평생교육진흥원(2019). 지역사회 활동 지원을 위한 학습동아리 실무매뉴얼.
국가평생교육진흥원(2022). 2021 평생교육백서.
국립특수교육원(2018). 국가장애인 평생교육진흥센터 발전 방안.
국립특수교육원(2018). 장애인 평생교육기관 간 연계체제 구축 및 활성화 방안 연구.
권나희(2019). 원격대학의 실시간 양방향 교육 시스템 연구. 국민대학교 디자인대학원 석사학위논문.
권두승(1989). 평생교육론의 국제적 동향, 국제문제연구, (3).
권성호, 현승혜(2014). 중·장년층 직장인의 디지털 리터러시에 대한 연구. 학습과학연구, 8(1).
권영애, 이애리(2020). 이러닝 학습성과에 미치는 영향 관계 분석에 관한 연구. 디지털 산업정보학회논문지, 16(2).
권인탁(2007). 국가평생교육체제 활성화를 위한 지역평생교육정보센터의 역할과 과제. 지역 평생교육정보센터 관계자 연수자료집, 한국교육개발원.
권진옥, 송주영, 이광훈, 이기라, 조철민(2016). 시민사회의 시민교육 체계 구축 과정 연구: 독일, 프랑스, 스웨덴, 미국, 영국을 중심으로. 한국민주주의연구소.
권진욱, 송주영, 이광훈, 이기라, 조철민(2016). 시민사회의 시민교육 체계 구축 과정 연구 독일, 프랑스, 스웨덴, 미국, 영국을 중심으로. 민주화운동기념사업회.
김가영(2008). 영국 평생교육정책동향 - 영국 평생교육정책의 전개와 동향을 중심으로. 해외 평생교육정책동향 시리즈 2. 평생교육진흥원.
김교성, 김수연(2014). '활동적 노화'에 관한 다차원적 측정과 국가 간 비교, 사회복지정책 41(1).
김기룡(2020). 장애인 평생교육법 제정 필요성 및 법안내용쟁점토론회 자료 - 장애인 평생교육법 제정 방향 및 주요 내용.
김두영(2013). 장애인 평생교육 프로그램 분류체계 연구, 단국대학교 대학원 특수교육학과 박사학위논문.
김두영, 조창빈, 정해동(2018). 장애인복지관 평생교육 담당자의 평생교육 인식 및 요구. 특수교육연구, 25(2).
김미경, 심재연(2019). 노인복지시설 이용 노인의 고독감이 자살 생각이 미치는 영향. 한국복지실천학회지, 11(1).
김미아(2016). 장애인 평생교육 프로그램 활성화 방안에 관한 연구, 한일장신대학교 대학원 박사학위논문.
김선민(2019). 장애인 평생교육 측면에서 보는 장애인 주간활동 서비스 프로그램 분석 및 인식조사, 위덕대학교 대학원 석사학위논문.
김선숙, 김희숙, 김미례(2020). 빅데이터를 이용한 자기효능감과 자기주도학습 간의 텍스트 가치 평가. 디지털콘텐츠학회논문지, 21(5).
김성수, 신두철, 유평준, 정하윤(2015). 학교 내 민주시민교육 활성화 방안. 교육부.
김소라, 이기춘(2007). 소비자의 개인정보 침해 가능성 관련 변수 및 영향요인. 소비문화연구, 10(1).
김수진(2018). 한국 다문화사회에 관한 고찰: 다문화정책, 사회적 자본, 부패 중심으로. 한국부패학회보, 23(1).
김순분, 이재모. (2022). 웰다잉(Well-daying) 인식과 태도가 노인의 심리적 안녕감에 미치는 영향에 관한 연구. 대한정치학회보, 30(2), 103-126.
김영석(2019). 인구 사회학적 특성에 따른 노인의 평생교육 참여 양상 분석. 한국노년학, 39(4).
김용련(2015). 시흥 마을교육 비전 수립 및 정책추진 방안 연구. 한국외국어대 학교교육공동체 연구센터.
김용련(2020). 지역교육생태계 구축을 위한 교육거버넌스의 방향. 제2차 평생학습체제 법령 포럼: 평생학습체제와 교육생태계 연계를 위한 학교교육법 개정 방안. 한국직업능력개발원.
김재진(2009). 미국 EITC의 태동과 시대상황. 재정포럼.
김정진(2016). 100세 인생 당신은 준비가 되었나요? 평생학습 타임스. 검색일 2020.11.5. http://lltimes.kr/?p=3157
김정진(2017). 노인들이 공부하는 이유 평생학습 타임스. 검색일 2020.11.5. http://lltimes.kr/?p=8743
김종천(2014). 성인학습자의 문해학습 참여를 통한 생애경험과 인식전환에 관한 연구. 백석대학교 기독교전문대학원 박사학위논문.
김준기, 이민호(2006). 한국의 네트워크 거버넌스에 관한 연구: 사회복지관의 네트워크 조직효과성. 행정논총, 44(1). 서울대학교 행정대학원 한국행정연구소.
김진희(2015). Post 2015 맥락의 세계시민교육 담론 동향과 쟁점 분석, 시민교육연구, 47(1), 59-88.
김진희, 윤한수(2016). 성인대상 다문화교육의 실제 분석과 방향, 평생학습사회. 12(3).
김진희, 허영식(2013). 다문화교육과 세계시민교육의 담론과 함의 고찰. 한국교육, 40(3).
김형수, 권이경(2013). 한국 노인자살률과 사회·경제적 요인의 관련성: 1990년~2010년 변화 추이를 중심으로. 한국콘텐츠학회논문지, 13(6).

노규성, 주성환(2013). 스마트교육 환경 분석과 정책 제언. 디지털 융복합연구. 11(4).

노일경, 이성혜(2016). 재직학습자의 원격고등교육과정에서의 학습활동 특성 및 학업성취 영향 변인 분석. 평생학습사회, 12(4).

류장수(2008). 고등교육기관의 평생교육기능 강화 방안 연구. 교육과학기술부 정책연구개발사업 2008-위탁-31.

만희(1997). 성인 비문해 학습자의 학습동기에 관한 연구. 명지대학교 사회교육대학원 석사학위논문.

명소연, 한경근, 장철승(2018). 지방자치단체 장애인 평생교육 관련 조례 분석 연구. 특수교육저널: 이론과 실천, 한국특수교육문제연구소, 19(2).

문상구(2012). 평생학습계좌제 운영 실태와 활성화 방안 연구: 서울특별시교육청 소속 평생학습관을 중심으로. 한국교원대학교 교육정책전문대학원 석사학위논문.

문영희, 임미영(2013). 거주지역별 노인의 자살 생각과 관련 요인 - 도시와 농촌의 비교. 한국보건간호학회지, 27(3).

박가열, 김동규, 김중진, 이랑, 최기성, 최영순, 김진관, 이은수, 최화영, 김창환, 박문수, 오민홍(2018). 2019 한국직업전망.

박기훈, 김영민(2013). e-learning에서 스마트폰 활용이 학습만족도에 미치는 영향에 관한 연구. e-비즈니스 연구, 14(2).

박미현, 이성원(2017). 스마트러닝이 영어 학습부진 학생의 어휘 학습에 미치는 영향. 한국멀티미디어 언어교육학회, 20(1).

박상옥(2018). 시민교육 활성화를 위한 평생교육의 역할과 가능성 탐색. NGO연구, 13(3).

박선경(2019). 평생교육법 개정 동향으로 살펴본 평생학습도시. 2019 전국 평생학습도시 관계자 워크숍 자료집.

박선희, 최금진(2020). 예비교사의 다문화 감수성, 다문화교육의 이해와 태도에 관한 연구. 글로벌교육연구, 12(1).

박성정, 정해숙, 신선미, 장미혜, 장희영, 서제인(2015). 폭력예방교육 효과 제고 방안 연구. 여성가족부, 한국여성정책연구원.

박성희(2019). 독일 노인대학교 및 U3A 분석을 통한 우리나라 대학 노인평생교육 체제 구축 방향. 노년교육연구, 5(2), 1-18.

박영란(2013). 초고령사회 대비 EU의 '활동적 노화(active ageing)' 정책 패러다임. 유럽연구, 31(1).

박윤경, 성경희, 조영달(2008). 초·중등 교사의 문화 다양성과 다문화가정 학생에 대한 태도. 시민교육연구, 40(3).

배윤주, 박정아, 김성은, 두민영(2019). 국내 스마트교육에 대한 연구동향 분

석: 2011년-2018년을 중심으로. 교육문화연구, 25(3).
법무부(2019). 간단히 보는 국내 난민현황.
법무부(2022) 체류외국인 출입국통계
변신원 외(2017). 젠더에 기반한 여성폭력의 이해. 한국양성평등교육진흥원.
변종임 외(2005). 평생학습도시 향후 추진 전략 연구. 서울: 한국교육개발원.
사이버대학종합정보(2020). 사이버대학 안내. 검색일 2021. 1. 10. http://www.cuinfo.net/home/intro/summary.sub.action?gnb=11.
성영태, 최인규(2020). 한국 노인 빈곤의 원인과 과제. 사회융합연구, 4(2).
송호근(2016). 한국의 시민과 시민사회의 형성: 시민성 결핍과 과잉 국민. 지식의 지평, 20(1).
신미식(2011). 한국 민주시민교육 활성화를 위한 평생교육의 역할. 한국동북아논총, 61(1).
신혜정(2018). 수어로 풀어낸 농인 리더의 삶과 평생학습 이야기. 숭실대학교 대학원 박사학위논문.
신혜정(2019). 남양주시 청각장애인 맞춤형 평생학습 기회 확립 방안(미발표).
안현용(2015). 한국 여성평생교육 연구의 동향 분석: 1990년부터 2005년까지. 이화여자대학교 대학원 석사학위논문.
약자의 눈(2020). 장애인 평생교육법 제정 필요성 및 법안 내용 쟁점 토론회 자료집.
양경은, 노법래(2020). 한국 다문화 담론 구조와 그 시계열적 변동 - 언론 기사문 텍스트 마이닝 분석을 중심으로. 한국사회복지학, 72(3).
양병찬(2000). 지역사회 평생교육 공동체 구축을 위한 네트워크 전략. 지역 평생교육정보센터 관계자 연수자료집. 한국교육개발원.
양병찬, 김용련, 한혜정, 정은지, 이진철(2018). 충남 마을교육공동체 협업체제 개발 연구. 충남교육청.
양인숙, 안덕근, 남영란, 한정은(2020). 발달장애인 평생교육센터의 운영현황 및 발전방안 연구-서울특별시를 중심으로. 장애인 평생교육·복지연구, 6(1).
양흥권(2006). 지역사회 평생학습 네트워크 활성화 방안. HRD연구, 9(1).
엄미란(2013). 산업대학 성인학습자의 학습경험 의미에 대한 현상학적 접근. Andragogy Today Interdisciplinary Journal of Adult & Continuing Education, Vol.16(3).
여성가족부(2018). 제3차 다문화가족 정책 기본계획.
여성가족부(2020). 다문화 가족 관련 통계 현황.
여성가족부(2022). 2022 청소년 통계

연합뉴스(2020). 한국에서 살 수 있는 난민, 사상 첫 3천 명 넘었다. 검색일 2020. 1. 28. https://www.yna.co.kr/view/AKR20200714164800371

오혜진(2020). 죽음 준비 교육 프로그램의 효과: 양로시설 거주 노인을 대상으로. 노인복지연구, 75(3).

유경, 장재윤, 한태영, 이주일(2014). 활동적 노년 척도의 타당화연구. 한국노년학 34(3).

유네스코한국위원회(2017). 학습도시와 지속가능발전목표: 실행을 위한 가이드.

유네스코한국위원회(2018). 한국교육과 SDG4-교육2030.

유엔난민기구(2018). 연례 글로벌 동향 보고서. 검색일 2021. 1. 29. https://www.unhcr.or.kr/unhcr/program/board/detail.jsp?menuID=001006001003&boardTypeID=10&boardID=19692&searchSelect=&keyWord=&currentPage=1&finishIsYN=&boardCategory=%EB%B3%B4%EB%8F%84%EC%9E%90%EB%A3%8C&mode=detail

유정균(2008). 노인자살률의 지역별 편차. 한국인구학, 31(2).

윤인진(2008). 한국적 다문화주의의 전개와 특성: 국가와 시민사회의 관계를 중심으로. 한국사회학, 42(2).

이미란, 김선희(2012). 연령집단과 인구 사회적 특성이 노인의 자아통합감에 미치는 상호작용 효과. Family and Environment Research. 50(3).

이병준 외(2008). 민주시민교육 핵심 역량 실천모형 개발 연구. 민주화운동기념사업회.

이선미(2020). 개인화 시대의 하이브리드 자원봉사 조직화와 적극적 시민성: 서울시자원봉사센터 소모임 활성화 사업의 시민교육적 효과. NGO연구, 15(2).

이승민(2012). 미국 사회에서 스마트 기기가 정보격차에 미치는 영향 분석. 2012. 한국도서관·정보학회지, 43(2).

이시균, 공정승, 김혜민(2015). 미래 일자리 세계의 변화: 연구사업보고서.

이영, 박인우(2012). 사이버대학 이러닝에서 학습자 특성, 학습전략, 교수 실재감, 학습효과의 관계 규명. 교육공학연구, 28(1).

이영호(2002). 영국과 미국의 평생학습체제구축의 전략. 비교교육연구, 12(2).

이준표(2018). 연극학 및 산업예술전문학사 연극전공 학점은행제의 문제점과 개선점. 한국문화산업학회 문화산업연구, 18(2).

이지수(2019). 장애인 평생교육의 쟁점과 현장의 목소리: 전북 군산시 사례를 중심으로. 평생교육학 연구, 25(1).

이지혜, 홍숙희(2007). '학습'으로서의 네트워킹 - 부천지역 교육안전망 사례연구. 평생교육학연구, 13(3).
이지혜, 홍숙희, 박상욱(2001). 성인여성의 학습동아리활동 시범 지원방안에 관한 연구. 서울: 교육인적자원부.
이창숙, 강상경(2020). 지역 노인자살률 궤적 관련 요인. 노인복지연구, 75(2).
이해주(2010). 시민교육의 의미와 방법. 시민교육 현장지침서, 민주화운동기념사업회.
이희수 외(2000). 평생학습지원체제 종합 발전 방안 연구(I). 서울: 한국교육개발원.
이희수(2019). 평생학습도시가 나아가야 할 방향. 2019 전국평생학습도시 관계자 워크숍 자료집.
임걸(2011). 스마트러닝 교수학습 설계모형 탐구. 컴퓨터교육학회논문지, 14(2).
임재춘(2016). 노인의 평생교육 참여 실태와 학습 만족도에 관한 연구. 대구대학교 대학원 석사학위논문.
임호, 오재환(2017). 활동적 노화를 위한 정책개선방안 정책연구. 부산발전연구원.
자살예방백서(2022). 보건복지부와 한국생명존중희망재단
장민(2019). 우리나라의 노인빈곤율 현황과 시사점. KIF VIP리포트, 2019(16).
정경희, 오영희, 이윤경, 오미애, 강은나(2017). 2017년도 노인실태조사. 한국보건사회연구원.
정경희, 오영희, 황남희, 오미애, 이선희, 김정석(2017). 노인의 삶의 질 지수 개발. 한국보건사회연구원.
정용균, 김중렬(2018). 성인학습자의 e-러닝 학업지속 장애요인에 대한 사례연구: 서울소재 H사이버대학을 중심으로. 디지털융복합연구.
정재현(2019). 중장년(50~64세) 노동시장 구조 및 인력수요 변화 분석. 한국고용정보원.
정하용(2015). 한국 민주시민교육의 현황: 역사와 제도화 과정. 2015 한국민주시민교육학회 세미나자료집.
정하윤, 노태훈, 이필구, 이다현(2020). 군포시 민주시민교육 종합계획 최종보고서. 군포시.
조상식(2009). 민주시민교육이론적 지평. 교육사상연구, 23(1).
조성표(1993). 야학의 올바른 자리 매김을 위해. 淑大學報, Vol.32.
조성희, 김경미(2016). 노년기의 차별 및 배제 경험에 대한 인식 정도와 자살 생각과의 관계 : 우울의 매개 효과를 중심으로. 노인복지연구, 71(3).
조일현, 김정현(2013). 학습분석학을 활용한 e-러닝 학업 성과 추정 모형의

통계적 유의성 확보 시점규명. 교육공학연구, 29(2).
주명희(2012). 성인 문해학습의 전환학습적 특성. 전남대학교 교육대학원 석사학위논문.
중앙 자살 예방센터(2020). 2020 자살 예방백서.
지은정(2014). 활동적 노화의 관점에서 본 고령자 자원봉사지원 유형: 독일, 프랑스, 미국, 일본을 중심으로. 사회복지정책, 41(2).
초등·중학 문해교육 교육과정. 교육부 고시 제2018-157호 [별책 1].
최대선, 안은영(2013). 페이스북과 트위터에 노출된 개인정보 현황. 한국콘텐츠학회지, 11(4).
최장집(2011). 민주화 이후의 민주주의: 한국 민주주의의 보수적 기원과 위기. 서울: 후마니타스.
통계청(2020). 경제활동인구조사 고령층 부가조사 결과.
통계청(2020). 고령자 통계.
통계청(2020). 교육기본통계.
통계청(2021). 경제활동인구조사 고령층 부가조사.
통계청(2022). 2022년 이민자체류실태및고용조사 결과, 북한이탈주민현황
통일부(2019). 북한이탈주민 정착지원 실무편람.
통일부(2019). 북한이탈주민정책 통계.
하동원, 이창조(2010). U-헬스케어를 위한 학습용 기능성 콘텐츠 설계 방향: 노인대상자를 중심으로. 한국산업정보학회논문지, 15(3).
하명정, 이유진(2017). 스마트폰 앱을 활용한 스마트 러닝 사례연구. 예술인문사회융합멀티미디어논문지, 7(12).
한계레 신문(2019). 외국인 유학생 14만 명 시대…한국 대학 풍경이 바뀐다. 검색일 2021. 1. 22. http://www.hani.co.kr/arti/society/schooling/88015.html.
한국교육개발원 교육통계서비스. 검색일 2021. 1. 22. http://kess.kedi.re.kr.
한국교육개발원(2007). 평생학습도시 성공전략 길잡이. 기타자료 MP 2007 - 5.
한국보건사회연구원(2019). 2017 노인실태조사.
한국보건사회연구원(2020). 2020 장애인실태조사.
한국세정신문(2019). 외국인 근로자 세명 중 한명은 중국인. 검색일 2021. 01. 29. http://www.taxtimes.co.kr/news/article.html?no=242797.
한국양성평등교육진흥원 홈페이지. 검색일 2021. 1. 17. https://www.kigepe.or.kr/kor/com/adult.do?menuNo=12100.
한국여성노동자회 여성노동위원회(2015). 마리오네트의 줄을 끊어라.
한국여성의전화(2020). 2019년 한국여성의전화 여성인권상담소 상담 통계

분석.
한국청소년정책연구원(2010). 청소년의 글로벌 시티즌십 강화방안 연구: 관련 프로그램을 중심으로.
한덕현(2011). 학점은행제의 운영현황과 발전방안에 대한 연구. 원광대학교 교육대학원 석사학위논문.
한숭희, 김희은, 정민승, 정선애, 이영이, 박혜경, 고상준(2002). 민주시민교육의 개념과 쟁점. 민주화운동기념사업회.
한형주, 서은숙(2020). 국내 외국인 유학생 지원 교육프로그램 참여와 자아탄력성 및 사회적응 간의 관계. 한국콘텐츠학회논문지. 20(5), pp. 570-584.
행정안전부(2019). 2019 지방자치단체 외국인 주민 현황. 검색일 2021. 1. 27. https://www.mois.go.kr/synap/skin/doc.html?fn=BBS_202010290401445812 1&rs=/synapFile/202101/&synapUrl=%2Fsynap%2Fskin%2Fdoc.html%3Ffn%3DBBS_20201029040144581 21%26rs%3D%2FsynapFile%2F202101%2F&synapMessage=%EC%A0%95%EC%83%81.
행정안전부(2022). 지방자치단체외국인주민현황.
현영섭, 신은경(2018). 비문해의 시작과 지속, 문해교육의 의의 그리고 비 문해자의 변화: 2012~17년 전국 성인문해 시화전 작품을 중심으로. 평생학습사회, 4(1).
홍윤기(2020). 광명시 민주시민교육체계에 관한 제언. 광명시 민주시민교육 포럼 자료집, 광명시평생학습원.
홍정숙(2018). 한국특수교육문제연구소 학술대회발표자료집. 2018(1).
황종건(1989). 문해교육의 역사와 앞으로의 과제. 한국사회교육협회, 한국교육개발원 심포지엄 보고서, 한국 문해교육의 현황과 발전방향.

[외국자료]
Acker, S.(1987). Feminist theory and the study of gender and education. *International Review of Education*, 33(1).
Agudo-Peregrina, Á. F., Iglesias-Pradas, S., Conde-González, M. Á., & Hernández-García, Á.(2014). Can we predict success from log data in VLEs? Classification of interactions for learning analytics and their relation with performance in VLE-supported F2F and online learning. *Computers in Human Behavior*, 31(1).
Alheit, P., & Dausien, B.(2002). The ‘double face’ of lifelong learning: Two analytical perspectives on a ‘silent revolution’. *Studies in the*

Education of Adults, 34(1).

Andersen, M. L.(1987). 성의 사회학(이동원, 김미숙 역). 서울: 이화여자대학교 출판부(원서 1973년 발행).

Ary, D., Jacobs, L, C,. & Razavieh, A.(2002). *Introduction to research in education*. Belmont, CA: Wadsworth/thomson Learning.

Atchley, R. C.(2000). Social forces and aging: One introduction to social gerontology.

Banks, J. A.(1993). Approaches to multicultural curriculum reform. Multicultural education: *Issues and perspectives*, 2(1).

Banks, J. A.(2008). An introduction to multicultural education.

Banks, J. A.(2009). Human Rights, Diversity, and Citizenship Education. In *The Educational Forum*, 73(2). Kappa Delta Pi.

Beck-Gernsheim, E.(2008). 모성애의 발명(이재원 역). 서울: 일마(원서 2006년 발행).

Beck, Ulrich(2006). 위험사회: 새로운 근대성을 향하여(홍성태 역). 서울: 새물결(원서 1997 발행).

Beck, Ulrich(2010). 글로벌 위험사회(박미애, 이진우 역). 서울: 길(원서 2007 발행).

Belenky, M. F. et. al.(1986). *Women's ways of knowing: The development of self, voice, and mind*. New York: Basic Books.

Bennett, C. I.(2010). 다문화교육: 이론과 실제(김옥순 역). 서울: 학지사(원서 2007년 발행).

Bennett, S., & Lockyer, L.(2004). Becoming an online teacher: Adapting to a changed environment for teaching and learning in higher education. *Educational Media International*, 41(3).

Berge Z. L.(1995). Facilitating computer conferencing: Recommendations from the field. *Educational Technology*, 15(1).

Bremer, I.(2014). 리더가 사라진 세계(박세연 역). 서울: 다산북스(원서 2014년 발행).

Brookfield, S. D.(1984). Self-directed adult learning: A critical paradime. *Adult Education Quarterly*, 35(1).

Castles, Stephen and Mark J, Miller.(2003). *The Age of Migration: Third Edition*. New York and London: The Guilford Press. Especially for NEA Today Online readers, here is the complete interview. A shorter version ran in the September 1998 issue.

Centre for Longitudinal Studies(2014). The Impact of Adult Literacy and

Numaracy Research Based on the 1970 British Cohort Study. Centre for Longitudinal Studies.

Corr, C. A., Corr, D. M., & Bordere, T. C.(2013). *Death & dying, life & living*. Belmont, CA: Wadsworth, Cengage Learning.

Davies, L.(2006). Global citizenship: Abstraction or framework for action. *Educational Review,* 58(1).

Dewey, J.(1916). *Democracy and education.* New York: Macmillan.

Dewey, J.(1938). *Experience and education.* New York: Macmillan.

Diamond, J.(2005). 총, 균, 쇠(김진준 역). 서울: 문학사상(원서 2005년 발행).

Dupin-Bryant.(2004). Pre-entry Variables Related to Retention in Online Distance Education. *American Journal of Distance Education,* 18(4).

Durkheim, É.(2019). 자살론(황보종우 역). 경기: 청아(원서 1987년 발행).

Dutton, J., Dutton, M. & Perry, J.(1999). Do Online Students Perform as well as Lecture Students?. *Journal of Engineering Education,* 90(1).

Elias, J. L., & Merriam, S. B.(2002). 성인교육의 철학적 기초(기영화 역). 서울: 학지사(원서 1994년 발행).

Elias, J. L., & Merriam, S. B.(2005). *Philosophical foundation of adult education*(3rd ed.). Malabar, FL: Knieger.

Erian, M. E.(2009). 새로운 부의 탄생(손민중 역). 서울: 한국경제신문사.

Faure, E. and et al.(1972). *Learning to Be: The World of Education Today and Tomorrow*. Paris: UNESCO.

Firestone, S.(1970). *The dialectic of sex*. New York: Quill William Morrow.

Flannery, D. & Hayes, E.(2000). *Women as learners*. San Francisco, CA: Jossey-Bass.

Friedman, M. P., Das, J. P., & O'Connor N.(2012). *Intelligent and Learning*. New York: Plenum Press.

Garrison, D. R.(1997). Self-directed learning L Toward a comprehensive model. *Adult Education Quarterly*, 48(1).

Gilster, P.(1999). 디지털 리터러시(김정래 역). 서울: 해냄출판사(원서 1997년 발행).

Govindasamy T.(2002). Successful implementation of e-Learning Pedagogical considerations. *Internet and Higher Education*, 4(1).

Greta Thunberg: Who is she and what does she want? https://www.bbc.com/news/world-europe-49918719(2021. 5. 02)

Grow, G. O.(1991). Teaching Learners to be Self-Directed. *Adult*

Education Quarterly, 41(3).

Hart, M.(1995). Motherwork: *A radical proposal to rethink work and education. In M. R. Welton*(Ed.). In defense of the lifeworld: Critical perspectives on adult learning, Albany, NY: SUNY Press.

Hitomi, S., & Kazuhisa, M.(2007). Construction of a learning environment supporting learners' reflection: A case of information seeking on the web. *Computers & Education*, 49(2).

Horn, J. L., & Donaldson, G.(1980). *Cognitive development in adulthood.* Constancy and change in human development.

Howe, R. B. & Cowell, K.(2007). *Empowering Children: Rights Education as a Pathway to Citizenship.* Toronto: University of Toronto Press.

Innamorati, M., Tamburello, A., Lester, D., Rigucci, S., Amore, M., Di Vittorio, C., & LUniversita, M. P.(2009). Socioeconomic risk factors in the precipitation of suicide in the elderly. *Open Geriatric Medicine Journal,* 2(1).

Jarvis, P.(2001). *Twentieth century thinkers in adult & continuing education.* In William A. B. Smith(Ed), (2nd ed.), Edward.

Jarvis, P.(2011). 20세기 성인교육 철학(강선보 외 역). 서울: 동문사(원서 2001 발행).

Jason Schenker(2020). 코로나 이후의 세계(박성현 역). 서울: 미디어숲(원서 2020 발행).

Javis, P.(1987). *Adult learning in the social context*. London: Routledge.

Javis, P.(2004). *Adult education and lifelong learning: Theory and practice*(3rd ed.). London: Routledge.

Kemp, S.(2020). Digital 2020: *October Global Statshot*. http://datareportal.com.

Kett, J. F.(1994). *The Pursuit of Knowledge Under Difficulties*. Stanford University Press, Stanford: CA.

Klaus Schwab 외(2016). 4차 산업혁명의 충격(포린 어페어스 엮음, 김진희 외 역). 서울: 흐름출판.

Knowles, M. S.(1968). Andragogy, not pedagogy. *Adult Leadership*, 16(10).

Knowles, M. S.(1973). *The adult learner: A neglected species. Houston*: Gulf Publishing Company. Revised edition 1990.

Knowls, M. S.(1975). *Self directed learning*. New York: Associated

Press.

Knowles, M. S.(1980). *The modern practice of adult education: From pedagogy to andragogy*. Englewood Cliffs: Prentice Hall/Cambridge.

Knowles, M. S., et al.(1984). *Andragogy in action: Applying modern principles of adult education*. San Francisco: Jossey-Bass.

Knowls, M. S.(1980). *The modern practice of adult education: From pedagogy to andragogy*(2nd ed.). New York: Cambridge Books.

Kozar-Westman, M., Troutman-Jordan, M., & Nies, M. A.(2013). Successful aging among assisted living community older adults. *Journal of Nursing Scholarship*, 45(3).

Lemon, B. W., Bengtson, V. L., & Peterson, J. A.(1972). An Exploration of the Activity Theory of Aging: Activity Types and Life Satisfaction among In-Movers to a Retirement Community. *Journal of Gerontology*, 27(4).

Lengrand(1970). *An Introduction to Lifelong Education*. Paris: UNESCO.

Lindeman(1926). *The meaning of Adult Education*. New York: New Republic.

Lipnack, J. & Stamps(1982). *Networking*. New York: Ron Bernstein Agency Inc.

Manheimer, R. J.(2008). Lifelong Learning in Aging Societies Emerging Paradigms. *Annual review of gerontology and geriatrics*, 28(1).

Margaret, M.(1998). 세 부족사회에서의 성과 기질(조한혜정 역). 서울: 이화여자대학교출판문화원(원서 1935 발행).

Maslow, A.(1954). *Motivation and Personality*. New York: Harper and Row.

Maslow, A.(1976). *Education and peak experience: The person in education*. New York: Macmillan.

McKenzie, L.(1978). *Adult education and the burden of the future*. Washington D.C.: University of America.

Mezirow, J., & Associates.(2000). *Learning to think like an adult: Core concepts of transformation theory*. In J. Mezirow & Associates (Eds.), Learning as transformation: Critical perspectives on a theory in progress. San Francisco, CA: Jossey-Bass.

Moore, M. G.(2003). From Chautauqua to the virtual university: A century of distance education in the United States(No. 393). Center on Education and Training for Employment, College of Education, the

Ohio State University.

Morgan, L. A., & Kunkel, S. R.(2016). *Aging, Society, and the Life Course.*(5th ed). NY: Springer.

O'Brein, M.(1981). *The politics of reproduction*. Boston: Routledge & Kegan Paul.

O'Brein, M.(1983). Feminism and education: A critical review essay. *Resources for Feminist Research*, 12(3).

OASIS(2017). *About us. Oasis is a pioneer in healthy aging*. Retrieved from https://www.oasisnet.org/About-Us.

OECD(2001). Education Policy Analysis 2001.

OECD(2010). The Nature of Learning: Using Research ti Inspire Practice "Analyzing and designing learning environments for the 21st century".

OECD(2019). Trends Shaping Education 2019.

Pang, V. O.(2005). *Multicultural education: A caring-centered reflective approach*(2nd ed). New York, NY: McGraw-Hill.

Road Scholar.(n.d.). Collections. Retrieved from https://www.roadscholar.org/collections/all/ (2021.1.15.)

Robert B. Reich: Column. The COVID-19 Class Divide. https://robertreich.org/post/616583987403653120

Rose, A. D.(2008). AAACE: Where are we going and where have we been? The future of AAACE in light of its past. *Adult Learning*, 19(1).

Rotoura Daily Post.(2016). University of the Third Age (U3A) fosters lifelong learning. Retrieved from http://www.nzherald.co.nz/lifestyle/news/article.cfm?c_id=6&objectid=11740628(2021.1.14.)

Rovai, A. P.(2003). In Search of Higher Persistence Rates in Distance Education Online Programmes, *Internet and Higher Education,* 6(1).

Rowe, J., & Kahn, R.(1987). Human Aging: Usual and successful. *Science*, 237(1).

Rowe, J. W., & Kahn, R. L.(1997). Successful aging. *The gerontologist*, 37(4).

Shah, A.(2009). The relationship between elderly suicide rates and the human development index: a cross-national study of secondary data from the World Health Organization and the United Nations. *International Psychogeriatrics,* 21(1).

Seinoski, T. J.(2019). 딥러닝 레볼루션(안진환 역). 서울: 한국경제신문사.

Shorris, E.(2006). Democracy and the humanities. 얼 쇼리스 초청 국제세미나: 가난한 이들을 위한 희망 수업. 성공회대학교 평생학습 사회연구소.

Shrewsbury, C. M.(1993). What is feminist pedagogy?. *Women's Studies Quarterly*, 21(384).

Skinner, B. F.(1974). *About Behaviorism.* New York: Alfred A. Knopf.

Sleeter, C. E. & Grant, C. A.(2009). *Making choices for multicultural education: Five approaches to race, class, and gender*. Hoboken, NJ: John Wiley & Sons.

Smith, M. K.(2004). Adult schools and the making of adult education. The encyclopedia of pedagogy and informal education, www.infed.org/lifelonglearning/adult_schools.htm.

Spender, D. & Sarah, E.(1980). *Learning to Loss: Sexism and Education.* London: The Women's Press.

Taylor, E. W.(2008). *Transformative learning theory. In S. B. Merriam, Third update on adult learning theory*(pp. 5-16). New Direction for ADult and Continuing Education. No. 119. San Francisco: Jossey-Bass.

Taylor, J. C.(2001). Fifth generation distance education. *Instructional Science and Technology*, 4(1).

Tesauro, T. & L. Pianelli(2009). The elderly between the needs for care and Active Ageing. *European papers on the new welfare,* 13(1).

Tisdell, E. J.(2000). Feminist Pedagogies. In E. Hayes & D. D. Flannery (Eds.), *Women as learners*. San Francisco, CA: Jossey-Bass.

Toynbee, A. J.(2006). 아놀드 토인비의 역사의 연구(Somervell. D. C. 엮음, 박광순 역). 경기: 범우(원서 1934-1961 발행).

Toynbee, Anold(1963). Education in the Perspective of History(1960).

Tyler, R.(1949). *Basic principles of Curriculum and introduction.* Chicago: The university of Chicago.

Ulrich J. and Karvonen K.(2011). Faculty instructional attitudes, interest, and intention: Predictors of Web 2.0 use in online courses. *Internet and Higher Education*, 14(1).

UNESCO(1982). *Recommendation on the Development of Adult Education.* Paris: UNESCO.

UNESCO(2014). *Global Citizenship Education: Preparing learners for the challenges of the twenty-first century*. Paris: UNESCO.

UNESCO(2015). *Recommendation on the Development of Adult Education.* Paris: UNESCO.

Walker, Alan(2002). A Strategy for Active Ageing. *International Social Security Review*, 55(1).

Walker, Alan(2006). Active Ageing in Employment: Its Meaning and Potential. *Asia-Pacific Review*, 13(1).

Warren, W. G.(2014). *Death education and research: Critical perspectives*. New York: Haworth Press.

WEA(2017). accessed on Jan. 12, 2021 to www.wea.org.uk/about-us.

Willging, P. A. & Johnson, S. D.(2009). Factors that Influence Students' Decision to Dropout of Online Courses, *Journal of Asynchronous Learning Network*, 13(3).

World Health Organization(2002). *Active Ageing: A policy framework.* Geneva: World Health Organization.

YTN(2020). 노인 상대적 빈곤율 OECD 1위. 2025년 초고령사회 진입. https://news.naver.com/main/read.nhn?mode=LSD&mid=sec&sid1=101&oid=052&aid=0001496358 (2021. 7. 2. 검색)

Yuval N. Harari(2018). 21세기를 위한 21가지 제언. 전병근 역. 서울: 김영사.

[사이트]

e-나라장터 https://www.index.go.kr(2023. 1. 25. 검색).

https://www.learner.org/wp-content/uploads/2019/02/3.Multiculturalism.pdf (2021. 1. 24. 검색).

https://chartwell.com/en/blog/2018/09/7-ways-lifelong-learning-promotes-healthy-aging(2020. 1. 17. 검색).

https://www.moe.go.kr/boardCnts/view.do?boardID=294&boardSeq=81682&lev=0&searchType=null&statusYN=W&page=1&s=moe&m=020402&opType=N(2021. 2. 29. 검색).

Toynbee, Anold(1963). education in the Perspective of History. In Ronald Gross(ed). *Teacher and Taught.* NewYork: Dell, 1963.

경향신문(2020. 11. 9.). “성인지 감수성” 함부로 쓰지 마라. http://news.khan.co.kr/kh_news/khan_art_view.html?artid=202011090300035&code=990100#csidx27d2dd5b8782ccc9298919fcc7059d3

교육부 https://www.moe.go.kr(2023. 1. 25. 검색).

교육부(2019). 장애인 평생교육 활성화 방안('20~'22).
국가교육회의 홈페이지. https://eduvision.go.kr/conference.do(2021. 1. 7. 검색).
국가법령정보센터. https://www.law.go.kr(2021. 6. 20. 검색).
국가통계 포털(KOSIS). http://kosis.kr/statHtml/statHtml.do?orgId=334&tblId=DT_33409N_018&conn_path=I3(2021. 1. 13. 검색).
국가평생교육진흥원. https://www.nile.or.kr(2023. 1. 25. 검색).
국립특수교육원. http://www.nise.go.kr(2020. 12. 12. 검색).
글로벌학습도시네트워크 홈페이지. https://gnlc.unesco.or.kr/ (2023. 2. 3. 검색)
노컷뉴스(2023. 1. 23.). 충원 미달에 지원자 0명까지... 지방대 신입생 모집 미달 위기 가속화. https://www.nocutnews.co.kr/news/5883828 (검색: 2023. 1. 25.)
뉴스1(2020). "최근 10년간 65세 이상 고령범죄자 2배 이상 증가" https://www.news1.kr/articles/?4076498 (2021. 7. 21. 검색)
다음백과. https://100.daum.net/encyclopedia/view/b12s0642a(2021. 1. 17. 검색).
다음백과. https://namu.wiki/w/%EC%84%B1%EC%9D%B8%EC%A7%80%EA%B0%90%EC%88%98%EC%84%B1(2021. 1. 17. 검색).
다음어학사전. https://dic.daum.net/search.do?q=%EC%8B%9C%EB%AF%BC%BC&dic=all&search_first=Y.(2021. 1. 23. 검색).
대학저널(2021. 1. 28.). 대학 미충원, 앞으로가 더 문제다. http://www.dhnews.co.kr.
대학지성 In & Out(2021. 2. 28). 대학 신입생 미충원이 유독 올해 심한 이유는? http://www.unipress.co.kr/news/articleView.html?idxno=3039
독학학위검정센터. https://bdes.nile.or.kr(2021. 2. 10. 검색).
동아일보(1981. 11. 14.). 사회교육법 실천내용 담은 시행령과 함께 다루어야(사설).
문화일보(2021). 노인 90% "좋은 죽음이란… 가족·지인에 부담주지 않아야" http://naver.me/Ft8eLlYu(2021. 7. 6. 검색)
보건복지부(2020). 노인실태조사 주요통계. http://m.munhwa.com/mnews/view.html?no=2021060701070403311001.(2021. 6. 7. 검색)
보건복지부(2021). http://www.mohw.go.kr(2021. 2. 12. 검색).
사암유스필오케스트라(2020). 남양주 8경 수어책 만들기 프로그램 계획, 내부자료.
서울디지털대학교(2017). 입학지원센터 보도자료 https://sdu.ac.kr/go/en-

ter_sdu/press.jsp?mode=view&article_no=501242&board_wrapper=%2Fgo%2Fenter_sdu%2Fpress.jsp&pager.offset=69&board_no=20#twitter (2021. 2. 20. 검색)

열린뉴스통신(2020). 남양주시 사암예술단체, 청각장애인용 수어책 발간 '화제'. https://www.onews.tv/news/articleView.html?idxno=42308(2021. 2. 10. 검색).

열린뉴스통신(2020). 남양주시 수어통역센터, 장애인 평생교육프로그램 평가 및 작품전시회 열어. https://www.onews.tv/news/articleView.html?idxno=37454(2021. 2. 10. 검색).

웰페어뉴스(2020). "우리의 교육권 보장하라" 장애인 평생교육법 제정 촉구. https://www.welfarenews.net/news/articleView.html?idxno=74847 (2021. 2. 10. 검색)

유엔난민기구. https://www.unhcr.or.kr/unhcr/html/001/001001001002.html (2021. 7. 9. 검색)

의안정보시스템. http://likms.assembly.go.kr/bill/billDetail.do?billId=PRC_K2A1X0N4N1S4O1C6H3E9J3D1B3K1U9(2023. 1. 25. 검색).

전국평생학습도시협의회 홈페이지. http://www.kallc.or.kr/kr/company/greeting.php(2020. 12. 30 검색).

조선일보(2021. 12. 1.). 넘치는 초·중등 예산 평생교육 분야로 돌려야. https://www.chosun.com/opinion/podium/2021/12/01/HHNWL77XZBDBBIO3ICTMFSGHYU/ (검색: 2023. 1. 25.)

지속가능발전포털. http://www.ncsd.go.kr/ksdgs?content=4 (검색: 2023. 1. 25.)

평생교육사 자격관리. https://lledu.nile.or.kr/(2023. 1. 25. 검색).

평생학습계좌제. https://www.all.go.kr.(2023. 1. 25. 검색)

학점은행제. https://www.cb.or.kr.(2023. 1. 25. 검색)

한국문해교육협회. https://www.korealiteracy.com(2021. 2. 11. 검색).

한국평생교육사협회. http://www.kale.or.kr(2021. 2. 10. 검색).

저자소개

강은숙

숭실대학교 평생교육학박사
현) 한국평생교육박사연구회 수석연구원
숭실대글로벌HRD연구소 연구교수
사)한국평생교육사협회 이사
전) 사)한국여성의 전화 공동대표
광명민주시민교육네트워크 공동대표
저서: 학습공동체 가치를 담다(2020, 주)디자인밈) 공저

신혜정

숭실대학교 교육학박사(평생교육전공)
현) 한국평생교육박사연구회 수석연구원
한양사이버대학교 교육혁신센터 전문연구원
경기마을교육공동체 '수어로 소통하는 B:TS' 학교장
남양주시수어통역센터, 남양주야학 운영위원
전) 숭실대학교, 동덕여자대학교, 한국체육대학교 강사
저서: 리더십 입문(2020, 간디서원) 공저

엄미란

숭실대학교 평생교육학박사
현) 한국평생교육박사연구회 수석연구원
연세대학교 평생교육 post-doc 수료
딥스아동청소년발달센터 전문연구원
전) 단국대학교, 상명대학교, 숭실대학교, 경기과학기술대학교 외래교수
연세대학교 미래융합원 창의인성연구센터 전문연구원

임정임

숭실대학교 교육학박사(평생교육전공)
현) 한국평생교육박사연구회 회장
남양주시 행정공무원, 남양주야학 교장
국제사이버대학교, 한국복지사이버대학 객원교수
수훈: 대한민국공무원상 '옥조근정훈장' 수훈
저서: 세계시민의 평생교육을 위한 문해교육의 이론과 실제(2019, 말벗) 공저
평생교육 프로그램 개발론(2016, 공동체) 공저

정선영

숭실대학교 교육학박사(평생교육전공)
현) 한국평생교육박사연구회 수석연구원
서울사이버대학교 대우교수
학교 전문상담사
수상: 교육부장관 표창장
저서: ≪학교가 지옥인 아이들≫ (2021, 생각의빛)
≪내가 책을 가까이하는 이유≫ (2022, 생각의빛) 공저

이 책의 저자 순서는 공저자들의 협의 하에 가나다순으로 기재합니다.

뉴노멀, 초연결, 플랫폼시대의
평생교육론

초판 1쇄 발행 / 2021년 7월 5일
초판 2쇄 발행 / 2023년 3월 2일
초판 3쇄 발행 / 2024년 3월 2일
초판 4쇄 발행 / 2024년 8월 12일
초판 5쇄 발행 / 2025년 3월 5일

●

공저자 / 강은숙 · 신혜정 · 엄미란 · 임정임 · 정선영
발행인 / 이 중 수
발행처 / 동 문 사

●

서울특별시 서대문구 홍제원 1길 12
(홍제동 137-8)
Tel : 02)736-3718(대), 736-3710, 3720
Fax : 02)736-3719
등록번호 : 1974.04.27. 제9-17호
가격 : 23,000원

●

ISBN : 979-11-6328-294-5(93330)
E-mail : dong736@naver.com
www.dongmunsa.com